어느 한 백수가 신(神)으로부터 계시 받은

한민족의 비밀과 사명

김무근 지음

– 한민족의 〈성서(聖書)〉이자 대한민국에 관한 〈계시록〉 –

은하문명

- 우리 대한민국의 국민들은 이 우주를 창조한 창조주를 "하느님" 또는 "하나님"이라고 부릅니다. "하나님"에서 "하나"라는 뜻은 이 우주에서 단 하나밖에 없는 신(神)이라는 뜻이며 "님"은 존칭임을 밝혀드립니다. -

"장로 중에 하나가 응답하여 내게 이르되, 이 흰 옷 입은 자들(백의민족)이 누구이며 또 어디에서 왔느뇨? 내가 가로되, 내 주여, 당신이 알리이다 하니, 그가 나에게 이르되, 이는 큰 환란에서 나오는 자들인데 어린 양의 피에 그 옷을 씻어 희게 하였느니라.

그러므로 그들이 하나님의 보좌 앞에 있고 또 그의 성전에서 밤낮 하나님을 섬기매, 보좌에 앉으신 이가 그들 위에 장막을 치시리니, 저희가 다시 주리지도 아니하고 목마르지도 아니하고 해나 아무 뜨거운 기운에 상하지 아니할지니,

이는 보좌 가운데 계신 이가 어린 양이 저희의 목자가 되사 생명수 샘으로 인도하시고, 하나님께서 저희 눈에서 모든 눈물을 씻어주실 것임이리라."

[요한계시록 7:13~7:17]

국립중앙도서관 출판예정도서목록(CIP)

(어느 한 백수가 신(神)으로부터 계시받은) 한민족의 비밀과
사명 : 한민족과 대한민국의 성서(聖書)이사 계시록 / 저자
: 김무근. -- 서울 : 은하문명, 2015
　　　　p. ;　　cm

ISBN 978-89-94287-13-3 03200 : ₩23000

신(종교)[神]

202-KDC6
200.2-DDC23　　　　　　　　　　　　　CIP2015031393

머리말

나의 원래 꿈은 보통 사람들처럼 어떤 좋은 직장에 취직해 일하면서 좋은 여자를 만나 가정을 이뤄 행복하게 사는 것이었다. 그러나 어느 젊은 날 나에게는 이상한 사건이 일어났고, 그 사건을 계기로 인해 나는 거의 폐인이 되었다. 그것은 바로 "옴(Aum) 진언" 사건이다. 대학교에 재학 중이던 젊은 시절의 어느 날, 나는 새벽에 잠을 자고 있었다. 그런데 꿈인지 생시인지 모르게 이상한 만트라(呪文)가 나에게 흘러들어 왔으며, 그 이후 나의 등뼈에는 "옴 진언"이 선명하게 각인되었다. 그리고 나는 나의 등뼈에 선명하게 각인되어 있는 "옴 진언"을 통해 어떤 고차원적인 우주에너지가 나의 몸 안으로 흘러들어 오는 것을 느꼈다.

그러나 호사다마(好事多魔)라고 했던가? 그 사건 이후로 나는 영계(靈界)의 악령(惡靈)들로부터 무서운 공격을 받게 되었다. 그들, 즉 영계의 악령들은 그때부터 너무나 무서운 힘으로 나를 괴롭혀 자살시키려 했었다. 그때에 나는 도저히 이 무서운 신기(神氣)를 이기지 못하고 너무도 고통스러워서 우리 집 주변의 모 여관에서 3번씩이나 대량의 수면제를 먹고 자살을 시도한 바 있다. 하지만 그럼에도 나는 죽지 아니하고 살아남았다. 또한 나는 군(軍)에 입대해 총으로 자살하려 했으나, 이마저 운 좋게(?) 모 군의관을 만나는 바람에 여의치 않게 되었고, 결국 그의 도움으로 다행히 의병제대하게 되었다. 하지만 그 뒤로 갑자기 나의 삶은 황폐해졌으며, 결국 나는 폐인이 되고 말았다. 그때 이후부터 나는 이 무서운 신기를 극복하지 못한 채 그것에 늘 시달리며 주로 지방의 대구시를 방황하면서 살았다.

그러다보니 이 귀신들의 지속적인 무서운 공격은 또한 나를 중증의 우울증 환자로 만들어 버렸다. 우울증을 앓게 된 이후에도 이 귀신들의 나에 대한 공격은 장장 20년간에 걸쳐서 끊임없이 계속되었다. 그동안 나는 모 대학병원의 정신신경과에 3번씩이나 입원해서 정신치료를 받았고, 또한 또 다른 모 대학병원의 정신신경과에도 한번 입원해서 치료를 받았으나 모조리 다 실패했다. 아마도 그 대학병원의 정신신경과에는 나에 대한 진료기록이 뚜렷이 남아 있을 것이다. 처음으로 그 대학병원에 입원할 때를 정확히 기억하지는 못하지만, 내 나이가 대략 24세~25세 정도였던 것으로 기억하고 있다.

그때부터 나는 지금까지 정상인의 삶을 살지 못하고 불행하게도 거의 폐인이 되어 살아왔다. 왜냐하면 내가 무슨 일을 하려고 하면, 무서운 귀신들이 그 일을 못하도록 철저히 괴롭히며 철통같이 가로막았기 때문이다. 그리고 나는 이 무서운 귀신들 때문에 거액의 돈을 들여 굿도 많이 했으나, 그것 또한 모조리 별 효과가 없었다. 또 한 때는 직장에도 들어갔지만, 이 귀신들이 내 마음을 지극히 불안하게 동요하도록 만듦으로써 정상적으로 근무를 할 수가 없었다. 그리하여 세월이 흘러갈수록 나는 더욱 더 중증의 우울증 환자가 되었고, 중증의 불면증 환자가 되었으며, 중증의 정신분열증 환자가 되었다. 이처럼 이 무서운 귀신들이 나를 장장 20년간이나 죽이려 달려들었기에 나는 부득이 이 세상에서 아무것도 할 수가 없는 인간, 즉 무기력한 폐인이 될 수밖에 없었던 것이다.

더욱더 불행하고 괴로운 일은 아무리 독한 수면제를 먹어도 도저히 제대로 잠을 잘 수가 없는 중증의 불면증에 늘 시달려야 한다는 것이었다. 밤에 도저히 잠이 오지 않았으므로 나는 내 마음속에 있는 아버지 하나님에게 매달려 빌기 시작했다. 그것은 내가 아버지 하나님의 영광을 드러내는 일을 할 것이니 나를 살려달라는 간절한 기원이었다. 나는 빌고 또 빌었다. 물론 나는 교회에 나가지 않았기 때문에 내가 선택한 하나님은 교회의 여호와 하나님이 아니라, 순전히 내 마음속에 있는 아버지 하나님에게 빈 것이었다. 그리하여 20년이라는 긴 세월이 흘러갔다.

6

그러자 오랜 세월이 지난 후인 어느 날, 놀랍게도 나에게 이상한 일이 일어났다. 즉 갑자기 여러 명의 성자(聖者)들이 비몽사몽간에 내게 나타나더니 여러 가지의 이야기를 내게 해 주는 것이었다. 그리고 그들이 나에게 나타난 이유는 내가 장차 지극히 존귀하시고 거룩하신 분을 만나게 될 것인데, 그분을 만나기 이전에 유체이탈(幽體離脫)이라는 경험을 시키기 위함이라고 하였다. 또 내가 갑자기 그분을 만나게 되면, 내가 정신적으로 어떤 충격을 받을지도 모르기 때문에 미리 자기들이 나에게 나타나서 앞으로 만날 신이한 분에 대해 내게 미리 연습을 시킨다는 것이었다. 그들은 내가 앞으로 어떤 신이한 분을 만나게 될 것이니 너무 놀라지 말라고 내게 당부하며, 그것을 준비시키고자 미리 내 앞에 나타났다고 설명했다. 그런데 그 뒤의 어느 날 밤, 잠자고 있는 가운데 나는 갑자기 나의 영혼이 육체에서 스르륵 빠져 나가는 경험을 하게 되었고, 실제로 나는 영혼의 상태로 어떤 신이한 존재를 만났다. 그런데 그분은 나에게 자신이 우주를 통치하는 하나님이라고 말씀하셨다. 그리고 그 후에도 나는 여러 번에 걸친 유체이탈을 통해서 그 아버지 하나님을 만났으며, 그분은 내게 여러 가지 계시적 가르침과 메시지를 전하시며 이렇게 말씀하셨다.

"너는 나의 말을 잘 듣고 너희 나라의 국민들에게 나의 뜻을 전해야 하느니라. 이것이 바로 네가 해야 할 중요한 사명 가운데에 하나이다."

그리하여 나는 그 하나님께서 나에게 말씀하신 내용을 정리하여 기록했다. 물론 나도 처음에는 너무나도 황당해서 '혹시 그 영적존재가 사이비적인 존재가 아닐까'라고 생각하고 또 생각했다. 나는 독자 여러분에게 그때의 내 심정을 솔직히 말하겠다. 내가 자칭 하나님이라고 하는 그 신(神)을 만나고 난 직후의 당시 나는 한 가지 결론을 내렸는데, 결론은 그 신은 가짜이며 사이비 신이라는 것이었다. 그 이유는 다음과 같았다. 우선 나는 별로 잘난 것도 없이 지극히 평범한 삶을 살아왔다. 그런데 그런 보잘 것 없는 나에게 하나님이라고 하는 위대한 존재가 내 앞에 나타날 이유가 없다는 것이다. 생각해 보라. 나는 그때까지 하나님하고는 아무런 상관도 없는 삶을 살아왔다. 물론 나는 교회에 다니는 기독교인이 아니었다. 또 성당에 다니는 천주교인도 아니다. 그러므로 나는 신을 믿는 종교나 또는 하나님과는 아무런 상관도 없는 삶을 살아왔던 것이다. 물론 나는 부처를 믿는 불교인 역시도 아니다. 그런데 종교인도 아닌 그런 나에게 신이 나타났으니, 그것을 쉽게 진짜라고 믿을 수 있겠는가? 그리고 자칭 하나님이라고 하는 그 신이 당시 나에게 한 말이 지극히 해괴했다. 그 가짜, 사이비 신이 나에게 말하기를, 자신이 앞으로 수없는 나라들을 민주화시킬 테니 "자유민주주의" 이후에 나타날 사상으로 세계통일사상인 "평화인류주의"를 세계에 퍼뜨려야 한다는 것이었다. 그리고 바로 내가 그러한 일을 해야 한다는 것이었다. 다시 말하지만 내가 당시 그 말을 듣고서 한 가지 결론을 내린 것은 그 신은 속된 표현으로 완전히 맛이 간 신이라는 것이었다. 지금 수없는 나라와 나라들이 분명히 서로 분열, 대립하여 존재하고 있는데, 어떻게 세계통일이 이루어지겠는가? 나는 도저히 그 계시를 믿을 수가 없었다.

그런데 한 가지 이상한 사실은 계시를 받기 이전이나 또는 이후에도 그 신의 말대로 수없는 나라들이 민주화되었다는 것이다. 정말로 그 가짜, 사이비 신이 수없는 나라들을 민주화시킨 것일까? 나는 죽으면 죽었지 그 사실, 즉 그 신이 수없는 나라들을 민주화시켰다는 것을 믿지는 못하겠다. 우연히 수없는 나라들이 민주화되었다고 믿는다. 절대로 그 신이 수없는 나라들을 민주화 시켰다고는 믿지 않는다. 그러나 저러나 어쨌든 그 신이 내가 그런 일을 해야 한다고 했으므로 일단은 그 신의 말씀을 이 책에 적어서 독자 여러분들에게 전한다. 그러므로 독자 여러분들이 그 신의 말씀을 믿든지, 아니면 믿지 않든지 그것은 여러분의 자유이니 마음대로

8

하기 바란다.

독자 여러분들도 한번 생각해 보라. 만약 당신이 지극히 평범한 삶을 살고 있는데, 어느 날 갑자기 자칭 하나님이라고 하는 어떤 영적존재가 자신에게 나타난다면, 과연 당신은 그 존재를 하나님이라고 믿을 수가 있겠는가? 그러나 혹시라도 그 신은 정말로 하나님인지도 모르겠다. 그 진실여부는 솔직히 나도 잘 모른다. 독자 여러분이 나의 약력을 보아 잘 아시겠지만 나는 대학교에서 전자공학을 전공한 공학도이고, 또 그 이후로 장장 20년간을 자살만을 생각하며 폐인이 되어 살아왔기 때문에 글쓰기와는 전혀 무관한 사람이다. 또한 나는 무기력하기 짝이 없는 폐인이 된 상태였으므로 그동안 무슨 참선(參禪)이나 명상수행 같은 것을 한 적이 없었다. 그러한 내가 이런 책을 쓰게 되었으니 참으로 인생이라는 것은 알 수가 없다.

이 책에 나오는 글들은 상당수가 아버지 하나님의 말씀을 그대로 기록하고 고쳐서 쓴 것임을 분명히 독자 여러분에게 알려주고자 한다. 왜냐하면 나는 영적으로 지극히 고차적인 이런 글을 쓸 능력이 없기 때문이다. 나는 아버지 하나님과 만나 대화를 하면서 나도 아버지 하나님처럼 고차적인 영적인 말을 할 수 있게 해 달라고 요청했으나, 아버지 하나님께서는 단지 자신의 가르침과 메시지를 우리 한민족에게 전하는 것이 나의 사명이라고 말씀하셨다. 그 이상의 나의 뜻은 이루어지지 않았다. 그리고 또 내가 아버지 하나님에게 이의를 제기한 것은 "왜 나를 글을 잘 쓸 수 있게 국어국문학과로 보내지 아니하고 전자공학을 전공하게 하셨느냐?"고 질문한 것이었는데, 하나님께서는 자신은 그 누구를 사용해도 아버지 하나님 당신의 영광을 찬란히 드러낼 수가 있다는 말씀을 하셨다. 그리고 또 말씀하시기를, 아버지 하나님께서는 능력 있는 자를 쓰시지 아니하고 무능하고 병신 같은 사람을 내세워 쓰셔서 아버지 자신의 찬란한 영광을 드러내신다는 것이었다. 그러므로 이 글을 읽는 사람들

중에 혹시라도 자기가 능력이 없어서 아버지 하나님께서 자신을 쓰시지 아니하리라는 생각은 하지 말기 바란다. 모든 것은 마음먹기에 달렸다고 생각한다. 필자도 실상은 20년 동안이나 폐인으로 지냈다는 사실을 잊지 말기 바란다. 그러므로 이 글을 읽는 독자 여러분들은 용기와 희망을 가지기를 진실로 기원하는 바이다. 이 책을 구입해 읽으시는 독자 여러분들에게 이 책이 하나의 교훈이 되기를 바라며, 아버지 하나님의 끝없는 축복과 은총이 있기를 삼가 기원한다. 끝으로 이 책의 출판을 허락해 준 은하문명출판사의 박 대표님에게 진심으로 감사의 뜻을 전하고 싶다.

2부 절대자인 신(神)과 만나다

3부 한민족과 대한민국의 영광을 향해

1부

신(神)을 만나기까지

영적인 계시문

다음의 글은 한국 최초의 심령과학자인 안동민(安東民)씨께서 어느 날 하늘의 어떤 영적인 존재로부터 계시를 받아 기록한 글이다.

〈하늘이 내리신 말씀〉

한국인이여 들으라.!
너희는 지난 5천년 동안 오직 시달림만 받는 가운데 인욕(忍辱)의 세월을 보냈으니 너희는 말세(末世)에 먼저 나의 축복을 받으리라.!

너희 나라는 천 년 전에 김유신이 타민족의 힘을 빌어서 제 민족의 피를 흘려 통일을 이루었으니, 이는 나의 사랑의 원리를 어긴 짓이었느니라.

그 업보(業報)로 너희는 천년 후에 타민족의 힘에 의해 다시 갈리어졌으니, 이는 곧 너희 나라가 곧 선악(善惡)의 대결장이 됨을 말함이니라. 그러나 6·25 사변으로 너희는 그 속죄를 치렀느니라.

세계가 멸망할 것을 너희 민족이 입은 화로 대신 하였으니, 너희는 세계를 위해 스스로 십자가를 진 것이니라. 이제 앞으로 너희 나라에는 많은 의로운 사람들이 나리니, 이는 옛 의인(義人)이 부활되었음이라.

나는 너희 나라에 일곱 기둥을 세우려 하니, 많은 의로운 사람들 가운데 일곱 기둥이 누구인지 차차 밝혀지리라.
또한 이 일곱 기둥은 서로 쌍을 이루리니, 그 관계는 네가 필름과 포지 필름과 같느니라.

네가는 영계(靈界)를 대표하는 기둥이며 포지는 물질계(物質界 및 現象界)를 대표하는 기둥이니, 영계(靈界)를 근본으로 보면 물질계는 그림자요, 물질계를 근본으로 보면 영계(靈界)는 그림자이니라.

그런고로 네가인 일곱 기둥은 소리 없이 뒤에 숨어서 포지인 일곱 기둥이 타락하지 않고 그들의 소임을 다하도록 도와야 하느니라.

나는 또 누가 네가이며 포지인지를 밝힐 수 있는 능력을 지닌 자를 보낼 것이니, 그가 누구인지 너희는 곧 알게 될 것이며, 그의 본질은 너희 나라에 첫 번째 하늘나라가 이루어질 때 자연히 밝혀지리라.

너희 나라에 장차 나타날 일곱 기둥은 과거세(過去世)에 각기 다른 시대와 민족의 일원으로 활약한 자들 가운데 뽑히어 너희 나라에 태어날 것이니, 이는 인간은 나의 분령체(分靈體)이며, 내 앞에는 민족의 차별이 없고 모두 한 형제임을 밝히기 위함이니라.

한국이라 함은 한 나라라 함이니, 내 앞에 한 나라를 이룬다는 뜻이며, 하늘나라가 너희 나라에서부터 이루어지며 구세주란 세상의 주인인 나를 진심으로 구하는 자라는 뜻이니, 나를 진심으로 구해 마지않는 자에게는 나의 힘이 주어지리니, 이 세상에 구세주가 가득 차는 날, 지상천국(地上天國)이 이루어지리라.

지상천국이 이루어지면 하늘나라에도 함께 하늘 천국이 이루어지리니, 지상에서도 풀리면 하늘에서도 풀리며, 지상에서 맺으면 하늘에게도 맺어지리라.

또한 너희 나라 아닌 곳에서 나머지 다섯 쌍의 의인(義人)들의 무리가 나리니, 때가 오면 너희가 서로 알게 되어 열 두 개의 기둥이 되어 그 기둥 위에 지상천국(地上天國)이 이루어지리라.

의인(義人)들의 수효는 모두 합하여 14만 4천 명이니 너희가 힘써 서로 합한즉, 너희 모두에게 하늘의 축복이 내려지리라.

1973. 2. 8.

※위의 <계시문>에 대한 故 안동민氏의 주석(註釋):

　여기 쓰인 글은 이른바 자동기술(自動記述)에 의해 쓰여진 글임을 우선 밝혀둔다. 1973년 2월 8일 밤이었다고 생각된다. 그날따라 유난히 피곤을 느낀 필자가 자리에 누우려는데 갑자기 머리가 빠개지는 것같이 아팠다. 그러자 어디선지 소리 없는 소리가 들려왔다. 급히 일러줄 말이 있으니 받아쓰라는 그런 지시였다. 필자는 한 손으로는 아픈 머리를 만지면서 원고지를 찾아놓고 만년필을 집어 들었다. 그러자, 만년필을 쥔 손이 저절로 움직여서 앞서와 같은 글을 기록한 것이다. 다 적어 놓고 읽어보니 필자는 새삼스레 놀라운 마음을 금할 수가 없었다.

　왜냐하면 필자가 평소에 느껴왔던 여러 가지 문제점이 단숨에 풀린 것 같은 느낌이 들었기 때문이었다. 삼국시대에는 찬란한 문화를 자랑했던 우리나라가 삼국통일 이후는 국가적으로나 민족적으로 불행이 계속되어 온 이유가 비로소 납득되었기 때문이기도 했다.

　삼국이 통일되면서 만주 땅은 영원히 우리에게서 떨어져 나간 것이 사실이고, 고대 우리 민족이 지녔던 웅대한 기상도 또한 사라져 버린 것이며, 그 뒤로도 고난의 역사가 계속된 터였다.

필자는 기독교도도 아니오, 또한 불교도도 아니며 성경이나 불경에 대한 소양도 없는 처지였다. 그런데 필자가 알지도 못하는 이야기가 이 말씀에는 많이 나타나 있다. 의심하는 분들이 본다면, 필자가 작가인 만큼 자기의 평소의 생각을 하느님의 말씀을 빙자하여 쓴 것이 아닌가하고 크게 탓할 분도 많으리라 생각된다. 그러나 앞서 소개한 글은 분명히 자동기술(自動記述)에 의해 써진 것임을 다시금 다짐하는 바이다. 또 다시 6·25와 같은 민족상잔의 전쟁이 일어난다면 그것은 곧, 제3차 세계대전의 도인(導因)이 될 수도 있다고 생각한다. 쓰인 '하늘이 내리신 말씀'을 여러 동포들 앞에 경건히

바치는 바이다.[1]

1974년 7월
저자 안동민(安東民)

나는 이 〈계시문〉과 글을 아무런 논평 없이 내 책에 인용한다. 그리고 나는 이 〈계시문〉이 국민 여러분들에게 많은 영적인 깨달음을 주기를 기대한다. 나는 이 글이 영적으로 굉장한 가치를 지닌 것이라고 생각한다. 그래서 나는 이 글을 국민 여러분들에게 소개하는 것이다. 솔직히 이야기하지만 젊었을 때 나는 영능력자였던 안동민(安東民) 선생님을 좋아했고, 나의 영적인 세계도 그 분의 영향을 많이 받았다.

안동민 선생님은 여러 가지 기적을 많이 일으킨 적이 있었는데, 나는 그 현장에 있어서 약간은 잘 알고 있다. 선생님은 특히 숙명통(어떤 사람의 과거 전생을 보는 능력)에 능하셔서 많은 사람들이 그 분 주변에 모였었다. 또 제령(인간의 몸에 들어가 지배하는 다른 빙의 영혼을 제거하는 것)하는 능력이 뛰어나 영적장애에 시달리는 많은 사람들이 제령을 받기 위해서 선생님의 집으로 많이 찾아왔었다. 나도 또한 이 무서운 귀신들을 제령하기 위해 그분에게 여러 번 시술을 받았으나 아쉽게도 모두 실패했다.

이 악령들은 참으로 무섭게도 나를 지배하여 괴롭히고 또 괴롭혔다. 그리고 나는 참으로 불행하게도 너무나 어려운 삶을 살아왔다. 그러나 나는 견디고 견디었다. 그리고 그 혹독한 고통 속에서도 나는 살아남았다. 무서운 것은 바로 죽음이었다. 나는 매일, 매일을 죽음을 생각하면서 살았다. 하지만 막상 죽자고 생각해도 쉽게 죽

---

1)이 〈계시문〉과 글은 1975년도에 태종출판사에서 처음 발행되었던 〈기적과 예언〉이란 책의 서장에 실려 있는 글이다. 그리고 이 책은 당시 태종출판사에서 시리즈로 발행했던 심령과학시리즈 가운데 제5권에 해당된다. 그 후 이 시리즈물을 서음출판사에서 인수하여 1994년도에 다시 펴낸 바가 있다. (편집자 주)

지를 못하였다. 이에 나는 한 가지 생각을 했다. 그것은 하나님의 영광이 들어있는 한 권의 책자를 써서 하나님께 바치는 것이었다. 그러나 내가 믿는 하나님은 교회의 하나님이 아니었다. 내가 믿는 하나님은 우리나라의 하나님이다. 나는 우리나라에서 원래 그 분을 "하늘님" 또는 "한얼님"이라고 부른다는 사실을 알아내었다. 나는 그 때부터 하늘님에게 수많은 기도를 하였다. 처음에는 당장 그 무슨 효과가 나타나지는 않았다. 그러나 나는 그래도 하늘님, 즉 하나님에게 계속 매달렸다. 그러자 어느 날부터 서서히 나의 병들이 사라지기 시작했다. 나는 간신히 죽음에서 생명으로 건너간 것이었다. 나는 지금은 마음이 평온하다. 나는 책을 한 권 쓰고 싶었다. 그리고 그 책을 우선 하나님에게 바치고, 그런 다음 동포들에게 바치고 싶다. 비록 부족한 점이 많이 있더라도 이를 너그럽게 보아주기를 바란다. 솔직히 이야기하자면 이 책은 나의 첫 번째 책이다. 그러나 더 솔직히 이야기하자면 나는 이 책의 글이 처음 써본 글이기도 하다. 나는 이때까지 살아오면서 단 한편의 글도 써 본적이 없었다. 그러므로 독자 여러분께서는 나를 좋게 평가해주기를 바란다. 여러분 모두에게 하나님의 끝없는 축복과 은총이 있기를 기원한다.

● 진리의 사자(使者)이자 선지자의 당부의 말

내가 국민들에게 간구하거니와, 함부로 이 하늘에서 내리신 계시를 나쁘게 말하지 말라. 또한 절대로 함부로 생각하지 말라. 이는 하늘에 계신 하나님에게서 온 신성한 계시니라. 그러므로 이 계시를 함부로 생각하지 말 것이려니와 함부로 논평하지도 말라. 믿고 싶으면 믿을 것이려니와 믿고 싶지 아니하면 믿지 말라.

이는 참으로 성스러운 계시니라. 이 계시는 우리 민족을 온 세상 가운데서 가장 으뜸으로 만든다는 뜻이니, 누구든지 이 계시를 비난하는 자들은 하늘의 진노가 임하시리라. 그러므로 이 계시를 항상 소중히 생각하라. 이는 시작이니라. 드디어 우리나라가 기나긴 어둠의 역사를 떨쳐버리고 찬란한 새 역사를 여신다는 계시이니, 누구든지 이 계시를 보는 자는 먼저 하나님께 잠시 묵상하고 마음을 편하게 하여 보라.

누구든지 이 계시를 믿는 자는 하나님의 사람이 될 것이요, 저희가 나중에 십사만 사천(144,000)의 의인의 반열에 들 것이니라. 그러므로 누구든지 이 계시를 신성시하라. 우리나라의 창성함이 이 계시에 달려 있느니라. 이를 믿는 자는 대한민국의 하나님을 믿는 자요, 저가 나중에 지극히 의롭다고 칭찬 받을 것이라. 이제 이 대한민국에서 새로운 역사가 시작될 것이다. 즉 이것은 이제 하나님께서 영원히 우리나라의 암울했던 역사를 다 거두어 가시고 새롭고 찬란한 역사를 주신다는 내용이다. 그러므로 이 계시를 믿지 아니한 자는 떠나라. 우리민족의 목숨과 창성함이 이 계시문에 다 들어가 있느니라.

귀 있는 자여, 들을지니라. 누구든지 이 계시문을 신성시 여긴다면 저가 받을 복이 끝이 없도다. 이는 하나님의 계시이니, 누구나 이 계시를 믿거나 신성시하는 자는 하나님께서 그를 대한민국의 기둥으로 삼아 이 나라를 끝없이 창성케 하시리라.

내가 말하겠노라. 나 진리의 사자(使者)가 말하겠노라. 이 계시는 우리 민족의 새벽을 여는 계시이니 누구나 대한민국 사람들은 이 계시를 신성시하라. 누구든지 이 계시를 신성시하는 자는 그 영혼이 언젠가는 하나님의 끝없는 진리 가운데에 있을 것이요, 그 영혼이 영원히 목마르지 않은 오아시스에 있으리로다. 그러므로 이 계시를 믿는 자는 그 영혼이 하나님의 사람이 되어 그의 영적인 진보가 끝없이, 끝없이 창성하고 또 창성하리로다.

나 진리의 사자이자 선지자가 말하노라. 이제 대한민국 국민들은 우리 하나님을 믿으라. 믿는 자는 의인이 되어 장차 그가 십사만 사천 명의 의인이 되어 그 영광이 끝이 없을 것이니라. 이 예언은 새벽을 알리는 계시이니라. 이제 우리민족에게 새벽이 오리라. 귀 있는 현명한 자여, 부디 이 역사에 참여하여 십사만 사천 명의 의인이 되어라.

이 책에 나오는 <평화 인류주의>에 대하여

내가 아버지 하나님의 계시를 받았는데, 그 중에는 여러 가지의 나도 모르는 극비의 사실도 많이 있다. 나는 여기에서 우리나라에서 일어났던 6-25 사변에 대해서 말하고자 한다. 아버지 하나님께서 말씀하시기를, 우리나라를 지키기 위해 우리나라의 군사들뿐만이 아니라 수없는 타국의 병사들의 희생이 있었기에 오늘날의 대한민국이 존재할 수가 있었다고 말씀하셨다. 그러므로 우리나라는 인류(人類)를 위해서 헌신하고 봉사할 책임이 있다고 말씀하셨다. 그러나 나는 이때에 생각했다. 도대체 우리나라가 무슨 힘이 있어서 인류를 위하여 헌신하고 봉사할 수가 있다는 말인가?

그러자 아버지 하나님께서 말씀하시기를, 앞으로 "지상천국", "지상낙원", "지상극락"을 이루기 위해 전 세계에 열두 기둥을 세울 것이며, 의인 144,000명을 배출하여 이 사명을 감당하게 한다는 것이다. 특히 아버지 하나님께서는 우리나라에서만 장차 세워질 열두 기둥 중에 일곱 기둥을 세워서 의인 84,000명을 배출하신다는 것이었다. 또 아버지 하나님께서 말씀하시기를, 원래 인류에게는 제3차 대전이 일어나 인류가 멸망할 예정이었는데, 이 제3차 세계대전을 우리나라의 6.25 사변으로 대신하게 했다는 말씀을 하셨다. 그리고 이것으로서 우리나라는 메시아의 나라가 된다는 것이다. 한편 전세(서기 2000년 이전)에는 이스라엘이 주인공의 나라가 되었었는데, 그래서 이스라엘의 성경책이 만국을 가르치는 경전이 되었다고 한다. 하지만 앞으로 오는 후세(서기 2000년 이후)에서는 우리나라가 주인공의 나라가 되며, 그리하여 우리나라에서 나타나는 진리가 만국을 가르치는 경전이 되게 하신다는 충격적인 말씀이 이 책에 들어 있다. 그리고 지금은 온 세계가 민주화되었는데, 이 사건은 아버지 하나님께서 전능하신 힘으로 온 세계를 민주화시켰다고 말씀하셨다. 게다가 앞으로 전 세계를 통일시키는 계획을 갖고 있는데, 그것이 바로 "평화 인류하나주의", 이를 줄여서 "평화 인류주의"라고 말씀하셨다. 즉 "자유 민주주의" 이후에 "평화 인류주의"가 나타나서 전 세계를 통일시키신다는 뜻이다. 그러시면서 앞으로는 우리나라의 모든 것이 전 세계의 표준이 되게 하고 기준이 되게 하신다는 말씀도 들어있다. 그런데 "하나님"이라는 단어의 뜻이 참으로 묘하다. "하나님"에서 "하나"라는 뜻은 온 우주에서 "하나"밖에 없는 "신(神)"이라는 뜻이며 "님"이란 존칭이다. 또한 "하나님"에서 "하나"는 앞으로 온 인류가 "하나님" 앞에서 "하나"가 된다는 뜻을 내포하고 있다. 또 말씀하시기를, "한국"에서 "한"이란 "하나"를 뜻하고, 이 "하나"는 바로 "하나님"을 뜻하며, "국"이란 "나라"를 뜻하는 것이니 결국 "한국"이란 "하나님의 뜻이 펼쳐지고 이루어지는 나라"라고 하셨다. 또 말씀하시기를, 우리 지구별의 모든 사람들은 나라와 국경에 아무런 상관없이, 또한 그 사람이 어느 종교를 믿고 있든 "하나님의 분령(分靈)"이라고 하셨다. 그리하여 바로 이 "한" 사상이 "세계통일사상"이며, 바로 이 사상이 "평화 인류주의"라고 하셨다. 즉 다시 말하자면 "지상천국주의", "지상낙원주의", "지상극락주의"

가 바로 "평화 인류주의"라고 말씀하셨다. 바로 이 "세계통일주의"가 우리나라에서 일어나며, 그리하여 우리나라가 "세계통일"을 이룬다고 하셨다.

나는 이 말씀을 듣고서 아연실색(啞然失色)하지 않을 수가 없었다. 그러자 나의 생각을 읽으신 아버지 하나님께서는 왜 그렇게 믿음이 없느냐며 나를 꾸짖으셨다. 그러시면서 원래 유대민족도 나약했던 민족이라고 하시면서 비록 지금은 이 사실, 즉 "세계통일사상"의 정립과 그의 실천을 믿지 못할 것이나 세월이 흘러가면서 서서히 믿게 될 것이라고 말씀하셨다. 그 하나의 증거로서 우리나라의 휴전선에 대하여 언급하셨다. 우리나라의 휴전선은 하나의 거대한 새을(乙)자 형태를 취하고 있는데, 이것은 바로 "태극"의 중간을 가로지르는 새을(乙)자이며, 그리하여 우리나라 전체가 하나의 거대한 "태극"의 형태를 취하고 있다고 말씀하셨다.

지금은 비록 "태극"의 상극(相剋)의 원리가 우리나라를 지배하고 있어 남북 간에 한 치의 양보도 없는 처절한 대치상태를 이루고 있으나, 언젠가는 "태극"의 상생(相生)의 원리가 우리나라를 지배하는 때가 도래하면 우리들이 그토록 바라던 남북통일이 된다고 말씀하셨다. 그런데 나는 여기에서 하나의 신기한 경험을 이야기하고자 한다. 나는 종교를 믿지 않는다. 그러나 어떤 종교의 고위 간부인 백모라는 여자 신도가 중요한 행사가 있으니 같이 가자고 내게 애원을 하였다. 그래서 나는 할 수 없이 그 종교로 가야만 했다. 이윽고 그 종교에 도착하자 그 백모라는 여자 신도가 도장 앞의 여러 산들을 가리키면서 지금으로부터 천 년 전에 어떤 고승(※정확히는 모르나 도선 국사(道詵 國師)라고 하는 것 같았음)이 그 산의 정기를 받은 사람이 "세계통일사상"을 가지고 등장한다는 내용이었다. 나는 그때 아버지 하나님으로부터 "세계통일사상"인 "평화 인류주의"에 대한 계시를 받고 있었으므로 깜짝 놀라지 않을 수가 없었다. 원래 그 종교의 교리나 교훈에는 "세계통일사상론"이 없다. 그런데 갑자기 그런 말을 하였으므로 필자는 지극히 놀라지 않을 수 없었다. 또 하나의 신비한 이야기를 하고자 한다. 머리말에서 나는 20년간을 폐인으로 보냈다고 말했다. 나는 그때에 불교를 믿는 어느 영험하기로 소문난 할머니를 찾아간 적이 있다. 그때에 그 할머니가 나를 보더니 "부처님의 제자가 나를 찾아 왔구나."라고 말하지 않고 "신(神)의 제자가 나를 찾아왔구나."라고 말하였다. 그때에 나는 그 말을 이해하지 못했다.

성경의 <요한계시록> 제4장 2절과 3절에 대하여

[요한계시록 제4장 2절]
내가 곧 성령에 감동하였더니, 보라! 하늘에 보좌(寶座)를 베풀었고 그 보좌 위에 앉으신 이가 있는데,

[요한계시록 제4장 3절]
앉으신 이의 모양이 벽옥(碧玉)과 홍보석 같고 또 무지개가 있어 보좌에 둘렸는데 그 모양이 녹보석 같더라.

　나는 이런 구절이 성경에 있는지조차도 알지 못했었다. 그런데 나에게 나타난 그 신(神)께서 이 구절은 자신을 상징하는 것이라고 하셨다. 여기서 하늘의 보좌(寶座)는 하늘에 계신 하나님을 말하는 것이다. 확실히 나에게 나타난 그 존재는 보좌에 앉아 계셨다. 그리고 그 신이 말씀하시기를, 벽옥(碧玉)과 홍보석은 태극을 상징하는 것이라고 하였다. 그런데 기이하게도 그 신은 확실히 태극으로 빛나고 있었다. 또한 나아가서 그 신의 뒤로는 일곱 색깔의 무지개가 있어서 온 우주로 뻗어 나아가고 있었다.
　만약에 예수 그리스도를 믿는 교인들이 이 글을 읽는다면 상당히 황당해 하리라고 생각한다. 솔직히 나 자신도 잘 믿지를 못하겠다.

26

앞서 언급했듯이 나 역시도 나에게 나타난 그 신이 진짜로 하나님인지 아닌지는 확신하지 못한다. 다만 나는 그 신의 뜻대로 그 신의 말씀을 이 책에 기록해서 독자 여러분들에게 전할 뿐이다. 만약에 그 신이 진짜로 하나님이라면, 우리나라는 태극의 나라(※아래 그림을 참조)이고, 또 국기에도 태극이 들어가 있음으로 우리나라는 〈하나님의 나라〉가 되는 것이다. 왜냐하면 태극은 바로 하나님을 상징하는 것이기 때문이다. 또 나아가서 그 신이 주장하기를, 애국가에 하느님이라는 단어를 넣은 것도 자신의 뜻에 의해 그렇게 하였다고 말씀하셨다. (※하나님이나 하느님이나 하늘님이나 모두 같은 우주의 절대자를 말하는 것임)

그 때에 나는 얼마나 황당했는지 모른다. 왜냐하면 우리나라가 "하나님의 나라"라는 사실을 믿을 수가 없었기 때문이었다. 그런데 당시 그 신이 다시 말씀하시기를, "예수 그리스도는 믿음이 강한데, 왜 너는 그리도 믿음이 없느냐?"라고 나를 질책하셨다. 그것은 당연한 일이었다. 왜냐하면 나는 자라나면서 무슨 교회나 절에 다닌 적이 없었고 종교적인 신앙생활을 해본 적이 없기 때문이었다. 나의 소원은 그냥 좋은 여자나 만나고 좋은 직장을 다니면서 행복하게 사는 것이었다. 종교분야에 종사하는 것은 나의 희망이나 소원이 아니었다. 그런데 내가 이런 책을 쓰고 이런 분야에 종사하게 되었으니 인생이란 참으로 알 수가 없다는 생각이 든다. 그런데 이상한 일들이 내 인생에서 계속적으로 일어났다.

나는 평생에 걸쳐서 대략 3명의 여자를 사랑했으나, 그것은 일방적 짝사랑이었을 뿐 그 여자들은 나를 좋아하지 않았다. 그 여자들이 무슨 특별한 여자들은 아니었다. 다만 나의 기준으로 미색이 약간 뛰어났을 뿐이었다. 그런데 앞서 말했듯이, 하필이면 그 해괴한 옴 진언을 받은 것 때문에 이상한 귀신들이 나를 필사적으로 죽이려고 달려들었다. 그것 때문에 나는 상상도 못하는 고통을 당했어야 했다. 그런 나에게 본래 어떤 신에 대한 믿음, 즉 하나님에 대

지성소
(북)

성소
(남)

[우리나라 한반도와 대한민국이 하나의 거대한 태극이 된 그림]

한 믿음이 있을 리가 없었다. 어떤 때는 나는 하늘을 원망하고 또 원망했다. 왜 나에게는 이런 평범한 소원도 이루어지지를 않는지 정말로 하늘을 원망하고 또 원망했다. 그리고 사정이 이러한데 왜 그 신은 나를 선택했는지 그 이유를 나로서는 알 도리가 없다.

그런데 국민 여러분은 우리나라가 '하나님의 나라'라면 과연 선뜻 믿을 수 있겠는가? 한 가지 해괴한 것은 그 신이 말하시기를, 이스라엘의 국기에 들어가 있는 것(히란야라고 함), 즉 히란야(Hiranya)가 음양을 뜻하는 것이라고 하였다. 음과 양은 하나님을 뜻하며 그래서 이스라엘이 하나님의 나라가 된 것이라고 하였다. 그런데 그 신이 또 말하시기를, 우리나라의 태극도 음양을 뜻하며, 하나님을 상징하는 것이라고 하였다. 그래서 전세에서는 이스라엘이 하나님의 나라가 되어서 역사하였으나, 앞으로 오는 후세에서는 우리나라가 하나님의 나라가 되어 역사를 한다는 것이다. 국민 여러분들이 이 사실, 즉 우리나라가 '하나님의 나라'라는 사실을 믿거나 말거나 간에 단지 나는 그 신의 말씀을 이 책에 적어서 국민 여러분에게 전하는 바이다. 어쨌든 나의 평범한 소원은 이루어지지 않았고, 부득이 나는 영적인 길을 가게 되었다. 이것은 전혀 내가 원한 것이 아님을 이 책에서 분명히 밝혀둔다. 나라의 사정이 아주 어렵다. 이때에 나는 이 책이 하나의 민족중흥을 이루는 계기가 되기를 기원한다.

필자에 대해서

어렸을 때에 나의 성격은 지극히 소심했다. 그것이 어느 정도였느냐 하면, 남들 앞에 설 경우 무척이나 떨려서 말조차도 잘하지 못하는 지극히 내성적인 성격이었다. 그리고 나는 원래 학창시절에 국어라는 과목을 그리 좋아하지 않았다. 글이나 시를 쓰는 사람을 보면 무엇 하려고 저런 쓸모없는 짓을 할까라고 생각할 정도로 글쓰기를 좋아하지 않았다. 앞에서도 밝혔지만, 나는 그냥 대학을 졸업하고 어떤 여자와 결혼하여 그저 행복하게 사는 것이 나의 꿈이었다. 그래서 나는 지방 모 대학의 전자공학과를 선택해서 입학했고 열심히 공부했다. 그런데 대학을 졸업할 무렵, 나는 이상한 경험을 하게 되었다. 그것은 바로 앞서 언급한 "옴 진언" 사건이었다. 이 사건 이후로 나는 무서운 귀신들에게 빙의되어 장장 20년간을 중증의 불면증 환자이자 중증 우울증 및 정신분열증 환자가 되어서 살아왔다.

그런데 과거에 나는 전혀 비범하거나 특출하지 못했다. 대학 시절 나는 나의 동료들이나 후배들, 선배들이 민주화운동이나 데모하는 것을 보았지만 그것을 전혀 이해하지 못했다. 저럴 바에는 차라리 좋은 여자나 만나서 데이트나 즐기지 왜 저런 짓을 하는지 전혀 이해할 수 없었다. 지금 말하지만 나는 전혀 애국자가 아니었다. 돌이켜 생각해보면 나는 세상의 일에는 거의 관심이 없었다. 그리고 스스로 생각하기에 내 자신이 애국자라고 생각해 본 적도 없었다. 그런데 나는 억울했다. 왜냐하면 무서운 악령들의 신기(神氣) 때문에 정상적 삶을 영위할 수 없었고 전혀 잠을 이루지 못했기 때문이다. 그런 가운데 나는 그 두려운 신기의 권능에 눌려서 힘들게 살아갈 때 이런 생각을 했다.

(내가 출세를 하면 무슨 의미가 있겠는가? 그 모든 부귀영화는 죽으면 끝인 것을 도대체 무엇 하러 그런 것을 추구하는가? 빌딩들을 쳐다본다고 해서 그 빌딩이 내 것이 되는 것도 아니지 않은가?)

어차피 밤에 잠을 이루지 못했으므로 또한 나는 밤마다 이렇게 생각했다.

(이대로 살다가 죽기는 싫다. 직장도 싫다. 나라와 민족을 위해서 일하고 싶다. 나라와 민족을 위해서 무엇인가를 하고 싶다. 하다못해 그 무엇이라도 나라와 민족을 위해 남기고 싶다. 이대로 살다 죽기에는 너무나도 아깝다. 물론 나도 출세하면 좋겠지만, 그것은

너무나도 허망하다. 이대로 살다가 죽는 것은 절대로 안 된다. 그럴 수는 없다. 나라와 민족을 위해서 무엇인가를 해야 한다. 신이시여! 저를 도와주소서. 제가 가는 길이 시련의 가시밭길일지라도 저를 이끌어주소서. 아무리 하찮은 것이라도 제가 나라와 민족을 위해 무엇인가를 이룩하고 나서 죽게 해주소서. 신이시여, 부디 제가 이렇게 살다가 죽게는 하지 마시옵소서.)

확실히 그랬었다. 이상하게도 나는 애국자가 아니었는데도 그때부터는 어디에 있어도 나라와 민족을 생각했다. 이 무서운 신기들이 나를 죽이려할 때도 나는 나라와 민족을 생각했다. 왜 그런 생각을 하게 되었는지는 나도 모른다. 참으로 이상한 일이었다.

그리하여 나는 매일 밤마다 기도하고 또 기원하였다. 나는 어떻게 되어도 좋으니 제발 전 세계를 민주화시켜 달라고 기원하고 또 기원하였다. 10년이면 강산도 변한다는 말이 있듯이 나는 20년이란 기나긴 세월을 하늘에 빌고 또 빌었다. 그러자 나는 신기한 경험을 하게 되었다. 왜냐하면 많은 나라들이 나중에 민주화되었기 때문이었다. 그리고 나는 내가 무슨 하나님의 선택을 받은 사람이라고는 꿈에서도 생각하지 못했다. 그 동안 나는 하늘이 나를 버린 사람으로 생각하면서 살아왔다. 그 무엇 하나 이루어지지 않았고, 그 무슨 행복도 누리지 못하였다. 오직 매일 매일 '빨리 죽었으면 좋겠다.'라는 생각을 하면서 살았었다.

그런데 신을 만나는 사건이 내게 일어났다. 그리고 계시 말씀에 의하면 내가 일곱 별 중의 하나라는 것이었다. 물론 나는 추호도 또는 털끝만큼도 이를 믿지 않는다. 당시 그저 내 소원은 빨리 죽는 것이었다. 매일 매일 되풀이 되는 무서운 신기(神氣)의 공격에 숨조차도 내쉬기 어려울 정도였기 때문이다. 나는 일곱별이 무엇인지도 몰랐다. 다만 한 가지 이상한 것은 내가 태어나고 자란 곳이 조금 특이했다. 내가 태어난 곳은 대구광역시 북구 칠성동(七星洞)이다. 즉 칠성동 즉 일곱 별이라는 동네에서 태어났다. 내가 자란 곳도 대구시 북구 칠성동, 즉 일곱별이라는 동네이다. 그러나 나는 내가 일곱 별의 하나라는 사실을 전혀 믿지 않는다. 나는 제발 세상 사람들이 나를 평범한 사람으로 여겨주기를 바란다. 내가 제일로 싫어하는 것은 누군가가 나를 우상화하거나 신격화시키는 것이다. 그러므로 제발, 제발 독자 여러분들은 나를 신격화시키지 말기를 바란다. 그래서 나는 다른 글에서 이렇게 썼다. "나더러 주여, 주여 하는 자는 모조리 다 지옥에 갈 것이요, 아버지 하나님에게 주여, 주여 하는 자는 모조리 다 천국에 갈 것이다."

나는 그냥 행복할 뿐이다. 자칭 아버지 하나님이라고 하는 분이 정말로 하나님인지 아닌지는 모르지만, 나는 그분의 영광을 드러내기 위해서 사는 것이 마냥 행복할 뿐이다. 이제 나에게 그 이상의 행복은 필요하지 않다. 그 신이 진짜로 하나님인지 아닌지는 정말 모르겠지만, 나는 그 신이 그저 마냥 좋다. 수많은 사람들이 자신이 무슨 구세주, 메시아, 재림주, 정도령, 또는 재림 예수 그리스도라고 주장하는데, 제발, 제발 나에게는 그렇게 말하지 말기 바란다. 나는 지극히 평범한 사람일 뿐이다. 부디 부탁하거니와 나를 믿지 말고 하나님을 믿기 바란다. 나를 믿는 사람은 모조리 다 지옥에 떨어질 것이요, 하나님을 믿으면 모조리 다 천국에 갈 것이다. 나를 신격화시키려는 그 어떠한 시도라도 그 시도를 마귀, 사탄이 하려는 시도로 간주하기 바란다. 나는 자칭 하나님이라고 하는 그분의 영광을 드러내는 것만으로도 충분히 감사할 뿐이다.

일곱 기둥의 팔만 사천 명

앞에서 나는 안동민 선생님이 받은 "하늘이 내리신 말씀"을 인용했다. 그런데 거기에는 장차 세워질 열두 기둥 가운데에 일곱 기둥을 우리나라에 세워 각 기둥, 즉 지파마다 의인(義人) 일만 이천(12,000)명씩, 도합 팔만 사천(84,000)명의 의인을 배출시킨다는

32

구절이 들어있다. 이것은 내가 계시 받은 내용과 동일한데, 그래서 나는 아버지 하나님께 도대체 무엇을 위해서 그렇게나 많은 의인들을 배출시키느냐고 질문해 보았다. 그러자 아버지 하나님께서는 그 모든 의인들을 신(神)으로 진화시키려는 계획을 가지고 있다고 말씀하셨다. 즉 신(神)이 되는 길을 걸어가게 한다는 것이다. 그런데 이 시점에서 우리나라의 말에 묘한 것이 하나 있다. 그것은 바로 "신난다."라는 말이다. 즉 이는 "신이 배출된다."라는 묘한 말인 것이다. 이 "신난다."라는 말이 바로 이를 두고서 하는 말일지도 모르겠다.

은하계에 대하여

내가 본 아버지 하나님은 물론 태극으로 빛나고 있었다. 즉 거대한 태극이 서서히 돌아가는 모습을 하고 있었다. 나는 이 사실을 무심하게 생각했다. 즉 아버지 하나님께서 왜 하필이면 거대한 태극이 서서히 돌아가는 형상을 하고 있는지 전혀 그 의미를 생각하지 못했다. 그런데 어느 날 내가 여러 가지 형태의 은하계를 보게 되었는데, 색깔만 빼고 나면 영락없이 태극이 서서히 회전하는 형태를 띠고 있다는 것이었다. 즉 은하계들이 서서히 회전하는 모습이 마치 아버지 하나님의 태극이 서서히 회전하는 모습과 상당히 일치하는 것이었다.

태극에 대하여

왜 태극(太極)이 하나님의 상징이 되는지 그 연유를 한번 알아보자. 우선 만물을 살펴보자. 만물 중에서 특히 생명체를 살펴보도록 하자. 대부분의 생명체들은 음(陰)과 양(陽)의 형태로 존재한다. 특히 우리 인간들도 그러하다. 우리 인간들도 음과 양, 즉 여자와 남자로 창조되어 존재하고 있다. 그러면 이렇게 만물이 음과 양의 형태를 가지고 있는데, 그 만물을 지으신 이가 당연히 음과 양의 형태를 지니고 있다는 것은 당연한 일일 것이다. 그러므로 음과 양을 상징하는 태극은 당연히 하나님의 신물(神物)이자 상징이 되는 것이다. 그리고 태극이 하나님의 신물이자 상징이므로 당연히 우리나라는 '하나님의 나라'가 되는 것이다. 그러므로 우리나라의 국기에 태극이 들어가 있는 것은 그냥 우연히 된 것은 아니고, 그 모두 하나님의 깊으신 뜻에 의해서 그리된 것임을 알아야 한다. 특히 위의 그림에서 나오듯이, 우리나라가 하나의 거대한 태극이 된다는 사실은 독자 여러분들도 믿기가 어려울 것이다. 그러나 자세히 들여다보면 분명히 우리나라의 휴전선은 하나의 거대한 새을(乙)자 모양을 하고 있다. 이것은 분명히 태극에 나오는 새을(乙)자인 것이다. 이렇게 우리나라도 하나의 거대한 태극의 형태를 띠고 있고 우리나라의 국기에도 태극이 등장하는 것으로 보아 이는 그냥 우연히 된 것이 아니라, 그 모두가 이 우주의 절대자인 하나님의 뜻으로 그렇게 된 것이라고 보아야 한다.[2]

태극에 대해서 논하자면 한도 끝도 없을 것이다. 분명한 것은 태극은 음과 양의 복합체이며, 하나님을 상징한다는 사실이다. 하나님께서 음과 양의 복합체이기 때문에 만물이 음과 양으로 창조되었던 것이다. 우리나라의 국민들은 〈국기에 대한 경례〉를 할 때에 아무런 생각도 없이 무심코 경례를 한다. 그러나 실상을 알고 보면

---

[2] 한반도가 일종의 태극의 형상을 하고 있다는 것은 다음과 같은 사실에 의해서도 증명된다. 북한은 본래 공산주의, 즉 소위 빨갱이 세력이다. 그리고 그들이 추구하는 노선은 어디까지나 "적화통일(赤化統一)"이다. 또한 북한의 국기(國旗)와 노동당기 역시 적색이다. 이처럼 〈붉은색〉은 피 흘리기 좋아하고 호전성(好戰性을) 가진 공산주의를 상징한다. 반면에 자유 민주주의 체제이자 평화체제인 남한은 〈청색〉에 의해 대표된다. 청색은 평화를 상징하는 색이기 때문이다. 또한 남한의 대통령관저가 "청와대"인 것도 우연이 아닐 것이다. 그러므로 새을(乙)자 모양의 휴전선을 경계로 빨갱이 세력인 북(적색)과 자유평화세력인 남(청색)이 대치하고 있는 한반도는 영락없는 태극의 형상인 것이다. (발행인 주)

〈국기에 대한 경례〉가 아니라 〈하나님에 대한 경례〉가 되는 것이다. 왜냐하면 태극은 하나님의 신물이자 상징이기 때문이다. 그러면 태극의 신은 도대체 누구인가? 태극의 신은 도대체 누구를 말하는 것인가? 태극의 신은 과연 하나님을 상징하는 것일까? 그 해답을 우리민족의 최고의 비결서인 「격암유록(格菴遺錄)」에서 찾아보도록 하겠다. 격암유록의 〈농궁가(弄弓歌)〉에 "無後裔之鄭道令(무후예지정도령) 何姓不知正道令(하성부지정도령) 무극천상운중왕(無極天上雲中王)이 태극재래정씨왕(太極再來鄭氏王)"이라고 예언이 되어 있다. "후손이 없는 정도령이 어떤 성인지는 모르나, 다만 올바른 진리의 도를 펼치기 위해서 오리라." 여기서 후손이 없는 정도령(鄭道令)은 신(神)이신 하나님을 뜻한다. 그러나 정도령에서 정(鄭)씨 성을 갖고 있지는 않으며, 다만 하나님께서 정도(正道)를 지상세계에 펼치고 온 세계를 호령하여 온 세계의 왕(王)이 되시며, 장차 천국세계(天國世界)를 지상세계에 건설하여 모든 중생들을 구원하고 그들로 하여금 영생(永生)을 얻게 하신다는 뜻이다. 그리고 여기서 "무극천상운중왕(無極天上雲中王)"은 "하나님"을 말한다. "하나님"께서 "태극신(太極神)"으로 강림하신다는 내용이다. 그러므로 우리나라 전체가 하나의 태극이라는 뜻과 우리나라의 국기에 태극이 들어가 있음은 우리나라가 "태극신"의 나라 곧 "하나님"의 나라임을 뜻하는 것이다. 그리고 천상 세계에 있는 왕인 무극신(無極神)이 태극신(太極神)으로 화하여 지상에 하강하는데 이가 바로 구세주, 메시아인 정(鄭)씨 왕이라는 것이다.

그런데 여기서 무극신(無極神)은 곧 불교에서의 법신불(法身佛)을 말하는 것이고 이 법신불의 화신이 지상세계로 내려온 화신불, 즉 태극신(太極神)임을 말하는 것이다. 그리고 우리는 여기에서 우리나라가 바로 태극신의 나라임을 알 수가 있다. 격암유록에서는 아버지 하나님의 진리인 "해인진리(海印眞理)"가 아버지 하나님의 뜻으로 우리나라에 나타나게 된다고 하는데, 이것이 온 인류를 구원하며, 이 진리로 인해 우리나라가 나약한 약소국가에서 만고에 다시 없는 영광의 나라로 부상하게 된다는 것을 말하고 있다. 그러면 해인진리는 과연 무엇일까? 해인진리는 석가모니가 설산에서 6년간의 고행으로 깨달은 최고 차원의 진리로 석가모니는 바로 이 진리를 깨달아서 붓다(佛陀), 즉 부처가 되었다. 그래서 불교에서는 석가모니가 깨달은 해인진리를 최고의 진리로 생각하고 있다. 우리나라에 있는 사찰 가운데에 제일 큰 사찰은 바로 〈해인사(海印寺)〉이다. 여기에서 해인이라는 것은 석가모니가 깨달은 진리 가운데에 최고의 진리가 해인진리이므로 이를 기념하기 위해 사찰의 이름을 '해인사'라고 하였다. 바로 이 해인진리가 우리나라에서 출현하여 우리나라가 전 세계에서 제일가는 종주국이 된다는 것이다.

또한 "격암유록"에 "弓乙大道天下明(궁을대도천하명) 不老長生化仙國(불로장생화선국) 天降弓符天意在(천강궁부천의재) 拯濟蒼生誰可知(증제창생수가지)"라는 구절이 나온다. 해석하자면, "하나님께서 궁을(弓乙)의 대도(大道)를 가지고 나타나니 천하가 밝아진다. 하늘에서 내려온 궁부에는 하늘의 뜻이 담겨져 있으며 이것이 천하의 창생(蒼生)들을 구제하니 누가 이를 알겠는가?"라는 말이다. 이 뜻은 "하나님께서 〈궁을의 대도〉를 들고서 나타나시매 온 천하가 밝아진다. 그리하여 불로장생하는 신선세계가 이루어진다."는 의미이다. 이에 따라 "하나님"의 무궁한 진리로 인하여 우리나라는 불로장생하는 신선국(神仙國)이 된다는 것이다. 그런데 나는 평소에 "하늘"에서 강림하는 "궁부(弓符)"가 무엇인지 궁금했는데, 이때 "하늘"에서 내려온 "궁부"는 바로 "태극(太極)"을 말한다. 그러므로 이 "태극(太極)"에는 하늘이 뭇 중생들을 구원하는 뜻이 담겨져 있는데 누가 이것을 알겠는가?"라는 뜻이다. 그리고 "태극신(太極神)"의 진리가 하늘에서 내려오며, 이것이 온 천하의 중생(衆生)들과 창생(蒼生)들을 구원한다는 것이다. 또한 앞으로 "태극(太極)" 즉 "하나님의 상징"이 "하늘"에서 내려오며, 즉 우리나라가 "태극의 나라"가 되어 온 세계의 모든 상극을 없애고 무궁한 상생의 시대가 열려서 온 천하의 중생(衆生)들과 창생(蒼生)들을 구원한다는 뜻이다. 즉 우리나라가 온 세계에서 일어날 제 3차 대전을 대속하고, 온 세계의 모든 상극을 대속하여 이것이 바로 온 세계의 모든 사람들을 구원한다는 의미이다. 결론적으로 "하늘"에서 내려오는 "궁부(弓符)"는 바로 "태극(太極)"을 말하는 것이며, 우리나라가 "태극의 나라"가 되어 온 천하의 중생들과 창생들을 구원하리라는 것을 말하고 있다.

한국과 한민족이라는 이름에 대하여

앞에서 태극을 통하여 우리나라가 하나님의 나라라는 사실을 살펴보았다. 이번에는 "한국"이라는 이름을 가지고 우리나라가 하나님의 나라라는 사실을 살펴보자. 한국에서 "한"은 "하나"를 뜻하고 "국"이란 "나라"를 뜻한다. 여기에서 "한"은 다시 "하나"를 뜻하고 이 "하나"는 다시 "하나님"을 뜻한다. 그러므로 "한국"을 풀이해 보면 "하나님의 나라"라는 뜻이 되는 것이다. 또한 "한민족"에서 "한"이란 "하나"를 말하는 것이며, 다시 "하나"는 "하나님"을 말하는 것이니, 그러므로 "한민족"은 "하나님의 민족"이라는 뜻이 된다. 나아가서 "한국"에서 "한"이란 "하늘"을 말하는 것이며, "국"이란 "나라"를 뜻하는 것인데, 이는 곧 "하늘의 뜻이 펼쳐지고 이루어지는 나라"라는 뜻이 되는 것이다. 또한 "한민족"에서 "한"이란 "하늘"을 말하는 것이고, 이는 곧 "하늘의 뜻이 펼쳐지고 이루어지는 민족"이라는 뜻이 된다. 즉 "한민족"은 "하늘민족"이 되는 것이다. 이 뜻은 "하늘나라"가 우리 "한국" 즉 "한민족"으로 하여금 이 땅위에서 이루어진다는 것이다. 그리하여 "한민족" 누대에 걸친 암흑의 역사는 영원히 사라지고 무궁한 광명의 역사들만이 영원히, 그리고 끝없이 이어진다는 것이다.

애국가에 대하여

왜 애국가에는 "하느님"이라는 단어가 나오는 것일까? 이것에 대해서는 국민 여러분께서도 한 번도 생각하지 아니하고 무심코 애국가를 불렀을 것이다. 그러나 실상을 알고 보면, 이것도 그 모두 하나님의 뜻인 것이다. 애국가에 나오는 "하느님"은 이 우주의 절대자를 뜻한다. 즉 "하느님"이나 "하나님"이나 "하늘님"은 그 모두 똑같은 우주의 절대자를 말하는 것이다. 그러므로 국민 여러분은 자신들도 모르게 우주의 절대자의 이름을 부르고 있는 것이다. 국민 여러분은 이제까지는 무심코 애국가를 불렀겠지만, 이제는 그렇게 하지를 말아야 할 것이다. 이제는 우리나라가 "하나님의 나라"라는 사실을 믿고서 애국가를 불러야 할 것이다.

이제 국민 여러분도 우리나라가 "하나님"의 나라임을 알게 되었다. 이에 하나님을 믿는 우리들은 온 마음을 다하여 "하나님"의 거룩한 신물이자 상징인 태극을 존귀하게 여기고 거룩히 여기며, 또 우리들이 온 정성을 다해 애국가에 있는 "하나님"의 이름, 즉 "하느님" 그 영원자, 그 절대자의 이름을 사랑해야 할 것이다. 우리가 그리하면 하나님께서 우리나라의 모든 굴욕의 역사를 거두시고 우리나라의 영광과 존귀를 끝이 없게 할 것이며, 결국에는 온 세계 만국 가운데에서 가장 위대한 나라로 돌려 세우실 것이다.

그런데 국민 여러분들은 알아야 한다. 원래 우리나라를 통치하던 왕들은 천제(天帝), 즉 하나님에게 제사를 지냈다는 사실을 알아야 한다. 특히 조선의 왕들도 천제인 하나님에게 제사를 지냈으며, 조선의 마지막 왕인 고종(高宗)도 하나님에게 제사를 지냈다는 사실이다. 한 마디로 말하자면 우리나라는 천제이신 하나님에게 제사를 지낸 제사장(祭司長)의 나라였다는 것이다. 그런데 그런 장소의 첫 번째는 강화도 마니산의 참성단(塹星壇)[3]이며, 두 번째는 서울 웨

[3) 단군이 제천(祭天)을 위하여 쌓았다고 구전되어 온다. 밑 부분은 둥글며(지름

스틴 조선 호텔 뒤쪽 원구단(圓丘壇)4)이었다. 그리고 국민 여러분들은 또 알아야 한다. 하나님께서 동해물과 백두산이 닳도록 우리나라 대한민국과 함께 있을 것이고, 우리나라를 떠나지 아니하고 지켜줄 것이며, 또 보우할 것이기 때문에 애국가에 "동해물과 백두산이 마르고 닳도록"이라는 구절이 들어가 있다는 것이다.

우리나라의 국민들의 대다

일제에 의해 헐리기 전의 원래 원구단 모습

4.5m), 윗부분은 정방형(한 변이 2m)으로 전체 높이는 6m이고 동서에 단으로 오르는 계단이 있다. 1639년(인조 17)과 1700년(숙종 26)에 중수하였고 매년 음력 1월과 9월에 제사를 올렸다 하며, 요즈음에는 전국체육대회의 성화가 이곳에서 채화된다.
4)서울특별시 중구 소공동에 있는 조선시대의 제단(祭壇). 별칭으로 〈환구단(圜丘壇)〉이라고도 한다. 사적 제157호. 원구단은 천자(天子)가 하늘에 제사를 드리는 둥근 단으로 된 제천단(祭天壇)이다. 예로부터 '천원지방(天圓地方)'이라 하여 하늘에 제를 지내는 단은 둥글게, 땅에 제사 지내는 단은 모나게 쌓았다. 국왕이 정결한 곳에 제천단을 쌓고 기원과 감사의 제를 드리는 것은 일찍부터 있었다. 우리나라에서도 983년(고려, 성종 2) 정월에 왕이 환구단에서 풍년기원제(豊年祈願祭)를 드렸다는 『고려사(高麗史)』의 기록으로 보아, 이미 이전부터 이러한 의식이 행하였다고 추측된다. 이러한 제천의례는 조선시대에도 계승되었다. 그 뒤 고종이 1897년(광무 1) 대한제국의 황제로 즉위하면서 천자가 되었기에 완전한 제천의식(祭天儀式)을 행하게 되었다. 즉 환구단은 1897년 우리나라도 천신(天神)에게 제를 드려야 한다는 의정(議政) 심순택(沈舜澤)의 상소에 따라 영선사(營繕史) 이근명(李根命)이 지관(地官)을 데리고 지금의 소공동 해좌사향(亥坐巳向)에다 길지(吉地)를 정하고 제단을 쌓게 하였다. 제단이 조성된 이후에 고종은 이곳 환구에서 천제(天帝)에게 제를 드리고 황제위(皇帝位)에 오르게 되었다. 1913년 일제에 의하여 원구단이 헐리고 그 터는 지금 조선호텔이 되었는데, 화강암 기단 위에 세워진 3층 팔각정의 황궁우(皇穹宇)는 지금도 남아 있다.
(민족문화대백과에서 인용)

서울 소공동에 아직 남아 있는 원구단의 일부인 팔각정 황궁우

수는 이제까지 무심코 애국가를 불러왔다. 왜 애국가에 "하느님"이
라는 단어가 나오는지, 왜 애국가에 "동해물과 백두산이 마르고 닳
도록"이라는 구절이 나오는지 그 연유를 모른 채 무심코 부르고 또
불러왔다. 그러나 실상을 알고 보면 이는 바로 "하나님의 뜻"이었던
것이다. "하나님"께서 "동해물과 백두산이 마르고 닳도록" 우리나라
를 보우(保佑)한다는 뜻이다. 그런데 가소롭게도 남의 나라를 침략
하기를 좋아하는 일본사람들도 자신들의 나라를 신국(神國)이라고
부른다. 그러나 국민 여러분도 이제 이 사실, 즉 우리나라가 진정
한 "하나님"의 나라임을 알았으니 우리는 우리나라를 마땅히 신국
(神國)이라고 불러야 할 것이다. 그리하여 국민 모두가 우리나라가
신국이라고 생각한다면, 당연히 우리나라는 전 세계에서 제일가는
나라가 될 수 있을 것이다. 왜냐하면 당장에 국민들의 의식수준이
크게 높아지게 되기 때문이다. 그리하여 나는 국민 누구나가 우리

나라가 "하나님의 나라" 즉 "신의 나라" "신국(神國)"이라고 생각한다면, 틀림없이 우리나라의 국운융성은 이루어지리라고 굳게 믿는다.

1부

1.고난과 방황의 시절

백수건달

내가 지금 걷고 있는 이런 길을 걸은 지는 오래 되었다. 나는 할일 없이 도시 바닥을 수도 없이 헤매고 돌아 다녔다. 직업도 없이 마냥 세월이 흘러감에 따라 나는 결혼 같은 것은 꿈조차도 꾸지 못했다. 그리고 누구나가 젊은 시절에 다 하는 연애니 사랑이니 하는 것들은 나에게 전혀 이루어지지 않았다. 날이 가면 갈수록 나의 마음은 황량하고 침통해져 갔다. 내가 바라는 것은 단 한 가지, 내 자신이 사랑하는 어떤 여인과 연애를 하는 것이었다. 아주 아름다우며 환상적인 그야 말로 꿈같은 연애를 하는 것이다. 그리고 나서 죽으면 소원이 없을 것이라고 늘 생각해 왔다. 그러나 세월이 흘러감에 따라 나의 그 소원은 전혀 이루어지지 않았다.

나의 마음은 점점 더 황폐해지고 굳어져 갔다. 매일 동안 도시를 누비며 방황하는 마음을 안정시키기 위해서는 확실히 여자가 필요했다. 애정이 없는 마음은 마치 물 없는 논바닥같이 그렇게, 그렇게 메말라 갔다. 그렇기에 그 어떠한 모습이나 그 어떤 풍경도 나에게는 그저 황량한 하나의 장면일 뿐이었다. 이런 세월을 몇 년이나 보냈을까? 나는 문득문득 내 자신이 나락으로 떨어지는 듯이 느끼고는 했다. 처음에는 자그마한 마음의 증세였는데, 그러나 불행하게도 그런 어두운 마음은 순식간에 나의 모든 정신을 빼앗아 가버렸다. 즉 나에게 심각한 우울증 증세가 나타난 것이었다.

우울증이 무서운 것은 우선 세상만사가 다 귀찮고 싫다는 것이다. 하다못해 걷는 것조차도, 물 한 컵 마시는 것도, 숨을 내 쉬는 것도 다 싫다는 것이다. 그랬었다. 내가 바로 그랬었다. 나는 모든 풍경들이 황량하게 보였다. 그 어떠한 것도 나에게는 아무런 의미가 없었다. 그런데 나는 어느 날 어떤 책을 보게 되었다. 그러다가 그 책에서 우연히 우울증에 관한 내용을 읽게 되었는데, 나는 책을 잃어 내려가는 동안 놀라움을 금치 못했다. 왜냐하면 내가 이때까지 걸어온 과정이라든지 지금 현재의 심적 상황이 그 책의 설명과 너무나도 일치했기 때문이다. 그리고 그 책에서 결론적으로 말하길, 우울증에 걸린 사람들은 대부분 다 자살하고 싶어 하거나, 실제로 자살하는 사람들이 대단히 많다는 것이다. 나는 그 기사에 대해서 찬사를 보냈다. 왜냐하면 내가 당시 원했던 것은 바로 자살이기 때문이었다.

우울증의 증상들

우울증에 걸리면, 불안은 감추어지고 우울한 기분과 자기비하적인 행동이 나타난다. 가까운 가족의 죽음, 실연, 이혼, 시험실패, 경제적 파탄, 실직, 체면손상, 자존심의 상처, 사고나 수술로 중요한 신체의 일부분을 잃었을 때와 같이 중요한 상실은 인간에게 고통을 주고 죄책감과 수치심을 안겨 주기도 한다. 우울증의 신체적 증상으로는 기운이 없고, 피로감이 심하고, 밥맛이 없다. 그리고 만사가 다 귀찮고 재미있는 것은 하나도 없다. 수면장애가 있고 아침에 일어났을 때 기분이 가장 나쁘다. 또한 장래에 대한 희망이나 자신감을 잃어버리게 되고 비관적인 생각이 심하며, 자꾸만 자살을 생각하게 된다. 게다가 누구나 나이가 들어 장성한 자녀들이 슬하를 훌훌 떠나 버릴 때, 또 아직 일할 수 있는 나이에 정년퇴직의 쓸쓸함을 겪으며 지금까지 살아온 발자취에 후회와 노년에 접어드는 허망함을 느낄 때 자살의 위험성은 높아진다.

주식투자 실패

나는 과거 언젠가(30대 중반 때) 우울증을 치료하기 위해서 혹시라도 증권투자를 하여 거기에 몰두하면 우울증이 조금은 사라지지 않을까라고 생각하게 되었다. 그래서 부모님을 설득하고 또 내가 당시 직장에 다니며 모은 돈으로 거액의 투자 자금을 마련해서 증권투자를 시작했다. 우울증이 완화되리라는 그런 나의 예상은 적중했다. 그리하여 나는 그때부터 경제공부만 하고 살았고, 투자대상 기업들을 분석하고 또 분석했다. 증권투자에 몰두해 있는 동안만은 우울증을 어느 정도 잊을 수 있었기에 나는 계속해서 주식에 관련된 경제를 집중적으로 연구하는 데 빠져들었다. 이런 와중에 약 5년이라는 세월이 흘러갔다. 하지만 불행하게도 그런 와중에 나는 어떤 비극적인 악재(惡材)와 만났는데, 그것은 바로 IMF 사태라는 초대형 사건이었다. 주가(株價)는 한 순간에 폭락했고, 나는 모든 자금을 날렸으며, 소위 깡통이 된 사람이 되고 말았다.

그때부터 부모님은 나를 꾸짖거나 야단치는 일이 많아졌다. 그래도 나는 안다. 즉 비록 부모님이 나를 꾸짖더라도 나를 사랑한다는 것을 잘 알고 있었다. 그러므로 나는 그러한 부모님을 뒤로하고 쉽게 자살할 수는 도저히 없었다. 어쨌든 마지막으로 희망을 걸고 매달렸던 주식투자마저 실패하고 말았으니 날이 갈수록 우울증은 더욱더 심해졌다. 그리고 불행하게도 나는 점점 폐인이 되어가고 있었다. 속으로는 자살하고 싶었지만, 막상 또 자살을 시도하려면 도대체 무슨 방법으로 자살하는지 나는 잘 알지 못했다. 왜냐하면 20대 때 악령들에 의한 시달림 때문에 시도했던 다량의 수면제 복용 방식으로는 이미 실패한 적이 있었으므로 다시 시도할 엄두가 나지 않았기 때문이다. 그럼에도 나는 마음 한 편으로는 자살하기가 싫었다. 왜냐하면 그것은 패배하는 것이기 때문이었다. 그래서 나는 절대로 어떠한 경우에도 자살하지 않기로 마음먹었지만, 그러나 나의 신념은 약해져서 점점 무너져 갔다.

증권시장

갈 곳 없는 나는 증권객장을 이리저리 둘러보고 또 종합지수판을 들여다보았다. 그리고 컴퓨터로 원하는 몇 가지 종목의 차트를 쳐보고는 객장을 나왔다. 이미 돈을 몽땅 날려버린 나에게는 더 이상 증권, 코스닥, 선물, 옵션을 할 돈이 없었다. 나는 주로 옵션의 외가에서 돈을 많이 날렸다. 옵션에서 한번 폭등이나 폭락이 오면 외가에서 10배 또는 100배 수익이 나거나 손해 보는 일이 많았기 때문이었다. 그러나 나에게는 운이 없었다. 항상 옵션 결재일이 가까워져서 대박이 터지기 마련이므로 어지간한 사람들은 거기에 들어갈 엄두도 못 내었다. 그리고 안 되면 즉시 손절매(損折賣)를 하고 나와야 하는데, 나는 마음이 약해서 그러지 못했던 것이다. 나는 일반인들 기준으로서는 주식(株式)에 관해 상당한 지식적 수준에 도달했으나, 이미 나에게는 돈이 모두 없어져 버렸다. 즉 증권계에서 소위 말하는 깡통이 났던 것이다.

대형 백화점

당시 나에게는 한 명의 여자가 있었다. 나는 그녀를 사랑했다. 그러나 그녀는 나를 아예 생각도 하지 않았다. 그녀는 이름이 달숙(가명)이었고 모 백화점의 화장품 매장에서 일하는 여직원이었다. 나는 화장품 코너 근처에 나타나 근처에서 그녀의 모습을 바라보았다. 그녀는 어떤 여자 고객을 상대로 대화를 하고 있었고, 곧 그 고객이 어떤 화장품을 사가는 모습이 보였다. 나는 그녀를 진심으로 좋아했다. 그러나 그녀는 나를 사랑하지 않았고 관심조차 주지 않았다. 그녀는 약간 떨어진 거리에서 자기를 바라보고 서있는 나를 발견하고는 기겁을 하며 놀랐다. 그녀는 황급히 자리를 이탈해서 나에게 눈짓을 하고는 계단 쪽으로 걸어갔다. 달숙은 크게 화가 난 표정으로 내게 말했다.

"오빠, 도대체 여기는 웬일이야?"

"그냥 시간이 좀 남아서."

"오빠, 내가 분명히 말했지. 나 오빠 좋아하지 않는다는 것을, 그리고 다시는 내 앞에 나타나지 말라고 그랬지."

나는 힘없이 말했다.

"그래."

"다시 한 번 더 분명히 말하겠어. 오빠 다시는 여기에 오지 마. 사람들에게 소문나는 것 나 별로 안 좋아해, 알았어? 오빠."

"그래, 알았어."

"오빠, 다시 분명히 말하는 데 나는 오빠 안 좋아해. 관심 없어."

그리고 그녀는 매정하게 몸을 돌려 나갔다. 나는 힘없는 표정으로 한쪽 손을 벽에다 댔다. 그리고 스르르 무너지며 무릎을 꿇었다. 나는 눈물을 글썽이면서 중얼거렸다.

"달숙아, 지금 … 지금은 … 너는, 너는 … 나의 모든 것이야. 크흑 … 달숙아, 달숙아."

46

나는 돈도 없는 평범한 사람이었고, 나의 첫사랑의 여자도 나를 전혀 좋아하지 않았다. 따라서 나는 내가 평범한 얼굴을 하고 있다고 생각했는데, 몇 번씩 실연을 당한 후로는 내가 평범하기는커녕 오히려 못생긴 남자로 생각이 되었다. 도대체 내가 얼마나 못생겼으면 여자들이 모두 나를 그렇게도 싫어하는 것일까?

어느 산에서

나는 거리를 배회하다 맥주캔과 안주를 사들고 근처의 산으로 올라갔다. 나는 한 곳에 걸터앉아 캔 맥주를 들이키며 속으로 생각했다.

(정말 큰일이다. 나는 점점 우울증에 빠져들고 있다. 모든 것이 다 귀찮다. 모든 풍경들이 다 황량하다. 내게는 그 어떠한 경치라도 다 사막과 같이 보인다. 나는 도대체 왜 이런가? 나도 직장에 들어간 적이 있다. 그러나 이상하게도 직장 일이 나한테는 적성에 맞지 않았고 도저히 집중해서 일할 수가 없다. 매일같이 되풀이되는 이 방황이 나도 싫다. 매일 포커판과 고스톱 판만 찾아가서 구경하고 틈만 나면 그저 객장에 나가서 주식시세를 살펴보는 것이 그저 나의 하루 일과이다. 투자원금은 이미 IMF사건 때 다 날려먹었다. 그래서 지금은 포커치고 고스톱 치는 돈도 없다. 그 동안 여러 여자들을 사랑했으나 그녀들은 한결같이 나를 싫어했다. 하긴 직업도 없는 나를 사랑해 주기를 바란 내가 미친놈이었는지도 모르지. 이런 한심한 나를 누가 좋아하겠어. 도대체 나는 왜 이 모양일까? 이미 집에서도 나를 포기했다. 지금은 그래도 달숙이가 유일한 희망이었다. 하지만 달숙이 마저도 나를 지독하게 싫어한다.)

나는 오징어를 들고 일어섰다. 그리고 어떤 무덤 옆으로 갔고 거기에 자리를 잡았다. 나도 모르게 긴 눈물을 흘러내렸다. 그러면서 속으로 생각했다.

　(그 누구도 나를 사랑해 주지 않는다. 나는 도대체 왜 태어났을까? 그래, 죽자, 죽어, 그냥 죽어버리자. 그것만이 오직 탈출구다. 다시 한 번 죽는 것을 시도해 보자. 그 모든 것이, 그 어떠한 아름다운 풍경도 내게는 사막같이 보인다. 삶 전체가 바로 사막이다. 아무런 희망도, 아무런 즐거움도 내게는 없다. 이런 신세로 억지로 살아서 무엇 하겠는가? 그래, 죽자, 죽어. 죽어버리는 거야.)

방안

　나는 극약이 든 병을 앞에 놓고 두 손을 모아 기도를 하는 자세를 취했다. 그리고 눈물을 흘리면서 말했다.

　"신이시여, … 크흑 … 이제 저는 죽나이다 … 크흑 … 아무도, 아무도, 저를 사랑해 주지 않나이다. 신이시여, 이 영혼을 불쌍히 여기소서. … 크흑 … 만약 저를 구원해 주시면 … 크흑 … 반드시 … 크흑 … 저의 모든 나머지 삶을 당신의 영광을 드러내는 곳에 … 크흑 …쓰겠나이다. … 크흑 … 저의 모든 삶을 오직 당신의 영광을 이루는 곳에 쓰겠나이다. … 크흑 … 오직 당신의 영광을 이루기 위해, … 크흑 … 오직 당신의 영광을 이루기 위하여 살겠나이다. 오직 당신의 영광을 이루기 위해 살겠나이다. 오직 당신의 영광을 이루기 위해 살겠나이다. 오직 당신의 영광을 이루기 위해 살겠나이다 …."

　나는 이 말을 되풀이 하다가 어찌된 일인지 꾸벅꾸벅 졸았다. 그러다 나는 갑자기 탁자위로 쓰러지면서 잠에 빠져들었다.

48

2부

절대자인 신(神)과 만나다

2부

1.신(神)과의 첫 접촉

자살하려다 약병을 들고 쓰러져 잠에 빠졌던 나는 어느 이상한 장소에 와 있었다. 나는 속으로 생각했다.

(여기가 어디일까? 정말 이상하네. 생전 처음 와보는 곳이네.)

갑자기 나의 앞이 환하게 밝아지면서 큰 바다가 나타났다. 그리고 그 바다위로 거대한 태양이 떠올랐다. 나는 크게 놀라지 않을 수 없었다. 이윽고 그 태양이 조금 떠오르더니 태극처럼 붉고 푸른 두 기운으로 변했다. 허공에 장엄한 두 기운이 서서히 돌기 시작했다. 이때 내가 보는 뒤에서 한반도의 모습이 나타났다. 그 장엄한 두 가지 빛이 빙글빙글 돌아가며 한반도를 비추었다. 나는 그 빛을 따라서 등을 돌렸다. 그리고 한반도에 붉고 푸른 두 기운이 투사되는 것을 보았다. 잠시 후 한반도에서 기이한 형상이 나타났다. 장엄한 두 기운이 한반도를 비추자 한반도에 있던 모든 검은 기운들이 허공으로 솟아오르면서 한반도가 지극히 깨끗해졌다. 이윽고 한반도 전체가 지극히 깨끗해지자 그 두 기운은 사라졌다. 그리고 한반도도 사라지고 바다도 사라졌다. 나는 너무나도 놀라운 표정으로 이 장면을 보았다. 나는 속으로 생각했다.

(도대체 이게 무슨 조화야? 이게 지금 꿈이냐, 아니면 생시냐?)

잠시 후 어떤 음악이 허공중에 울려 퍼졌다. 그리고 난 후 어떤 형상이 나의 앞에 나타났다. 어느 허름한 탁자와 그리고 양쪽으로 의자 두 개가 나타났다. 그리고 어느 허름한 옷을 입고 낡은 왕관을 쓴 존재가 의자에 나타났다. 왕관의 앞쪽 중앙에는 붉고 푸른 모양의 보석이 태극의 형상을 한 채로 붙어 있었다. 나는 그 존재에게 말했다.

"당신은 누구십니까? 그리고 여기는 도대체 어디입니까?"
"일단은 네 앞에 있는 의자에 앉도록 하라."
나는 의자에 앉았다. 내가 의자에 앉자 그 존재가 말했다.
"나는 우주요, 우주가 곧 나이니라. 그대는 내가 불러서 여기에 있느니라."
"무슨 말씀입니까?"
"나는 삼라만상이요, 삼라만상이 곧 나이니라."
"삼라만상이 뭐 어떻다고요?"
"나는 빛이요, 생명이요, 구원이니라. 나는 또한 신(神)이니라. 원래 내 형상은 인간들이 이해할 수 없기에 이렇게 인간의 형상으로 그대 앞에 나타났느니라."
"뭐요? 신이라고요? 전혀 신같이 보이지 않는데요?"
"앞으로 차츰 차츰 믿게 될 것이다."

52

"신이라고요? 그럼 무슨 신입니까?"

"나는 너희 나라의 신이자 온 인류의 신이니라."

"뭐요? 우리나라의 신이라고요? 우리나라에서도 신이 있었던가요?"

"있느니라."

"하긴 뭐, 그럴 수도 있겠죠. 지금 우리나라에서도 자기가 무슨 신이니, 재림주니, 메시아니 하며 착각하는 사람들만 해도 수백 명은 넘는다던데, 그런데 여기는 어디이고 무슨 일입니까?"

"여기는 아스트랄계라고 하느니라."

"아스트랄? 아스팔트와 유사한 용어인가? 전혀 모르겠네요."

"여기는 영혼들이 사는 세계이니라."

"뭐라고요? 영혼들이 사는 곳? 그럼 내가 죽었다는 말입니까?"

"아니니라. 그대의 영혼이 잠시 그대의 육체를 떠난 것뿐이로다."

"영혼이 육체를 떠나요? 이거 믿어도 됩니까?"

"언젠가는 믿게 될 날이 올 것이다."

"그것은 그렇고 나를 왜 이런 곳으로 불러냈습니까?"

"그대가 내게 간절히 원하고 또 원했느니라."

"내가 원해요? 나는 전혀 그런 적이 없는데?"

"잘 생각해 보아라."

"가만있자."

나는 잠시 생각에 빠졌다. 그리고 다시 말했다.

"저는 도대체 모르겠네요. 도저히 생각이 안 나네요."

"그대가 그 동안 무수한 고난을 받고 또 무수한 시련을 당했음이라. 이제 내가 그대를 일으켜 세울 것이다. 그리하여 나의 영광을 드러내고 나의 일을 시키고자 하느니라."

나는 급히 변명했다.

"저한테 일을요? 아이참, 저는 일을 못해요. 회사에도 들어갔다가 적성에 안 맞고 심신이 괴로워서 그냥 나왔어요. 안돼요. 저는 일을 못해요."

"그래도 내가 보기에는 그대가 이 일을 하기에 가장 적합한 사람이니라."

"알았어요. 알았으니까 이제 그만 말씀하세요. 그리고 말이에요, 모름지기 일이란 능력 있는 자에게 시켜야 해요. 아시죠?"

"이미 알고 있느니라."

"그럼 됐네요 뭐. 저는 이제 집으로 돌아가겠습니다."

"능력 있는 자는 그 마음이 출세하기를 바라는 생각으로만 가득 차 있느니라. 내 영광을 드러내고자 하는 생각은 없느니라."

"뭐라고요? 영광을 드러내요?"

"그러하느니라. 이 우주에서 가장 위대한 일 중의 하나가 나의 영광을 드러내는 것이니라."

"가만있자, 영광을 드러낸다? 이거 어디서 많이 들어본 소리 같은데?"

"그대가 내게 말하고 또 말하지 않았느냐?"

나는 깜짝 놀라는 표정으로 중얼거렸다.

"그래 맞아, 내가 죽음을 눈앞에 두고서 신께 기도를 했지, 평소에도 했고 … 그래 이제야 알 것 같군."

"이제야 이해가 되느냐?"

"이제서야 이해가 됩니다. 하지만 저는 당신이 신이라고 생각되지 않는데요? 당신을 신으로 보기에는 너무나도 초라한데요."

"내가 너의 마음을 잘 아느니라. 그렇지만 나는 상관이 없노라. 나는 너의 마음을 다 알고 있느니라."

"그런데 말입니다. 한 가지만 따집시다. 도대체 내 인생이 왜 이 모양 이 꼴입니까?"

"이제 내가 그대의 그 무수한 고난과 시련을 끝내게 하리라. 내가 그대를 무궁한 영광의 길로 인도하여 그대를 길이 존귀케 할 것이다. 나의 영원한 영광을 그대에게 주어 그대로 하여금 장차 나의 끝없는 영광을 꽃피우게 하리라."

"말씀은 감사합니다만, 현재는 돈도 별로 없어서 사는 게 그저 괴롭습니다."

"미래는 현재의 노력에 달려 있느니라."

"뭐라고요? 노력이라고요? 저도 노력이라면 할 만큼 다 했다고요."

"높은 차원에서 보면 운명은 노력 앞에서 무능하느니라."

"그런 것은 중요하지 않고요, 제발 저에게도 출세 좀 하게 해주세요. 출세를 말입니다."

"높은 차원에서 보면 돈으로 사는 자는 순간을 사는 자이며, 진리로 사는 자는 영원을 사는 자이니라."

"잘 이해가 안 됩니다."

"진리는 영원히 사는 길이며, 진리는 끝없는 창성으로 가는 길이니라. 또한 진리는 영원히 꺼지지 않는 불꽃이며, 진리는 영원히 하나가 되는 길이로다. 또한 진리는 영원히 멸망하지 않는 길이고, 진리는 영원히 끝없는 행복이며, 진리는 순간에서 영원으로 가는 길이니라."

"말씀이 참 좋으시네요. 그런데 당신께서는 왜 이렇게 초라하십니까? 왜 장엄한 신전 같은 곳에 계시지 않습니까?"

"나의 신전이 따로 있는 것이 아니라 이 우주가 바로 나의 신전이니라. 그대가 진리를 깨달으면 그대가 바로 나의 신전 안에 있음을 알게 될 것이다."

"알겠습니다. 이제 되었습니다. 제가 당신을 신으로 인정해 드리지요 뭐. 그거야 뭐 어렵습니까?"

"이제 내가 내 전능한 힘을 그대에게 주리니, 이 힘으로 그대는 무엇이든 이루고 무엇이든 성취할 것이니라."

"좋습니다. 그럼 지금부터 저는 무엇을 해야 합니까?"

"나의 일은 처음에는 초라하나 나중에는 심히 크게 창성하느니

라. 그리고 이는 나의 힘 속에 그 무엇이든 끝없이 창성케 하는 힘이 들어 있기 때문인 것이다. 나는 끝없이 무궁한 신이니라. 나의 입장에서 보면 그대가 사는 땅에서의 높고 낮음은 아무런 차이가 없이 극히 초라한 것이로다. 인간들의 능력이나 지혜는 내 앞에서는 극히 미미하느니라.

"무슨 말씀이신지 모르겠습니다."

"명심하라. 진리를 뿌린 자는 나의 나라를 그 유업으로 얻을 것이다."

"좋습니다. 그런데 다시 한 번 더 묻겠는데, 당신께서는 도대체 누구의 신이시옵니까? 혹시 이슬람교의 알라신이십니까? 아니면 일본의 신이십니까?"

"아니니라. 나는 알라신도 아니고 일본의 신도 아니니라."

"일본 사람들은 맨 날 자신들이 '신의 나라'라고 주장하는데요?"

"그것은 틀린 것이다. 나는 남의 나라를 침략하는 자의 신은 아니니라."

"그러면 도대체 누구의 신이십니까?"

"나는 너희 민족의 신이요, 나아가서 온 인류의 신이니라."

"우리 민족의 신? 우리 민족에게도 신이 있었던가요?"

"있었느니라."

"좋습니다. 그런데 우리나라는 또 왜 이 모양, 이 꼴입니까?"

"내가 이제 한국민의 모든 고난을 다 거두고 오직 미래에 찬란한 번영만을 주려 하노라. 그때에는 다시는 동족상잔과 같은 비극이 없을 것이다. 그 모두가 내 끝없는 섭리와 내 끝없는 진리 가운데에 거하며, 고난의 날들은 영원히 사라지고 광명의 날들은 무궁히 이어지게 하리라. 시련의 날들은 순간에 그칠 것이요, 영화의 날들은 영원히 이어지게 할 것이다. 이제 내가 너희 민족에게서 모든 눈물을 씻기매, 너희 민족이 다시는 통곡하거나 오열하는 일이 있지 아니하리라"

"말씀만으로 참으로 감사합니다. 제가 비록 백수건달이지만, 당신께옵서 그리도 저를 높이 평가해 주시니 참으로 고맙습니다. 다른 사람들은 저를 아예 인간 취급도 안 합니다. 이제 당신께서 저를 그리도 잘 보아주시니 참으로 감사하네요."

"이제 때가 되었음이라. 내가 온 사방 모든 곳에서 숱한 의인들을 한국으로 불러 먼저 대한민국을 끝없이 창성케 하리라."

"그리되게 해주십시오."

"그런 연후 온 인류가 영원한 낙원 가운데에 거하게 하리라."

"그리되게 해주십시오."

"내가 그대를 쓰는 것은 그대가 한국과 같이 많은 인욕(忍辱)의 세월을 살아 왔음이라. 내가 이제 그대를 써서 한민족 누대에 걸친 그 숱한 한(恨)들을 모조리 풀고 온 지구상의 나라중의 나라로 건설하리라."

"좋은 말씀 감사합니다. 하지만 저는 능력도 없고 성인(聖人)도 아닌데요?"

"애초부터 성인과 범인(凡人)의 차이는 없느니라. 마음속의 진리가 자라나서 성숙하면 성인이요, 마음의 연마를 게을리 하면 범인이니라. 그러므로 부지런히 마음을 갈고 또 닦아야 하느니라."

"알겠습니다."

"내가 먼저 그대를 일으켜 세우고, 나아가서 그대 나라를 일으켜 세우리니, 먼 훗날 그대는 나의 뜻과 나의 섭리를 이해하고 또 행하게 될 것이로다. 당장은 그대가 이를 모르리라."

"좋은 말씀 감사합니다."

이윽고 그 형체는 서서히 사라지기 시작한다. 그러면서 그 형체가 말한다.

"잊지 말라. 미래는 현재의 노력에 의하여 만들어지느니라."

그러면서 그 허름한 존재는 서서히 사라져 갔다. 나는 갑자기 잠에서 깨어났다. 그리고 혼자 중얼거렸다.

"헉, 이것이 도대체 꿈이야? 생시야? 이토록 사실 같은 꿈을 꾸다니 이럴 수가, 이럴 수가."

나는 너무도 생생한 꿈에 대해 놀라움을 느꼈다. 그리고 나는 그 말씀을 기억하려고 애를 썼다. 그리고 갑자기 마음 한 구석에서 불길이 치솟듯 어떤 엄청난 긍정적인 힘이 치솟는 것을 느꼈다. 그토록 고뇌 덩어리였던 마음이 이상하게 평온해졌다. 나는 가부좌를 틀고 앉아 정신을 모았다. 이윽고 나의 마음은 끝없이 청정해졌다. 아무런 번뇌도 아무런 부정적인 생각도 생겨나지 않았다. 그동안 그토록 고뇌 덩어리였던 내 마음이었다. 갑자기 어디서 지극히 묘한 주문(呪文) 같은 것이 나의 마음으로 흘러들었다. 그 이상한 주문이 마음속에 흘러들자 갑자기 마음이 한없이 맑고 깨끗해졌다. 그리고 무한한 기쁨과 행복이 나의 정신을 지배했다. 나는 그 이상한 주문을 분석하려고 애를 썼으나 실패하고 말았다. 다만 그 신령한 주문의 중간 중간에 '옴(Aum)'의 단어가 들어 있었으며, 그 진언이 나의 등뼈에 선명하게 새겨져 있는 것을 분명히 느꼈다. 잠시 동안 나는 삼매(三昧) 상태에 들었다. 삼매는 몇 시간동안 지속되었고 나는 전혀 시간 가는 줄 모르고 그대로 가부좌를 틀고 있었다. 이윽고 밤이 지나가고 새벽이 왔다. 나의 의식(意識)은 떠오르는 태양 그 자체였다. 나의 의식은 방대한 우주로 퍼져나갔으며 그리하여 찬란한 새벽 별같이 빛났다. 이러기를 얼마나 더 지났을까? 나는 갑자기 눈을 떴다. 그리고 놀라움으로 마음이 떨렸다. 내가 태어나서 이토록 마음이 편안하고, 행복하고, 청정한 것은 지금이 처음이었다. 나는 그 존재가 진짜로 신일지도 모른다는 생각을 했다. 비록 허름한 모습이었지만 나의 인생 중에 이런 일은 처음이었다. 나는 앞의 탁자 위에 있는 독극물을 보고 웃었다. 나는 중얼거렸다.

"아니? 이상하군. 내가 왜 죽을 생각을 했지?"

나는 어이가 없는 듯이 잠시 있다가 그 독극물을 가지고 집의 뒤

편으로 가서 땅을 파고 그것을 묻어 버렸다.

2.신의 첫 번째 계시 말씀

어느 날 잠자리에 든 지 어느 정도 후의 비몽사몽(非夢似夢) 간에 영혼이 이탈된 나는 다시 어느 이상한 장소에 있었다. 나는 생각했다.

'또 여기네. 또 그 이상한 신이 또 나타날까?'

이때 내 앞에 다시 전과 같이 허름한 탁자가 나타나고 그 탁자의 양옆으로 의자 2개가 나타났다. 그리고 다시 오른 쪽에 그 신이 현신하였다.

"자리에 앉도록 하라."

나는 그 신 앞의 의자에 앉았다.

"두려워 말라. 나는 힘 중의 힘이요, 모든 힘의 근원이니라. 내 뜻이 그대에게 있는 한, 그 누구도 그대를 대적하지 못하며, 그 누구도 그대를 이기지 못할 것이다. 그리고 걱정하지 말라. 그대가 가는 길에 아무리 많은 고난과 시련이 있다 할지라도 그대는 그 모든 것을 다 이기며, 그 모든 것을 다 이루리라."

"그런데 당신은 도대체 누구십니까?"

"나는 그대 나라 한국의 신(神)이며, 나아가서 온 인류의 신이니라. 들으라. 너희 나라의 애국가에 '하느님이 보우하사 우리나라 만세'라는 구절이 있지 않느냐? 이는 나의 섭리로 인해 그 구절을 너희 나라의 애국가에 넣은 것이니라."

"듣고 보니 일리가 있습니다. 하지만 믿을 수가 없는데요? 우리나라에 언제 신이 있었습니까?"

"있었느니라."

"그런데 왜 이제야 나타나셨습니까?"

"때가 되었기 때문이니라."

"무슨 때가요?"

"이제 내가 그대 나라의 모든 고난과 시련을 거두고 미래에 끝없는 발전과 번영을 주리라. 영원히 사라지지 않는 불멸의 영광을 그대 나라에게 주어 그대 나라를 영원히 존귀케 할 것이다."

"말씀만으로 감사합니다."

"또한 장차 나의 끝없는 영광이 그대 나라 대한민국을 통하여 찬란히 꽃피어 날 것이다."

"그런데 저는 백수건달입니다."

"아니니라. 보통 사람들이 보기에는 그대가 백수건달일지는 모르지만, 그대 마음속에는 내 영광을 이루고자 하는 마음이 있느니라. 그대는 바로 그 마음 때문에 실상은 지극히 높고 존귀한 자이니라."

"당신의 영광을 드러내는 것이 그렇게 대단한 것이옵니까?"

"그러하느니라."

"아무튼 다른 사람들은 저를 인간 취급도 안 하는데, 오직 당신께서는 저를 그리도 높게 보아주시니 참으로 감사합니다."

"아니니라. 그대에게 국회의원 같은 자리는 높은 자리일지는 모르나, 나의 끝없는 영광에 비교하면 그것은 지극히 하찮은 자리이니라."

"저 같은 이도 언젠가는 당신의 영광에 들 수 있겠습니까?"

"누구나 내 영광을 믿고 내 영광을 이루고자 하는 자는 그 영혼이 멸망하지 않고 언젠가는 빠짐없이 내 영광에 도달하느니라."

"당신의 영광은 어떠한 영광입니까?"

"진리의 영광이니라. 누구나 진리를 믿는 자는 내 영광에 도달하리라."

"당신의 영광은 얼마나 큽니까?"

"모든 세속적 영광은 내 영광에 비교하면 지극히 초라하느니라."

"제가 앞으로 어떻게 하면 되겠습니까?"

"세속의 영광을 버리고 진리를 추구하는 자가 되기를 바라노라."

"사람들은 출세의 영광만 생각합니다."

"세속적 출세의 영광은 죽으면 끝이나, 진리의 영광은 죽어도 그 영혼에 영원히 남느니라."

"교훈이라도 하나 가르쳐 주십시오."

"육신의 잘됨을 꾀하지 말고 영혼의 잘됨을 꾀하도록 해라."

"참으로 좋은 말씀 감사합니다. 그런데 저는 아직도 당신이 신이라는 것을 믿을 수가 없습니다."

"내 섭리가 이루어지면, 차츰 차츰 믿게 될 것이다."

"인간은 왜 사는 것입니까?"

"진리를 깨닫기 위해 사느니라."

"진리를 깨달으면 어떻게 됩니까?"

"보다 더 상위의 세계로 가게 되느니라."

"신은 무엇입니까?"

"끝없는 빛이니라."

"그럼 빛은 신성한 것입니까?"

"모든 빛은 신성한 것이다"

"좋은 말씀 감사합니다."

이윽고 그 신이 서서히 사라지면서 말했다.

**"명심하라. 성공의 신은 바로 노력이니라. 내가 또 다시 그대 앞
에 나타날 날이 있을 것이다."**

나는 일어서서 신에게 고개를 숙여 절을 했다.

역술원을 찾아가다

이런 기묘하고도 신비한 일을 겪은 후, 나는 갑자기 어느 역술원
(易術院)을 찾아가고 싶은 생각이 들었다. 내 운명을 알고 싶었던
것이다. 그래서 나는 어느 역술원에 방문하여 나의 생년월일시를
불러주고 상담을 청했다. 역술원의 주인은 남자였다. 역술가는 무
엇인가를 열심히 쓰고 그리더니 내게 말했다.

"이 사주(四柱)의 운세는 특별한 것이 없습니다. 지극히 보통인
그런 운세입니다."

"사실은 일이 너무 안 풀려서 이렇게 찾아 왔습니다."

"그래요? 사주로는 특별히 안 풀리는 운세는 아닌데요."

"무슨 좋은 방법이 있습니까?"

"방법이야 있소만."

"말씀해 보십시오."

"영험한 부적(符籍)이 있긴 있는데 돈이 많이 들어서 … "

"얼마나 합니까?"

"최하급이 50만원이고 괜찮은 것으로는 100만 원 정도 하지요."

"네에? 최하급은 50만원이고 괜찮은 것이 100만 원 정도라고요?"

"어험, 비용이 조금 많긴 많습니다만, 수많은 사람들이 모두 영험
하다고 칭찬을 했소이다."

"알겠습니다. 제가 지금은 돈을 가지고 오지 않아서요, 다음에 가

져오지요."

"카드로 긁어도 되는데요."

"죄송합니다. 지금 저한테는 카드가 없습니다."

"그럼 카드를 가지고 오십시오. 당신한테는 특별히 무이자 할부로 해드리지요."

"말씀 감사합니다."

나는 일어섰다. 그리고 그 역술원장에게 정중히 인사를 하고 밖으로 나왔다. 나는 계속 그 주위를 돌아다니며 다른 역술원을 찾아보았다. 나에게는 특별히 할일이 없고 바쁜 일도 없어서 그것은 그리 어려운 일이 아니었다. 곧 나는 다시 어느 무당집을 발견했고 그곳으로 들어갔다. 그 무당집의 주인은 여자였다. 여자 무속인은 염주를 굴리면서 열심히 주문 같은 것을 외웠다. 그리고 한참 뒤에 이렇게 말했다.

"안되겠어요, 조상신 한 명이 저승에 들어가지 못하고 이승을 방황하고 있어요."

"조상신이요? 그럼 어떻게 하면 됩니까?"

"조상신을 천도시킬 굿을 해야 합니다. 그 방법 이외에는 절대로 다른 방법이 없습니다."

"저 … 굿을 하는데 얼마나 들겠습니까?"

"크게 하면 한 400만 원 정도 들고, 작게 하면 한 200만 원 듭니다."

"그래요? 제가 지금 돈이 없어서요. 알겠습니다. 제가 다음에 또 오겠습니다."

"할부도 됩니다."

"할부라니요?"

"10개월, 12개월, 14개월 나누어서 내는 것도 몰라요?"

"알겠습니다. 제가 지금은 돈이 없습니다. 다음에 오겠습니다. 죄송합니다."

64

나는 다시 정중히 인사하고 그 무당집을 나왔다. 그곳을 나와 거리를 지나다 보니 또 다른 어느 역술원이 눈에 띠었다. 그 역술원의 이름은 "정도 역술원"이라고 적혀있고 그 밑에 이런 말이 붙어 있었다.

〈틀리면 절대로 돈 받지 않음〉

나는 갑자기 강렬한 호기심이 들었고 구미가 당겼다. 나는 고개를 끄덕이며 그 역술원 안으로 들어갔다.

정도 역술원

나는 그 역술가와 탁자를 사이에 두고 마주 앉아 있었다. 그 역술인은 남자였다. 그 역술인은 종이 위에 기이한 도형 및 태극과 같은 음양오행, 그리고 한문(漢文)으로 나의 사주팔자(四柱八字)를 분석했다. 나는 초조하게 그것을 바라보고 있었다. 그런데 잠시 후 그 역술인이 감격의 표정으로 입을 열었다.

"오, 이 사주팔자를 또 보게 되다니, 이럴 수가?"

그 역술인은 갑자기 일어나더니 놀랍게도 나를 보고 절을 했다.

"귀인이시여, 저의 절을 받으십시오."

"아니? 갑자기 왜 그러십니까?"

그 역술인은 자리에 단정히 앉더니 말했다.

"사실은 이런 사주를 옛날에 한 번 보고 지금 보았으니, 평생 동안 단 두 번 보는 사주입니다."

"그래요? 그 다음은요?"

"원래 이 사주는 겉으로는 보통 사람의 사주입니다."

"그런데요?"

"그러나 만에 하나 운세가 풀리기 시작하면, 그 끝을 알 수 없을 정도로 크게 풀리는 사주이지요."

"좋습니다. 부적은 얼마고, 굿하는 데는 얼마나 들지요?"

"귀인이시여, 그런 것을 필요 없고 저는 복채를 오직 3만원밖에는 받지 않습니다."

나는 크게 놀랐다.

"그래요?"

"그러나 이 사주는 무수한 고난과 시련이 따르는 사주입니다. 그래서 너무나도 귀한 사주이지만, 이 사주를 지닌 대부분의 사람들은 그 무수한 고난과 시련을 이겨내지 못하고 대개는 그냥 보통사람으로 살아가게 되지요."

"그렇습니까? 그러면 앞으로 제가 어떻게 되겠습니까?"

"잠시만 계십시오."

그 역술인은 조용히 눈을 감았다. 그리고 잠시 침묵을 유지하더니 그는 고개를 끄덕였다. 그러면서 중얼거렸다.

"거기서 막히는구나, 거기서 업장(業障)이 아직 소멸되지 않고 금생(今生)에까지 따라와 운명을 막히게 하는구나."

나는 급하게 말했다.

"어서, 어서 말씀해 보십시오."

"귀인(貴人)이시여, 저는 원래 인간세계의 사람이 아니라 천상의 천인(天人)이었습니다."

"천상이요?"

"그렇습니다."

"그런데요?"

"거기서 제가 능력이 조금 있다고 자만한 나머지 많은 죄를 지었습니다. 그 죄과(罪過)로 이렇게 지상세계의 인간으로 태어난 것입니다."

그 역술인은 눈물을 주르륵 흘렸다.

"아니? 왜 눈물을 흘리십니까?"

"언제 다시 그리운 천상으로 돌아갈지 막막해서 이렇게 눈물을 흘리는 것입니다."

"그래요?"

"제게는 약간의 능력이 조금 있는데, 그 중의 하나는 타인의 전생(前生)을 보는 능력이 있습니다."

"그래요?"

"그 능력을 숙명통(宿命通이)라 합니다."

나는 급히 말했다.

"그럼, 저의 전생은, 저의 전생은 무엇이었습니까?"

"귀인께서는 과거에 여러 인생을 사셨으나, 그 중의 하나가 장군으로 산 적이 있습니다."

"장군이라고요?"

"그렇습니다."

"그때가 언제입니까?"

"귀인께서는 제갈공명이 나오는 중국의 삼국시절을 아십니까?"

"알고말고요. 그것을 모르는 사람이 어디 있습니까?"

"귀인께서는 그때 어느 장군이었습니다."

"믿을 수 없습니다."

"귀인께서는 그때 큰 업장을 지으셨습니다."

"어서 말씀해 보십시오."

"전쟁터에서 사람들을 많이 살상했습니다."

"아니? 전쟁터에서 상대방을 안 죽이면 내가 죽는데, 어찌 그런 말씀을 하십니까?"

"그것이 아닙니다. 귀인께서는 상대방의 군사들만 살상한 것이 아니라 그 군사들과 관련된 가족들까지도 살상하셨습니다."

"저런, 저런 일이 있나. 저는 도저히 믿을 수 없습니다."

"아마도 귀인께서는 이번 생(生)에 하는 일마다 안 되고, 또 실패하셨을 것입니다."

"그렇습니다. 이상하게도 그렇습니다."

"이것은 그때 만든 업장(業障)으로 인한 것입니다."

"그러면 어떻게 하면 그때의 업장을 풀 수 있겠습니까?"

"전생에 타인을 많이 살상하셨으니, 이번 생에서는 그 반대로 타인들을 위해 살면 그 모든 업장이 풀릴 것입니다."

"오, 그래요. 그래요. 이제야 조금 알겠습니다. 그럼 잘 되면 어디까지 잘됩니까?"

"잠시만 시간을 주십시오."

그 역술인은 다시 눈을 감았다. 그리고 잠시 후 눈을 떴다. 그리고 말했다.

"이 운세가 한번 풀리기 시작하면 과거로 치면 왕(王)이 될 수도 있는 팔자이니, 그렇다면 대통령도 될 수 있는 그런 팔자입니다."

나는 크게 놀랄 수밖에 없었다.

"네에? 제가요, 백수건달인 제가 대통령이 된다고요?"

"사주상으로는 그렇습니다."

"좋습니다. 돈은 얼마나 내야합니까?"

"말씀은 고마우나, 도가(道家)의 법이 지극히 지엄하여 돈을 탐할 경우, 저는 천상으로 올라가지 못하게 됩니다. 됐으니 그만 거두어 주십시오."

나는 감격에 찬 표정으로 말했다.

"감사합니다. 감사합니다. 당신이야말로 진정한 역술인이십니다."

"천만의 말씀입니다. 사람들을 올바른 길로 보내주는 것이 저의 직업이지요."

나는 감동하여 말했다.

"좋습니다. 그 말씀을 따르겠습니다. 이제부터 저는 남을 위해 살 겠습니다."

"부디 그리 하십시오."

"그런데 말입니다."

"말씀하세요."

"제가 사랑하는 여인 중에 백화점 여직원인 김달숙이라는 여자가 있습니다. 그런데 저는 지극히 그녀를 사랑하지만, 그녀는 저를 지극히 싫어합니다. 이것은 도대체 어떻게 된 영문입니까?"

"잠시만 있어 보십시오."

그 역술인은 다시 조용히 눈을 감았다. 잠시 그런 상태가 계속되었다. 잠시 후 그 역술인은 고개를 끄덕였다. 그리고 눈을 감은 채 이렇게 말했다.

"오, 이제야 알겠구나, 이제야 보이는구나."

"무엇이 보입니까?"

"그 김달숙이라는 여자가 귀인을 지극히 싫어하는 이유를 알아냈습니다."

나는 급히 물었다.

"뭡니까? 도대체 그 이유가 뭡니까?"

"그 여인은 그때, 즉 귀인께서 과거 중국의 삼국시대의 장군이었을 때 귀인을 사랑했던 여인들 중 한 명이었습니다."

"예에? 사랑을요? 달숙이가 전생에 저를 사랑했다고요?"

"그렇습니다."

"도대체 이해가 안 됩니다."

"들어 보십시오. 그때는 장군이란 신분이 여인들이 가장 좋아하는 최고 인기인이었습니다. 때문에 누구나 그때의 여인들은 장군과 혼인하는 것을 최고의 영광으로 생각했습니다."

"그, 그래서요?"

"그 김달숙이라는 여인도 그런 여인들 중의 한 명이였습니다. 그 여인은 당신을 사랑했습니다."

"그래요? 도저히, 도저히 믿을 수가 없습니다."

"지금은 믿기지 않으실 것입니다."

"그렇습니다."

"그런데 문제가 생겼습니다."

"무슨 문제입니까?"

"귀인께서 당시 하도 인기인이었으니, 당연히 다른 여러 여인들이 경쟁적으로 귀인을 사랑했습니다."

"그래요?"

"그러다보니 귀인께서는 김달숙이라는 여인에게 눈길을 주지 않았고 그녀를 사랑하지 않았습니다."

"그래요? 그래서요?"

"이것을 슬퍼한 그 여인은 이를 비관한 나머지 그만 음독자살을 하고 말았습니다."

"음독자살을요?"

"그렇습니다. 그녀는 죽어가면서 맹세했습니다. 만약 다시 태어난다면 반드시 복수하리라고 맹세하면서 죽어갔습니다."

"그, 그럴 리가? 가, 가만 …"

나는 깊은 생각에 사로 잡혔다. 나는 과거의 일을 회상했다. 언젠가 달숙이 술에 취한 채 흥분해서 나에게 말한 것이 생각났다.

(그래, 이 백수건달아, 죽어 버려, 어서 죽어 버려, 극약을 마시고 죽어버린란 말이야.)

(난 당신을 사랑하지 않아. 당신이 내 앞에서 극약을 먹고 죽는다 해도 나는 그냥 지켜만 볼 거야.)

(이 바보 멍청아, 내가 왜 너를 사랑해야 하니? 나는 이래보아도 재벌 2세정도 이외에는 거들떠보지도 않아. 그런데 내가 왜 너 같은 백수건달을 사랑해? 어림도 없는 소리하지 마.)

문득 나는 다시 제 정신이 들었다. 그리고 정신없이 중얼거렸다.

"그랬었구나, 그래서 그랬었구나."

역술원 원장이 말했다.

"조금 이해가 되십니까?"

"네, 모든 것이 이해가 됩니다."

나는 나도 모르게 눈물을 글썽거렸다. 그리고 말했다.

"아, 아, 전생의 그 업연(業緣)이라는 것이 이토록 무서운 것인가? 아, 아, 그 모든 것이 내가 지은 것이로구나. 그 모든 것을 내가 만들었던 것이야. 그런데도 나는 하늘만을 원망했지."

역술원 원장이 고개를 끄덕거렸다.

"참 잘 이해를 하십니다."

그때 나는 속으로 이렇게 생각했다.

(이제는, 이제는 그녀를 사랑하지 않으리라. 어차피 인연이 없는 것을 내가 억지로 만들려고 했어.)

"귀인이시여, 부디 사랑에 너무 연연해하지 마십시오. 때가 되면 귀인을 사랑하는 여인들이 많이 나타날 것입니다."

"아니요, 아니요, 나는, 나는 이제부터 과거와는 다른 인생을 살 것입니다."

"그럼 그렇게 하십시오. 그런데 귀인이시여, 저의 능력보다는 백배, 천배 더 위대한 어느 불교를 믿는 신통한 할머니가 있습니다. 그 할머니의 신통력이 너무나도 뛰어나서 수많은 사람들이 수많은 불치병, 난치병을 고친 바가 있습니다. 그 할머니의 신통력은 심지어는 이웃 일본(日本)에서까지 소문이 퍼져서 일본 사람들도 많이 찾아오고 있습니다. 귀인께서는 그 영험한 할머니를 한번 찾아가 보시지요."

"그렇게 하겠습니다. 주소를 적어 주십시오."

그 역술원 원장은 주소 하나를 적어 나에게 주었다. 나는 공손히 받아서 소중히 양복 안주머니에 넣었다. 그런 다음 나는 주머니를 뒤져 돈 3만원을 내놓았다. 나는 자리에서 일어났다. 그 역술원 원장도 같이 일어섰다. 역술원 원장이 말했다.

"귀인이시여, 언제든지 힘들고 어려울 때는 저를 찾아오십시오."

나는 감격에 겨워 눈물을 글썽이면서 그 역술원 원장의 손을 두 손으로 잡았다. 그리고 말했다.

"감사합니다. 진정으로 감사합니다."

그리고 나는 그 역술원을 나왔다.

영험하다는 할머니의 집

역술원 원장이 알려준 주소로 찾아가니, 할머니 집에는 이미 수많은 사람들이 할머니를 만나려고 찾아와 줄지어 대기하고 있었다. 나는 내 차례가 될 때까지 오랫동안 기다렸다. 그리고 한참이나 되어서야 이윽고 그 할머니와 마주보고 대화를 나눌 수가 있었다. 그런데 나를 대하는 그 할머니의 태도가 묘했다. 그 할머니가 나를 보더니 갑자기 이상한 말을 했다.

"신(神)의 제자가 나를 찾아왔구나."

"예? 제가 부처님의 제자가 아니라 신의 제자라고요?"

"그래. 너는 신의 제자야. 장차 너의 모든 운명은 신이 결정할 것이다. 내가 더 이상 너에게 해줄 말은 아무것도 없어. 다음 사람을 들라고 해라."

나는 잠시 멍청하게 앉아 있다가 할 수 없이 자리에서 일어나 집으로 왔다. 나는 버스를 타고 집으로 오는 도중에 깊은 생각에 빠졌다.

(내가 부처님의 제자가 아니라 신의 제자라고? 부처님을 믿는 영험한 할머니가 나를 보고 부처님의 제자가 아니라 신의 제자라고? 참으로 이상하구나. 불교에서는 신을 인정하지를 않는데? 뭐가 뭔지 나도 모르겠다. 나 같은 백수건달이 신의 제자라니 이것이 말이나 될 법한가?)

3.신의 두 번째 계시 말씀

어느 날 밤

　어느 날 잠자리에서 나의 영혼이 스르르 빠져나가는 느낌이 들더니 또 다시 나는 이상한 장소에 있었다. 나는 속으로 생각했다.

　(또 여기네. 이제는 또 무슨 일이 일어나려나?)

　그런데 갑자기 저 멀리서 어떤 형상이 보였다. 나는 시간이 지나감에 따라 그 형상을 보고 심히 놀랐다. 붉고 푸른 두 기운이 마치 은하계가 돌아가듯이, 엄청난 크기로 돌아가고 있었다. 그리고 갑자기 사방에서 온 몸이 빛으로 방사되는 존재들이 나타났다. 그러고 나서 그들 중 한 명이 말했다.

　"하나님께 경례."

　그들은 모두 오른손을 왼쪽 가슴에 대었다. 그리고 어떤 장엄한 음악이 들려왔다. 나는 너무나도 놀랐다. 그 붉고 푸른 형상은 바로 태극(太極)이었기 때문이었다. 나는 속으로 생각했다.

(아니 저렇게 크나큰 태극이 있었나? 그리고 저 장엄한 존재들은 누구인가? 가만있자 저들은 옛날에 본 적이 있었는데 왜 또 나타났지?)

내가 이런 생각을 마치자 이윽고 장엄한 태극이 사라지고 그 장엄한 존재들도 사라졌다. 이 일 이후에 갑자기 나의 앞에 허름한 탁자 하나와 의자 두 개가 나타났다. 그리고 일전에 내게 나타났던 자칭 하나님이라는 존재가 나타났다. 그리고 그 존재가 자리에 앉으면서 말했다.

"자리에 앉도록 해라."
나도 자리에 앉았다.
"잘 있었느냐?"
"그런데 왜 또 저에게 나타나셨습니까?"
"내가 너를 통해서 너희 민족에게 전할 말이 있노라. 너는 나의 말씀을 기억했다가 너희 한민족에게 전달하면 되느니라."
"그거야 뭐 어려운 일도 아니니 말씀하소서."
"너에게는 나의 뜻이 흐르고 있느니라. 너는 그 나의 뜻을 너의 민족에게 전하고자 내 앞에 오게 된 것이다."
"예? 당신의 뜻이라고요? 그 뜻이 도대체 무엇이옵니까?"
"지금 네가 가지고 있는 모든 사상과 생각과 삶은 실상은 내가 하늘에서 원격으로 만든 것이다. 그리고 나는 하늘에 있느니라."
"하늘에 당신이 있다고요?"
"그러하다. 나는 세상의 왕이지만 또한 온 우주의 왕이니라. 그리고 나는 세상의 빛이지만, 또한 온 우주의 빛이니라."
"그래요?"
"이제 두려움이 조금 사라졌느냐?"
"예, 당신이 누구이신지는 모르겠으나, 당신에게서 끝없는 사랑이 느껴져 오나이다. 그래도 당신이 두렵습니다."

"나를 두려워하지 말라. 나는 너에게 몇 가지 일러줄 말이 있으니, 그것을 기억해야 하느니라."

"잘 알겠습니다. 어서 말씀하소서."

"나는 암흑 속의 한 줄기 빛이고, 절망 속의 한 가닥 구원이며, 사망 속의 한 가닥 생명이니라. 내가 왜 진실한 하나님인지를 알겠느냐?"

"저는 모르겠습니다."

"내가 온 우주에서 최고로 존귀한 것은 나의 힘이 끝이 없어서 존귀한 것이 아니라, 오직 내 마음 속에 끝없는 사랑이 있기 때문에 내가 온 우주에서 최고로 존귀한 것이로다. 그리고 누구나 그 마음속에 끝없는 사랑이 있는 자는 그 자가 바로 나 하나님의 성전(聖殿)이니라."

"당신에게서 무량한 빛이 나오나이다."

"그러하느니라. 내가 바로 빛이요, 생명이요, 희망이니라. 누구나 나를 통하면 빛이 되고, 누구나 나를 통하면 영원무궁한 생명을 얻고, 누구나 나를 통하면 영원히 암흑에 떨어지지 않는 희망을 얻느니라. 이는 내가 끝없는 사랑이기 때문에 그러한 것이다."

"그러면 당신을 통하면 천국도 갈 수가 있다는 말씀이십니까?"

"그러하느니라. 천국은 아무나 들어올 수가 있는 곳이 아니니라. 천국에 들어오려면 반드시 천국의 문을 열 수 있는 열쇠가 있어야 하는 것이다. 그 열쇠가 바로 나이며, 누구나 나를 통하면 천국의 열쇠를 얻느니라."

"정말로 놀라운 말씀입니다. 그런데 말입니다. 혹시 예쁜 선녀(仙女)들도 알고 계십니까?"

"그러하느니라."

"그럼, 혹시 제가 장차 선녀와 결혼할 수도 있습니까?"

"그러하느니라."

"뭐라고요? 그것이 사실입니까?"

"사실이니라."

"좋습니다. 아주 좋습니다. 그런데 당신께서 원하시는 그 일이 뭐지요? 제가 책임지고 해 드리겠습니다."

"어렵지 않도다. 그냥 내 말을 사람들에게 전하면 되느니라."

"어서 말씀하소서."

"그런데 내가 하나를 물어 보리라. 너는 태극이 무엇이라고 생각하느냐?"

"태극은 그냥 태극이지 거기에 무슨 뜻이 들어가 있겠습니까?"

"잘 생각해 보아라. 이 우주는 플러스(+)인 원자와 마이너스(−)인 전자로 구성되어 있느니라. 또한 인간들도 남녀로 창조가 되었느니라."

"그것은 그렇습니다만, 태극에 도대체 무슨 뜻이 있습니까?"

"태극은 플러스와 마이너스로 구성되어 있으며, 태극은 나 하나님을 상징하는 것이니라."

"그렇습니까?"

이때 나는 아까 빛의 존재들이 경례했던 대상이 놀랍게도 푸르고 붉은 빛을 띠었으며 그 푸르고 붉은 빛은 하나의 거대한 은하계처럼 서서히 회전하고 있었다는 것을 상기했다. 그리고 이분의 등 뒤에서는 일곱 가지의 무지개 색이 찬란하게 온 우주로 뻗어 나아가고 또 뻗어 나가고 있었다. 그런데 갑자기 그분이 나에게 물었다.

"내가 지금 무슨 색으로 빛나고 있느냐?"

"예, 당신께서는 지금 푸르고 붉은 색으로 빛나고 또 빛나고 있사옵니다."

"그러하느니라. 나는 푸르고 붉은 색으로 빛나고 있느니라. 너는 이것이 무엇이라고 생각하느냐?"

"주님이시여, 죄송하오나 저는 도무지 모르겠나이다."

"너는 이 푸르고 붉은 색을 수없이 보았느니라."

"죄송하오나 저는 잘 모르겠사옵니다."

"다시 나를 잘 보아라. 내가 무엇으로 빛나고 있느냐?"

이때에 그분의 몸에서 은하계 같이 거대한 푸르고 붉은 빛이 서서히 회전하다가 회전을 멈추었다. 그때 나는 너무나도 놀라서 그 자리에서 기절할 뻔했다. 왜냐하면 그 푸르고 붉은 빛은 바로 "태극"의 형상을 하고 있었기 때문이다. 잠시 후 내가 입을 열었다.

"하나님이시여, 당신이 태극으로 빛나고 있나이다."

"네가 참으로 잘 말했느니라. 그리하면 "태극"은 무엇이라고 생각하느냐?"

"예, 하나님이시여, 잘은 모르오나 "태극"은 우주를 창조한 신물이옵니다."

"그러면 우주를 창조하고 통치하고 있는 내가 "태극"으로 빛나고 있는 것은 당연한 일이냐? 당연하지 아니한 일이냐?"

"예, 하나님이시여, 우주를 창조하시고 통치하시는 당신께서 '태극'으로 빛나고 있는 것은 지극히 당연한 일이옵니다."

"그러면 "태극"은 무엇으로 이루어졌느냐?"

"예, 하나님이시여, 태극은 플러스(十)와 마이너스(一)를 말하며, 다른 말로는 양(陽)과 음(陰)을 뜻하옵니다."

"네가 참으로 잘 말했느니라. 나는 플러스(十)와 마이너스(一)이며, 음(陰)과 양(陽)이니라. 보라, 이 우주를 보아라. 모든 물질들이 플러스인 원자(原子)와 마이너스인 전자(電子)로 구성되어 있느니라. 다시 말하자면 우주의 모든 삼라만상이 양과 음으로 구성되어 있는 것이다. 또 보라, 내가 어떻게 너희들 인간들을 창조했느냐? 너희들 인간들은 남녀로 구분지어 창조가 되었느니라. 이는 남성은 플러스(十), 즉 양(陽)을 말함이며, 여성은 마이너스(一), 즉 음(陰)을 말하는 것이다. 그래서 내가 플러스와 마이너스, 즉 양과 음인 태극으로 빛나고 있는 것이니라."

"하나님이시여, 이제는 제가 진실로 당신을 믿겠나이다."

"그런 태극이 너희나라의 국기에 들어가 있는 것이 참으로 이상하지 않더냐?"

"글쎄요, 그것은 한 번도 생각해본 적이 없습니다."

"또한 너희 나라의 휴전선(休戰線)의 모양을 자세히 보라. 너희 나라의 휴전선이 어떤 모양을 하고 있느냐?"

"휴전선이요? 글쎄요? 잘 모르겠는데요?"

"잘 생각해 보라. 너희 나라의 휴전선이 하나의 거대한 '새을(乙)' 자의 형태를 취하고 있느니라. 이는 너희 나라가 하나의 거대한 태극이라는 뜻이니라. 즉 너희 나라는 하나의 거대한 태극의 형태를 취하고 있는 것이다."

"가만히 생각해 보니 당신의 말씀도 일리가 있나이다."

"다시 한 번 더 묻노니, 너희들은 애국가를 부를 때 항상 '하느님 이 보우하사 우리나라 만세'라고 하지 않느냐? 이것도 참으로 이상 하지를 않느냐? 너희 나라의 애국가에 나의 영원히 존귀한 이름인 '하느님'이라는 단어가 들어가 있음이라. 이는 너희나라가 나의 나 라, 즉 '하느님의 나라'라는 뜻이니라."

"말씀이 좋으시네요."

"그러면 내가 다시 묻노니, 왜 무궁화가 너희 나라의 국화(國花) 가 되었는지 그 이유를 아느냐?"

"잘 모르겠습니다."

"태극이 있으면, 즉 음양(陰陽)이 있으면 오행(五行)이 있어야 하 지를 않겠느냐? 무궁화의 꽃잎을 잘 보아라. 무궁화의 꽃잎이 다섯 개로 오행을 상징하는 것이니라. 이는 너희나라가 '음양오행(陰陽五 行)의 나라'라는 뜻이니라."

"말씀을 듣고 보니 일리가 있습니다."

"이 우주는 어떻게 창조가 되었느냐?"

"당신의 말씀대로라면 음양오행에 의해서 이 우주가 탄생이 되었 나이다."

"네가 참으로 잘 말했느니라. 이 우주가 음양오행에 바탕을 두고

무궁화의 꽃잎은 정확히 5개이다. 또한 무궁화는 1년 내내 피고지기를 계속 반복하여 우리 한민족의 끈기와 저력을 상징하는 꽃이다.

서 창조가 되었듯이, 너희 나라가 '음양오행의 나라'라는 뜻은 앞으로 너희 나라로 인하여 온 인류에게 새로운 신천지(新天地)가 창조가 된다는 뜻이니라."

"그러하옵니까?"

"비록 지금은 태극의 '상극(相剋)의 원리'가 너희나라를 지배하고 있어서 같은 동족끼리 한 치의 양보도 없는 대립관계를 유지하고 있지만, 언젠가는 태극의 '상생(相生)의 원리'가 너희나라를 지배할 때가 오리니, 그 때에 비로소 너희나라는 통일이 될 것이다."

"그러하옵니까? 참으로 놀라운 말씀이옵니다. 그런데 존귀하신 분이시여, 제가 감히 여쭐 말이 있는데 그러면 우리나라가 '신(神)의 나라'라는 뜻이옵니까?"

"그러하느니라. 그대가 잘 보았도다. 내가 신이니, 그대 나라가 바로 '신의 나라'이니라."

"어떻게 그런 일이? 그러면 우리나라 국민들이 우리나라가 '신의 나라'라는 것을 믿겠나이까?"

"처음에는 믿지 아니할 것이나, 나중에는 믿을 것이다."

"오, 하느님 맙소사."

"너희 나라 이름이 한국이 아니더냐? 한이란 '하나' 즉 나 '하나님'을 말하는 것이니라. 그리고 '국'이라는 말은 나라라는 뜻이니, 그러므로 '한국'은 '하나님의 나라' 즉 '나의 나라'라는 뜻이니라."

"그러하옵니까? 그런데 '하늘님'과 '하느님'과 '한얼님'과 '하나님'과 어떤 차이가 있사옵니까?"

"하늘님이나 하느님이나 한얼님이나 하나님은 모두 같은 표현이니라. 이는 모두 나를 가리키는 말이니라."

"그렇사옵니까? 이거, 이거 보통 일이 아니네요. 그러니까 당신의 이름이 우리나라의 애국가에 들어있다는 말씀인가요? 그래서 우리나라가 '신의 나라'라는 것입니까?"

"그러하느니라. '한국'의 의미는 다음과 같으니라. 우선 '한국'에서 '한'은 나 '하나님'을 말하는 것이다. 즉 '한국'이 나의 나라 즉 '하나님의 나라'임을 말하는 것이니라. 다음 '한국'이란 '하나의 나라'를 말함이니, 이는 '한국'을 통하여 이 지구 땅에 하나된 나라, 즉 '세계통일국'이 이루어진다는 뜻이로다. 그 다음 '한국'에서 한은 바로 '하나'를 의미하며, 이는 모든 나라와 백성들이 내 앞에서 '하나'가 된다는 뜻이니라. 또한 '한'이란 수 없는 세월 동안 그대나라에서 맺히고 맺힌 '한(恨)'을 말하는 것이며, 그래서 '한(恨) 많은 나라'라고 '한국'이라 말하는 것이다. 그리고 이러한 나라는 이 지구 땅에 하나밖에 없으므로 '하나의 나라' 즉 '한국'이라고 하느니라."

"귀하신 말씀 가슴에 깊이 새기겠나이다."

"내가 이제 그대 나라 대한민국을 일으켜 세워 이 지구상에 다시 없는 지상낙원을 건설하려 하노라. 내가 이제 먼저 숱한 의인(義人)들을 불러 모아 대한민국을 끝없이 중흥시키리라."

"부디 당신의 뜻이 이루어지게 하소서."

"그리하여 언젠가는 대한민국을 통일시켜 지구상 누대에 걸쳐서 이루어진 선(善)과 악(惡)의 대결을 영원히 끝낼 것이다."

"부디 당신의 뜻이 이루어지게 하소서. 그런데 하오면 당신께서는 우리나라를 통일시킬 수 있다는 말씀이시옵니까?"

"그러하느니라. 나는 신(神)이니라. 그것도 전능한 신이니라. 그것은 내게는 그리 어렵지 않노라. 내 뜻이 있으면 언제라도 대한민국은 통일이 될 수 있느니라."

"오, 맙소사. 어떻게 그런 일이?"

"먼 훗날 그 끝없는 빛과 광명의 날에 나는 영원히 너희 나라 대한민국의 하나님이 될 것이다. 내가 친히 모든 어둠을 다 제거하고 오직 끝없는 빛만이 있게 하리라. 그리고 그 빛은 온 세계로 뻗어나가 온 인류가 다시 끝없는 빛 속에 있게 할 것이니라."

"부디 당신의 뜻이 이루어지게 하소서. 그리고 제가 몰라 뵙고 너무 경거망동한데 대해 용서하시옵소서."

"괜찮으니라. 나는 무한한 사랑이며, 끝없는 사랑이니라. 누구든지 내 앞에서는 영원한 생명과 영원한 구원을 얻느니라."

"존귀하신 분이시여! 제게도 말씀해 주시옵소서. 저도 언젠가는 영원한 생명과 구원을 얻는다고 말씀해 주시옵소서."

"그렇게 하리라."

"존귀하신 분이시여! 당신을 믿지 아니하는 자도 언젠가는 영원한 생명과 구원을 얻는다고 말씀해 주시옵소서."

"그렇게 하리라."

"존귀하신 분이시여! 당신을 믿지 아니하는 자에게도 당신의 그 끝없는 사랑을 나누어주시옵소서."

"그렇게 하리라. 내가 너에게 일부러 허름한 모습으로 나타난 것은 네가 너무나도 놀라고 나를 두려워할지를 몰라서 그리한 것이니라."

"그러하옵나이까?"

"지금은 태극의 '상극(相剋)의 원리'가 너희 나라를 지배하고 있도다. 그 연유로 인해 처절하기 짝이 없는 동족상잔의 비극이 끝없이 일어나고 있고, 한 치의 빈틈도, 한 치의 물러섬도 없는 선과 악의 대결이 펼쳐지고 있느니라. 들으라. 나 끝없는 진리의 신이 말하노라. 세월이 흘러감에 따라 태극의 '상극의 원리'는 물러가고 태극의 '상생(相生)의 원리'가 그대의 나라 한국을 지배할 때가 도래할 것이다. 바로 그때에 그대들 한국인들이 그토록 바라던 남북이 합일(合一)되어 통일된 조국이 이루어질 것이니라. 통일이 이루어진 이후, 두 번 다시는 그대의 나라에서 고난과 시련의 역사가 일어나지 않으리니, 그 무궁한 하나의 날에 너희는 온 세계에서 제일가는 종주국이 될 것이며, 한민족 영광의 역사는 영원히, 그리고 무궁히 이어지리라."

"부디 그리되게 하시옵소서."

"이제 때가 되었음이라. 장차 모든 지구 주민들이 내 앞에서 한 나라요, 한 국가가 될 것이며, 내 앞에서 한 민족이요, 한 동포가 될 것이다. 이제 지구 땅의 모든 어두운 역사가 사라져 다시는 있지 아니하며, 영원히 찬란한 빛의 역사가 무궁히 이어질 것이니라."

"부디 그리되게 하시옵소서."

"이제 내가 너희 민족의 신이 되어 한민족 5천년 굴욕의 역사를 끝내고 너희에게 찬란한 새로운 역사를 줄 것이며, 시련과 고난의 날은 영원히 사라져 다시는 있지 아니하리라. 내가 너희 민족의 눈에서 눈물을 영원히 씻기리니, 이 일 이후에 너희가 다시는 통곡하며 슬피 우는 일이 있지 아니할 것이다. 또한 내가 앞으로 너희들 한민족을 일으켜 세워 쓰리니, 너희들은 장차 대한민국의 별이 될 것이니라."

"부디 그리되게 하시옵소서."

"미래의 무궁한 상생의 날이 도래 하면, 둘로 갈려진 한국 땅을 내가 통일시킬 것이니라. 너희 나라가 통일이 되매, 그리하여 너희가 그토록 원하던 한 민족, 한 국가를 이루게 될 것이다. 그 이후 나의 영광이 너희 나라 한국을 통하여 드러나리니, 그 무궁한 광명 신천지의 날에 모든 이들이 내 앞에서 끝없이 행복해 하고 기뻐함이 있으리라. 이제 내가 친히 너희 민족을 위한 너희 민족의 하나님이 될 것이며, 그리하여 나는 너희 대한민국을 통하여 온 세계의 모든 나쁜 것들을 다 거두어들일 것이고, 다시는 이러한 것들이 사라져 있지 아니할 것이니라."

"부디 그리되게 하시옵소서."

"내가 먼저 너희 나라를 새로운 나라로 만들고, 그 연후 온 세계에도 찬란한 광명의 역사를 일으킬 것이다, 그 결과로 온 지구 땅에 전에도 없었고 후에도 없을 낙원이 이루어질 것이니라. 그 영원한 낙원의 날에 모든 지구 주민들이 내 앞에서 영원히 한 동포요 한 민족이 될 것이고, 그 끝없는 통일의 날에 너희가 내 백성, 곧 하나님의 백성이라는 것이 온 천하에 알려지리니, 그 때에 모든 세계민들이 너희를 지극히 존귀하다고 할 것이요, 그 영원한 하나의 날에 너희는 지구에서 제일가는 민족, 지구에서 제일가는 나라가 되리라. 또한 장차 내가 이 이름 없고 이 작고 초라한 나라를 통하여 나의 끝없는 영광을 드러내리니, 이 나라에 무수한 의인들이 나타나며, 그 의인들의 활약으로 기나긴 암흑의 나날들은 영원히 사라져 다시는 있지 아니하리라. 내가 너희 나라에 영원한 구원과 영원한 생명의 권능을 줄 것이니, 장차 너희가 그 권능으로 능히 하지 못할 일이 없고 이루지 못할 일이 없을 것이니라."

"부디 그리되게 하시옵소서."

이때 나는 속으로 생각했다.

(그런데 과연 누가 이런 사실들을 믿으려 하겠는가? 우리나라가 쉽게 통일되지는 않을 것이다.)

"너는 왜 그렇게 믿음이 없느냐? 너무 걱정하지 말라. 내가 너희 나라를 통일시키리라. 그리고 너희들이 내 말만 잘 듣는다면, 내가 너희 나라를 다시 제사장(祭司長)의 나라로 만들리라."

"그리하시옵소서."

"너희가 나의 뜻을 잘 따라준다면, 내가 내 전능한 힘으로 너희 나라의 영광과 영화가 끝이 없게 할 것이니라."

"부디 그리되게 하옵소서."

"원래 대웅(大雄)은 나를 말하는 것이며, 사찰의 〈대웅전(大雄殿)〉은 나를 섬기는 성전(聖殿)이었노라. 너희의 조상들은 나를 잘 믿었으나, 너희 조상의 후손들은 나를 믿지 아니하고 내가 있던 그 신상(神像)을 파괴하고 부처를 만들어 불교를 섬겼느니라. 그것 때문에 너희들은 나를 잊었고 나를 찾지 아니하였도다. 명심하라. 너희가 나를 버리면 나도 너희들을 버릴 것이며, 나를 믿으면 나도 너희들을 믿으리라. 나에게 구하면 나는 언제든지 너희들에게 줄 것이요, 다른 곳에서 구하면 내가 너희들을 떠나리라. 내가 떠나면 너희들의 역사는 쇠락할 것이요, 내가 있으면 너희들의 역사는 길이 창성하리라. 너희들은 원래부터 내 백성들이었으며, 나의 소중한 제사장 나라였느니라. 이제 내가 너희 나라를 구하기 위해서 너희 나라에다 태극으로 인(印)을 쳤으니, 그 연유로 너희 나라의 국기에 내 형상, 곧 태극이 들어가 있느니라."

"그러하옵니까?"

"너는 왜 모든 일을 부정적으로만 생각하느냐? 무릇 모든 일의 시작은 긍정적인 사고방식으로 해야 일이 이루어지니라. 시작부터 부정적으로 생각하면 아니 되느니라."

"그런데 무례한 질문입니다만, 저희들이 당신을 믿고 섬기면, 당신께옵서는 우리들에게 어떠한 복을 주시겠나이까?"

"내 영원한 영광을 너희들에게 주어 너희들을 길이 창성케 하며, 나중에는 너희 나라를 모든 나라중의 나라로 만들어 너희 나라를 온 세계에서 제일가는 나라가 되게 하리라. 그 영원한 영광의 날에 내가 영원히 너희들과 함께 있어 너희들을 끝없이 존귀케 할 것이다. 두 번 다시는 너희들에게 환란을 주지 아니하고, 두 번 다시는 너희들을 버리지 아니하리라."

"그러하옵나이까?"

"내가 장차 너희들을 통일시키리니, 그 날에 너희들은 영원히 나를 기억할 것이며, 다시는 나를 버려서는 아니 되느니라. 명심하라. 너희들이 나의 말을 들으면 환란의 날들은 영원히 사라질 것이며, 나의 말을 듣지 아니하면 환란의 날들은 끝이 없으리라."

"잘 알겠사옵니다."

나는 다시 속으로 생각했다.

(이거 말을 들어보니 보통의 문제가 아니네. 까딱 잘못했다가는 나라가 날아갈 판이네.)

그 분이 말씀하셨다.

"걱정하지 말라. 내가 이제는 너희들을 버리지 아니하리라. 내가 장차 너희 나라에 일곱 신전(神殿)을 지을 것이며, 그 일곱 신전으로 인하여 너희 나라는 영원히 불멸하는 나라가 될 것이다."

"부디 그리되게 하시옵소서. 그런데 왜 하나님을 버린 저희에게 또 나타나셨습니까?"

"너희 민족은 원래 나를 섬겼었고 또 제사의 대상도 나였느니라. 그러나 그것이 변질 되어서 너희들은 조상령들에게 제사를 하게 되었던 것이다."

"그러하옵니까?"

"나는 너희들을 떠난 것이 아니니라. 나는 비록 너희들에게 잊힌 존재였으나, 나는 항상 너희들과 함께 있었느니라. 인간이라면 자신을 버린 사람을 미워하겠지만 나는 그렇지 아니하도다. 나의 생각과 너희들 인간의 생각은 다르니라. 내가 다른 민족을 선택하지 않고 오직 너희 나라만을 나의 나라로 생각했느니라. 불행하게도 내가 떠난 너희 나라의 역사는 끝없는 내분과 끝없는 외침으로 끝없이 추락하고 또 추락했노라. 그리하여 나는 생각했느니라. 언젠가는 내가 영원히 존귀한 너희의 하나님이 되고, 너희는 영원히 존귀한 내 백성이 되기를 바라고 또 바랐었느니라. 그리하여 내가 너희 나라를 태극으로 만들고, 먼저 태극의 상극의 원리가 지배하게 만들었느니라. 그 결과로 인해 너희 나라는 북한과 한 치의 양보도 없는 치열한 대치 상태를 이루고 있는 것이니라. 그러나 보라. 이제 어둠은 지나가고 밝은 해가 뜰 날이 임할 것이다. 그때에, 그 날에 내가 태극의 상극의 모든 기운을 다 소진시키게 하고 상생의 기운이 너희 나라에 끝없이 충만케 하리니, 그 빛과 광명의 날에 너희 나라는 통일이 될 것이며, 한민족 영광의 역사는 영원히 그리고 길이 이어질 것이로다. 이제 때가 다 되었음이라. 이제 내가 너희에게 눈물을 주지 않고 끝없는 행복을 주고 오욕(汚辱)의 역사를 주지 않고 끝없는 영광의 역사를 줄 것이니라. 또한 내가 천기(天氣)를 돌려 너희 나라의 국운(國運)이 끝없이 뻗어 나아가게 하리니, 그 무궁한 빛의 날에 나는 영원히 존귀한 너희의 하나님이 되며, 너희는 영원히 존귀한 나의 백성이 될 것이니라."

이 말씀을 끝으로 그분은 그 자리에서 서서히 사라졌다. 나는 너무나도 놀라서 잠자리에서 벌떡 일어났다. 그리고 두 손으로 머리를 감쌌다. 그런 다음 나는 앉아서 이렇게 생각했다.

(정말로 이상한 꿈이었어. 뭐? 우리나라가 하나님의 나라라고? 세상에 그런 일이 다 있다니? 이 사실을 남에게 말하면, 나는 틀림없이 미친놈이라는 소리를 듣게 될 거야. 하지만 이미 약속을 했지 않은가? 도대체 어떻게 해야 하나? 이 사실을 남에게 알려야 하나 말아야 하나, 이거 참 골치 아프게 생겼네.)

4.어느 날의 기이한 꿈-1

어느 날 나는 잠을 자고 있었다. 한참 자고 있는데, 갑자기 모기 소리만한 작은 목소리가 내게 들려왔다. 그 소리는 다음과도 같았다.

"아이야! 일어 나거라. 아이야! 일어 나거라."

나는 일어나기 싫어서 그 소리를 무시하고 계속 잠을 잤다. 그런데 그 목소리가 점점 커지는 바람에 도저히 견딜 수가 없었다. 나는 속으로 화가 치밀어 이렇게 생각했다.

'누구야? 도대체 이 한 밤중에. 건방진 놈 같으니라구! '

내가 일어나지 않자 그 소리는 점점 큰 소리로 변하더니, 나중에는 마치 천둥과 벽력이 치는 소리같이 들렸다. 그러자 갑자기 나는 이상한 장소에 와 있었다. 그 기이한 장소는 우주의 어느 장엄한 태양이었는데, 놀랍게도 그 태양 위에는 온갖 귀한 석재와 보석으로 치장된 장엄한 신전(神殿)이 보였다.

그 신전은 기이하게도 두 부분으로 나누어져 있었다. 그리고 그 신전의 가운데는 일곱 빛깔로 빛나는 천이 일곱 가지 색채로 빛나면서 드리워져 있었다. 그런데 그 신전의 바깥에는 장엄하고 찬란한 빛으로 빛나는 수많은 영(靈)들이 무한한 깨달음 속에서 진동하면서 가부좌를 틀고 앉아 있었다. 그 신전의 안쪽에 기이한 벽이 있었는데, 그 벽에는 붉고 푸른 은하계가 선명하게 새겨져 있었다. 그리고 깨달음으로 빛나는 어느 영이 그곳에 가부좌를 한 채 앉아 있었다. 얼마나 시간이 지났을까? 갑자기 '옴(AUM) … '하는 소리가 울려 퍼지더니 그 벽에 새겨진 붉고도 푸른 은하계가 서서히 돌아가기 시작했다. 그 소리와 은하계가 돌아가는 모습을 본 그 영은 급히 일어서더니, 일곱 빛깔로 빛나는 천을 거두고 수많은 영들이 모여 있는 곳으로 가서 큰 소리로 외쳤다.

"하나님께서, 하나님께서 찾으십니다."

그러자 그들은 모두 놀라운 눈빛을 하더니, 그 모두가 어느 한 영을 쳐다보았다. 이윽고 그 영들 가운데 가장 높은 듯한 영이 일어서더니 말했다.

"내가 가 보아야 하겠느니라."

갑자기 그 우두머리인 듯한 영이 장엄하고도 찬란한 빛을 발하더니 서서히 그 자리에서 사라졌다. 갑자기 장면이 바뀌었다. 그곳은 우주의 어느 비밀스러운 곳이었는데, 처음에는 어둠이 그곳에 덮여 있어서 그곳의 모습이 잘 보이지 않았다. 그리고 갑자기 이전의 그 우두머리인 듯한 영이 그곳에 나타났다. 나는 이윽고 그 영의 밝은 광채에 의해 그곳의 모습을 어렴풋이 볼 수 있었다. 처음에는 그곳에 그 영 말고는 아무 것도 보이지 않았다. 그런데 기이하게도 그

회전하는 은하계의 모습

영은 공손하게 어느 곳을 향해 경배의 자세를 취했다.

이윽고 시간이 지나자 놀라운 장면이 나타났다. 온갖 보석으로 치장된 24개의 보좌가 돌연 나타났다. 그러자 갑자기 어둠이 거두어지면서 그곳은 장엄하고 찬란한 곳으로 변했다. 그러더니 잠시 후 그 영과는 비교도 할 수 없는 빛을 발산하는 영들이 24 보좌에 나타났다. 이윽고 그들이 다 모습을 드러내자, 갑자기 허공에서 여러 가지 기이한 악기를 든 다수의 어린 천녀(天女)들이 출현했는데, 그 소녀들 역시 찬란한 황금빛으로 빛나고 있었다. 조금 시간이 지나자 그 24명의 황금빛 소녀들이 어떤 장엄한 음악을 연주하기 시작했다. 나는 그 음악이 너무나도 아름다워서 그만 정신이 몽롱해졌다. 이때 저 멀리 우주 저편에서 다시 모기소리만한 음성이 내 귀에 전해졌다. 그 소리는 아득한 우주공간을 거쳐 내 귀에 전해졌는데, 막상 그 소리가 내 귀에 전해지자 마치 천둥과 번개가 치는 듯한 큰 소리로 변했다. 그 소리는 다음과 같았다.

"아이야, 정신 차려라. 아이야, 정신을 차리거라."

이때 나는 퍼뜩 정신이 들었다. 그러자 놀라운 형상이 나타났다. 붉고 푸른빛을 발하는 거대한 은하계 하나가 나타나더니 서서히 회전하기 시작했다. 그리고 그 은하계 속에서 장엄하고 찬란한 빛이 방사되는 보좌(寶座)가 서서히 생겨났다. 그 보좌가 나타나자, 그 빛이 너무 강렬해서 나는 눈이 부셨다. 이때 24 보좌에 앉아 있던 영들이 자리에서 내려와 지극히 공손한 모습으로 경배를 자세를 취했다. 그들이 경배의 자세를 취하자, 그 황금빛 나는 24명의 소녀들은 음악연주를 멈추고 사라졌다. 이윽고 정면의 보좌 위에서 붉고도 푸른빛이 나는 어떤 존재가 나타났다. 그 존재가 나타나자, 제일 처음에 온 그 영(※앞으로는 이 영을 성자라고 부르겠다.)이 말했다.

"지극히 존귀하신 하나님이시여, 저를 부르셨나이까?"
이때 보좌에서 인자하기 그지없는 소리가 울려 퍼졌다.
"그러하느니라. 내가 필요에 의해서 너를 불렀느니라."
그 성자가 다시 말했다.
"그 무엇이든 말씀만 하시옵소서."
"너는 지구별에 가서 정결한 처녀 하나를 택하여 너의 아들을 낳도록 하라. 너의 아들이 탄생한다면, 그 뒤는 내가 알아서 하리라."
그 성자가 말했다.
"삼가 명을 받들겠나이다. 아무런 걱정을 하지 마시옵소서."
다시 보좌에서 인자하기 그지없는 소리가 들렸다.
"그대가 이를 흔쾌하게 수락하니 내가 기쁘기 그지없노라."
"아니옵나이다. 제가 오히려 백배, 천배 더 기쁘옵나이다."
다시 보좌에서 인자하기 그지없는 소리가 들렸다.
"과연 너는 나의 아들이로다.'
그 성자가 말했다.
"그런데 지구별에서 어느 땅을 택하오리이까?"

다시 보좌에서 인자하기 그지없는 소리가 들렸다.

"나의 형상을 섬기는 나라 하나가 있을 것이니라. 너를 그 나라를 쉽게 찾을 수 있을 것이다."

그 성자가 말했다.

"모든 정성을 다하여 제가 당신의 뜻을 이룰 것이옵나이다."

다시 보좌에서 인자하기가 그지없는 소리가 들렸다.

"내가 지금 끝없이 흡족하도다."

이 말씀을 끝으로 보좌 위의 존재는 서서히 사라지고, 보좌도 사라졌으며, 붉고 푸른빛으로 빛나는 은하계도 사라졌다. 그러자 경배의 자세를 하고 있던 24영들이 일어서서 그 성자에게 말했다.

"그대에게 하나님의 끝없는 축복과 은총이 있기를 바라노라."
"그대에게 하나님의 끝없는 축복과 은총이 있기를 바라노라."
"그대에게 하나님의 끝없는 축복과 은총이 있기를 바라노라."
"그대에게 하나님의 끝없는 축복과 은총이 있기를 바라노라."
"그대에게 하나님의 끝없는 축복과 은총이 있기를 바라노라."
"그대에게 하나님의 끝없는 축복과 은총이 있기를 바라노라."
"그대에게 하나님의 끝없는 축복과 은총이 있기를 바라노라."
"그대에게 하나님의 끝없는 축복과 은총이 있기를 바라노라."
"그대에게 하나님의 끝없는 축복과 은총이 있기를 바라노라."
"그대에게 하나님의 끝없는 축복과 은총이 있기를 바라노라."
"그대에게 하나님의 끝없는 축복과 은총이 있기를 바라노라."
"그대에게 하나님의 끝없는 축복과 은총이 있기를 바라노라."
"그대에게 하나님의 끝없는 축복과 은총이 있기를 바라노라."
"그대에게 하나님의 끝없는 축복과 은총이 있기를 바라노라."
"그대에게 하나님의 끝없는 축복과 은총이 있기를 바라노라."
"그대에게 하나님의 끝없는 축복과 은총이 있기를 바라노라."
"그대에게 하나님의 끝없는 축복과 은총이 있기를 바라노라."

"그대에게 하나님의 끝없는 축복과 은총이 있기를 바라노라."
"그대에게 하나님의 끝없는 축복과 은총이 있기를 바라노라."
"그대에게 하나님의 끝없는 축복과 은총이 있기를 바라노라."
"그대에게 하나님의 끝없는 축복과 은총이 있기를 바라노라."
"그대에게 하나님의 끝없는 축복과 은총이 있기를 바라노라."
"그대에게 하나님의 끝없는 축복과 은총이 있기를 바라노라."
"그대에게 하나님의 끝없는 축복과 은총이 있기를 바라노라."
이 말을 끝으로 24 보좌에 있던 장엄한 영들은 서서히 사라졌다. 그리고 24 보좌도 서서히 사라졌다.

영체인(靈體人)이란 무엇인가?

나는 위에서 언급한 꿈을 꾸고 나서 영체인간에 대해서 많은 생각을 하게 되었다. 나는 젊은 시절에 우리 집의 옥상에 올라가서 가부좌를 틀고 잠깐 동안 삼매(三昧)에 들었다가 태양 주위에서 지복으로 빛나면서 춤을 추고 있는 영(靈)들을 본 적이 있다.

만약 내가 본 것이 사실이라면, 나는 태양 위에 있는 영체인을 보게 된 셈이다. 영체인이란 영적인 경지가 극도로 발전하여 육체가 사라지고 영체(靈體)가 고도로 발전한 존재를 말한다. 그들은 그 무엇이든 필요하면 상념력으로 그것을 만들어낼 수가 있다. 예를 들어 그들은 필요하면 공기 중의 분자나 원자를 끌어 모아서 인간의 육체도 만들 수가 있다. 기이하게도 그들은 일반적인 영혼들이 살고 있는 영계에 살고 있는 것이 아니라 태양과도 같은 강렬한 빛을 발산하는 곳에 살고 있다.

선도(仙道)에서도 이와 비슷한 경지를 볼 수가 있다. 선도에서 선술(仙術)이 극도로 발전하면 육체는 점점 사라지고 양신이 극도로 발달하여 영체인간과 비슷한 영적인 능력을 지니게 된다. 다만 그들이 영체인과 다른 점은 그들은 양신만 극도로 발달되었을 뿐, 깨달음의 경지가 영체인간에 비해 현저하게 낮다는 것이다. 내가 생각하기에 그리스, 로마 신화에 나오는 신(神)들은 일종의 영체인간들로서 보통 인간들이 할 수 없는 각종의 전능한 능력을 지녔다는 것이다.

영체인들은 우주를 여행할 때, 우주선을 이용하지 않는다. 즉 그들은 상념력으로 단숨에 우주의 먼 거리를 이동할 수 있기 때문에 굳이 우주선이 필요하지 않다는 사실이다. 그러면 우주선을 이용하여 우주를 여행하는 존재들은 영체인들보다는 영적인 경지가 낮다는 것을 알 수 있다. 사실 석가모니 부처님도 순수한 상념력으로 몸을 움직여서 천상세계에 올라가서 많은 설법을 하셨다.

영체인들이 왜 영계에 살지 않고 태양 위에서 사는지는 나도 모른다. 다만 한 가지 분명한 것은 영체인간들은 일반적인 영들보다는 영적인 경지가 상상도 할 수 없을 정도로 높다는 점이다. 그러므로 일반적인 인간이 영체인간이 되려면 신(神)의 선택을 받아야 한다는 것이다. UFO 연구가로 유명한 박찬호씨는 우리나라 조상들은 지구인들이 아니고 실상은 외계에서 온 영들로서 다른 종족들보다 영적인 경지가 상상도 할 수 없이 높았다고 말하고 있다.

다음과 같이 영적인 수준이 나누어진다. 인간, 그다음에 중급령, 고급령, 그 다음이 영체인으로 분류될 수 있다. 영체인 정도면 이미 성자(聖者)에 속한다고 할 수 있다. 그리고 앞서의 꿈의 내용에서 나오는 24보좌의 신령한 영들은 사실상 하나님을 대신해서 우주를 통치하는 신(神)들이었던 것이다. 또한 황금빛 나는 매우 아름다운 소녀들이 나타나서 지극히 황홀한 음악을 연주한다는 것은 하나님께서 곧 임재하신다는 일종의 예비의식인 것이다.

6.신의 세 번째 계시 말씀

나는 잠을 자고 있었다. 갑자기 나의 영혼이 또 다시 몸에서 스르르 빠져나가는 느낌이 들더니 역시 나는 이상한 장소에 있었다. 나는 속으로 생각하였다.

(이번에도 과연 그 이상한 존재가 나타날까?)

잠시 후 갑자기 허름한 탁자 하나와 의자 두 개가 나타났다. 그리고 일전에 나타났던 그 이상한 존재가 나타나서 의자에 앉았다. 이윽고 그분이 말씀을 시작하셨다.

"의자에 앉거라."

"또 뵙는군요."

"너희들은 원래 나에게 제사를 하던 제사장의 나라였느니라. 너희들은 이제 태극을 보면 나를 보듯이 해야 하느니라. 내가 곧 태극이요, 태극이 곧 나이니라. 누구든지 태극을 보면서 나를 생각하는 자는 내가 그로 하여금 친히 의인이 되게 하고 장차 그가 받을 영광과 복이 끝이 없게 할 것이다. 그러므로 너희들은 태극을 마음속 깊이 새겨야 하느니라. 알겠느냐?"

"알겠사옵니다."

"또 한 가지 일이 있으니, 보라! 너희 나라의 애국가에 내 이름이 들어 있으니, 누구든지 애국가를 부르면서 나를 생각하는 자에게는 내가 그로 하여금 친히 의인이 되게 하고, 장차 그가 받을 영광과 복이 끝이 없게 하리라."

"알겠사옵니다."

"또 너희는 이렇게 하라. 국민의례 때 태극기를 바라보고 '국기에 대한 경례'를 할 때에 너희들은 태극기를 바라보며 '하나님께 대한 경례'라고 하라. 이를 행하는 자는 내가 그로 하여금 친히 의인이 되게 하며, 장차 그가 받을 영광과 복이 끝이 없게 하리라."

"심려를 놓으시옵소서. 제가 반드시 이 사명을 이룰 것이옵니다. 그리고 진정으로 그리되기를 간절히 바라고 또 바라옵니다. 부디 대한민국을 버리지 마옵소서."

"이제 때가 되었느니라. 보라. 지구상의 모든 악들은 다 사라지고 새 세상이 오고 있느니라. 장차 새벽이 오고 해가 뜨리니, 이 해는 바로 너희들이로다. 너희가 다음 시대에는 온 세계의 주인공이 될 것이다. 그리하여 끝없이 온 인류를 밝힐 것이니라. 내 영원한 힘을 너희들에게 주어 그 누구라도 너희를 대적하지 못하리라. 비록 너희들은 너희 나라가 나약한 나라라고 생각할지는 모르나, 내가 장차 친히 너희 나라와 함께 영원히 있어 너희 나라를 끝없이 발전시키고 또 융성시키리라."

나는 나도 모르게 눈물을 흘렸다. 나는 그때 한없이 행복했다.

"존귀하신 하나님이시여, 반드시 그리되게 하시옵소서. 제가 기꺼이 하나님의 영광을 드러내리이다."

"너희 민족이 나를 망각하게 된 한 가지 이유를 말해 주리라. 과거에 일본(日本)은 너희 선족, 즉 신선족(神仙族)에 관한 모든 책과 너희 나라의 고대사(古代史)에 대한 것들을 완전히 말살하려고 시도한 바가 있었느니라. 즉 일본은 너희 민족의 역사가 너무나도 무서웠기 때문에 너희의 역사와 나에 관한 모든 것들을 처참하게 없앴던 것이다. 그 밖에 일본은 너희 나라의 민족사가 들어 있는, 특히 고대사 부분이 들어 있는 그 모든 책자들을 하나도 남김없이 찾아내어 없애버렸는데, 그것도 전국 팔도를 누비면서 너희나라의 고대사가 들어있는 모든 책을 찾아내어 소각시켰느니라. 그들은 집요하게도 6년이라는 긴 세월동안 전국을 누비면서 민족혼을 일깨우는 이십만 권의 책을 불살라버렸으며, 그 책에는 나에게 대한 여러 가지 명칭이 있었노라. 그 명칭은 하늘님, 한울임, 한얼님, 하느님이라는 호칭들로서 이것은 모두 나 하나님을 말하는 것이니라. 그리고 나에 대한 숭배 정신은 오직 너희나라 한국에만 있느니라. 그러하기에 너희 선조들은 아시아를 다스리는 초강대국이었으며, 원래 한민족의 뿌리는 시베리아 바이칼호 근처였느니라. 너희의 선조들은 그 당시 초강대국으로서 그 때 너희 나라의 이름을 환국(桓國)이라고 했으며, 이스라엘에 열두 지파가 있었던 것처럼 너희 나라도 환국(桓國)을 중심으로 열두 개의 연방국을 거느리고 있었느니라. 그때에 왜 너희 나라의 이름이 환국이라고 했겠느냐? 환국에서 환(桓)이란 뜻은 '크다' 그리고 '밝다'는 뜻도 있지만, '하나'라는 뜻도 있느니라. 그리고 이는 바로 나 하나님을 의미하는 것이로다. 지금은 너희가 '한국'이라는 명칭을 쓰고 있지만 '한'이라는 뜻도 하나, 즉 나 하나님을 말하는 것이니라.1) 그러므로 너희들은 고대에서도 나를 믿은 나라였느니라."

"무슨 말씀이신지 잘 알겠나이다. 그런데 혹시 남북의 상황이 소

---

1)〈환단고기〉의 역자인 임승국 교수는 "환국(桓國)"에서의 "桓"자를 "하늘"이란 뜻이 담긴 "한"으로 읽어야 한다고 주장했다. 즉 "환국"을 → "한국"으로 불러야 한다는 것이다. 이런 측면에서 유추해보면, 지금의 우리나라 국호인 "한국"의 연원이 본래 고대 "환국"에서 유래된 것으로 추정해 볼 수 있다. 또한 우리가 분명히 작은 나라임에도 불구하고 "대한민국(大韓民國)"이라고 앞에 "큰대(大)"자를 국호에 넣은 것도 과거 대국이었던 환국(桓國)과 관련성이 있다고 생각할 수 있을 것이다.　(발행인 주)

위 〈아마겟돈〉이라는 것이옵니까?"

"그러하느니라. 보라. 땅에 있는 내 성전(聖殿), 즉 너희나라 대한민국이 그 옛날 남 유다, 북 이스라엘처럼 갈려졌으며, 성전의 '성소(聖所)'와 '지성소(至聖所)'처럼 갈려졌느니라. 이는 나의 성전의 부활이로다. 즉 이는 그 옛날 남 유다, 북 이스라엘의 부활이며, 성전의 '성소'와 '지성소'의 부활이니라. 특히 그 옛날 이스라엘의 성전의 '성소'는 너희나라 남한에 해당되며, '지성소'는 너희나라의 북한에 해당되느니라.2) 그리고 그 옛날 이스라엘의 성소의 일곱 금 촛대는 장차 너희나라 남한에서 나타날 일곱 기둥을 의미하는 것이다. 그러므로 그 옛날 이스라엘의 성전은 하나의 그림자이자 모형이며, 그 실체는 바로 너희나라 대한민국이니라."

"잘 알겠나이다."

"들으라. 내가 너희 나라를 영광의 나라로 만드는 것은 지극히 간단하느니라. 장차 나에 대한 나의 모든 언약(言約)을 너희 나라에 성취하게 할 것이니, 온 세계 만국에서 그것을 보려고 몰려올 것이다. 너의 사명은 내가 다시 오며 그 결과로 인하여 그 날에, 그 영원한 평화의 날에 다시는 전쟁이 없고 다시는 서로 갈려지는 일이 없음을 알리는 것이다. 내가 모든 이들의 눈에서 눈물을 거두리니, 너는 오직 평화와 행복의 날들이 무궁히 이어지리라는 것을 너희 민족에게 말해야 하느니라."

"잘 알겠나이다."

---

2)구약에서 〈성소〉와 〈지성소〉는 다음과 같이 설명되어 있다. 우선 성전(성막)은 하나님이 임재하시는 장소, 하나님이 백성들 가운데 거하시기 위해 택하신 곳, 또는 신께 예배드리는 거룩한 처소로서 〈성소〉와 〈지성소〉로 나누어져 있었다. 먼저 〈성소〉에는 분향단과 일곱 금촛대, 진설병상 등이 놓여 있었고, 제사장들이 날마다 드나들며 촛대에 불을 밝히거나 분향을 하는 장소였다. 〈지성소〉는 가장 안쪽의 지극히 거룩한 곳으로 상징되며, 언약궤가 안치돼 있었고, 제사장들의 우두머리인 대제사장만이 1년에 단 하루 대속죄일에만 들어갈 수 있었다고 한다. 그리고 〈성소〉와 〈지성소〉 사이에는 붉은 휘장이 천장에서 바닥까지 길게 쳐져 있음으로써 두 장소가 분리되어 있었다. 그런데 오늘날 기독교에서는 예수 그리스도가 십자가상에서 운명했을 때, 〈지성소〉와 〈성소〉를 구분짓는 휘장이 찢어짐으로써 비로소 인류가 〈지성소〉와 〈성소〉로 나갈 길이 열렸다고 해석한다. (편집자 주)

"내가 있어야 온 세계를 구원할 수 있느니라. 장차 내가 너희 나라에 영원히 함께 있어 너희를 끝없이 중흥케 하며, 너희를 길이 창성케 할 것이로다. 나 대한민국의 신(神)이자 온 우주에서 영광 중의 영광의 신이 말하노라. 이제 너희는 나를 향해서 제사하라. 이제 너희는 나의 섭리가 이루기를 기원하라. 내가 다시 돌아왔느니라. 그 옛날에 그 끝없는 평화의 나날에 너희들은 나를 숭배했으며, 내가 그 권능을 결코 다른 나라에 주지 아니했느니라. 지금은 너희들이 나를 잊었지만, 내가 내 이름을 위해 너희 나라에 일곱별을 탄생시켜 일곱 신전을 세우리니, 그 날에 내가 다시 너희들을 위하여 역사한다는 것을 알게 할 것이다. 그 날에 내가 내 영광을 너희 나라에 이룰 것이며, 너희 나라는 영원히 무궁화 삼천리 화려 강산이 될 것이니라. 내가 다시는 너희들을 버리지 않을 것이요, 내가 다시는 너희들을 혼자 있게 하지 아니하리라. 나의 분신(分神)이 영원히 너희 나라에 있을 것이고, 그리하여 너희 나라를 모든 나라중의 나라로 만들 것이며, 너희 민족을 모든 민족 중의 민족으로 만들 것이니라."

나는 다시 공손히 절을 하였다. 그리고 공손히 말하였다.

"하나님이시여, 부디 저희 민족을 떠나지 마옵소서. 이 고난 많은 나라를 버리지 마옵소서."

"그리하리라. 내가 대한민국을 영원히 빛나게 하고 길이 창성케 하리라. 저 하늘의 찬란한 뭇 별같이 너희 나라를 끝없이 빛나게 하고 끝없이 발전케 할 것이다. 때가 되면 내가 너희 나라의 그 모든 선악의 대결을 거두리니, 그때에 너희 나라는 너희들이 그토록 원하던 통일이 될 것이니라."

"참으로 감사하옵나이다."

"내가 때가 되면 너희 나라를 통일시키리니, 이날 이후로 너희 나라에서 다시는 민족끼리 나뉘어져 서로 피 흘리는 일이 없게 하리라. 그리고 내가 일곱 권능을 너희 나라에 줄 터인즉, 온 세계의 그 누구라도 너희 나라의 존귀함을 당하지 못할 것이다. 지금은 나약한 나라이나, 너의 나라 한국은 나의 영광을 드러내는 지극히 존귀한 나라가 될 것이니라."

"잘 알겠사옵니다."

"이제 인류사 기나긴 어둠의 시대는 지나가고, 새날들이 밝아오느니라. 내가 먼저 너희 나라를 통일시키고, 너희 나라를 끝없는 빛 속에 있게 할 것이다. 그리고 그 끝없는 빛이 온 세계로 나아가 온 인류도 끝없는 빛 속에 있게 할 것이로다. 이제 내가 인류사의 그 모든 어둠을 서서히 거두어 가리라. 나는 빛이요, 그것도 끝없는 빛이니라. 내 영원한 빛을 지구 땅에 영원히 주어 그 모두가 빛의 자식이 되게 할 것이니라."

"부디 그리되게 하시옵소서."

"세계만방에 고하나니, 내가 이제 신문운(新文運)을 열어 광명신천지(光明新天地)를 창조하려 하노라. 내가 새 하늘과 새 땅을 창조하며, 그 하늘과 땅에 의인을 내어 지상천국을 창조하려 하노니, 나를 따르는 자는 살아도 영원히 살겠고, 죽어도 불멸할 것이니라. 내가 오래 전부터 봉인해둔 일곱 영광을 풀고 그 영광을 태극의 나라에 세울 것이니, 이 일곱 영광은 내가 너희에게 주는 일곱 은혜이며, 일곱 축복이니라. 이 일곱 영광이 이루어짐으로써 너희 나라의 역사가 오욕(汚辱)의 역사에서 영광(榮光)의 역사로, 암울한 역사에서 끝없는 광명(光明)의 역사로 나아가게 될 것이니라."

"부디 그리 하시옵소서."

"태극은 온 천지를 창조하는 신물(神物)이며, 바로 나를 가리키는 나의 형상이니라. 그러므로 나는 너희 나라 대한민국의 역사가 다 하는 그 날까지 영원히 대한민국의 땅 위에서 태극기가 펄럭이게 할 것이다. 또한 누구나 애국가의 '하느님이 보우하사 우리나라 만세'라는 구절을 부르면서 나를 깊이 생각하는 자는 내가 그를 거두어서 영원무궁한 나의 나라에 있게 할 것이니라. 또한 누구나 태극기를 보면서 나를 깊이 생각하는 자는 나의 끝없고도 끝이 없는 나의 영광을 주고 또 주리라."

"부디 그리되게 하시옵소서."

"나는 무량한 빛의 신이자 끝을 알 수가 없는 사랑의 신이니라. 내가 먼저 너희 나라 대한민국을 무궁한 빛의 나라로 만들 것이며, 그 연후 온 인류에게 영원한 빛의 나라를 건설할 것이다. 또한 나는 너희 나라 대한민국을 무궁한 사랑의 나라로 만들고 그 연후 온 인류에게 무궁한 사랑의 나라를 만들 것이로다. 그리하여 너희 나라 대한민국의 영광과 존귀는 끝이 없게 할 것이다. 나는 나의 끝없는 영광들을 먼저 너희 나라에 이루고, 나중에 온 인류에게도 이룰 것이니라. 나는 너희 나라로 말미암지 아니하는 것은 아무것도 온 인류상에 이루지 아니할 것이며, 반드시 너희 나라를 통하여 먼저 이루고, 나중에 온 인류 상에서 이루리라. 그리고 나는 너희 나라의 애국가를 온 지구별의 역사가 다 하는 그날까지 불려지게 할 것이며, 너희 나라의 태극기는 온 지구별의 역사가 다 하는 그날까지 펄럭이게 하리라."

"주여, 그리되게 하시옵소서. 그런데 주여, 우리가 주님을 어떻게 모셔야 하나이까?"

"태극은 나를 상징하는 신물이니, 너희는 태극을 섬기어라. 너희는 태극을 볼 때마다 나를 생각하라. 내 영원한 존귀함이 태극 속에 들어가 있음이니, 이는 너희 나라 대한민국이 온 세계에서 가장 존귀한 나라라는 뜻이니라."

"주여, 부디 그리되게 하시옵소서. 주여! '옴(Aum)'도 당신의 상징이며 태극도 당신의 상징이옵니까?"

"그러하느니라. '옴'은 나의 소리이며, '태극'은 나의 형상이니라. 그러므로 너희들은 열심히 옴 진언을 읽을 것이며, 태극을 볼 때마다 신성한 마음을 가지고 바라보라. 또한 너희들이 옴 주문을 읽을 때마다 나를 생각할 것이며, 너희들이 태극을 볼 때마다 나를 생각하라. 그리하면 내가 그에게 먼 미래 생애에 영원히 죽지도 않고 영원히 사는 불멸의 존재가 되게 할 것이다. 내 영원한 영광을 아낌없이 그에게 줄 것이며, 그로 하여금 온 우주 최고의 삼매(三昧)에 들게 하여 순간의 존재가 아니라 영원의 존재가 되게 하고, 상대의 존재가 아니라 절대의 존재가 되게 하리라.”

“주여, 부디 그리되게 하시옵소서.”

“나를 깊이 생각하는 자는 나도 그를 깊이 생각할 것이요, 무엇이든지 나에게 구하는 것은 내가 아낌없이 베풀어 주리라. 그리고 아무리 삶이 어렵더라도 결코 스스로 목숨을 끊지 말라. 이런 모든 고난은 자신의 과거 생애에 지은 업장(業障)으로 말미암은 것이니라. 삶이 괴로우면 과거 생애에 지은 업장이 풀려지는 것으로 생각하라. 외로우면 옴 진언을 외우라. 그리고 고독하면 나를 깊이 생각하라. 옴 진언을 외우는 것도 나를 향해서 오고 있는 것이며, 나를 깊이 생각하는 것도 나를 향해서 오고 있는 것이니라. 누구나 나를 향해서 오고 있는 자에게는 내가 친히 그의 눈에서 그 동안 숱하게 핍박받으며 살아왔던 그 모든 눈물을 씻어주고 다시는 통곡하거나 애통해하는 일이 있지 아니하게 할 것이다. 그리하여 종래에는 나의 무한대의 깨달음의 바다 속에 있게 할 것이니라. 그는 거기서 다함없는 행복을 얻을 것이며, 영원무궁한 진리를 깨닫게 될 것이로다.”

“주여, 부디 그리되게 하시옵소서.”

“너는 나의 말을 잘 새겨들으라. ‘한국’에서 ‘한’이란 나 ‘하나님’을 뜻하는 것이니라. 그리고 ‘국’이란 나라를 뜻하는 것이니, ‘한국’이란 곧 나 ‘하나님의 나라’라는 뜻인 것이다. 즉 ‘한국’이란 나 ‘하나님을 섬기는 지극히 존귀한 나라’라는 뜻이니라. 한편 ‘하나님’이라는 것은 ‘하나의 님’을 말하는 것이니 이는 ‘온 우주에 하나 밖에 없는 나 하나님’을 말하는 것이다. 너희 나라의 이름에서도 ‘하나’라는 말이 들어 있고 나의 이름인 ‘하나님’에게도 ‘하나’라는 말이

들어 있으니, 이는 너희나라 '한국'이 곧 '나의 나라'이며, 곧 '나를 섬기는 지극히 존귀한 나라'가 된다는 뜻이니라. 나는 장차 한국민을 써서 나의 영광을 드러내고 나의 영광을 이룩할 것이며, 또한 너희나라 '한국'이 선악대결의 십자가를 짊어짐으로 인해 온 세상에 '세계통일국'이 이룩되리니, 여기에서 '한국'이란 '온 세상이 하나 되는 하나의 나라' 즉 '세계통일국'이 이루어진다는 뜻도 포함되어 있는 것이니라. 또한 '한국'이라는 이름에서 '한'이란 '하나'를 뜻하며 나의 이름인 '하나님'에게서도 '하나'라는 뜻이 있으니, 이는 너희나라 '한국'이 나, '하나님의 나라'라는 뜻인 것이다. 그리고 '한국'이란 '온 세계에서 하나밖에 없는 나라'임을 뜻하며, 나의 이름인 '하나님'에도 '온 우주에서 하나밖에 없는 하나의 님'이라는 뜻이 있음이니, 이는 너희나라 '한국'이 '나의 존귀하고도 존귀한 나라'라는 뜻이니라."

"주여, 부디 그리되게 하시옵소서."

"너는 가서 너희 민족에게 전하라. '한국'이란 '하나님의 나라'를 뜻하는 것이며, 그리하여 '한국'이란 '나 하나님을 섬기는 나라'라는 것을 뜻한다는 사실을 너희 민족에게 전하도록 하라."

"주님이시여, 그리하겠나이다."

"그리하라. 그런데 네가 참으로 기특하구나. 너는 어찌 나를 알고 어찌 나의 영광을 드러내려고 했느냐?"

"주여, 사실은 제가 어느 직장에서 국민의례를 할 때에 우리나라의 애국가에 당신의 이름이 나오는 것을 깨닫고 심히 놀랐사옵니다. 저는 그 때부터 당신의 영광을 드러내고 싶었나이다."

"그리했더냐. 너는 나에게서 축복을 받으라. 나의 축복을 받는 이는 언젠가는 먼 미래 생애에 영원히 존귀한 신(神)이 되느니라."

"주여, 부디 우리나라 대한민국을 떠나시지 말아 주옵소서."

"그리하리라. 동해물과 백두산이 마르고 닳도록 나는 영원히 너희 나라의 신이 되어 너희들을 지켜주고 또 지켜 주리라. 그리고 내 영원한 영광을 너희 나라에게 주어 너희 나라를 온 세상에서 가장 찬란한 빛의 나라로 만들 것이니라."

"주여, 감사하옵니다. 주여, 그런데 왜 태극이 당신의 신물(神物)이 되나이까?"

"태극의 음과 양의 조화로 인하여 온 우주만물이 창조되지 않더냐? 그러므로 태극은 나 하나님의 신물이자 상징이니라. 너희들은 태극을 볼 때에 나를 보듯이 하라. 그런 자에게는 내가 빠짐없이 내 영원한 존귀와 영광을 아낌없이 베풀어 주리라."

"주여, 참으로 기이하고도 신이한 일이옵니다."

"너희 한민족은 들으라. 나는 너희나라 한국의 신(神)이니라. 만약 너희 한민족이 나를 잘 모시고 나를 잘 섬기면, 나는 너희나라 한국을 온 세계에서 가장 존귀한 나라가 되게 하리라. 또한 만약 너희 한민족이 나의 뜻에 따라 나를 잘 섬긴다면, 나는 동해물과 백두산이 마르고 닳도록 너희 나라의 신이 되어 너희 나라를 지켜주고 또 지켜줄 것이다. 또한 너희나라의 애국가를 온 지구별의 역사가 다하는 그 날까지 영원히 불려지게 할 것이요, 태극기가 온 지구별의 역사가 다 하는 그 날까지 영원히 펄럭이게 하리라."

"주님이시여, 부디 그리되게 하시옵소서. 주님이시여, 참으로 감사하옵니다. 그런데 주여, 언제 우리나라가 통일이 되겠사옵니까?"

"지금 너희나라 대한민국은 태극의 '상극의 원리'가 지배하고 있느니라. 그러나 곧 태극의 '상생의 원리'가 너희나라 대한민국을 지배할 날이 오리니, 그때에 비로소 너희나라는 통일이 될 것이니라. 그리고 상극의 때는 순간에 불과할 것이요, 상생의 때는 온 지구별의 역사가 다하는 그 날까지 영원히, 그리고 무궁히 이어지리라. 그때에 너희나라 대한민국은 영원히 국운쇄락의 길을 버리고 찬란한 국운융성의 길로 나아가 그 길이 영원하고도 길이 이어질 것이다. 또한 그때에 나는 너희나라 대한민국을 대광국(大光國)으로 만들어 온 지구상의 모든 어둠과 암흑을 영원히 몰아내고 온 세상에 무궁한 빛과 끝없는 사랑이 존재하는 지상천국(地上天國), 지상낙원(地上樂園)을 건설할 것이다. 내가 너희 나라의 정확한 남북통일의 날을 알려주지 아니하는 것은 아직은 이것이 하늘의 비밀, 즉 천기(天機)이기 때문이니라. 그러나 때가 다가옴에 따라 내가 의인 하나를 선택하여 이를 밝히게 하리라."

"주님이시여, 부디 주님의 뜻이 이루어지기를 삼가 기원하나이다. 그런데 주님이시여, 어찌하여 저를 끝이 없는 환란과 고통 속에 있게 하셨나이까? 어찌하여 저에게 기나긴 백수건달의 세월을 주셨나이까?"

"내가 그리했느니라. 앞에서 말하지 않았더냐? 나는 어떤 사람을 선지자(先知者)로 쓸 때에는 먼저 무거운 환란을 주고, 또 어떤 민족을 선민(選民)으로 택하여 쓸 때에도 먼저 무거운 시련을 주느니라. 이는 내가 그 사람과 그 민족을 버리겠다는 뜻이 아니라 쓰겠다는 뜻이니라. 그러나 그 끝이 없는 환란의 때가 지나가면, 너는 너의 영혼이 영원히 가없는 진리의 바닷가를 떠나지 않을 것이요, 너는 거기서 영원한 행복 속에서 영원한 삶을 살게 될 것이니라. 또한 장차 너희 민족을 온 세계에서 제일가는 민족이 되게 하여주리라."

"주여, 태극을 볼 때마다 마치 당신을 보는 듯이 저절로 경건한 마음이 드옵니다."

"누구든지 태극을 보면서 나를 깊이 생각하는 자는 언젠가는 신이 되게 하리라. 그리고 너희 나라의 태극기에 태극이 영원히 존재하는 한 나는 영원히 너희 나라의 신이 될 것이며, 영원히 너희 나라를 떠나지 않을 것이다."

"주여, 애국가에서 '하느님이 보우하사'를 '하나님이 보우하사'로 고치고 싶나이다."

"그것은 어떤 명칭으로 해도 상관이 없느니라. '하나님'이나, '하느님'이나, '하늘님'이나 그 모두 우주의 절대자인 나를 가리키는 것이니라."

"주여, 어찌하여 저희 나라의 국화(國花)를 무궁화 꽃으로 정하셨나이까?"

"그것은 우선 음양오행에서 '오행'을 뜻하지만, 또 다른 뜻은 나의 무궁한 영광이 너희 나라를 통하여 무궁한 세월동안 펼쳐지고 이어진다는 뜻이니라. 너희들은 애국가에서 '하느님이 보우하사 우리나라 만세'를 부를 때에 나를 깊이 생각하도록 하라. 또한 국기에 대한 경례를 할 때마다 태극을 나를 보듯이 경건한 마음으로 보라. 너희 나라의 애국가에 '하느님이 보우하사 우리나라 만세'를 넣은 것도 나였으며, 너희 나라의 국기에 나의 상징이자 신물인 '태극'을 넣은 것도 나였느니라. 이는 너희나라 대한민국이 나의 나라, 즉 '신의 나라'라는 뜻이니라."

"주여, 반드시 그리하겠나이다. 또한 반드시 그리되게 하여 주시옵소서."

"또한 애국가의 '대한사람 대한으로 길이 보전하세'를 부를 때마다 세계통일국이 이루어지기를 기원하라. 그 누구든지 '하느님이 보우하사 우리나라 만세'를 부를 때에 나를 깊이 생각하는 자와 국기에 대한 경례를 할 때에 마치 나를 보듯이 태극을 경건하게 보는 자와 '대한 사람 대한으로 길이 보전하세'를 부를 때에 세계통일국이 이루어지기를 기원하는 자는 내가 그를 먼 미래 생애에 온 우주에서 영원히 존귀한 신이 되게 하리라."

"주여, 부디 그리되기를 기원하나이다."

"너희 대한민국 국민들은 항상 이러한 마음으로 살아야 하느니라. 나의 끝없는 영광이 나 자신을 통해 펼쳐지기를 기원하면서 살아야 하느니라. 너희 대한민국 국민들이 그렇게 생각한다면, 너희는 이스라엘보다 더 존귀한 민족이 될 것이다."

"주여, 부디 그리되기를 기원하나이다."

나는 이때에 다시 눈물을 흘렸다. 그리고 말했다.

"주여, 주여, 내 주여, 언제 저의 눈에서 눈물을 씻겨주실 것이옵니까? 눈물의 날들은 끝이 없었으며, 통곡의 날들 또한 끝이 없었나이다."

"내가 너에게 무수한 고통의 십자가를 지게 하였음이라. 이는 장차 앞으로 너의 민족이 받을 시련을 상징적으로 대신한 것이니라. 비록 지금은 네가 끝없는 암흑 가운데 있지만 언젠가 너는 무궁한 빛 가운데에 있을 것이다. 내가 지구별 세세로 내려온 모든 악들을 다 거두고 영원히 선과 악의 대결을 없애리니, 그때에는 모든 이들이 내 앞에서 영원히 하나가 되며, 그 기쁨과 행복이 끝이 없으리라."

"주여, 주여, 내 주님이시여, 차라리 저의 목숨을 거두어가소서."

"조금만 참으라. 내가 언젠가는 이 지구별에 찬란한 지상낙원, 지상천국을 이루리니, 그때에 나는 네가 다시는 악들과 싸우러 나아가지 않게 할 것이니라."

"주여, 주여, 저의 주여, 다시는 저에게 환란과 시련의 날들을 주지 마시옵소서. 그렇게 하리라고 약속해주시옵소서."

"내가 약속하리라. 언젠가는 모든 지구인들이 내 앞에서 하나가 되는 그 날에, 그 무궁한 빛과 광명의 날에 너는 영원히 나를 떠나지 않으리라. 나는 영원히 너와 함께 있을 것이요, 너는 영원히 내 안에 있을 것이니라."

"그날이 언제 오리이까?"

"이제 때가 다 되었느니라. 내가 친히 너희 민족의 신이 되어 너희를 영원히 지켜주고 또 지켜 주리라. 그 하나의 날에 나는 너희 민족을 통일시키리니, 이 일 이후로 다시는 너희 민족이 갈라지거나 동족상잔(同族相殘)의 비극이 일어나지 않게 할 것이다. 그 무궁한 통일의 날에 나는 영원히 너희 민족의 신이 될 것이요, 너희는 영원히 존귀한 내 백성이 될 것이다. 또한 그 영광의 날에 나는 너희 나라의 애국가를 온 지구 역사가 다하는 그 날까지 불려지게

106

할 것이며, 나의 상징이자 신물이 들어가 있는 태극기가 다시는 악들에 의하여 땅에 떨어지는 일이 없게 할 것이다. 또한 내가 친히 너희 나라의 신이 되어 나는 영원히 너희 나라를 세상을 밝히는 빛과 광명의 나라가 되게 할 것이니라. 나는 다시는 너희 민족에게 눈물의 날들을 주지 않을 것이요, 그 동안 수없이 쌓인 너희 민족의 눈에서 영원히 눈물을 씻어주고 오직 영원히 다함없는 기쁨과 행복을 줄 것이로다. 이로 인해 눈물과 통곡의 날들은 영원히 사라지고 오직 끝없는 축복과 은총의 날들이 영원히, 그리고 길이 이어지게 하리라."

"아버지시여, 제 아버지시여, 저에게 한 가지 소원이 있나이다."

"무엇이든 말해보라."

"우리나라의 모든 국민들에게 당신의 끝없는 축복을 내려주시고, 또한 끝없는 은총이 있으리라고 말씀해 주시옵소서."

"그리하리라. 들으라. 모든 대한민국 국민들이여, 나 영광의 주님이 말하노라. 내가 너희 대한민국 국민 모두에게 나의 끝없는 축복을 내리노라. 그리고 나의 끝없는 은총이 세세토록 너희와 함께 할 것이니라."

"아버지시여, 내 아버지시여, 당신께서 끝없는 절망 속에서 한 줄기 희망이며, 끝없는 암흑 속에서 한 줄기 빛이며, 끝없는 사망 속에서 한 줄기 생명이 되기를 희망하나이다."

"그리되게 하리라. 누구든지 나를 믿는 자는 내가 그에게 끝없는 절망 속에서 한 줄기 희망이 될 것이고, 끝없는 암흑 속에서 한 줄기 빛이 될 것이며, 끝없는 사망 속에서 한 줄기 생명이 될 것이다."

"아버지시여, 내 아버지시여, 부디 우리나라의 국운을 융성시켜 주시옵소서."

"그리하리라. 내가 장차 너희 나라의 국운을 끝없이 융성시켜 너희를 끝없이 기쁘게 할 것이니라. 장차 내가 너희 나라에게 무궁한 대운(大運)을 열어 주리니, 그로 인하여 한민족 영광의 역사는 영원히 그리고 길이 이어질 것이로다."

"주여, 영광의 주님이시여, 주님께서는 우리들이 무엇을 깨닫기를 바라시나이까?"

"나의 이름이 하나님이니라. 하나님에서 '하나'라는 뜻은 온 우주의 모든 영혼들이 내 앞에서 하나라는 뜻이니라. 나는 너희들이 모두 나 하나님 앞에서 하나라는 것을 깨닫기를 원하느니라. 진리를 깨닫고 도(道)를 깨닫고 보면 너희들이 모두 다 나 하나님 앞에서 하나의 동일한 영혼이라는 것을 깨닫게 될 것이다. 다만 아상(我相: 나라는 생각)이 너희들 마음속에 자리 잡고 있어서 타인이 네 자신으로 보이지 않는 것일 뿐이니라. 만약 너희들이 자기 마음속에서 모든 아상을 다 제거하면, 너희 모두는 타인이 곧 자신이요, 자기가 곧 타인임을 깨닫게 될 것이다."

"주여, 우리나라가 어떻게 하면 당신의 나라가 될 수 있겠나이까?"

"나를 진심으로 깊이 생각하는 자들이 많아지면 많아질수록 너희 나라는 나의 나라가 되느니라. 너희는 너희 나라의 애국가에 '하느님이 보우하사 우리나라 만세'를 부를 때에 나를 깊이 생각하라. 국기에 대한 경례를 할 때마다 태극을 나를 보듯이 하라. 그런 사람들이 많아지면 많아질수록 너희 나라는 나의 나라 곧 신의 나라가 되느니라."

"주여, 주의 일이 앞으로 어떻게 되겠나이까?"

"나의 일은 처음에는 지극히 초라하고 미미하나 나중에는 크게 창성하느니라."

"주여, 주의 뜻대로 하시옵소서. 그런데 주여, 우리나라는 강대국들 사이에 존재합니다. 그래서 때로는 우리나라가 위태롭습니다."

"내가 너희 나라를 나의 상징이자 신물인 태극으로 인(印)을 쳤느니라. 그리하여 태극기가 너의 나라에서 펄럭이고 있는 한 그 누구도 너희 나라를 건드리지 못할 것이다. 만약 누구든지 나의 나라를 건드린다면 내가 친히 그 나라에게 재앙을 주리라."

"주여, 만약에 저의 말을 믿는 사람들이 생긴다면, 그들로 하여금 어떻게 행동하게 하면 좋겠나이까?"

"앞서 언급했듯이, 애국가를 부를 때에 나를 깊이 생각하도록 가르쳐라. 국기에 대한 경례를 할 때에도 태극을 보면 나를 보듯이 가르치도록 하라. 그리고 사람들에게 나의 소리인 '옴'자가 들어가 있는 진언(眞言)을 열심히 읽게 하라. 그리하면 나의 신(神)이 응감하여 나는 영원히 너희 나라를 떠나가지 아니하리라."

"주여, 백 번이고 천 번이고 그렇게 하도록 하겠습니다. 주여, 우리들이 어찌하면 하루속히 우리나라에서 당신의 나라, 즉 하나님의 나라가 이루어지겠나이까?"

"나를 믿고 나를 따르는 사람들이 많이 있으면 되느니라. 그리고 네가 해야 할 한 가지 일이 있느니라."

"주여, 그것이 무엇이옵니까?"

"앞서 네가 요청한대로, 너희 나라의 애국가에 들어가 있는 '하느님이 보우하사 우리나라 만세'에서 '하느님'을 '하나님'으로 고치도록 하라. 원래 '하느님'이나, '하나님'이나, '하늘님'은 모두 나를 가리키는 것이나, 그래도 '하느님'을 '하나님'으로 고쳐서 부르게 하라. 너희들이 애국가를 부를 때마다 '하나님이 보우하사 우리나라 만세'를 부르면 나의 신(神)이 응감하느니라. 그러므로 너희 나라의 애국가는 나를 부르는 하나의 주문(呪文)과도 같은 것이다. 그리고 너희 나라가 국민의례를 할 때마다 '국기에 대한 경례'를 하면서 태극은 나를 상징한다는 경건한 마음을 가지면 나의 신이 응감할 것이다. 그러나 너희들이 그리하지 아니하면 나의 신이 응감하지 아니하며, 나의 신이 응감하지 아니하면 너희나라의 국운은 융성하지 못하느니라."

"주여, 이제야 당신의 뜻을 알겠나이다. 사실은 우리나라의 애국가도 당신을 부르는 노래이며, 우리나라의 국민의례도 당신을 부르는 의례이옵니다."

"그러하느니라. 네가 잘 보았도다. 너희 나라의 애국가도 나를 부르는 노래이며, 너희 나라의 국민의례도 나를 부르는 의례이니라. 이는 너희 나라를 나의 나라로 만들기 위한 나의 섭리이니라."

"비록 저의 삶이 항상 끝없는 고난과 시련 속에서 눈물이 흐르는 인생이었지만, 저는 행복했었습니다. 저는 조국과 민족을 위해서라면 무조건적으로 저의 모든 것을 다 주고 싶었고, 무조건적으로 저의 모든 것을 다 바치고 싶었나이다."

"이미 잘 알고 있느니라."

"저는 나라와 민족만을 바라보고 살았나이다. 저는 마음속에서 애국심만 솟아나면 흐뭇했었나이다. 아무리 삶이 힘들었어도 저의 마음속에서 애국심만 일어나면 힘이 솟아났었나이다. 애국심은 저에게 항상 빛이었고, 구원이었고, 희망이었나이다. 저는 항상 애국심을 가슴에 담고 살았나이다. 저는 태극기를 볼 때마다 끝없이 순수한 나의 조국과 민족에 대한 사랑을 주고 또 주었나이다. 그때 저는 깨달았습니다. 조국과 민족에게 끝없는 사랑을 주고 또 주는 것이 얼마나 행복한지를 깨달았나이다."

"이미 잘 알고 있느니라."

"그리고 제가 죽을 때 저는 제가 '돈을 추구하지 아니하고, 재물을 추구하지 않고 나라와 민족을 위해서 살았다라고 자랑스럽게 유언을 하고 죽을 수만 있다면 소원이 없겠다.'라고 생각하면서 살아왔나이다."

"이미 잘 알고 있느니라."

"주여, 저에게 한 가지 소원이 있나이다."

"말해보라."

"저에게는 조국과 민족이 전부이고 애국심이 모든 것이옵니다. 그리하여 제가 죽을 때까지 조국과 민족에 대한 애국심을 지워지지

않게 하시고, 제가 죽는 그날까지 조국과 민족을 위한 삶을 살게
해 주시옵소서."

"너의 소원을 이루어 주리라. 너의 뜻대로 되리라."

나는 이때 눈물을 흘리면서 말했다.

"주여, 주께서 우리나라를 잘되게 하여 주시면, 저는 저의 영혼이
라도 악마에게 팔겠나이다."

"기이하고 또 기이하구나. 네가 어떻게 그렇게 애국심이 높으
냐?"

"주여, 사실은 저는 젊었을 때에는 전혀 애국자가 아니었사옵니
다. 저는 대학생들이 데모를 하는 것을 보면 미쳤다고 생각했나이
다. 그러나 이상하게도 세월이 흐르면 흐를수록 저의 마음속에서
애국심이 솟아나 늘어만 갔나이다."

"너는 영원히 내 존귀한 아들이자 제자인데 내가 어떻게 너의 영
혼을 악마에게 팔겠느냐? 너는 큰일이 날 생각을 하고 있구나. 만
약에 내가 너의 영혼을 악마에게 팔면 나는 온 우주의 신들로부터
비난을 받게 되느니라. 나는 너를 별이 되게 할 것이다. 그것도 영
원히 지지 않는 저 하늘의 별이 되게 하리라."

"주여, 저는 참으로 이상했나이다. 내 주위에 있는 친구들이나 선
배들이나 후배들은 모두들 돈과 출세의 길을 걸어갔나이다. 그러나
저는 이상하게도 그런 길을 걸어가고자 하는 마음이 없었사옵니다.
저는 오직 조국과 민족을 위한 길을 걸어가고 싶었나이다."

"이미 다 알고 있느니라."

"아무리 삶이 힘들었어도 저는 나라와 민족만 생각하면 힘이 생
겨났나이다. 제가 괴로울 때나 행복할 때나 항상 저는 마음속에서
조국과 민족을 생각했나이다. 저는 애국가와 태극기를 볼 때마다
저의 마음속에서는 끝없이 순수한 애국심이 솟구쳐 일어났고, 또한
애국가를 부르고 태극을 볼 때마다 항상 무량한 빛 속에 있을 수
있었나이다. 그리고 저는 괴로울 때나 행복할 때도 항상 나라와 민

족만을 생각했나이다. 저는 오직 조국과 민족만을 바라보면서 살았으며, 저는 항상 조국과 민족의 무궁한 영광을 생각하면서 살았고, 저는 오직 나라와 민족을 사랑하면서 살았나이다. 그러나 저의 마음속에서는 항상 눈물 마른 날이 없었나이다. 왜냐하면 가없는 슬픔의 바다가 항상 내 마음속에 있었기 때문이옵니다."

"이미 잘 알고 있느니라."

"저는 조국과 민족에 대한 끝없는 사랑을 눈물 속에서 배웠나이다. 제가 깨달은 조국과 민족에 대한 끝없는 사랑은 눈물 속에서 피는 꽃이었나이다."

"이미 잘 알고 있느니라."

"저는 깨달았나이다. 돈에서 진정한 행복이 나오는 것이 아니라 나라와 민족에 대한 끝없는 사랑에서 진정한 행복이 나오는 것이라는 것을 깨달았나이다. 저는 항상 끝이 없는 삭막한 사막 속에 있었나이다. 그러나 제가 살아남은 것은 '나라와 민족을 위해서 일을 해보자'라는 마음의 오아시스가 존재했기 때문이옵니다."

"이미 잘 알고 있느니라."

"저는 나라와 민족을 생각하면 행복했었나이다. 저는 아무리 삶이 힘들었어도 태극기만 보면 행복했고 끝없는 빛 가운데에 있었나이다. 또한 크나큰 시련이 닥쳐왔었어도 저는 태극기만 보면 기뻤었나이다. 그리고 저는 아무리 어둠 속에 있었어도 나라와 민족을 위하여 일을 할 수만 있다면 행복했었나이다."

"이미 잘 알고 있느니라."

"조국과 민족은 저에게 있어서 항상 암흑속의 한 가닥 빛이었고, 절망속의 한 줄기 희망이었나이다. 아무리 삶이 힘이 들었어도 저는 조국과 민족만을 생각하면서 살아왔었나이다. 조국과 민족에 대한 애국심이 있었기에 저는 끝없이 행복했고, 애국심이 있었기에 저는 끝없이 기뻤었나이다."

"이미 잘 알고 있느니라."

"저는 이제는 말할 수 있습니다. 저는 애국심으로 인해 무궁한 빛 가운데에 있을 수가 있었고, 애국심으로 인해 사망의 강을 건너 영원한 생명의 언덕에 도달했다고 말할 수 있나이다. 저는 진실로 나라와 민족을 사랑했기에 살아남을 수가 있었습니다."

"이미 잘 알고 있느니라."

"주여, 잘 알겠사옵니다. 주여, 한 가지 드릴 말이 있나이다."

"무엇이냐? 말하라."

"한국에서 '한'이란 '하나'를 말하는 것이고, 하나라는 것은 바로 당신, 즉 '하나님'을 말하는 것이며, '국'이란 '나라'를 뜻하는 것이니, 한국이란 '아버지의 나라', 즉 '하나님의 나라'라는 뜻이옵니다. 그러므로 한국도 당신을 말하는 것이옵나이다."

"그러하느니라. 한국도 나를 말하며 나를 상징하는 것이니라."

"아버지시여, 한국에는 또 다른 뜻이 있사옵니다. 한국이란 '하나의 나라'를 말하며, '하나의 나라'란 즉 '세계통일국'을 말하는 것이 되옵니다. 그리하여 "장차 아버지의 뜻이 한국을 통하여 이루어져 전 세계가 아버지 앞에서 하나 된 나라', 즉 '세계통일국'이 이루어진다는 뜻이 있사옵니다."

"그러하느니라. 너의 말이 옳도다. '한'이란 '하나'를 말하며 '국'이란 '나라'를 말하는 것이니, 한국이란 '하나된 나라' 즉 '세계통일국'이 너희나라 한국을 통해서 이루어진다는 뜻이 있느니라. 과연 너는 나의 아들답구나. 내가 지금 무척이나 흡족하느니라. 그리고 너는 나에게 나의 말을 할 자격이 있으니, 앞으로 나는 사람들에게 너의 말이 곧 나의 말이 되게 하리라."

"너무나도 과찬이시옵니다. 그런데 아버지시여, 아버지께서 우리나라 한국을 선택하여 역사하시는 목적이 무엇이옵니까?"

"장차 이 지구별에 지구연방, 즉 세계통일국이 건설될 것이니라. 국가를 만든 것은 인간들이니라. 그러나 나 하나님의 입장에서 보면 그 모두가 나 자신의 분령체이며, 그렇기에 나 하나님이 보기에는 이 지구별에 있는 모든 존재들이 실상은 나라와 민족을 초월하여 하나인 것이다. 그러나 장차 나, 하나님의 무궁한 뜻이 이 지구별에서 이루어지리니, 그 광명의 날에 모든 이들이 나 하나님 앞에서 한 동포요, 한 형제요, 한 자매요, 한 국민이요, 한 민족이 될 날이 올 것이다. 그때에는 나라와 나라 사이에 전쟁의 날들은 영원히 사라지고 사랑의 날들은 영원히, 그리고 무궁히 이어질 것이니라. 장차 나 하나님은 이 지구별에 전에도 없고 후에도 없을 전무후무한 지상천국이 건설되게 할 것인즉, 누구나 이에 참여하는 자는 의인으로 간주될 것이니라."

"그런데 아버지시여, 참으로 신묘하나이다."

"무엇이 그리도 신묘하느냐?"

"아버지시여, 말씀대로 우리나라의 휴전선의 모양을 보니, 하나의 거대한 새을(乙)자 모양을 하고 있고 우리나라가 하나의 거대한 태극이 되어 있나이다. 이것은 정말로 믿기가 힘든 신묘한 진리이옵니다."

"네가 잘 보았노라. 그러하느니라. 휴전선의 모양이 하나의 거대한 새을(乙)자 모양을 하고 있고 너희나라 전체가 태극의 모양을 하고 있느니라. 그런데 내가 앞서 태극이 무엇을 가리키는 것이라 했느냐?"

"예, 바로 당신, 즉 하나님을 가리키며, 하나님의 상징이라고 말씀하셨습니다."

"그러면 너희나라 전체가 하나의 거대한 태극이니, 이는 무엇을 뜻하는 것이냐?"

"예, 우리나라가 하나님의 나라, 즉 당신의 나라라는 것을 뜻하옵니다."

"네가 잘 말하였다. 그러하느니라. 너희나라가 하나의 거대한 태극이 되었음이라. 이는 너희나라가 나의 나라, 즉 하나님의 나라라는 뜻이니라. 그리하여 내가 장차 너희나라 대한민국을 일으켜 세

114

155마일 거리에 걸쳐 펼쳐져 있는 휴전선의 모습. 실제로 새을(乙)자와 유사한 모양을 하고 있다.

워서 그 영광과 존귀가 끝이 없게 할 것이니라. 그런데 한민족의 뜻이 무엇이냐? 말해 보거라."

"예, 그것은 전 세계의 모든 민족들이 당신 앞에서 하나의 민족이 된다는 뜻이며, 그 뜻이 우리나라 한민족을 통해 일어나고 이루어진다는 뜻이옵니다."

"그러하느니라. 그 의미대로 장차 나의 뜻이 너희나라 대한민국을 통해 일어나고 이루어져 전 세계의 모든 민족이 내 앞에서 하나의 민족이 될 것이다. 이에 너희 민족을 하나의 민족, 즉 한민족이라고 하느니라."

"아버지시여, 아버지께서는 저를 돈과 출세와 명예의 길을 걷지 않게 하시고 당신의 영광을 드러내는 길을 걷게 하셨나이다. 아버지시여, 저는 행복합니다. 아버지시여, 저는 우리나라의 애국가를 부를 때마다 행복했으며, 태극기에 있는 태극을 볼 때마다 마음이 흐뭇했나이다. 비록 다른 사람들은 전혀 모르고 있지만 저만 그 사실을 알고 있었기에 저는 행복할 수가 있었사옵니다. 숱한 시련과 고난들이 저의 영혼을 할퀴고 지나갔으나, 그래도 언젠가는 아버지께서 저를 쓰시기를 간절히 바라면서 살아오고 또 살아왔나이다. 마치 해바라기가 해를 바라만 보듯이, 저는 당신만을 바라보면서 살았나이다. 그래도 당신이 계셨기에 저는 행복할 수가 있었고 기쁠 수가 있었나이다."

"네가 지금 나로 하여금 더 많은 눈물을 흘리게 하는구나. 너는 나의 성전(聖殿)이고, 너는 나의 신전(神殿)이니라. 비록 지금은 나를 믿고 너를 따르는 자가 단 하나라도 없지만, 나는 너 하나만 보면 행복했고 기뻤느니라. 비록 지금은 나를 믿고 섬기는 장소가 하나도 없지만, 네가 있는 그곳이 바로 나의 성전이며, 나의 신전이니라."

"아버지시여, 감사하옵니다."

"인간이 인간을 사랑하는 것은 온 우주의 역사가 다하는 그날까지라도 영원한 진리이니라. 그러나 인간이 인간을 미워하는 것은 온 우주의 역사가 다하는 그날까지라도 영원한 비진리이니라. 알겠느냐?"

"예, 잘 알겠나이다."

"너는 내가 왜 온 우주에서 제일로 존귀한 존재라고 생각하느냐?"

"그것은 아버지께서 지닌 그 힘이 끝이 없어서 온 우주에서 제일로 존귀한 것이 아니라 아버지의 사랑이 온 우주에서 제일로 크기 때문에 아버지께서 온 우주에서 제일로 존귀한 존재이옵니다."

"잘 말했느니라. 그러므로 힘으로 위대해질 생각을 하지 말고 사랑으로 위대해질 생각을 하라."

"예, 잘 알겠나이다."

"지금까지 너희 지구별에서 수많은 사람들이 양식이 없어서 굶어 죽어갔고, 수많은 사람들이 불치병, 난치병으로 고통을 받다가 죽어갔느니라. 또한 수많은 사람들이 끝없는 전쟁과 전쟁 때문에 피 흘리며 죽어가야 했노라. 그러나 그 누구도, 그 너희 지구별을 제도하겠다는 사람이나 보살들이 지상에 없었느니라. 나는 이제 너를 일으켜 세우고 진실된 보살들을 만들어 끝없는 고통 가운데서 끝없이 윤회전생(輪廻轉生)하는 중생들을 제도할 생각이니라. 그리하여 마침내 이 지구별에서 지상천국, 지상낙원이 이루어질 때까지, 또한 그 후로도 너희들은 절대로 보살도(菩薩道)를 멈추어서는 아니 될 것이다. 할 수 있겠느냐?"

"예, 잘 알겠나이다. 아버지시여, 삼가 아버지의 뜻이 이루어지기를 기원하나이다."

"만약에 그 누구라도 나의 뜻을 따르는 사람들은 내가 그를 의인(義人)으로 간주하여 장차 그에게 영원히 어둠에 떨어지지 않는 영원 무량한 빛과 광명 가운데에 있게 할 것이다. 또한 장차 내가 그의 머리에 영원히 죽지 않는 생명의 면류관을 씌워 주리라. 그리하여 나는 그 영혼을 이 우주가 영원한 것과도 같이 영원에 영원을 살게 할 것이니라."

"예, 아버지의 뜻을 따르겠나이다."

"내가 전세(前世)에는 남자들에게 지구별을 통치하는 권능을 주었더니, 그 모든 남자들이 한결같이 힘을 추구하여 끝없는 전쟁과 전쟁이 발생했느니라. 그리하여 나는 후세(後世)에서는 여자들에게 이 지구별을 통치하는 권능을 줄 것이다. 그리하여 여자들은 끝없는 사랑의 정신으로 이 지구별을 끝없는 사랑의 별로 만들어야 하느니라. 내가 전세에서는 성인(聖人)들을 남자들로 선택했으나, 후세에서는 여자들도 성녀(聖女)가 되게 하여 수많은 사람들이 그 여자 성녀에게 경배하게 할 것이다."

"예, 아버지시여, 아버지의 뜻이 이루어지기를 간절히 기원하옵니다."

"내가 너희 지구별을 보니 일부 여자들이 잘못된 생각을 하고 있었느니라. 어떤 남자가 자신을 사랑하면 그 남자를 성스럽게 여기고 자신을 사랑해 주어 고맙다고 해야 하거늘, 어떤 경우에는 오만

한 나머지 자신을 사랑하는 남자들을 오히려 불결시하는 경향이 있었느니라. 이런 여자들은 마치 바위에 물주기와 같이 아무런 소용이 없느니라. 그런데 너는 어떤 자가 천국에 들어가며, 어떤 자가 낙원에 들어가야 한다고 생각하느냐?"

"죄송하옵니다. 아버지시여. 저는 아버지의 뜻을 알고 싶나이다."

"지상세계에서 살면서 천국을 이루려 한 자가 천국에 들어가며, 지상세계에서 살면서 낙원을 이루려 한 자가 낙원에 들어가느니라."

"잘 알겠나이다. 아버지의 귀하신 말씀 참으로 감사하옵니다."

"이제 되었느니라. 너는 삼가 나의 진리를 명심했다가 너희 민족에게 전해야 하느니라. 나는 이제 그만 떠나가노라."

"안녕히 가시옵소서."

나는 잠에서 깨어났다. 그리고 하나님에게 수없이 절을 하였다.

7.신의 네 번째 계시 말씀

어느 날 밤. 나는 잠을 자고 있었다. 역시 갑자기 나의 영혼이 몸에서 스르르 빠져나가는 현상이 일어나더니 전에 왔던 그 이상한 장소에 와 있었다. 나는 속으로 생각했다.

(일전에 나타났던 그분이 또 다시 나타나실까?)

잠시 후 허름한 탁자 하나와 의자 두 개가 나타났다. 그리고 전에 나타나신 그분이 다시 나타났다. 그분이 의자에 앉으면서 나에게 말씀하셨다.

"자리에 앉으라."

나는 자리에 앉으면서 말했다.

"또 뵙는군요. 오늘은 무슨 말씀을 하시려고 저에게 또 나타나셨나이까?"

"너에게 일러줄 말이 있느니라. 너는 그 말을 기억했다가 너희 민족에게 알려야 하느니라."

"잘 알겠습니다. 그렇게 하겠나이다."

"내가 이제는 말하리니, 그 옛날에 너희들은 나를 십자가에 못박고, 나를 버리고, 나를 떠났느니라. 그리고 나를 모셔 놓은 대웅전의 나의 상을 다 파괴하고, 불상(佛像)을 건축하여 불상을 숭배했으며, 그 참혹한 옛날에 나는 너희들이 버린 바가 되었느니라. 너희의 선조(先祖)들은 나에 관한 모든 기록을 파기하고 불살랐으며, 역사를 조작하여 너희 나라의 기상을 꺾었느니라. 너희들도 알다시피 불교는 세속의 일에는 관여하지 않고 오직 마음의 도(道)를 추구할 뿐이로다. 그러한 불교를 믿으면서 너희들은 항상 민족중흥을 외쳐 댔느니라. 그리고 나는 그때에 너희 나라를 떠난 것이다. 그러나 비록 나의 마음은 떠났으나 나의 법신(法身)은 온 우주에 걸쳐서 두루 충만해 있으므로 나는 너희가 무슨 일을 하는지 지켜보았노라. 그러나 불행하게도 내가 떠난 너희의 역사는 참담하기 그지없었도다. 동족이 동족을 죽이는 끔찍한 참상들이 끊임없이 일어났고, 무수한 외국의 침략으로 너희 나라의 명운(命運)은 점점 쇠약해져 갔느니라. 그리고 나라의 국력과 운명도 점점 쇠락해져 갔느니라. 너희가 이렇게 파괴될 때에 너희의 조상령(祖上靈)들이 내게 와서 용서를 구하고 다시 내가 대한민국의 하나님이 되어 너희들의 그 끝없는 오욕의 역사를 영원히 끝내어 주기를 희망했느니라."

"그러하옵니까?"

"이제는 내가 너희들을 떠나지 않으리라. 나는 사랑의 신이니라. 그것도 끝없는 사랑의 신이니라. 너희들이 먼저 배도하였고, 그 다음 멸망하였으며, 그 다음 내가 너희들을 구원하는 구원자가 될 것이다. 그러므로 너희들은 나를 버려서는 아니 되느니라. 나 이외에는 너희 나라를 중흥시킬 신이 없느니라. 내가 이를 위하여 너희 나라에 일곱 기둥을 세우리니, 이 일곱 기둥은 나의 영광을 꽃피어 나게 할 것이며, 나의 뜻을 이룰 것이고, 나의 영원한 진리의 말을

120

너희에게 전할 것이다. 이 일곱 기둥이 너희 나라에 세워지는 날, 너희 나라에 영원한 영광의 역사가 길이, 그리고 끝없이 이어질 것이니라. 나는 너희들을 다시는 떠나지 않겠으며, 너희는 나의 영원히 존귀한 백성이 될 것이고, 다시는 너희 민족에게 눈물과 통곡의 날들이 있지 아니하게 하리라. 모든 눈물과 통곡을 내가 친히 거두어 가리니, 그 이후로 다시는 너희에게 눈물과 통곡의 역사는 영원히 있지 아니 할 것이다. 장차 오직 무궁한 빛과 광명의 역사들만이 영원히 그리고 길이 이어질 것이니라."

"그렇게 되기를 기원하나이다."

"내가 장차 사람을 쓸 때에, 즉 내가 나의 영광을 드러낼 선지자를 낼 때에 내가 반드시 내 음성, 즉 옴 진언으로 인(印)을 치겠고, 그 이후 어둠의 영(靈)들이 그것을 알고 그를 죽이려고 필사적으로 달려들 것이니라. 그때에 그는 너무나도 괴로워서 나를 배도할 것이며, 그리고 그 연후 멸망으로 인도되기 십상이리라. 하지만 내가 그로 하여금 맨주먹으로 마귀, 사탄과 싸우게 하리니, 그때에 그는 그 고통을 이기지 못하여 죽을 수도 있느니라. 그러므로 끝까지 견디고 끝까지 참으며 끝까지 인내해야 하느니라. 이는 또 한편으로는 그의 모든 숙세의 업장(業障)을 소멸케 하여 나의 새사람으로 깨끗하게 태어나기 위함이니라. 그리하여 그 이후 나는 그를 구원하여 영원히 존귀한 자리에 앉게 할 것이니라."

"만약 사람들이 이것을 믿지 아니하면 어떻게 하오리이까?"

"너무 걱정하지 말라. 나는 다수를 좋아하지 아니하고 소수를 좋아하며, 나는 오는 자의 하나님이며 가는 자의 하나님이 아니니라. 그러므로 누구든 마음대로 오게 하며, 가는 자는 마음대로 가게 하라. 오는 자는 받아줄 것이요, 가는 자는 말리지 않을 것이니라."

"천국이니 극락이니 하는 세상이 진정으로 있사옵니까?"

"있느니라. 그러나 그러한 것들은 모두 필요가 없느니라. 아무리 천국에 있어도 마음이 괴로우면 소용이 없고, 아무리 극락에 있어도 마음이 고통스러우면 소용이 없는 것이다. 그러므로 진정한 천국과 극락은 모두 마음속에 있느니라."

"잘 알겠나이다. 그런데 저는 잘 모르겠습니다만, 교회인들은 영생을 그리도 갈망한다 하옵니다."

"그것은 그리 어려운 일이 아니니라. 나의 전능한 힘은 온 우주에 걸쳐서 두루 충만해 있느니라. 그러므로 그 힘을 받으면 너는 영원히 사는 존재가 되는 것이다. 그러나 지금의 네 유전자(DNA)로는 내 힘을 받을 수 없느니라. 따라서 우선 네 육신의 유전자를 우주 최고의 유전자로 바꿔야 하며, 그리고 네 몸에 있는 일곱 차크라(Chakra)를 완전히 각성시키면 너는 영원히 사는 존재가 되느니라."

나는 심히 떨리는 말로 말했다.

"이름이 지극히 존귀하신 분이시여, 우리민족이 당신께 저지른 배도(背道)를 거두어 주시옵소서. 그리고 우리민족이 다시 당신의 나라가 될 수 있는 방법을 가르쳐 주시옵소서."

"원래 대웅전은 나를 모셔놓은 장소였으나, 나중에 다시 환웅(桓雄)을 모셔놓고, 그 후로는 다시 부처(佛)를 모셔 놓게 되었느니라. 이제 다시 대웅전을 지어서 나를 모셔야 하느니라. 내가 나를 모실 수 있는 전능한 권세를 절대로 너희 민족 이외에는 주지 않을 것이다. 그리하여 나는 너희 나라를 영원히 존귀한 나의 나라로 만들 것이니라."

"그러하건대, 왜 당신께옵서는 당신의 영광을 드러내어 온 우주 주민들이 당신을 믿게 하지 않으셨나이까?"

"나는 사랑이니라. 그것도 끝없는 사랑이니라. 나는 누가 나를 믿고 안 믿는 것에 개의치 않으며 또 그것을 별로 좋아하지 않느니라. 생각해 보아라. 온 우주가 내 것인데 내게 무슨 부족함이 있겠느냐? 불경(佛經)에 가라사대 '응무소주 이생기심(應無所住 而生其心)[3]'이라 하지 않았느냐? 석가모니가 자기의 영광을 자신에게 돌린 것이 아니라 모든 시방세계(十方世界)에 있는 모든 부처들에게 그 찬탄과 영광을 돌리지 않았느냐? 나 또한 그리 하느니라. 나는 사람들이 나를 믿는 것에 상관하지 않으며, 또 괘념치 않느니라. 나는 너희들이 서로 서로 전쟁을 하지 아니하고 평화롭게 사는 것을 염원할 뿐이로다. 나는 오직 의인 십사만 사천(144,000) 명을 거두어 갈 뿐이니라."

"그럼 그들에게는 무엇을 주려 하시나이까?"

"그들을 별 중의 별로 만들어 장차 별을 통치하는 영광의 자리에 앉게 하리라. 그리고 내 끝없는 진리를 주어 그들이 그 끝없는 진리 안에서 영원히 행복하게 살게 할 것이다. 그런데 내가 대한민국을 너의 손에 붙이랴? 아니면 그렇지 않게 하랴?"

"무슨 말씀이신지 모르겠나이다."

"내가 너로 하여금 너희 나라의 대통령이 되게 한다는 뜻이니라."

"아니옵니다. 그 말씀을 거두어 주시옵소서. 저는 이전에 백수건달이었나이다."

"참으로 기특한 아이로구나. 네가 지금 보물이 묻혀 있는 밭을 사서 너의 것으로 만들었도다. 너는 지금 나와 함께 하늘나라에 있느니라. 네가 거기서 얻을 것은 영원무궁한 우주심(宇宙心)이니라. 네가 만약 우주심을 얻는다면 네가 곧 우주요, 우주가 곧 네가 될 것이니라."

"참으로 고마우신 말씀이시옵니다."

이때 갑자기 그분께서 말씀하셨다.

"너는 다시 와야 할 자가 누구라고 생각하느냐?"

"예? 다시 올 자라니요?"

"인류를 구하기 위하여 다시 와야 할 자가 누구라고 생각하느

---

3) "응무소주 이생기심(應無所住 而生其心)"은 〈금강경(金剛經)〉에 나오는 구절이다. "응당 머무는 바 없이 마음을 내라"는 말로서 일반적으로 현상에 집착함이 없이 마음을 쓰라는 의미로 해석되고 있다. (발행인 주)

냐?"

"저의 생각으로는 예수 그리스도라고 생각하옵니다."

"너는 정녕코 그리 생각하느냐?"

"그럼 다른 자가 있다는 말씀이시옵니까?"

"있느니라. 나는 처음이요 끝이며, 시작이고 마지막이니라. 내가 너희 나라를 떠났으니, 내가 다시 와야 할 자이니라. 모든 사람들이 다시 와야 할 자로 예수 그리스도라고 말하고 있으나, 내가 다시 와야 너희 모두를 구원하고 인류를 구원할 수 있느니라. 너는 가서 너희 민족에게 그렇게 말하도록 하라."

그때 나는 속으로 생각했다.

(어, 이거 큰일이네. 그 모든 기독교 신자들이 다시 올 자가 예수 그리스도라고 생각하는 판에 이분이 다시 올 분이라니 정말 난처한 일이네 …)

그 분이 다시 말씀하셨다.

"너는 걱정하지 말라. 내가 다시 와야 할 자라는 것이 성서에 증거 되어 있느니라."

갑자기 그분의 오른 손에 한 권의 책이 나타났고, 나는 이를 매우 의심하며 들여다보았다. 거기에는 이렇게 적혀 있었다.

〈주 하나님이 가라사대, 나는 알파와 오메가라. 이제도 있고, 전에도 있었고, 장차 올 자요, 전능한 자라 하시더라.〉

[요한계시록 1장 8절]

〈네 생물이 각각 여섯 날개가 있어 그 안과 주위에 눈이 가득하더라. 그들이 밤낮 쉬지 않고 이르기를, 거룩하다. 거룩하다. 거룩하다. 주 하나님 곧 전능하신 이여, 전에도 계셨고, 이제도 계시고, 장차 오실 자라 하고〉

[요한계시록 4장 8절]

나는 솔직히 심히 놀랐다. 그 분이 말씀하셨다.

"약속대로 예수를 보내어도 믿지 않고, (예수가) 십자가에 못 박혔느니라. 그리고 약속대로 내가 장차 올 자라 하여도 당신은 예수가 아니니 당신을 십자가에 못 박을 것이라 말할 것이다. 그러나 나는 그것을 알면서도 나는 장차 올 자가 되리라. 알겠느냐?"

"잘 알겠사옵니다."

"이제 다시 내가 네게 묻노니, 정녕코 다시 와야 할 자가 누구이냐?"

"당신이옵나이다."

"이제야 네가 바로 알았구나. 비록 너희들이 배도하고, 그리고 멸망하였으나, 나는 끝까지 너희 나라의 하나님이 되어 너희들을 구원할 것이다. 원래 너희 종족은 신선도(神仙道)를 닦는 신선족(神仙族)이었느니라. 그리고 원래 너희 나라는 전 세계에서 제일가는 초강대국이었노라. 또한 너희 민족은 그 당시 영적으로 온 세계에서 가장 우수한 민족이었느니라. 그러나 너희들은 나를 선택하지 않고 나중에 불교를 선택했으며, 나를 신봉하는 대웅전에서 나의 형상을 없애 버리고 그 자리에 불상(佛像)을 주조하여 올려놓음으로써 나를 버렸느니라. 이것이 나를 쫓아낸 첫 번째 사건이로다. 그러나 아무리 그렇다고 해도 너희들의 일반 민중들은 나를 '하늘님'이라고 신봉하며 믿었느니라. 하지만 그 후 세월이 많이 흘러 다시 불행한 사태가 터지게 되었으니, 그것은 바로 김부식의 '삼국사기(三國史記)'를 말하는 것이다. 그 사서(史書)로 인해 너희 나라에 남아있던 나에 대한 모든 기록이 말살되고 유교를 믿는 나라로 전락했느니라. 즉 나는 불교로부터 수난을 당했고, 또 유교로부터도 버림을 받았느니라. 이는 그 당시의 유학자들이 나에 대한 모든 것을 모조리 불태워 나의 찬란한 역사를 모두 다 사라지게 했던 것이로다. 세 번째 불행한 사건은 바로 일제(日帝) 시대였노라. 일제 강점기에 그나마 남아있는 너희들의 찬란했던 역사책들을 다 불태워 없애버렸느니라. 그때부터 너희 나라는 나를 완전히 잊었느니라. 특히 일본은 너희 나라의 고대사(古代史)를 철저하게 파헤쳐 그 모든 기록들, 그리고 너희 나라가 천손민족(天孫民族), 즉 나의 나라라는 뜻이 담겨진 역사들을 모두 없애버렸느니라. 오랜 그때에 너희들은 자랑스러운 나의 나라였노라. 그리고 너희 나라에는 제사를 지내는 풍습이 있었고, 이 풍습은 유대인들과 비슷했었느니라. 유대민족은 자신의 조상신을 믿거나 조상신들에게 제사를 지내지 아니하고 오직 유대민족의 하나님에게 번제(燔祭), 즉 제사를 지냈느니라. 너희 민족도 원래는 나에게 제사를 지냈으나 불행하게도 불교가 들어오는 과정에서 나는 너희들로부터 서서히 멀어져 갔느니라. 그리고 그 뒤로도 다시 유교가 유입되면서 너희들은 철저하게 너희 조상들에게만 제사를 지내게 변질되었던 것이다. 그러나 이것을 알아야 하느니라. 너희 조상들은 이 땅에 있는 악의 세력, 즉 마귀, 사탄의 적수가 아니었느니라. 그러나 나의 영(靈)은 영원히 너희 나라를 떠나지 아니하고 그 언젠가는 찬란한 날을 주기 위해 참고 또 참았느니라."

"그러하옵니까?"

"너희들의 선조인 신라는 백제와 고구려를 멸망시키기 위해서 당나라를 끌어들여 드디어 신라가 백제를 멸망시키고, 또한 고구려를 멸망시켰느니라. 그러나 이것은 형제가 형제를 돌로 쳐서 죽인 것과 마찬가지인 것이며, 이 일 이후로 너희 나라는 초강대국에서 드디어는 나약한 나라로 점점 쇠락해 갔느니라. 당나라는 원래 고구려를 제일 두려워했고, 그러했기에 신라의 요청에 응하여 군사들을 보내어 고구려를 멸망시킨 것이니라. 지금 너희가 겪고 있는 남북분단의 불행은 신라가 이방인들인 당나라를 끌어들여 동족의 피를 흘리게 함으로써, 즉 형제가 형제를 돌로 쳐 죽인 이 사건 때문에 다시 동족끼리 처절한 처참한 싸움이 발생된 것이로다. 그리고 이것은 하나의 업장(業障)이니라."

"그러하옵나이까?"

"이 세 번의 사건으로 인해 너희 나라는 완전히 잊혀져갔으며, 급기야는 일본민족에게도 신(神)이 있다는 사실이 허구로 만들어져 지금까지 전해온 것이니라. 특히 일본은 너희 선조(先祖), 즉 신선족에 관한 모든 책과 너희 나라의 고대사에 대한 것들을 완전히 소각시켜버렸느니라. 왜 이런 사건이 벌어졌느냐 하면, 만약 너희들이 나를 믿고 내 뜻대로 움직일 경우, 찬란한 고대사가 현실로 나타날 것이며, 그리고 너희들이 이것을 믿는다면 일본으로서는 너희를 상대하기가 상당히 난처했기 때문이니라."

"그러하옵나이까?"

"다시 말하지만 일본이 그토록 너희 나라의 역사를 축소시키고 또 없애려한 것은 첫 째로 그 역사가 너희 민족에게 자부와 긍지를 심어주어 민족혼이 되살아날까봐 너희들의 그 찬란했던 고대사를 삭제하려 했던 것이니라. 또한 일본은 너희 나라의 과거 고대사가 너무나도 엄청났고 또 그들의 역사가 너희나라의 역사에 비해 너무나도 초라했기에 너희나라의 고대사를 완전히 지워버리고 일본의 속국이 되기를 원했기 때문이니라. 만약 너희 민족이 그 옛날에 찬란한 민족이었다면, 당연히 일본의 속국이 되기가 심히 어려웠으리라. 따라서 그들은 철저하게 너희나라의 고대사를 완전히 파괴하고 지워버렸던 것이니라."

"그러하옵나이까?"

"그 옛날 너희 나라는 제사장(祭司長)의 나라였느니라. 즉 너희에게는 나를 섬기던 제사장이 존재했고, 그 제사장이 통치자가 되어 나라를 다스렸던 제정일치(祭政一致) 국가였노라. 그런데 문제가 된 것은 너희 나라의 조상령들이 나의 뜻을 구하지 아니하고 천하를 문명화시킨다는 명목으로 열두 지파 중에서 여러 지파를 다른 곳으로 파견하여 고대 문명의 시조가 되게 한 것이었도다. 그때부터 너희 나라는 쇠락의 길을 걷게 되었고, 그 쇠락의 역사는 오늘

날까지도 전해져 내려오고 있느니라."

"그러하옵나이까?"

"들으라, 대한민국 국민들이여, 나는 너희들을 떠나지 않았느니라. 나는 다른 민족을 선택해서 나의 역사를 이룩할 수도 있었지만, 나는 끝까지 그러하지 않았느니라. 나는 항상 너희와 함께 있었고, 지금도 있으며, 미래에도 있을 것이다. 나는 때를 기다리고 있었느니라. 그리고 나는 생각했노라. 나는 언젠가는 너희들을 이 지구상에서 가장 존귀한 민족이 되게 하리라고 생각했느니라. 너희들의 조상들이 내 뜻을 구할 생각을 하지 않고 너희를 따르던 열두 지파를 다른 나라로 파견함으로써 그때부터 너희 나라는 아시아에서 최고의 강대국이었던 자리를 다른 민족에게 내어주게끔 자초했느니라. 그러나 나는 끝까지 너희들을 살리기 위해서 끝까지 헌신할 것이로다. 내가 곧 대한민국이며, 대한민국은 곧 나이니라. 나는 다른 민족을 선택하지 아니하고 끝까지 참고 견디었느니라. 나는 없는 듯 하지만 실상은 엄연히 존재하는 신(神)이니라. 미국을 일으켜 세워 온 세계를 민주화시킨 것도 나였으며, 세계 제2차 대전을 연합군의 승리로 이끈 것도 나였으며, 공산주의를 총 한번 쏘지 않고 피 한 방울 흘리지 않고 하루아침에 멸망시켜 무너지게 한 것도 나였노라. 이제 나는 장차 너희 지구 땅에 지상낙원을 세울 뜻을 지니고 있느니라. 그리고 그 일은 앞으로 내가 수많은 의인들을 세상에 내어서 이룩할 것이로다. 누구든지 이 일에 참여하는 자는 나에게 있는 생명나무 과실을 먹게 하여 그들이 영원히 사는 영생의 존재가 되게 하리라."

"그러하옵나이까?"

"나는 사랑의 신이니라. 그러나 이것은 언약(言約)이니라. 나는 나를 찾는 사람은 무량한 복을 주나, 나를 버리는 자는 나도 그를 버릴 것이요, 너희 나라 또한 나를 받아들이면 내가 너희 나라의 영광이 끝이 없게 하며, 다시는 너희나라 역사에 피를 흘리지 않게

128

하여 너희가 받을 존귀가 끝이 없게 할 것이로다. 그러나 너희들이 나를 버리면, 나도 너희를 버릴 것이요, 그 모든 존귀를 거두어 가리라. 하지만 걱정하지 말라. 이제 내가 너에게 내가 선택한 땅을 보여 주리니, 너는 가서 이것을 한민족에게 가르쳐야 하느니라."

이때 갑자기 한반도의 모습이 떠올라 오더니 신전(神殿)의 중앙에 나타났다. 나는 물러서서 그것을 바라보았다. 그리고 한반도가 반으로 나누어지는 형상이 보였다. 나는 지극히 공손하게 말했다.

"하나님이시여, 저것은 우리나라 한국의 모습이 아니옵니까?"

"그러하느니라. 장차 저 땅이 내 땅이요, 지상에 있는 내 신전(神殿)이 될 터인즉, 자세히 보라. 내가 한민족에게 드리운 모든 고난의 역사를 영원히 끝내고 오직 찬란히 빛나는 새 역사만을 주려 하노라. 그 날에, 그 무궁한 통일의 날에 나는 영원히 너희들의 하나님이 될 것이요, 너희들은 영원히 존귀한 내 백성이 될 것이니라."

"무슨 말씀이신지 잘 알겠나이다."

"내가 있어야 너희 나라를 통일시킬 수 있으며, 내가 있어야 온 세계를 구원할 수 있느니라. 장차 내가 너희 나라와 영원히 함께 있어 너희를 끝없이 중흥케 하고 너희를 길이 창성케 할 것이다. 나 대한민국의 신이자 온 우주에서 영광중의 영광의 신이 말하노라. 이제 너희는 나를 향해서 제사하라. 이제 너희는 나의 섭리가 이루지기를 기원하라. 내가 다시 돌아왔느니라. 그 옛날 그 끝없는 평화의 날에 너희들은 나를 숭배했으며, 내가 그 권능을 결코 다른 나라에 주지 아니했느니라. 지금은 너희들이 나를 잊었지만, 내가 내 이름을 위해 너희 나라에 일곱별을 탄생시켜 일곱 신전을 세우리니, 그 날에 내가 다시 너희들을 위해 역사한다는 것을 알게 할 것이다. 그 날에 내가 내 끝없는 영광들을 너희 나라에 이르게 할 것이며, 너희 나라는 영원히 무궁화 삼천리 화려강산이 될 것이로다. 내가 다시는 너희들을 버리지 않을 것이요, 내가 다시는 너희들을 혼자 있게 하지 아니하리라. 나의 분신(分神)이 영원히 너희 나라에 있을 것이며, 그리하여 너희 나라를 모든 나라중의 나라로 만들 것이고, 너희 민족을 모든 민족 중의 민족으로 만들 것이니라."

"그리하옵소서. 부디 당신의 뜻이 이루어지게 하소서."

"그러하리라. 그 연후 온 인류에게서 선악의 대결이 영원히 사라지는 날이 오리니, 그때에 한반도는 통일이 될 것이다. 내가 눈물 많은 너희 민족의 눈에서 눈물을 씻기리니, 다시는 곡하는 것이나 애통해 하는 일이 있지 아니 하리라. 모든 환란이 다 지나가고 대한민국 불멸의 역사는 영원히 이어질 것이니라. 내가 친히 너희와 함께 있어 너희를 내 백성으로 삼고 너희를 지극히 존귀하게 하리라. 그리고 장차 찬란한 나의 영광이 너희 땅에서 끝없이 일어나게 하리라."

나는 다시 공손히 절을 하였다.

"하나님이시여! 부디 저희 민족을 떠나지 마옵소서. 이 고난 많은 나라를 버리지 마옵소서."

"그리하리라. 내가 대한민국을 영원히 빛나게 하고 길이 창성케 할 것이다. 저 하늘의 찬란한 뭇 별같이 너희 나라를 끝없이 빛나게 하고 끝없이 발전케 하리라. 때가 되면 내가 너희 나라의 그 모든 선악의 대결을 거두리니, 그때에 너희 나라는 너희들이 그토록 원하던 통일이 될 것이니라."

"진실로 귀하신 말씀 감사하옵니다."

"나의 힘이, 즉 끝없는 이 힘이 온 우주를 창조했느니라. 이를 '전능(全能)'이라 하느니라. 한편 내 힘이 온 우주에 걸쳐서 똑 같은 비율로 충만되어 있으므로 나는 온 우주에서 일어나는 일들을 동시에 아느니라. 이를 '전지(全知)'라 하느니라. 또한 누가 내 힘을 아무리 쓴다 해도 내 영원한 힘은 줄거나 늘지 않느니라. 이를 '부증불감(不增不減)'이라 하느니라. 한편 나의 지혜는 온 우주의 모든 지혜중의 지혜요, 이 우주 최고의 지혜이니라. 인간들이 아무리 오랜 세월동안 연구한다고 해도 나의 불가사의를 이해하지 못하느니라."

"어찌하여 하나님의 몸에 붉고 푸른빛이 서리어 있나이까? 제 생각에는 꼭 태극 같아 보이옵니다."

"네가 바르게 본 것이다. 경전에 가라사대, 내 모습이 벽옥(碧玉: 푸른 구슬)같고 홍보석 같다고 적혀 있지 않더냐?"

"그러하옵나이까?"

(※나는 그때에는 경전(신약)에 그런 구절이 있는지 전혀 몰랐다.)

"이는 바로 태극을 말하는 것이니라. 너희 나라의 국기에 태극이 있는 것은 나의 뜻이고, 내가 너희 나라 대한민국을 친히 선택하여 만고에 다시없는 불멸의 역사를 이룩할 것이다. 태극은 나의 형상이자 신물이니, 너희 나라의 국기에 태극이 들어가 있음은 모두 나의 뜻으로 인한 것이니라. 이는 너희 나라가 곧 '나의 나라'라는 뜻이니라."

"진정으로 그리되기를 간절히 바라고 또 바라옵나이다. 부디 대한민국을 버리지 마옵소서."

"이제 때가 되었느니라. 보라. 지구상의 모든 악들은 다 사라지고 새 세상이 오고 있노라. 장차 새벽이 오고 해가 뜨리니, 이 태양은 바로 너희들이니라. 너희가 다음 시대에 온 세계의 주인공이 될 것이며, 그리하여 끝없이 온 인류를 밝힐 것이다. 내 영원한 힘을 너희들에게 주어 그 누구라도 너희를 대적하지 못하리라. 비록 너희들은 스스로 너희 나라가 나약한 나라라고 생각할지는 모르나, 내가 장차 친히 너희 나라와 함께 영원히 있어 너희 나라를 끝없이 발전시키고 또 융성시킬 것이니라."

나는 눈물을 흘렸다. 나는 그때 한없이 행복했다.

"존귀하신 하나님이시여, 반드시 그리되게 하시옵소서. 제가 기꺼이 하나님의 영광을 드러내오리다."

이때 갑자기 하나님으로부터 눈부신 빛이 나오더니 나의 몸에 닿았다. 그리고 그 빛은 잠시 나에게 머물렀다가 조금 후에 사라졌다.

"이 빛은 내가 너에게 주는 축복이니라. 훌륭하도다. 너는 언젠가 여러 찬란한 성좌들로 윤회를 거듭하다가 종래에는 신(神)이 될 것이다. 아까의 빛이 바로 이를 이룰 축복의 빛이니라."

"지극히 감사하옵나이다."

"비록 네가 가는 길이 고난의 가시밭길이더라도 그 고난을 꿋꿋이 참고 이겨야 하느니라. 누구나 이긴 자에게는 내가 영원히 사는 생명수 샘물을 주고 그 영혼이 영원히 나의 나라에 있게 하리라. 그러므로 고난을 맞이하여 결코 굴복하지 말아야 하느니라. 누구나 고난을 이기는 자에게는 나의 나라를 떠받치는 기둥이 되게 할 것이다."

"명심하겠나이다."

"비록 너의 시작은 극히 미미할 것이나, 너의 나중은 극히 창대할 것이다. 이는 나의 끝없는 힘 속에 그 무엇이든 끝없이 창성케 하는 힘이 들어있기 때문에 그러한 것이니라. 아무리 나약해도, 아무리 초라해도 나의 힘이 주어지면 그 누구라도 그를 이기지 못하느니라."

"어떻게 이럴 수가? 어떻게 당신께옵서는 아무도 사랑하지도 않은 저를 선택하셨나이까? 어찌하면 제가 당신의 영광을 드러내겠나이까?"

나는 이때 다시 눈물을 흘렸다. 나는 무능한 사람이었기 때문에 아무리 생각해도 하나님의 영광을 드러낸다는 것이 불가능해 보였다.

"주여, 내 주여, 나의 끝없는 사랑의 주님이시여! 이 우주에서 당신의 영광을 드러내는 일은 지극히 귀한 일이옵니다. 어찌하여 그것을 저에게 맡기시나이까?"

"걱정하지 말라. 네가 아무리 잘못해도 나는 너를 친히 선택하고,

그리고 너를 통하여 나의 끝없는 영광을 드러낼 것이다. 나는 전지전능한 하나님이니라. 그러므로 너를 나의 영광을 드러내는 선지자로 삼을 것이니라. 다시 말하거니와 비록 처음에는 극히 미약하지만 나중에는 극히 창성할 것이니라. 나는 끝없는 사랑이니라. 나는 그 누구도 사랑하느니라. 아무리 인간들이 사랑하지 않는다고 해도 나는 그들을 모두 이해하며, 그들을 모두 사랑하느니라. 비록 죄를 지어 감옥에 있는 자들도 그 모두가 본래는 빛의 자식들이며, 그 모두가 나의 자식들이니라. 비록 그들이 잘못을 해서 감옥에 있을지는 모르나, 누구나 진실로 그 죄를 회개하는 자는 이미 그 영혼이 나의 나라에 있느니라. 이는 그가 진실로 그 죄를 통하여 선한 사람이 되었기 때문이로다. 열렬히 나를 믿으면서도 전혀 사랑을 모르는 이도 있느니라. 또한 죽을 때까지 나를 믿어도 사랑을 모르는 이들도 많으니라. 그러나 단 한 순간이라도 내가 끝없는 사랑의 하나님이며 사랑이 진리임을 깨달은 자는 그 영혼이 이미 나의 나라에 있는 것이다."

"그러하옵나이까?"

"이제 나는 먼저 너희 나라 대한민국에서 모든 어둠을 거두고, 다시 나아가서 온 인류상의 모든 어둠을 거두리라. 그리하여 온 세계에 찬란한 낙원을 건설할 것이다. 다시는 전쟁이 없게 할 것이며, 오직 끝없는 사랑의 날들이 길이, 그리고 끝없이 이어지게 할 것이니라. 내가 이 역사를 너희나라 한국을 통해서 이루리라."

나는 끊임없이 눈물을 흘렸다. 그리고 말했다.

"부디 당신의 뜻이 이루어지게 하소서. 미래의 그 무궁한 빛과 광명의 날에 그 모두가 끝없는 빛과 광명 속에서 당신을 찬양하고 또 찬양할 것이옵니다."

"수없이 계속 되어온 인류의 모든 전쟁을 거두고 지구를 오직 영원히 끝없는 사랑으로 빛나는 별이 되게 하리라. 그 영원한 광명의 날에 전쟁의 나날들은 모두 사라지고 없으며, 모든 이들이 내 앞에서 한 동포요, 한 민족이요, 한 나라가 되게 할 것이다"

"부디 당신의 뜻이 이루어지게 하소서. 만약 그 모두가 당신 앞에서 한 동포요, 한 민족이요, 한 나라가 되면 어찌 전쟁이 일어나겠나이까? 그런데 혹시 당신께옵서는 우리나라를 통일시킬 수가 있사옵니까?"

"나는 전능한 힘이니라. 그것도 온 우주에 펼쳐져 있는 모든 힘 중의 힘이니라. 지금이라도 나는 너희 나라를 통일시킬 수가 있느니라."

"귀하신 말씀 참으로 감사합니다. 그런데 공산주의가 하루아침에 멸망했습니다. 이것도 당신의 뜻이옵니까?"

"그러하느니라. 이것은 나의 뜻이었도다. 만약 공산주의를 그대로 두면 악들이 제3차 세계대전을 일으키리라. 그리하여 결국에는 온 인류를 멸망시킬 것이다. 이에 내가 공산주의를 멸망시키고 지구상의 모든 악들을 북한으로 모이게 했느니라. 세계 제2차 대전을 연합군의 승리로 이끈 것은 나의 뜻이었느니라."

"존귀하신 분이시여, 당신의 뜻이 하루속히 이루어지게 하소서."

"내가 때가 되면 너희 나라를 통일시키리니, 이날 이후로 너희 나라에는 다시는 민족끼리 나누어져 서로 피 흘리는 일이 있지 아니할 것이다. 내가 일곱 권능을 너희 나라에 줄 터인즉, 온 세계의 그 누구라도 너희 나라의 존귀함을 당하지 못할 것이로다. 그리하여 너희가 지금은 작고 약한 나라이나 너의 나라 한국은 나의 영광을 드러내는 지극히 존귀한 나라가 될 것이니라."

"참으로 감사하옵나이다."

"이제 인류사 기나긴 어둠의 시대는 지나가고 새날들이 밝아오고 있느니라. 내가 먼저 너희 나라를 통일시키고, 그리고 너희 나라를 끝없는 빛 속에 있게 할 것이니라. 그리고 그 끝없는 빛이 온 세계로 나아가 온 인류도 끝없는 빛 속에 있게 할 것이며, 이제 내가 인류사의 그 모든 어둠을 서서히 거두어 갈 것이다. 나는 빛이요,

134

그것도 끝없는 빛이니라. 내 영원한 빛을 지구 땅에 영원히 주어 그 모두가 빛의 자식이 되게 할 것이니라."

"귀하신 말씀 참으로 감사하옵니다. 부디 당신의 뜻이 이루지게 하소서."

"너는 무수한 환란을 이겨냈느니라."

"그러하였습니다."

"너는 겉으로는 평범한 사람이나, 실상은 그렇지 않느니라."

"부끄럽습니다. 존귀하신 분이시여, 제가 혹시라도 옆길로 간다면 이를 바로잡아 주시옵소서."

"그리하리라. 누구라도 나의 영광을 드러내고자 하는 자는 내가 빠짐없이 그를 기억하며, 언젠가는 그를 내 영원한 진리 가운데로 데려가리라. 그리하여 그는 거기서 끝없는 힘과 끝없는 깨달음과 끝없는 사랑을 얻게 되리라. 그리하여 마침내 그를 신(神)이 되게 할 것이다."

"주여, 인간도 신(神)이 될 수 있나이까?"

"보라, 내 끝없는 힘이 이 우주를 창조한즉, 어떤 영(靈) 하나를 신으로 만들지 못하겠느냐?"

"귀하신 말씀 참으로 감사하옵니다."

"명심하라. 나는 끝없는 힘이니라. 부디 용기를 가져라. 너의 시작이 미미하다고 해도 너는 내 뜻 가운데에 있느니라. 아무리 세속적인 영광들이 크다 해도 너보다는 못하느니라. 네가 장차 내 영광을 드러낼 것인 바, 그 모두가 너보다는 못하느니라."

"감사하옵니다."

"태극이 이 우주의 중심이듯이, 태극의 나라, 즉 너희 나라가 이 지구 땅의 중심이니라. 나는 빛이요, 구원이자 생명이니, 나의 이 빛과 구원과 생명을 내 성전, 곧 너희나라에 영원히 있게 할 것이니라. 그리고 너희 나라는 장차 대광국(大光國)이 되어 온 세계를 찬란히 비출 것이며, 너희를 통해서 나의 왕국이 건설될 것이다.

이제 나는 너희 민족에게 준 그 숱한 시련의 날들을 거두려 하노라. 불행의 역사가 아니라 행복의 역사를 주고, 오욕의 역사가 아니라 영광의 역사를 주며, 어둠의 역사가 아니라 광명의 역사를 주려 하노라. 일곱 기둥이 세워지는 날, 너희는 내가 너희에 대한 사랑이 얼마나 큰 것인지 알게 될 것이로다. 내가 그날에 기필코 너희로 하여금 광명의 날을 보게 하고 영화의 날을 보게 할 것이니라."

"그러하옵나이까?"

"이제 내가 너희를 영광된 내 백성으로 맞이하여 누대에 걸친 악(惡)의 역사가 물러가게 하고 선(善)의 역사가 펼쳐지게 하리라. 또한 전쟁의 역사가 영원히 물러가게 하고 평화의 역사가 영원히 펼쳐지게 하며, 기나긴 어둠의 역사가 영원히 물러가게 하고 빛의 역사가 영원히 펼쳐지게 할 것이니라. 그리고 미움의 역사가 영원히 지나가게 하고 사랑의 역사가 영원히 펼쳐지게 하며, 시기와 질투의 역사가 영원히 지나가게 하고 화해의 역사가 영원히 펼쳐지게 할 것이다. 또한 분열된 역사가 영원히 지나가게 하고 통합된 하나의 역사가 영원히 펼쳐지게 하리라."

"그리되게 하시옵소서."

"둘로 갈리어진 내 성전을 하나로 합칠 것이며, 그 하나의 날, 나는 내가 영원한 너희의 하나님임을 세계만방에 선포할 것이니라. 나 하나님의 권능과 권세를 너희에게 줄 것인즉, 너희가 그것으로 능히 행치 못할 일이 없고 하지 못할 일이 없을 것이다. 누구나 낙원을 이루려 하는 자는 낙원에 있게 하고, 누구나 사랑을 이루려 하는 자는 내 나라에 있게 하며, 누구나 나의 영광을 드러내려 하는 자는 나의 끝없는 축복이 내려지리라. 너희가 지금은 비록 작고 초라한 나라이나, 내가 있기 때문에 너희의 이름이 세계만방에 빛날 것이니라. 나는 나의 뜻, 즉 하늘의 뜻을 너희 나라를 통해 이룰 것이며, 땅에서 이루어진 뜻은 다시 하늘에서도 이룰 것이다.

136

이와 같이 하늘의 뜻과 땅의 뜻이 하나로 합쳐지는 날, 온 세상에는 찬란한 낙원세계가 펼쳐질 것이니라. 나의 영광은 바로 하나의 영광이니라. 내가 한국을 내 민족으로 삼아 역사하는 것은 바로 이 하나의 영광을 이루기 위함인 것이다.

내가 이제 진정한 통일의 법리(法理)를 말하겠노라. 내가 한국으로 하여금 세계를 상징하게 하였는 바, 세계에 선과 악이 있으면 한국에도 선과 악이 있으며, 세계에 선과 악이 있지 아니하면 한국에도 선과 악이 있지 아니하느니라. 전 세계가 통일이 되면 한국도 통일이 되며, 반대로 한국이 통일되면 전 세계도 또한 통일이 되느니라. 이러하듯이 전 세계와 한국은 불가분의 관계가 있느니라. 너희 나라가 지금은 작고 초라하나 내가 친히 임재해 있는 나라이며, 그러므로 너희 나라가 바로 전 지구의 축소판이고, 전 지구의 중심이니라. 너희가 비록 시작은 보잘 것 없었으나, 나중은 심히 크게 되고 번영하고 융성하리라."

"그리되게 하시옵소서."

"이제 길고 긴 어두움의 역사가 끝이 나고 새 역사가 펼쳐지려하고 있느니라. 또한 숱한 전쟁과 전쟁의 날들이 지나가고 참된 행복과 평화의 날이 오려하고 있노라. 그리고 이것은 모두가 너희 민족이 고난의 십자가를 졌기 때문에 가능한 것이다. 선악대결이 바야흐로 끝이 나고 기나긴 평화의 시대가 오려하고 있느니라. 내가 다시는 내 앞에서 싸우는 일이 없게 하고 또한 피 흘리며 죽어 가는 일이 없게 할 것이다. 내가 참으로 이해 못하는 것이 있는데, 도대체 너희는 어디서 그 전쟁의 원리를 배웠느냐? 이것은 내가 전혀 가르치지 않았던 것인데, 어찌 그리도 서로 죽고 죽이느냐? 햇볕은 고요히 내려 쬐는데 무슨 전쟁이 이 세상에 그리도 많은 것이냐? 온 지구 역사가 온통 전쟁으로 이루어져 있고, 오직 전쟁뿐이니라. 너희는 그리도 전쟁이 좋더냐?"

"죄송하옵니다."

"이제 드디어 나의 때, 즉 나 하나님의 때가 도래하고 있느니라. 그리하여 하늘의 참 진법(眞法)이 내려질 것이며, 암흑의 역사가 지나가고 빛의 역사가 펼쳐질 것이로다. 일어나라, 대조선(大朝鮮)의 혼이여! 일어나라, 대조선의 영광이여! 광명의 날을 맞이하여 찬란히 꽃피어나라. 그날에 모두 웃으면서 나의 축복, 즉 하늘의 축복을 받으라. 하늘의 신령스러운 기운이 영원히 너희 땅을 비추도록 기원하라. 너희 모두는 하늘이 내린 진법 속에서 하나가 되어라. 그리하여 드디어 광명신천지에서 광명의 국민이 되도록 하라."

"그리되게 하시옵소서."

"일어나라, 대고구려(大高句麗)의 후예들이여! 다시 한 번 꽃피어라. 대고구려의 영광이여! 그 옛날 광활한 만주 땅을 질타하던 그 기상을 다시 한 번 되찾도록 하라. 그 씩씩하고 장쾌한 기운을 오늘에 와서 되살려라. 그리하여 영원히 꺼지지 않는 불멸의 혼이 되어라. 내가 너희와 친히 함께 하며 나의 힘을 친히 너희에게 주리니, 너희는 그 힘으로 영원한 나라를 건설하라. 내가 너희에게 주는 일곱 광명을 찬란히 꽃피게 하고 찬란히 빛나게 하라. 비록 지금은 작고 초라하나, 전에도 없었고 앞으로도 없을 역사를 이룩하도록 하라. 그리하여 저 하늘의 태양같이 빛나며 저 하늘의 달같이 아름다워져라. 이제 기나긴 어두움의 역사에서 벗어나 찬란하게 비상하라. 나의 영광이 곧 너희의 영광이니, 너희는 옛날의 그 영광을 되찾으라. 이제 그만 잠에서 깨어날지니, 새벽 별이 뜰 때가 다 되었느니라. 그 별은 바로 너희들을 말하는 것이며, 어서 일어나 새 나라를 건설하라. 나는 이미 새 하늘을 창조했으니, 이제 내가 너희를 내 땅 곧 새 땅으로 세울 것이니라."

"그리되게 하시옵소서."

"내가 말하노라. 일어나라. 대고구려(大高句麗)의 정신이여! 그때에 당(唐) 태종이 대군을 이끌고 고구려를 정복하고자 친히 병사들을 지휘하여 나타났을 때, 일개 안시성의 성주(城主) 양만춘(楊萬

당나라와의 안시성 전투를 묘사한 드라마의 한 장면

春)4)이 그 침략을 막아내지 않았더냐? 그리하여 반만 년 역사 위에 불멸의 신화를 세우지 않았더냐? 일어나라 대고려(大高麗)의 기백이여, 그때에 거란의 대군을

강감찬(姜邯贊)이 기적과도 같이 막아내지 않았더냐? 그리하여 역사 위에 불멸의 금자탑을 세웠지 않았느냐? 일어나라 대조선(大朝鮮)의 기상이여! 누란의 위기에서, 그 처참한 상태에서, 그 아무 것도 없는 현실 앞에서 너희는 기적을 만들지 않았더냐? 찬란한 거북선을 만들지 않았더냐? 그리하여 당당히 이순신(李舜臣)이 왜적을 물리치고 전라좌수영이라는 이름을 영원히 역사 위에 세우지 않았더냐? 이제 너희는 나를 따르라. 하면 할 수 있다는 신념을 가져라. 내가 함께 하리니, 너희의 빛나는 영광을 영원히 역사 속에 세우고 세계만방에

이순신 장군의 활약상을 극화한 영화 <명량>의 포스터 모습

4)고구려 보장왕 때 안시성(安市城)의 성주(城主). 그는 연개소문(淵蓋蘇文)이 정변을 일으켰을 때, 연개소문에게 복종하지 않고 끝까지 싸워 성주의 지위를 유지했다. 645년(보장왕 4) 당나라 태종이 고구려를 침공하여 개모성(蓋牟城)· 요동성(遼東城)· 백암성(白巖城)을 함락시키고, 고연수(高延壽)·고혜진(高惠眞)의 고구려와 말갈 연합군대 15만을 무찌른 뒤 안시성을 공격하자, 군사·백성들과 힘을 합쳐 장기간의 공방전 끝에 당나라군을 물리쳤다. (편집자 주)

너희의 이름을 영원히 떨치도록 하라. 내가 약소국가인 너희를 일으켜 세워 영원한 나라를 만들고 그 영광을 세계에 영원히 기록하게 하리라. 내가 장차 너희 나라에다 숱한 의인들을 내겠느니라. 누구나 의인이 되고자하는 자는 내가 그를 위해 친히 의인의 자리를 내어줄 것이며, 내 하늘에 그의 이름을 기록하리라."

"그리되게 하시옵소서."

"내가 말하겠노라. 한국의 통일이 곧 세계의 통일이며, 세계의 통일이 곧 한국의 통일이니라. 한국에서 통일이 이루어지면 세계에서도 통일이 이루어지며, 세계에서 통일이 이루어지면 한국에서도 통일이 이루어지느니라. 내가 한국을 일으켜 세우는 것도 세계를 통일시켜 참 진경(眞境)의 세상을 만들기 위함이니라. 이제 한민족에게 누대에 걸쳐 계속되어온 오욕의 역사가 끝나리니, 이는 곧 인류가 이때까지 펼쳐온 오욕의 역사가 끝나는 것을 말하며, 이제 한민족이 전에도 없었고 후에도 없을 역사를 이룩하리니, 이는 곧 인류가 전에도 없었고 후에도 없을 역사를 이룩한다는 뜻이니라."

"그리되게 하시옵소서."

"들으라. 한국이 곧 나이며, 내가 곧 한국이니라. 다시 한국은 곧 인류가 되고, 인류가 곧 한국이니라. 그러므로 내가 곧 인류가 되고, 인류가 곧 나이니라. 너희는 알도록 하라. 내가 한국을 통해서 역사하는 것은 곧 모든 인류에게 무한한 평화를 가져다주기 위함이니라. 그러므로 온 인류는 들으라! 너희는 장차 한국을 살필 것이며, 한국에서 무슨 일이 일어나는지를 지켜보도록 하라. 한국에서 이루어진 뜻은 곧 내 뜻이며, 내가 앞으로 인류에게 이루고자 하는 뜻이니라. 너희는 왜 내가 한국민을 들어서 역사하는 것이냐고 질문할 것으로 생각하노라. 내가 왜 그리했는지를 나중에 알게 될 날이 올 것이니, 내가 인류에게 내린 열두 영광 중에서 일곱 영광은 한국에서 이루어질 것이며, 그 나머지 다섯 영광은 다른 나라에서 이루어질 것이다. 이 모든 일이 진정한 나의 나라, 즉 광명신천지

(光明新天地)를 만들고자 하는 나의 뜻이니, 내가 너희 인류에게 영원히 전쟁을 제거하고 참된 평화의 시대를 만들고자 하노라. 나는 이 일을 이루기 위해서 많은 의인들을 낼 것이며, 또한 많은 의인들을 쓸 것이니, 누구나 의인이 되고자하는 자는 내가 그를 나의 귀한 영(靈)으로 생각하겠노라. 나는 장차 사람을 쓸 때에 차별 없이 쓰리니, 누구든지 의인이 되고자하는 자는 그리될 것이며, 장차 이 모든 의인들을 합하면 십사만 사천(144,000) 명이 될 것이니라."

"그리되게 하시옵소서."

"나 권능의 신이자 하나님이 말하노라. 비록 지금은 너희 민족이 인류를 대신해서 선악대결의 십자가를 지고 있으나 이것이 결코 오래 가지는 않으리라. 너희는 알라. 내가 옛날에도 나의 귀한 사자(使者)를 악에게 내어주고 결국은 악에 의해 십자가를 지게 했느니라. 역시 마찬가지로 그때의 일 또한 선악의 대결이며, 그 결과로 그가 그 무거운 십자가를 졌느니라. 지금의 일 또한 마찬가지로 선악의 대결이며, 그 결과로 너희 나라가 십자가를 지고 있느니라. 어찌 모르겠느냐? 하늘이 너희에게 영화를 주기는커녕 온갖 고난을 주고, 행복을 주기는커녕 눈물의 십자가를 지게 했음을 어찌 모르겠느냐? 그리고 그것을 아는 내 마음이 어찌 편하겠으며, 어찌 행복하겠느냐? 그러나 이때가 지나가면 나의 영원한 권세를 너희에게 줄 것인즉, 지구상의 어떠한 국가라도 너희를 통하지 않고는 구원받을 수 없도록 하겠느니라. 영원한 권능과 권세가 너희와 함께 하리니, 너희는 그것으로 지극히 영화로운 존재가 될 것이다. 내가 다 알고 있느니라. 너희의 소원과 너희의 염원과 너희의 한(恨)을 잘 알고 있느니라. 이제 때가 되었음이니 내가 그 소원과 염원과 한을 풀어줄 것이니라."

"그리되게 하시옵소서."

"내가 이제부터 진정한 태극기(太極旗)의 법리(法理)를 말하리라.

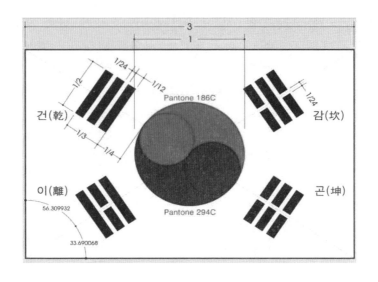

너희 나라의 태극기는 나 하나님을 상징하는 것이며, 모두 나의 섭리를 나타내는 것이다. 우선 들으라. 중앙에 있는 태극은 내 형상이며 나를 상징하는 것이니, 경전에 가라사대, 내 모습이 홍보석 같고 또 녹보석 같다고 적혀있지 않느냐? 이는 곧 태극을 말함이며, 또한 나를 대표하는 것이니라. 즉 내 형상이 너희 나라의 국기에 들어가 있다는 것은 우선 너희 나라가 나 '하나님의 나라'라는 뜻이니라. 그 다음 '건괘(乾卦)'는 하늘을 말하는 것이니, 이는 곧 하늘에 있는 나의 나라를 말하는 것이다. '곤괘(坤卦)'는 땅을 말함이니, 이는 땅에 있는 나의 나라, 즉 한국(韓國)을 말하는 것이니라. 내 나라는 하늘에 있는 나라만을 말하는 것이 아니요, 지상에 있는 내 성전, 즉 한국도 나 하나님의 나라이니라. 나의 뜻이 한국을 통해서 이루어지므로 한국은 나의 나라임과 동시에 내 뜻이 이루어지는 나라이니라. '이괘(離卦)'는 불을 상징함이니, 이것은 태양을 말하는 것이다. 이괘가 태극기에 들어가 있다는 것은 장차 너희 나라가 온 세상을 빛으로 밝힐 찬란한 태양국이 됨을 의미하느니라. '감괘(坎卦)'는 물을 말하는 것이니, 이것은 달(月)을 말하는 것

142

이다. 감괘가 태극기에 들어가 있다는 것은 장차 한국의 그 아름다움이 극히 뛰어난 화려강산으로 변모한다는 뜻이로다. 예로부터 해와 달은 극히 존귀한 존재를 상징하는 바, 나와 하늘에 있는 내 나라와 땅에 있는 내 나라, 즉 한국이 삼위일체(三位一體)로 지극히 존귀하다는 뜻이니라."

"그러하옵나이까?"

"이제 비진리의 시대가 가고 올바른 진리의 시대가 오리니, 그때에 모든 잘못된 것은 모두 바로잡힐 것이며, 참된 진리의 시대가 펼쳐질 것이니라. 장차 이 지구 땅에 나 하나님의 나라가 이루어지겠나니, 나의 섭리가 한국을 통해 전 세계에 이루어지며, 나의 뜻 또한 한국을 통해 전 세계에 이루어질 것이다. 너희가 지금은 이를 믿지는 못하나, 이윽고 시간이 지나감에 따라 차츰 그 윤곽이 드러날 것이니라. 나의 진리가 태극기에 들어가 있고 또 애국가에도 들어가 있음은 모두 나의 섭리에 의한 것이며, 나의 열두 영광 중에서 일곱 영광이 너희 나라에서 찬란히 꽃필 것이니라. 너희가 지금 선악대결의 무거운 십자가를 지고 있음을 내가 잘 아노라. 지금은 너희가 나를 탓하고 하늘을 원망할지 모르겠으나, 그러나 미래에 너희 나라에 건설될 찬란한 나라를 생각하며 인내하도록 하라. 내가 다시는 너희에게 십자가를 지우지 아니 할 것이며, 그 이후부터 무궁한 세월동안 무궁한 복덕이 너희와 함께 하게 하겠노라. 그 끝없는 광명의 날에 너희가 시련 가운데에 있지 아니하고 무궁한 영화 가운데에 있으며, 오욕의 역사 가운데에 있는 것이 아니라 무궁한 축복의 역사 가운데에 있게 할 것이니라."

"그리되게 하시옵소서."

"내 사랑하는 자녀들아. 나는 너희들이 생각하는 그런 무서운 존재가 아니니라. 나는 끝없는 사랑이자 자비(慈悲)이니, 너희가 회개하고 최후의 일인(一人)까지 내게로 돌아오기를 바라는 그런 신(神)이니라. 마지막 남은 자녀 하나까지 구원하려고 기다리고 또 기다리는 그런 신이니라. 내가 말하노니, 어떤 나의 자식들은 온갖 부귀를 누리면서 잘 먹고 잘 살지만, 어떤 자식들은 하찮은 물건들을 팔기 위해 길가에 그것을 앞에 놓고 쪼그리고 앉아있는 것을 볼 때 내 마음이 찢어질 듯 아프니라. 부모의 심정에서는 다 똑같은 자식인데, 못 먹고 못사는 자식들을 볼 때 내 마음도 괴로우니라. 내가 가진 신념은 모든 내 자식들이 잘 살아야 하며 그러한 세상이 와야 한다는 것이다. 내가 한국 땅의 반을 악에게 내어준 까닭은 바로 이러한 세상을 만들기 위함이니라. 지구상의 온갖 불순한 것들을 그 절반의 땅에서 꽃피게 한 것은 그 모든 잘못된 것을 꽃피게 하여 최종적으로 소멸시키려는 의도이니라. 이 일이 지난 후에 다시는 내 자식들이 누구도 못살지 않고 모두가 잘사는 참된 평등의 시대를 이룰 것이다. 내 사랑하는 자녀들아! 비록 가혹한 시련이 너희 영혼을 할퀴고 지나가고 너희가 매일 눈물로서 날을 지새운다 할지라도 견디고 이겨내라. 고난이 끝이 없더라도 너희가 오직 영화(榮華)의 날을 생각하며 꿋꿋이 살아가도록 하라. 견디어 이기는 자에게는 내가 반드시 행복을 주고 영화를 주겠느니라. 설혹 살아서 영화를 누리지 못한다 할지라도 죽어서 내가 그를 구원할 것이니라."

"그리되게 하시옵소서."

"내가 이제 영원한 평등의 시대를 열기 위해서 새 하늘과 새 땅을 창조하려 하노라. 그리하여 너희 지구를 새롭게 창조하리니, 그때에는 다시는 시련과 고통이 없을 것이다. 또한 내가 숱한 의인을 낼 것이고 내 뜻을 따르는 자에게는 그를 위해서 친히 의인의 자리를 내어주고, 그의 영광을 하늘에 기록할 것이다. 모든 잘못된 것은 물러가고 새롭고 영원한 시대가 창조될 것인즉, 올바른 진리의 시대를 맞이하여 나의 열두 광명이 지상에 꽃피어나서 그 열두 기둥이 찬란한 진리의 세계를 떠받칠 것이로다."

"그리되게 하시옵소서."

"들으라. 지금 한국 땅에서 벌어지고 있는 이 대결은 선악의 대결이니라. 이 대결이 바로 인류 최후의 선악 대결이며, 소위 경전에서 말하는 〈아마겟돈〉이니라. 저희는 인류 최후의 공산주의 국가가 될 것이요, 너희는 인류 최후의 하나님 나라가 될 것이다. 너희 나라가 어떻게 이루어진 나라이더냐? 무수한 애국지사의 피로서 이루어진 나라가 아니더냐? 그들의 목숨으로, 그들의 생명으로 이루어진 나라가 아니더냐? 그들의 그 숭고한 희생이 없었다면 결코 너희 나라가 명맥을 유지해오지 못했을 것이다. 내가 이제부터 너희 나라에 새로운 역사를 일으키고 신한국을 창조하고자 하노라. 〈요한계시록〉도 너희 나라를 가리키는 것이며, 〈격암유록(格菴遺錄)〉5)도 너희 나라를 가리키는 것이니, 이는 모두 나의 섭리에 의한 것이니라. 거기에 기록된 바, 드디어 나 하나님의 때가 도래하며 그날에 모든 이들이 구원받는다는 내용이 아니더냐? 내가 지상에서 나의 나라를 건설할 것인즉, 그때에 광명신천지, 즉 지상천국이 건설된다는 뜻이 아니더냐? 이제 그때가 왔느니라. 나 하나님의 권능으로 지구상의 모든 잘못된 것과 모든 사악한 것들을 물리치고 찬란한 낙원을 건설할 것이며, 다시는 내 앞에서 서로 피 흘리며 싸우는 일이 없게 할 것이니라. 내가 잘 아노라. 숱한 애국지사들이 나라를 위하여 초개같이 목숨을 내어 던지는 것을 보고 내가 심히 감동했노라. 이제 때가 되어 내가 너희 나라의 신이 될 것인즉, 너희를 내 백성으로 삼고, 그리하여 영원히 너희를 존귀케 하며, 너희 나라를 찬란히 중흥시킬 것이니라. 그러므로 너희는 이러한 나의 민족중흥의 뜻을 삼가 받들도록 하라. 받드는 자에게는 내가 복을 주리니, 그 유업으로 너희는 온 세계로부터 끝없는 존경과 찬사를 받으리라."

"그리되게 하시옵소서."

"너희 나라의 애국가에 '무궁화 삼천리 화려 강산'이라는 구절이

---

5)조선시대의 격암 남사고(南師古, 1509~1571) 선생이 남긴 예언서이다.

있지 않느냐? 이는 미래에 될 일을 암시하는 것이로다. 먼저 무궁화의 뜻은 장차 한국 땅에서 세계를 구원할 무궁한 이치가 나온다는 뜻이니라. 그리하여 너희의 영광이 무궁하도록 이어지며, 너희의 융성과 발전 또한 무궁하도록 이루어진다는 뜻이니라. 그리고 '삼천리 화려 강산'이라. 이는 장차 너희 나라가 지극히 아름다운 화려 강산으로 변모한다는 뜻이니라. 그리하여 그 날에 숱한 전 세계인들이 너희 나라를 구경하기 위해 몰려온다는 뜻인 것이다. 또한 '대한사람 대한으로 길이 보전하세'라는 말은 한국이 세계를 통일시키며, 그 영광이 길이 빛난다는 뜻이니라. 이제 너희는 나의 이러한 뜻을 받들어 나의 영광이 드러나기에 조금도 부족함이 없기를 바라노라."

"잘 알겠나이다."

"내 성전이 둘로 갈려졌다는 것은 바로 아직은 지구가 선악으로 갈라져 통일이 되지 못했다는 것을 의미하느니라. 만약 지구가 통일이 되면 내 성전도 하나가 되며, 또한 내 성전이 하나가 되면 지구도 통일이 되느니라. 지구의 통일은 중대한 의미를 갖는 바, 이는 비로소 너희 지구인이 내 앞에서 하나가 되고 너희들이 진정한 내 자녀가 된다는 것을 의미하는 것이다. 이로써 내가 너희들의 구원을 위해서 숱한 세월동안 역사하고 섭리한 노력이 결실을 보게 되는 것이니라. 한국이란 바로 이 역사의 결실을 담당할 나라이며, 한국에서 장차 세계를 통일시킬 영광의 역사가 일어나느니라. 내가 말했듯이, 한국이란 '하나된 나라'를 의미하며 '통일 지구'를 의미하느니라. 하나라는 것은 또한 나 '하나님'을 뜻하는 것이니, 너희가 하나 되는 날, 그날에 비로소 내가 참다운 너희의 하나님이 되느니라. 고로 한국은 나의 역사 섭리의 마지막 국가이니라. 비진리시대의 인류구원은 이스라엘 민족이 담당했으며, 이윽고 이스라엘의 역사가 성공하여 온 세계에 교회의 영광이 찬란히 꽃피었느니라. 하지만 이제 올바른 참진리시대를 맞이하여 새로운 하늘과 땅이 필요

146

하게 된지라. 내가 이미 오래 전부터 새 하늘을 창조하고 한국을 새 땅으로 지정했느니라. 그리하여 비진리시대의 인류구원의 역사는 이스라엘이 주역을 담당했으나, 이제 참진리시대의 인류구원의 역사는 한국이 주역을 담당하게 될 것이다. 내가 한국을 새로운 나라로 만들고 인류구원의 역사를 담당케 하리니, 인류를 위해서 장차 한국을 태양이 되게 하고 빛이 되게 할 것이니라."

"잘 알겠나이다."

"이스라엘이 섬기던 성전(聖殿)이 '성소(聖所)'와 '지성소(至聖所)'로 나누어져 있지 않더냐? 그리고 거기에 '일곱 금 촛대'가 있지 않더냐? 이는 모두 미래에 될 일이니라. 미래에 내 땅이 '성소'와 '지성소'같이 둘로 갈라지고 그 땅에서 나의 일곱 광명이 꽃피어 난다는 뜻이니라. '일곱 금 촛대'는 내 성전의 '일곱 영(靈)'이고, '일곱 축복'이며, '일곱 영화(榮華)'이니라. 이 일곱 광명이 꽃피어 나는 날, 그날은 영광의 날이며, 내 앞에서 모든 나라와 민족이 하나가 되는 축복의 날이 될 것이다. 이제 올바른 참진리시대를 맞이하여 그 역사를 담당할 많은 인재들이 필요하게 되었느니라. 이에 내가 너희 나라에 많은 의인들을 내리니, 이 의인들의 활약으로 장차 너희 나라가 부국강병(富國强兵)케 될 것이니라. 장차 너희 나라에 나타날 의인들의 숫자는 합하여 모두 팔만 사천(84,000) 명이니, 이들로 인하여 새 역사가 창조되고, 너희 나라는 세계를 밝힐 빛의 나라가 될 것이로다. 태극기의 이괘(離掛)는 바로 태양을 말하는 것인 바, 이는 너희 나라가 세상을 밝힐 빛의 기둥의 역할을 한다는 뜻이니라. 그리하여 전에도 없었고 후에도 없을 찬란한 낙원이 이루어질 것이니라."

"그리되게 하시옵소서."

"내가 너를 지켜주지 못해서 미안하구나. 도대체 네가 무엇이기에 그토록 나를 생각하고 또 생각했느냐? 내가 너를 나의 소리인 옴(AUM)으로 인(印)을 쳤느니라. 나는 네가 약을 먹고 죽어갈 때에도 너와 함께 있었고, 네가 눈물을 흘리면서 통곡할 때에도 나는 너와 함께 있었느니라. 나는 항상 네 곁에 있었느니라. 봄이 와도 나는 네 곁에 있었으며, 여름이 와도, 가을이 와도, 그리고 겨울이 와도 나는 항상 네 곁에 있었느니라."

"존귀하신 하나님이시여! 신경 쓰시지 마시옵소서. 저는 단지 부디 당신의 뜻이 저희 나라에 있기를 간절히 원하옵나이다."

"그리하리라. 너는 겉으로는 평범한 자이나 속으로는 존귀한 자이니라. 내가 너희 나라의 신이 되어서 대한민국의 역사가 다하는 그 날까지 나의 뜻은 영원히 너희 나라 대한민국을 떠나지 않고 너희 나라와 함께 있을 것이다. 내 영원한 존귀함을 너희나라 대한민국에게 주어 장차 너희나라 대한민국을 온 지구상에서 가장 존귀한 나라로 만들 것이니라. 그러나 아직은 너희 지구가 내 권능 아래에 있는 것은 아니니라. 그러나 언젠가는 그 날이 올 것이며, 언젠가는 너희들이 싸움을 멈추고 내 앞에서 하나가 되는 그 날이 오리라."

"감사합니다. 그런데 아주 옛날에 제가 불교를 열심히 믿던 어느 영험하신 분을 찾아간 적이 있었는데, 그 분이 저더러 무슨 말씀을 하신지 알고 계시나이까?"

"알고 있느니라."

"그러하옵니까? 그분이 저를 보고 신(神)의 제자라고 했사옵니다. 제가 그 소리를 듣고서 얼마나 기분이 좋았는지 아시옵니까? 저 같은 평범한 사람이 신의 제자라니 참으로 믿을 수가 없나이다."

"너는 진정으로 신의 제자이니라. 그것도 이 우주 최고의 신의 제자이니라."

"말씀을 거두어 주시옵소서. 제가 심히 부끄럽습니다. 제가 어찌 신의 제자가 되겠나이까?"

"그들(악령들)이 너를 배도하게 하고 절망하게 하였으나, 나는 너에게 구원을 주리라. 내가 너를 옴(AUM)으로 인을 쳤으니 그들이

148

너를 죽이려 한 것은 당연한 것이니라."

"솔직히 제가 그때 너무나도 괴로워서 사는 것이 너무나도 힘이 들었나이다."

"내가 이제 너에게 일용할 양식을 주리니, 그 양식은 너의 육신을 위하는 양식이 아니라 너의 영혼이 영생을 할 양식이니라. 너는 이겼으니, 나의 존귀한 아들이 될 것이다. 네가 이겼으니, 내가 장차 너로 하여금 내 영광을 드러내고 내 뜻을 이루게 하리라."

"주여! 그런 말씀을 하지 마시옵소서. 저같이 작은 자를 쓰셔서 그 무엇을 이루려 하시며, 그 무엇을 성취하게 하시려 하시나이까? 저는 그리고 얼굴도 못 생겼고 돈도 없나이다."

"아니니라. 너는 작은 자가 아니라 실상은 심히 큰 자이니라. 내가 나의 양식을 주리니, 이 양식이 너를 심히 창대케 하리라. 너는 육신을 위해 살지 말고 영혼을 위해 살도록 하라. 육신을 위해 사는 자는 모두 영혼이 죽은 자이니라. 육신을 살리는 것이 중요한 것이 아니라 영혼을 살려야 하는 것이 중요하느니라. 그리하여 내 전능한 힘이 임하여 너의 시작은 미미하나 그 나중은 심히 크게 될 것이로다. 그리고 나는 사람을 쓸 때에는 그 용모를 보지 아니하고, 그 돈의 적고 많음을 보지 아니하며, 오직 그 마음만을 보느니라."

"주여! 그러면 그 힘으로 우리나라를 통일시킬 수도 있으시나이까?"

"이미 말했듯이 그것은 내게는 어려운 일이 아니니라. 나는 내 전능한 힘으로 지금 당장이라도 너희 나라를 통일시킬 수도 있느니라. 그러나 저들이 사망에 이르는 죄를 지었음이니, 이는 형제가 형제를 돌로 쳐서 죽인 것이니라."

"그러하옵나이까?"

"내가 내 성전의 반을 이방인들에게 주었더니 저희가 완전히 마귀, 사탄의 자식이 되고, 그 나라 또한 마귀, 사탄의 나라가 되었도다. 이 세상에 많은 죄가 있으나 형제가 형제를 죽이는 죄보다 더 큰 죄가 없느니라. 때가 이르매, 저희가 다시는 너희를 시험하지 못하게 하리라. 나의 시험은 한 번만 이겨내도 나는 그에게 나의 모든 영광들을 아낌없이 줄 것이다. 너희 나라가 지금은 큰 시련을 받고 있으나, 이 일 후에는 다시는 시험이 없으리라. 그리고 끝까지 견디는 자는 구원을 얻을 것이니라."

"부디 당신의 뜻이 이루어지게 하소서."

"진정으로 시험에 빠진 자는 그 모두 마귀, 사탄에게 경배하는 자이니, 이는 마귀, 사탄이 거짓 하나님으로 행세하며 여러 가지 초능력으로 만국을 미혹케 하였느니라."

"감사하옵나이다."

"북한(北韓)에 대하여 걱정하지 말라. 내가 구름을 명하여 비만 내리게 하지 않아도 스스로 멸망하느니라."

"죄송하오나, 그리 되어서는 아니 될 줄로 아옵니다. 북한을 만약 식량난에 시달리게 한다면, 북한 정권이 '선군(先軍) 정책'에 따라 군인들은 먹여 살릴 것이나 일반 주민들은 모두 굶어서 죽게 되나이다. 부디 헤아려 주시옵소서."

"나도 잘 알고 있느니라. 남이 잘되기를 바라면 먼저 자기 자신이 잘 될 것이요, 남이 잘못되기를 바라면 먼저 자기 자신이 잘못될 것이로다. 천국에 가는 자가 따로 있는 것이 아니요, 그 마음이 진실로 훌륭하여 남이 잘되기를 바라는 자가 천국이 자기 것이니라."

"주여, 저는 우리나라가 주의 나라임을 전혀 깨닫지 못하였나이다. 주여, 부디 대한민국의 역사가 다하는 그 날까지 영원히 저희 나라의 하나님이 되어 주시옵소서."

"그리하리라. 보라. 나의 전능한 힘을 보라. 나는 일반적인 신이 아니요, 우주적인 우주신(宇宙神)이니라. 오직 우주신이여야 별들을 창조할 수 있느니라. 내가 내 능력을 너에게 보여주는 것은 너에게 나에 대한 믿음을 가지게 하려 함이니라. 지금 내가 네게 이적(異蹟)을 보여 주리라."

갑자기 그 분에게서 장엄 찬란한 빛이 뻗어 나왔다. 그리고 그분은 장엄한 목소리로 말씀하셨다.

"우주에 있는 원자들은 모두 모여 별이 있을지어다."

말씀과 더불어 갑자기 그 분에게서 찬란한 빛이 나오더니 즉시 거대한 별 하나가 만들어졌다. 나는 너무나도 놀라서 그만 그 자리에서 기절하고 말았다. 내가 깨어났을 때 내 주위에 여러 영적존재들이 있었는데, 그 분들은 내가 정신적으로 큰 충격을 받았다는 것을 잘 알고 있는 것 같았다. 그중 어떤 성자께서 나에게 말하기를, "나와 같이 가자. 내가 하나님의 능력으로 만들어진 별을 보여 주리라." 이 말씀이 끝나자 그 분은 나의 오른손을 붙잡고 허공으로 날아갔다. 그곳에 도착하자 놀랍게도 그 별에는 크고 웅장한 산들이 많았으며, 또한 큰 바다도 있었다. 한 마디로 대자연이 끝없이 펼쳐져 있었다. 나는 그 존재가 이끄는 대로 그 별 위의 이곳저곳으로 날아다니며 살펴보았다. 그런데 처음 창조된 별이어서 그런지 아무런 생물도 보이지 않았다. 이윽고 내가 다시 신전으로 되돌아왔을 때, 그 별은 다시 여러 분자와 원자로 해체되어 서서히 우주 공간으로 사라져 갔다. 그 분이 다시 말씀하셨다.

"보아라. 나는 힘 중의 힘이요 우주적인 신이니라. 무엇이든 내 말대로 이루어지느니라. 내 말이 곧 나요, 내가 곧 말이니라. 온 우주는 나의 말로 이루어져 있느니라. 내가 별이 있으라하면 별이 있게 되고, 내가 은하계가 있으라 하면 은하계가 있느니라."

나는 속으로 생각했다.

(대체 저분이 누구시기에 말씀만 하면 그대로 이루어진다는 말인가? 참으로 불가사의하다. 이것은 확실히 불치병이나 난치병을 고치거나 죽은 자를 되살려내는 것과는 차원이 다르다. 이것이 혹시 꿈이거나, 또는 내가 환상을 보고 있는 것이 아닐까?)

그리고 나는 신들 중에는 우주적인 우주신과 그렇지 않은 일반적인 신으로 나누어져 있음을 알았다.

"이는 바로 태극을 말하는 것이니라. 너희 나라의 국기에 태극이 있는 것은 나의 뜻이니라. 내가 너희 나라 대한민국을 친히 선택하여 만고에 다시없는 불멸의 역사를 이룩하리라. 태극은 나의 형상이자 신물이니, 너희 나라의 국기에 태극이 들어가 있음은 모두 나의 뜻으로 인한 것이다. 이는 너희 나라가 곧 나의 나라라는 뜻이니라."

"진정으로 그리되기를 간절히 바라고 또 바라옵니다. 부디 대한민국을 버리지 마옵소서. 주여, 사실을 말하겠나이다. 제가 숱한 경험을 하고 제가 직장에도 여러 번 들어갔으나 그 아무 것도 얻은 것이 없고, 아무 것도 마음에 행복이 없었으며, 오직 주를 위해서 일할 때가 가장 행복했나이다. 저는 그냥 하나님의 선지자가 되는 것이 행복하나이다. 부디 이 행복을 거두지 말아 주시옵소서. 저는 명예도 바라지 않고 다른 것들도 바라지 않사옵니다. 저는 다만 신을 위해서 일하고 싶습니다. 그것이 저의 소원이며, 그 이상 가는 소원은 없나이다."

"네가 참으로 장하구나. 지금 너는 저 하늘의 별이 되었느니라. 저 별의 크기는 그 누구라도 능가하지 못하며, 저 별의 밝음도 그 누구라도 능가하지 못할 것이다. 내가 지금 너로 인하여 심히 기쁘고 또 기쁘니라. 내가 너희 민족에게 언약하리니, 나는 영원히 너희 나라의 하나님이 되며, 대한민국의 역사가 다 하는 날까지라도 나는 영원히 너희 나라의 하나님이 될 것이니라."

"주여! 그런데 한 가지 궁금한 사항이 있나이다. 도대체 의인 십사만 사천(144,000)명을 거두어 가셔서 그들에게 무엇을 시키려고 하시나이까?"

"내가 그들 모두를 신(神)이 되게 하여 우주의 별들과 별들을 통치하게 하려 하노라. 그 모두를 영광의 자리에 앉게 하여 그들이 받을 존귀와 찬탄이 끝이 없게 할 것이다."

"주여! 부디 주님의 이름이 존귀하게 여김을 받으실 것이오며, 영원히 우리나라 한국을 지켜주소서."

"내 아들아, 너의 뜻대로 되리라. 나는 영원히 한국민들의 하나님이 될 것이요, 한국민들은 영원히 존귀한 내 백성이 되게 할 것이니라. 내가 다른 민족에게는 주지 않는 귀한 줄을 너희 민족에게 드리워 내리리니, 그 줄을 잡는 자마다 언젠가는 이 우주에서 영원히 존귀한 신이 되게 하리라. 내가 이를 위하여 예비한 것이 있으며, 너희가 애국가를 부를 때마다 하느님이란 내 이름을 존귀히 여기는 자와 국기에 대한 경례를 할 때 태극이 나의 모습임을 믿는 자마다 내가 백억 생을 살아도 인연이 없으면 잡을 수 없는 귀한 줄을 잡은 자가 되게 할 것이니라."

"부디 당신의 뜻이 이루어지게 하소서. 그런데 도대체 어떻게 당신을 모셔야 하옵니까? 어떠한 건물을 지어야 하나이까?"

"내 아들아, 나는 보고 싶으니라. 뭇 사람들이 애국가를 부르면서 나를 생각하는 것을 보고 싶으니라. 그리고 태극은 나의 신물이니, 뭇 사람들이 태극을 보고 나를 깊이 생각하는 것을 보고 싶으니라. 대웅전에 나의 모습인 태극을 안치하도록 하라. 즉 너희 나라가 하나의 거대한 태극이니, 너희 나라를 그려놓고 나를 보듯이 하여라."

"꼭 대웅전이라야 되나이까?"

"아니니라. 아니니라. 그 어떠한 건물에서도 나를 봉안할 수 있느니라."

"심려를 거두어 주시옵소서. 제가 살아서도 그리할 것이며, 제가 죽더라도 저의 후손들에게 그리하라고 명하겠나이다."

"내 아들아, 참으로 장하구나. 내가 오늘 너로 인해 만 가지 시름을 다 잊었노라. 내 아들아, 이제부터 대한민국은 너의 것이니라."

"말씀을 거두어 주시옵소서. 당신께서는 값없이 생명수 샘물을 나누어 주시는 분임을 제가 다 알고 있나이다. 저는 신전을 짓고 당신을 봉안하는 것을 '최고의 공덕'으로 선포하려 하나이다. 부디 이를 윤허하여 주시옵소서."

"내 아들아, 내가 그것을 기쁘게 윤허할 것이다. 그러니 아무런 걱정을 하지 말라."

"심려를 거두시옵소서. 이는 제가 살았을 때에도 그리하겠으며, 제가 죽은 다음에도 후손들에게 이를 최고의 공덕으로 삼고 당신의 영광을 드러내는 신전을 건립하게 할 것이옵니다. 이름이 거룩하신 분이시여! 부디 언젠가는 당신께옵서 우리나라 최고의 신이 되는 날을 지켜보고 또 지켜보겠나이다. 저희들은 오직 그 날을 위해 수없이 노력하고 또 노력하겠나이다."

"내가 지금 너로 인하여 지극한 행복 속에 있느니라. 너는 가서 너희 민족에게 말하라. 너희 나라는 나의 존귀한 나라이고, 너희 민족은 나의 존귀한 민족이며, 이를 믿는 자마다 사망의 권세는 물러가고 영원한 생명의 권세가 그를 지켜주고 또 지켜줄 것이다. 누구든지 나를 믿는 자마다 다시는 어둠의 권세가 저를 침략하지 아니하고 오직 무궁한 빛이 저를 지켜줄 것이며, 나중에 값없이 생명수 샘물을 나누어 줄 것이니라."

"부디 당신과 여호와 신에 대해서 말씀해 주시옵소서."

"여호와 신과 나는 다른 신(神)이니라. 여호와 신은 '유대민족의 신(神)'이며6), 나는 너희나라 '대한민국의 신(神)'이니라. 지금 너희

---

6)여호와가 절대자로서의 하나님이 아니라 단지 유대민족만의 민족신(民族神)이란 증거는 구약성서에 많이 나타나 있다. 왜냐하면 구약에서 여호와는 어디까지나 유대민족만을 구원하는 것을 목표로 하고 있고, 다른 민족들에 대해서는 그들을 학살하고 진멸하고 정복하고 약탈하라고 유대인들에게 명령하고 있기 때문이다. (그러므로 오늘날에도 유대인들은 여호와신이 자신들 민족만을 구원할 것이고 다른 인종이나 민족들은 구원의 대상이 아니라고 믿고 있다.) 반면에 예수 그리스도는 이렇게 난폭하고 편협하고 배타적인 여호와신의 모습과는 정반대로 신약에서 전 인류 보편의 사랑의 하나님을 설파하고 있으며, 또 여호와를 하나님이라고 언급한 적도 전혀 없다는 사실에 주목할 필요가 있다. 한편 민희식 교수나 도올 김용옥 같은 우리나라 학자들도 자신들의 저서에서 여호와를 보편적이고 전 우주적인 신(神)이 아니라 유대민족만의 민족신 내지는 한정된 중동지역의 지방신(地方神) 정도로 파악하여 서술하고 있다. 그럼에도 우리나라 기독교인들은 여호와신이 창조주 하나님이라고 맹신하는 경향이 있는데, 이는

154

나라, 즉 너희 땅에 있는 내 성전이 둘로 갈려져 태극의 처절한 상극의 시대가 되어 있으나, 언젠가는 내가 태극의 상생의 시대가 오게 하여 너희 나라를 영원히 통일시킬 것이니라."

"이름이 거룩하신 분이시여! 다른 종교들에게는 모두 다 하나의 경축일을 가지고 있나이다. 우리들은 당신께 어떤 날을 만들어서 당신의 존재하심을 경축해야 하나이까?"

"기이하고도 기이하도다. 너희들의 조상령들이 악과 싸우다가 배도하였거늘, 어찌하여 나를 경축하고 내게 지극한 마음으로 제사를 지내던 개천절(10월 3일)이 아직도 남아 있는 것이냐? 이 날은 원래 너희 한민족이 나에게 제사를 지내던 지극히 존귀한 날이었느니라. 이 날을 너희들은 나에게 제사를 드리고 나를 경축하는 날로 삼으라."

"명심하고 또 명심하겠나이다."

"참으로 장하구나. 나를 경축하던 날이 아직도 전해져 내려오고 있다니 참으로 장쾌하구나. 내가 지금 이를 지극히 흡족하게 생각하고 있느니라. 비록 지금은 대웅전에다 부처를 봉안하고 있으나 원래 대웅전은 나를 모시고 나에게 제사했던 곳이니라. 그러나 나는 끝까지 너희들을 버리지 않았느니라. 너희 나라의 애국가에 '하느님'이라는 단어가 나오는데 이는 바로 나를 의미하는 것이로다. 이처럼 내가 나의 뜻으로 너희 나라의 국가에 '하느님'이라는 단어

커다란 오류이다. 한 마디로 인간의 지성과 의식이 진화 성장하여 이만큼 깨어나고 또 과학문명이 고도로 발전한 21세기 시대의 현대인들이 2,000~3,000년 전의 미개했던 유대민족이 믿던 신을 오늘날에도 곧이곧대로 믿으며 그들이 갖고 있던 유치한 신관(神觀)을 그대로 답습한다는 것은 너무나 어리석은 짓이라고 할 수 밖에 없다. 즉 인간이 영적으로 진화하고 과학이 발전하는 만큼 거기에 병행하여 인간의 신관이나 우주관도 성장하고 향상되어야하는 것이 이치에 맞는 것이다. 또 한 가지 우리가 유념해야할 사항은 우리민족은 기독교나 천주교가 우리나라에 들어오기 훨씬 이전의 오랜 고대부터 본래 하느님에 대한 믿음과 사상을 갖고 있던 민족이라는 점이다. 그러므로 어떤 면에서 보자면 원래 절대자로서의 유일신에 대한 신앙을 가졌던 원조는 유대민족이 아니라 우리 한민족이다. 그리고 이제는 이런 사실들이 세상과 전 인류에게 드러나고 밝혀져야 할 시점에 와 있는 것이다. (발행인 주)

를 넣었느니라. 또한 나의 뜻으로 너희나라의 국기에 나의 신물인 푸르고도 붉은 형상, 즉 '태극'을 넣었느니라. 나는 너희들을 떠난 것이 아니며, 나는 언젠가는 너희 나라의 하나님이 되어 그 영광과 존귀가 끝이 없게 하려 하노라."

"이름이 존귀하신 분이시여! 부디 당신의 뜻이 이루어지게 하소서. 그런데 어찌하여 저희 나라를 버리지 아니하고 당신을 배도한 우리나라를 다시 쓰시려 하시옵니까?"

"여호와 신을 믿었던 유대민족도 원래 끝없이 나약한 민족이었느니라. 그러므로 비록 너희 나라가 아무리 규모가 작다고 해도 나의 영광을 드러내기에 부족함이 없노라. 나는 의인 한 사람만 있어도 능히 나의 영광이 찬란하게 꽃피어나게 할 수가 있느니라. 그러므로 너희들은 너희 나라의 크기가 작다 하더라도 너무 걱정하지 말라."

"이름이 존귀하신 분이시여! 그리고 저는 지극히 나약한 사람이옵니다. 그런데 어찌 저와 같은 사람을 쓰려 하시나이까?"

"들으라. 이 우주의 모든 생명체에는 마음속에 깊은 무의식(無意識)이 있느니라. 그리고 그 무의식은 미약하게나마 나와 연결이 되어있느니라. 그러므로 나는 온 우주의 생명체들이 무슨 마음을 갖고 있는지 모조리 다 알고 있느니라. 내가 너를 쓰려 하는 것은 너의 무의식의 깊은 곳에는 나의 영광을 찬란히 꽃피어나게 하려는 지극한 마음이 있기 때문이다. 그래서 내가 평범한 너를 쓰는 것이니라. 너는 겉으로는 평범한 자이나, 실상은 지극히 존귀한 자로다. 모든 이들이 출세를 추구할 때에 너는 나를 생각했느니라. 깊은 외로움이 너의 영혼을 할퀴고 지나갈 때에도 너는 나를 생각했느니라. 너는 밥을 먹을 때도 나를 생각했고, 너는 깊은 우울증에 걸려서 죽어갈 때에도 나를 생각하였느니라. 이 우주에 여러 숱한 외계인들이 있다고 하여도 너처럼 그렇게 하지는 못하느니라."

"이름이 존귀하신 분이시여! 한 가지 부탁이 있사옵니다."

"말해보라."

"부디 대한민국의 역사가 다하는 그날까지 애국가에 들어있는 지극히 존귀한 당신의 이름인 '하느님'을 대한민국 국민들이 부르게 하시옵소서."

"너의 뜻이 곧 나의 뜻이니라. 내가 이를 기쁘게 윤허하리라."

"그리고 이름이 존귀하신 분이시여! 대한민국의 역사가 다하는 그 날까지 대한민국 국민들이 당신의 신물이자 모습이 담겨있는 푸르고도 붉은 '태극기'가 우리나라에서 끝없는 세월동안 펄럭이게 하시옵소서."

"너의 뜻이 곧 나의 뜻이니라. 그렇게 하도록 할 것이다."

"이름이 존귀하신 분이시여 !어찌하여 이렇게 대한민국 국민들이 이 사실들을 전혀 모르게 하셨나이까?"

"이는 대한민국에서 나의 뜻을 드러낼 수 있는 의인이 없었기 때문이니라. 나는 장차 대한민국의 역사가 다하는 그 날까지 너희 나라의 신이 되어 너희나라를 지켜줄 것이다. 또한 나는 너희나라 대한민국의 역사가 다하는 그날까지 너희 나라 대한민국을 위해서 헌신하고 또 헌신할 것이다. 그리하여 그 모든 잘못된 것들은 내 권능으로 모조리 거두어 가고 나는 너희나라 대한민국을 통해 이 지구별에서 만고에 다시없는 지상천국, 즉 지상낙원을 건설할 것이니라. 또한 이 마지막 분단을 끝으로 암흑의 날들은 영원히 지나가고 빛의 날들이 무궁히 이어지게 하리라."

"이름이 존귀하신 분이시여, 아무리 대한민국이 당신께 배도한다 하여도 당신께옵서는 영원히 저희 나라를 떠나지 마시옵소서."

"너의 뜻대로 되리라. 아무리 대한민국이 나를 배도하더라도 나는 영원히 너희나라와 함께 있을 것이다. 앞으로 무궁한 세월동안 나의 법신(法身)이 세세토록 너희 나라와 함께 있어 나의 영광이 너희 나라를 통해 장엄 찬란하게 꽃피어나게 하리라."

"이름이 존귀하신 분이시여! 만약 우리가 당신을 경배하는 의식

(儀式)을 치른다면, 어떻게 의식을 치러야 하나이까?"

"먼저 제상(祭床)을 차리고 그리고 태극기를 제상 앞에 붙이도록 하라. 태극기는 나를 상징하는 것이다. 그리고 절을 열두 번하라. 나머지 사람들은 합장을 하고 나의 음성인 '옴'소리를 발성하라. 모두 합장하며 같이 '옴'소리를 내게 하라. 열두 번을 그렇게 하라. 이는 모든 과거생의 업장이 소멸되고, 영원히 새로운 영혼이 되며, 영원히 나의 사람이 된다는 뜻이니라. 그런 다음 거기에 있던 모든 사람들과 음복을 하라. 이 날은 지극히 귀한 날이니 이 날을 존귀하게 여기어라."

"그리하겠나이다."

"너는 장차 지극히 존귀한 존재가 되리라."

"주여, 어찌하여 그러한 말씀을 하시나이까? 저는 아무런 뛰어난 능력도 없나이다. 그러므로 제가 존귀해서 존귀한 자가 아니라 주의 뜻이 저에게 있음으로 인하여 제가 존귀한 것이옵니다."

"그렇지는 않느니라. 네가 언젠가는 나의 영광을 드러내겠다면서 그 힘들고 험난한 길을 걸어온 것을 내가 잘 아느니라."

"제가 주의 영광을 드러내기에 합당하옵니까?"

"지극히 합당하느니라. 다른 사람들은 모두 부귀영화를 좋아하나, 이상하게도 너만은 나의 영광을 드러내겠다는 마음을 가지고 있었느니라. 이는 지극히 귀한 일이니라."

"주여, 당신은 믿음이 먼저입니까? 아니면 사랑이 먼저입니까?"

"나는 사랑이니라. 나는 그것도 끝없는 사랑이니라. 내게로 오는 길은 오직 자신의 내면에 존재하는 무한한 사랑을 깨닫는 길뿐이로다. 보라. 내가 인간들을 창조할 때에 굳이 남녀로 구분지어 창조한 것은 인간들에게 사랑의 중요성을 가르쳐 주기 위함이니라. 너희들은 일단 자신의 내면에 존재하고 있는 무한한 사랑을 깨달으면 다시는 윤회전생(輪廻轉生)하지 않느니라. 그리고 그러한 존재들은 더욱더 상위의 세계로 가서 더욱더 고차원적인 진리를 배우게 되느

158

니라. 그러므로 너희는 사랑을 사랑하라. 누구나 사랑을 사랑하는 자는 그가 내 안에 있으며, 내가 그 안에 있는 것이다. 너희 지구인들은 사랑의 중요성만 알면 그것으로 공부가 끝이니라. 그런 존재는 이 지구상에서 더 이상 배워야 할 것이 없느니라."

"주여, 이 우주가 너무나도 심원하나이다."

"네가 최고 차원의 삼매(三昧)에 들면, 나와 상념의 교류를 할 수가 있게 될 것이다. 그때에 너는 온 우주의 모든 비밀들을 다 알 수도 있고, 다 깨달을 수가 있느니라."

"지난 세월을 돌이켜보니 모든 것이 헛된 것으로 보이옵니다. 다시는 저로 하여금 세속의 헛된 길로 나가게 하지 마시옵소서."

"내가 이를 잘 알고 있느니라. 지금 너의 육신은 비록 지구별에 있지만 너의 영혼은 나의 나라에 있느니라."

"주여, 그런데 어디에서 저희가 제(祭)를 드리오리이까? 그 길이 아무리 멀어도 제가 찾아 가겠나이다."

"우주의 중심에서 나에게 제를 드리도록 하라."

"주여, 도대체 우주의 중심이 어디에 있나이까?"

"너의 마음이 바로 우주의 중심이니라."

"주여, 그러면 다른 자들도 그 마음이 우주의 중심이 되나이까?"

"그러하느니라. 이 우주에는 중심이 없느니라. 오직 영각자(靈覺者)의 마음만이 바로 우주의 중심이니라."

"잘 알겠나이다."

"장차 내가 의인 십사만 사천(144,000)명을 내어 너희 나라를 지극히 존귀한 나라로 만들 것이다. 내가 지금 심히 기쁘니라. 그래도 너희 조상들은 나를 버리지 아니하고 개천절을 만들어 나를 섬기는 날로 정했느니라. 내가 이를 지극히 기이하게 생각하느니라. 어찌하여 아직도 나를 기리는 날이 전해져 내려오고 있느냐? 이는 거의 불가능에 가까운 것이로다."

"그 지니신 이름이 존귀하신 분이시여! 조금만 더 말씀해 주시옵소서."

"원래 개천절은 너희민족의 나라가 처음 창조되었음을 기리고, 나아가 너희 나라의 국운융성을 위해 나에게 제사를 지내는 날이었느니라. 그러나 일본인들이 이를 시기하고 질투하여 〈개천절(開天節)〉을 단순히 단군(檀君)이 나라를 연 것으로 조작하여 오늘에까지 이르고 있는 것이다. 그러나 진정한 개천절은 나를 섬기고 나에게 제사를 지내던 신령한 날이었느니라. 그리고 원래 한민족의 근원은 북두칠성(北斗七星)에 있느니라. 한민족은 북두칠성에서 도래하여 한민족의 뿌리가 되었던 것이다.7) 그리고 그들은 다른 민족과는 달리 참으로 평화를 사랑하는 존재들이었노라. 이는 너희 나라가 역사상 단 한 번도 타국을 침략한 일이 없는 것을 보아도 알 수 있는 것이다."

"이름이 존귀히 여김을 받으시는 주여! 주께서 기뻐하시는 일이라면 목숨이라도 바치겠나이다. 그러므로 주여! 말씀만 하시옵소서. 저희가 온 힘을 다하여 주의 뜻을 이루겠나이다."

"참으로 훌륭하구나. 내 아들아, 나의 영광이 너를 통해 나타남이 결코 잘못된 일이 아니로구나. 너는 나의 영광을 드러낼 의인이 될 것이며, 네가 죽은 다음에는 내가 영광의 보좌를 너에게 내어주어 너를 끝없이 기쁘게 하리라."

"그런데 주여! 어찌하여 저를 세우려고 하시나이까? 제가 하나님을 믿은 적이 없사온데 어찌하여 저를 쓰려고 하시나이까?"

"너는 밥을 먹을 때에도 나를 찾았고, 걸어갈 때도 나를 찾았으

---

7)북두칠성은 지구로부터 약 80년 광년 떨어진 2등성 내외의 밝은 별로서 큰곰자리(大熊座)에 속해 있는 7개의 별이다. 한국과 중국에서는 국자모양의 머리부터 차례로 천추(天樞)·천선(天璇)·천기(天璣)·천권(天權)·옥형(玉衡)·개양(開陽)·요광(搖光)의 이름으로 불렀으며, 인간의 생사와 수명, 길흉화복을 관장하는 별자리로 여겨져 왔다. 한민족이 본래 이곳에서 도래하여 우리의 뿌리가 되었기에 고대부터 우리민족은 북두칠성을 숭상해 왔다. 이는 고구려, 신라, 백제, 가야뿐만 아니라 고려와 조선시대에 이르기까지 마찬가지이다. 또한 '칠성신' 또는 '칠성님'에게 정한수 떠놓고 기원하던 한민족 고유의 '칠성신앙'은 바로 여기서 유래한 것이다. (발행인 주)

북두칠성을 이루는 7개 별들의 명칭

며, 뛰어갈 때도 나를 찾았느니라. 내가 이를 심히 기이하게 여기
느니라. 너는 어찌하여 그렇게 나를 찾았느냐?"

"주여! 사실은 제가 살기 위해서 주를 생각한 것이옵니다."

"이제는 내가 너에게 드리워진 검은 구름을 몰아내고 영광의 삶
을 살게 하리라. 이제 다시는 누구도 너를 괴롭히지 않으리니, 너
는 걱정하지 말고 나의 뜻을 너희 나라 한국민들에게 전하도록 하
라. 장차 나는 너희 나라의 모든 분열을 거두고 통일을 이루어 너
희들에게 끝없는 기쁨을 줄 것이다."

"이름이 거룩하신 주여, 삼가 당신에게 경배를 드리겠나이다. 주
께서 우리나라를 통일시켜 주신다면 그 날에 저희는 영원히 당신의
백성이 되겠나이다."

"원래 나는 너희들 인간들이 믿는 단계의 신(神)이 아니니라. 다
시 말하면 최소한 성자(聖者)가 되어야 나를 믿을 수 있느니라. 왜

냐하면 온 우주에 걸쳐서 두루 충만해 있는 나의 법신(法身)과의 텔레파시 교신 기능이 있어야 비로소 나를 이해하고 나를 믿게 되기 때문이다. 그러나 인간들은 그러한 초능력이 없으므로 나를 믿고 싶어도 믿지를 못하느니라. 나는 내 몸을 온 우주에 걸쳐서 수천, 수억, 수십억 개로 나타나게 할 수가 있으며, 지금 너와 내가 이야기를 하는 것도 나의 무수한 법신 가운데 하나가 나타난 것일 뿐인 것이다. 그러한 불가사의를 어찌 너희들이 이해하겠느냐? 또 한 가지는 나는 온 우주에 걸쳐서 인간들에게 나의 '줄'을 내린 적이 없느니라. '줄'이라는 것은 너희들이 흔히 쓰는 그런 것이니라. 즉 아이가 태어나면 불교의 줄이 세다든가, 또는 칠성줄이 세다든가 하는 것을 말하는데, 내가 너희들에게 아무런 줄을 내린 경우가 없으므로 새로 태어난 아이가 '하나님의 줄이 세다'라고 말할 수가 없느니라. 부디 부지런히 노력하여 의인 십사만 사천 명에 들어갈 수 있도록 내가 너희에게 드리워준 줄을 잡으라."

"잘 알겠나이다."

"이제 네가 대한민국을 통치하라."

"존귀하신 주여, 그러한 말씀을 하지는 마시옵소서. 주께 있는 가장 초라한 영광이라도 세속의 그 어떠한 영광보다 훨씬 더 나은 줄을 제가 잘 아나이다. 그것을 아는 제가 어찌 감히 우리나라를 통치하는 대통령이 되오리이까? 부디 과분한 말씀을 거두시옵소서. 저는 당신의 영광을 드러내는 것을 업으로 삼는 자가 되었나이다. 저는 또한 앞으로도 그리하겠습니다. 그러한 말씀을 거두어 주시옵소서."

"내 아들아, 참으로 장하구나. 지금 하늘에 있는 신들이 너를 경축하고 있느니라. 나 또한 너에게 끝없는 축복과 은총을 주고 또 주리라."

그분은 이렇게 말씀하시면서 떠나갔다.

"부디 안녕히 가시옵소서."

162

나는 이 말을 마치고 자리에서 벌떡 일어섰다. 그리고 속으로 중얼거렸다.

(이를 어찌해야 할까? 과연 이 사실을 국민들에게 알려야 하나, 말아야 하나? 이 사실을 국민들에게 알리면 나는 틀림없이 미친놈이라는 소리를 들을 텐데 …)

행복감

이런 신과의 접촉체험이 내게 일어난 후, 나는 한마디로 완전히 다른 사람으로 변했다. 나는 진정으로 행복했다. 지금의 나의 자리는 백수건달에 비교하면 엄청나게 감사한 자리였다. 나는 숱한 세월 동안을 직업도 없는 백수건달로 지내왔다. 그 시련과 그 고난의 날들은 나의 인생에서 도저히 지울 수 없는 멍에였고 고통이었다. 그러나 이제 나는 국가와 민족을 위해서 내 자신의 인생을 바칠 것을 이미 오래 전에 맹세했다. 나는 남을 위해서 일할 때마다 무한한 보람을 느꼈으며, 그리고 그 행위의 결과는 다시 나에게로 돌아오고는 했다. 나는 신에게 이렇게 기도를 드렸다.

"존귀하신 하나님이시여, 부디 이 이름 없고 초라한 나라를 버리지 마옵소서. 이 나라가 영원히 당신의 나라가 되게 하소서. 그리하여 당신의 영광이 이 나라에서 찬란히 일어나게 하옵소서. 존귀하신 하나님이시여, 저는 믿나이다. 당신께서 때가 되면 저희 나라를 통일시키심을 제가 잘 아나이다. 그 무궁한 통일의 날에 모든 이들이 당신 앞에서 한 나라요, 한 민족이 되기를 진심으로 빌고 또 비나이다. 당신의 뜻이 이 작은 나라에서 먼저 이루어지게 하소서. 이 대한민국이 당신의 뜻으로 인해 영원히 존귀한 나라가 되게 하소서. 그 무수한 시련의 나날동안 우리민족이 흘린 눈물이 강이 되고 바다가 되었나이다. 이제 이 나라에서 당신의 역사 섭리가 완성되기를 간절히 바라옵나이다. 눈물의 날들은 영원히 사라지게 하시옵고, 영화(榮華)의 나날들은 끝없이 이어지게 하소서. 한민족 고난의 날들은 영원히 사라져 다시는 있지 아니하며 한민족 영광의 날들은 영원히, 그리고 길이 이어지게 하소서. 당신의 뜻이 영원히 이 나라와 함께 있어 이 나라를 영원히, 그리고 길이 존귀케 하옵소서. 다시는 외침을 받지 않게 하옵시고, 다시는 같은 동포끼리 서로 피 흘리며 싸우지 말게 하옵소서. 우리나라가 영원히 신의 나라가 되어 당신의 뜻을 이루고 당신의 영광이 이루어지는 나라가 되기를 간절히 바라옵나이다."

8.신의 다섯 번째 계시 말씀

나는 잠을 자고 있었다. 그리고 나는 다시 그 이상한 공간에 있었다. 나의 영혼이 갑자기 육체를 떠나 위로 상승했다. 그 순간 나는 무엇인가 이상한듯하여 잠에서 깨어났다. 그리고 나의 영혼이 어떤 빛을 따라서 위로 계속 올라가는 것을 느꼈다. 이것은 아주 놀라웠다. 나는 내 자신의 의지가 아닌 어떤 이상한 힘에 의해 유체이탈(幽體離脫)이 되었고, 내 영혼이 점점 위로 상승하더니 우주의 어느 부분에 도달했다. 나는 아래를 내려다보았다. 저 멀리서 행성 지구가 아득하게 내려다 보였다. 나는 영혼 상태로 무슨 일이 일어나는지 모른 채 거기에 머물러 있었다. 잠시 후 놀랍게도 어떤 형상이 내 앞에서 만들어지는 것 같았다. 나는 그 형상을 자세히 지켜보았다. 그 형상은 전에 꿈에서 보았던 어느 신전(神殿)과도 비슷했다. 우주 공간에서 장엄하고도 찬란한 신전이 내 앞에서 만들어지고 있었다. 이윽고 신전이 만들어지더니 그 다음 상상할 수 없는 진귀한 보석들로 만들어진 보좌(寶座)가 만들어지기 시작했다. 그 찬란한 보좌는 도저히 인간세계에서는 구경조차 할 수 없는 그런 것이었다. 이윽고 시간이 지나자 다시 저 하늘 저편에서 빛이 처음에는 작게 빛나다가 이윽고 그 형상이 다가와 분명해짐에 따라 놀라운 장면이 나타났다. 갑자기 도저히 생각할 수도 없는 빛을 자체적으로 방사하는 신(神)들이 보좌의 양옆으로 나타나기 시작했다. 그리고 신전이 엄청난 빛에 휩싸였다. 이윽고 신들이 다 나타나자, 그들은 경배의 자세를 취했다. 나는 도대체 그들이 누구에게 경배하는지 아주 궁금했다.

그런데 보좌에서 어떤 형상이 나타나기 시작했다. 그 형상은 처음에는 마치 태극 같이 붉고 푸른빛이 보좌 위에서 빛났다. 그리고 그 존재의 뒤로 일곱 가지 무지갯빛으로 빛나는 원광(圓光)이 나타나더니 그 빛이 끝없이 온 우주로 뻗어나갔다. 보좌에 앉으신 이가 있고, 그 양 옆으로 여러 신들이 장엄한 모습으로 시립해 있었다. 보좌에 앉으신 이는 머리에 휘황찬란한 보관(寶冠)을 쓰고 있었는데, 몸에서 장엄 찬란한 일곱 빛깔, 즉 무지갯빛이 뿜어져 나와 온 우주를 비추었다. 보좌에 앉으신 이의 표정은 너무나도 자비로운 표정이고 그 전체 모습은 너무나도 찬란하고 장엄했다. 그리고 기이하게도 보좌에 앉으신 그 분 주위로 붉고 푸른빛이 서려있었다. 나는 너무나도 장엄한 모습에 놀라 잠시 넋을 잃었다. 드디어 보좌에 앉으신 분이 말씀하셨다.

"두려워하지 말라. 나는 무극신(無極神)이자 태극신(太極神)이며, 만물을 주재하는 이가 곧 나이니라. 우주의 모든 만물이 내게서 나서 내게로 다시 돌아오느니라. 나는 처음이자 마지막이며, 시작이자 끝이니, 만물이 모두 나로 인하여 시작되고, 거두는 이가 또 나이니라."

나는 극히 놀랐다. 왜냐하면 지금 보좌에 앉아있는 분은 내가 전에 만나 같이 이야기를 했던 그 허름한 신(神)이였기 때문이었다. 내가 말했다.

"아니? 당신께서는 그때의 그 허름하신 분이 아니십니까?"

"맞느니라."

"그 … 그럼 당신께서 진짜로 신이였다는 말씀이십니까?"

"그러하느니라."

나는 속으로 생각했다.

(오, 맙소사. 이게 도대체 어떻게 된 일인가?)

이윽고 신들이 경배의 자세로부터 일어섰다. 그리고 나의 몸이 움직여지더니 보좌 앞으로 나가게 되었다. 나는 공손히 절을 했다. 그리고는 일어섰다. 그 존재가 자비로운 음성으로 입을 열었다.

"두려워 말라. 나는 너희 나라의 신이니라. 내가 필요에 의해서 너를 불렀느니라."

"그, 그럼 당신께서 진정 하나님이라는 말씀이신가요?"

"그러하느니라. 경전에 가라사대, 내 모습이 홍보석 같고 녹보석 같다고 되어 있지 않더냐? 그리고 무지갯빛이 내 주위로 펼쳐있다고 되어 있지 않더냐? 나를 자세히 보아라."

나는 자세히 하나님을 살펴보았다. 그것은 정말로 그러했다.

"이제 내가 너에게 내가 선택한 땅을 보여 주리니, 너는 가서 이것을 한민족에게 가르쳐야 하느니라."

"명심하겠나이다."

이때 갑자기 한반도의 모습이 떠올라 오더니 신전의 중앙에 나타났다. 나는 물러서서 그것을 바라보았다. 그리고 한반도가 반으로 나누어지는 형상이 보였다. 그가 말했다.

"하나님이시여! 저것은 우리나라 한국 땅이 아니옵니까?"

"그러하느니라. 장차 저 땅이 내 땅이요, 내 신전이 될 터인즉, 자세히 보라. 내가 한민족에게 드리운 모든 고난의 역사를 영원히 끝내고 오직 찬란히 빛나는 새 역사만을 주려 하노라. 그 무궁한 통일의 날에 나는 영원히 너희들의 하나님이 될 것이요, 너희들은 영원히 존귀한 내 백성이 될 것이니라."

이때 한반도에서 전쟁이 일어나는 것이 보이고, 이어서 다시 둘로 갈라지는 모습이 보였다. 다시 하나님께서 말씀하셨다.

"보라. 예언의 땅이자, 내 영광이 펼쳐질 땅인 내 성전이 둘로 갈려졌고, 하나는 악이 지배하며, 하나는 선이 지배하리라. 그리하여 선악의 전쟁이 일어나리라. 장차 너희 나라는 인류를 대신하여 선악의 대결장이 되리니, 이 일 연후에 인류에게는 선악의 대결이 영원히 사라지리라. 인류 최후로 너희 나라가 지금 선과 악의 대결을 벌이고 있느니라."

"무슨 말씀이신지 알겠나이다."

"온 인류에게서 선악의 대결이 영원히 사라지는 날이 오리니, 그때에 한반도는 통일이 되리라. 그리고 내가 눈물 많은 너희 민족의 눈에서 눈물을 씻기리니, 다시는 곡하는 것이나 애통해 하는 일이 있지 아니 하리라."

이 말씀이 끝나자 갑자기 보좌에서 황금빛의 찬란한 빛이 나와서 북한을 비추었다. 이윽고 그 빛이 북한으로 향하자 북한에 있던 모든 검은 기운이 허공으로 떠올랐다. 그리고 남과 북이 통일되는 모습이 보였다. 하나님께서 말씀하셨다."

"이 고난이 마지막으로 될 것이요, 이 일 이후 다시는 한민족에게 고난이 없으리라. 내가 내 불멸의 영광을 너희 한민족에게 영원히 주리니, 이로서 다시는 환란이 없고 다시는 둘로 나누어지는 일이 있지 아니할 것이다. 내가 너희 민족, 즉 한민족을 영원히 존귀한 내 백성으로 삼고 그 누구라도 줄 수 없는 불멸의 영화(榮華)를 주리라. 그리하여 너희 나라를 길이 존귀케 하고 길이 번영케 할 것이니라."

나는 다시 공손히 절을 하였다.

"하나님이시여! 부디 저희 민족을 떠나지 마옵소서. 이 고난 많은 나라를 버리지 마옵소서."

"그리하리라. 내가 대한민국을 영원히 빛나게 하고 길이 창성케 하리라. 저 하늘의 찬란한 뭇 별같이 너희 나라를 끝없이 빛나게 하고 끝없이 창성케 하리라. 때가 되면 내가 너희 나라의 그 모든 선악의 대결을 거두리니, 그때에 너희 나라는 그토록 원하던 통일이 될 것이니라."

나는 눈물을 흘렸다. 사실 그랬었다. 과거 우리는 통일만 되면 다시 서로 갈라져 싸우고, 또 통일만 되면 다시 갈라져 싸웠다. 그리하여 같은 민족끼리 무수한 피를 흘리곤 했었다. 그러고는 또 외국으로부터 숱한 침략을 받았다.

"다시는 같은 민족끼리 서로 싸우고 피를 흘리는 일이 있지 아니하게 하소서. 다시는 외침을 받지 아니하게 하소서."

"그리하리라. 이제 때가 되었음이니 내가 너희를 통일시키며, 그리하여 너희를 끝없이 기쁘게 하리라. 눈물의 날들은 영원히 사라지고 오직 무한한 기쁨의 날들만이 영원히, 그리고 무궁하도록 이어지게 하리라. 그리하여 나의 영원한 영광이 너희 나라를 통하여 찬란히 꽃피어나게 할 것이니라."

"지극히 존귀하신 분이시여, 감히 제가 여쭈옵건대 부디 그 이후를 말씀해 주시옵소서."

이때 한반도에서 일곱 가지 기둥이 일어서는 환상이 보였다. 그러자 한반도 전체가 눈부신 광채로 끝없이 빛났다.

"저 일곱 기둥은 장차 너희 나라에서 이루어질 일곱 기둥이니라. 내가 온 천지 사방의 의인들을 불러 모아 일곱 기둥을 세우리니, 그 연후 너희 나라는 끝없이 발전하고 또 중흥하리라. 그 무궁한 평화의 날에 나는 영원히 너희의 하나님이 되며, 너희는 영원히 존귀한 내 백성이 될 것이다. 그리고 내가 너희 나라 대한민국에 일곱 권능을 주리니, 너희들은 그 권능으로 하지 못할 일이 없고 이루지 못할 일이 없을 것이다. 그 일곱 기둥에서 각기 일만 이천 (12,000) 명의 의인(義人)들이 나오리니, 그 무궁한 빛의 날에 나는 영원히 너희와 함께 있어 너희 나라를 끝없이 창성시키고 또 창성시킬 것이니라."

"그런데 지금 남의 나라를 무수히 침략한 어느 나라가 교과서를 왜곡시키고 또 나아가서 자신들의 나라가 '신(神)의 나라'라고 주장하고 있나이다."

"나는 사랑이니라. 그것도 끝없는 사랑이니라. 나의 사랑은 영원히 그 끝을 알 수 없느니라. 너희들이 서로 피 흘리며 서로 싸우고 전쟁을 할 때에도 나는 끝없는 사랑으로 빛났느니라. 나는 끝없는 사랑의 신이니라. 나는 결코 악의 하나님이 아니며 나는 결코 침략자들의 하나님이 아니니라."

"진실로 귀하신 말씀 감사하옵니다."

이때 천사(天使) 하나가 나와서 하나님께 말하였다.

"존귀하신 하나님이시여, 이제 재앙의 대접을 북(北)에다가 부을 때가 되었나이다.

"그대로 하라."

그 천사가 어떤 대접을 가져다가 북에다 붓는 것이 보였다. 이 일 이후에 내가 보니 북한이 큰 시련을 받는 것이 보였다. 우선 극심한 식량파동이 몰아닥쳐 죽는 이들이 숱하게 많았다. 그러더니 그토록 강성한 나라가 갑자기 지극히 허약한 나라로 변하였다. 내가 말했다.

"언제쯤 북한이 멸망하리이까?"

"이제 때가 되었느니라. 보라. 지구상의 모든 악들은 다 사라지고 새 세상이 오고 있느니라. 장차 새벽이 오고 해가 뜨리니, 그 해는 너희들이니라. 너희가 다음 시대에 온 세계의 주인공이 될 것이다. 그리하여 끝없이 온 인류를 밝히리라."

나는 눈물을 흘렸다. 나는 그때 한없이 행복했다.

"존귀하신 하나님이시여, 반드시 그리되게 하시옵소서. 제가 기꺼이 하나님의 영광을 드러내겠나이다."

"보아라. 내가 친히 너를 선택했느니라. 그리고 너는 내 뜻대로 지극히 훌륭하게 변신했느니라. 내 선택이 잘못되었느냐?"

"어떻게 이럴 수가? 어떻게 당신께옵서는 아무도 사랑하지도 않은 저를 선택하셨나이까?"

"나는 끝없는 사랑이니라. 나는 그 누구도 사랑하느니라. 아무리 인간들이 사랑하지 않는다고 해도 나는 그것을 모두 이해하며, 그들 모두 사랑하느니라."

"그러하옵니까?"

"앞으로 너에게는 많은 시련의 날들이 있을 것이다. 그러나 두려워하지 말라. 내가 친히 너와 함께 있으리니, 네가 사람을 만날 때에도, 잠을 잘 때에도 내가 항상 너와 함께 있으리라. 그러므로 너는 그 시련을 견디어 이겨 내거라. 꿋꿋이 견디어 이기면 무량한 빛의 날이 올 것이요, 그 날에 너는 무한한 복락 가운데에 있을 것이니라. 나의 영광은 곧 진리의 영광이며, 누구나 나의 영광을 드러내려 하는 자는 나의 진리에 도달하며 거기서 그는 영원히 불멸함을 얻으리라. 이제 내가 나의 전능한 힘을 너에게 주리니, 너는 비록 그 힘을 느끼지는 못하나 그 힘으로 능히 행치 못할 일이 없고 이루지 못할 일이 없으리라. 이제 나의 뜻이 곧 너의 뜻이며, 너의 뜻이 곧 나의 뜻이 되리니, 너로 하여금 대한민국 반만년 오욕의 역사가 끝나고 찬란한 영광의 역사가 이루어질 것이니라. 그러므로 너는 부디 용기를 가져라. 그리고 신념을 가지도록 하라. 내가 친히 너와 함께 있는 한 그 누구도 너를 이기지 못할 것이다.

훌륭하고도 훌륭하도다. 그대 귀한 의인이여. 국가와 민족을 위해서라면 아낌없이 너의 몸을 바치겠다는 그 마음에 내가 심히 감동을 받았느니라. 내가 너의 그 훌륭한 마음을 영원히 기억할 것이니라. 나는 네가 나에게 요구하는 힘의 열 배의 열 배라도 그대에게 주리니, 그 힘으로 그대는 부디 통일조국을 이루기 바라며, 새롭고도 영원한 대한민국을 건설하기 바라노라.

장차 대한민국은 찬란한 발전과 번영과 융성을 이루리니, 그 날에, 그 광명의 날에 모두가 아낌없이 기쁨의 눈물을 흘릴 날이 올 것이니라. 비록 너의 길이 고난의 가시밭길이라 할지라도 그것이 하나도 빠짐없이 무한한 영광으로 변해 돌아올 것이며, 시련의 십자가의 길이라 할지라도 그것이 하나도 빠짐없이 무한한 영화로 바뀌어 돌아올 것이로다. 이제 나는 너에게 무한한 축복을 내리리니, 너는 부디 통일조국과 민족중흥의 대과업을 이루기 바라노라. 이제 너는 나에게 물어볼 것을 물어보라."

내가 말했다.

"존귀하신 분이시여, 장차 제가 어떻게 그런 큰일을 할 수 있겠나이까?"

"내 전능한 힘을 너에게 줄 것이니, 너는 그 힘으로 무슨 일이라도 다 할 수 있느니라. 장차 너에게는 많은 싸움이 있겠으나, 그 누구도 너를 이기지 못할 것이니라. 이는 나의 전능한 힘이 너와 함께 함으로써 이루어지는 것이니, 너는 나아가서 싸워 이길 것이며, 너로 하여금 나의 영광이 찬란히 드러내게 하리라."

"존귀하신 분이시여, 진심으로 감사하옵니다. 진심으로 감사하옵나이다."

"너무 걱정하지 말라. 아무리 나라가 작아도 그 나라의 대통령이 위대하면 그 나라는 위대한 나라가 되느니라. 또한 아무리 나라가 커도 대통령이 위대하지 않으면 그 나라는 진실로 작은 나라가 되느니라. 또한 진실로 큰 대통령은 그 용모나 지식에 있지 않고 그 마음에 있느니라. 그 마음이 나라를 지극히 사랑하면 이가 곧 큰 대통령이니라. 그러나 만약 위정자가 잘못되면 나라가 큰 혼란에 빠지고 국민들이 큰 피해를 입느니라."

말씀이 끝나자 갑자기 어디선가 장엄한 합창 소리가 들려오며 이

172

장엄한 모든 광경과 형상은 서서히 사라지고 없어졌다. 합창 소리도 이윽고 끝이 났다. 그리고 나의 영혼은 지상의 육신으로 돌아와 깨어났다.

9.신의 여섯 번째 계시 말씀

※필자가 잠을 자다가 영혼이 육체에서 이탈되어 모종의 장소에서 신 (神)을 만나 말씀을 듣는 경험은 언제나 동일했으므로 앞으로 이런 서두 부분은 생략한다.

그분이 나타나자 그분은 언제나처럼 의자에 앉으면서 말씀하셨다.
"잘 있었느냐? 일단은 의자에 앉도록 하라."
"오늘은 무엇이든 나에게 물어보라. 내가 대답하여 주리라."
"주님이시여, 저는 우리나라의 고대사(古代史)에 대해서 알고 싶나이다."
"그러하냐? 너의 그 물음에 내가 답하여 주리라."
"귀하신 말씀, 꼭 명심하여 듣겠나이다."
"너희들은 '단군신화(檀君神話)'를 허구적으로 보는데, 단군신화는 결코 허구가 아니니라. 너희 나라의 단군신화는 북두칠성 계열의 별에서 살고 있던 너희 조상들이 지구별의 문명을 한 차원 더 높이 끌어올리기 위해서 나의 허락을 받아 지구별로 대대적으로 이주해 온 실제적인 사건이니라. 단군신화에서 이르기를, '옛날, 환인(桓因)의 서자(庶子) 환웅(桓雄)이 인간세계를 다스리기를 원하였다. 그러자 아버지 환인이 인간세계를 굽어보니 삼위태백(三危太伯)이 인간을 유익하게 하기(弘益人間)에 적합한 곳으로 여겨지므로, 아들 환웅에게 천부인(天符印) 3개를 주며 환웅으로 하여금 그곳으로 가 인간세계를 다스리는 것을 허락했다. 그러자 환웅이 풍백(風伯), 우사(雨師), 운사(雲師)를 비롯한 3,000명의 수하를 이끌고 태백산 정상 신단수(神檀樹) 아래로 내려와 그곳을 신시(神市)라 칭하며 다스리니 환웅천왕(桓雄天王)이라 불렸다.'라는 구절이 나오느니라.

"여기서 환인(桓因)이란 바로 나를 말하는 것이니라. 즉 '환인(桓因)'에서 '환'자는 본래 '하나'라는 뜻이며, '인(因)'은 '님'이라는 존칭이므로 결국 '환인(桓因)'이란 나 '하나님'을 의미하는 것이다. 그리고 환웅(桓雄)은 신선도(神仙道)를 극성으로 연마한 존재로서 그 깨달음이 부처(佛)의 경지에 가 있었느니라. 어느 날 그가, 즉 환웅이 고도로 발달된 텔레파시로 나에게 묻기를, 지구별에 가서 지구별의 문명을 한 차원 더 높이고 싶다는 뜻을 전해왔으므로 내가 이를 흔쾌히 허락해 주었느니라."

"잘 알겠나이다. 아버지이시여. 그런데 태백산 정상 신단수(神檀樹)는 어디를 말하는 것이옵니까?"

"태백산 정상 신단수(神檀樹)는 바로 너희나라의 백두산을 말하는 것이다. 환웅은 거기로 강림해서 지금의 바이칼호 근처에까지 '환국(桓國)'이라는 광활한 대제국을 건설했느니라.[8] 다시 말하지만 원

---

8) 〈환단고기(桓檀古記)〉에 따르면 환국은 약 9,000여 년 전에 존재했던 국가로서 영토가 동서로 5만리, 남북으로 2만리에 달하는 면적을 가진 거대한 나라였다고 한다. 그리고 총 12개 연방국으로 이루어져 있었다고 하는데, 그 12 나라는 다음과 같다. 비리국(卑離國), 양운국(養雲國), 구막한국(寇莫汗國), 구다천국(句茶川國), 일군국(一群

래 '환국'에서 '환(桓)'이란 '한'이란 뜻이며 '국(國)'은 '나라'라는 뜻
이니, 결국 '환국'은 '한국'이라는 뜻이 되느니라. 거기서 환웅이 행
한 일은 먼저 〈대웅전(大雄殿)〉을 건설하고 나를 섬겼느니라. 그러
나 나중에 불교가 너희나라에 전파됨에 따라서 나를 섬기던 〈대웅
전〉이 부처를 섬기는 〈대웅전〉으로 변한 것이다. 또한 환웅은 일종
의 보살도(菩薩道)를 행하기 위해서 열두 연방 지파를 구성하여 온
지구로 파견함으로써 온 지구별의 문명의 시조가 되게 하였느니
라."

"잘 알겠나이다. 아버지이시여. 그런데 주님이시여, 저희 민족이
어떻게 하면 조상령들에게 제사를 지내지 아니하고 주님에게 제사
를 드리오리까?"

"원래 너희 한민족이 조상령들에게 제사하는 풍속의 근원은 아득
한 옛날 환국시대에 내가 '환인'이라고 불리고 환국의 백성들이 나
에게 제사하던 풍속이 변해서 조상령들에게 제사하게 되었느니라.
보라. 이제 내 때가 가까웠음이라. 이제 너희들은 조상령들 대신에
나에게 제사하는 제사장의 나라가 되어야 하겠음이라. 이에 너희들
은 명절날이나 혹은 다른 날에도 제사를 드릴 때에 태극기를 제사
상 앞에 걸어놓고 제사를 드리도록 하라. 그리고 태극기에 있는 태
극을 보고 나를 일심(一心)으로 생각하라. 누구나 나를 일심으로
생각하는 자는 나도 그를 영원히 잊지 아니하고 생각할 것이며, 다
시는 그를 어둠과 암흑의 길로 보내지 아니하고 세세토록 영원무궁
한 빛의 길로 보내어 그를 영원히 구원하리라."

"잘 알겠나이다. 주님이시여. 환국(桓國)에 대해서 더 말씀을 해
주시옵소서."

"그리하리라. 아득한 옛날, 환웅이 나의 뜻으로 너희 지구별에

國), 우루국(虞婁國), 필나국(畢那國), 객현한국(客賢汗國), 구모액국(句牟額國), 매구
여국(賣句餘國), 직구다국(稷臼多國), 사납아국(斯納阿國), 선비국(鮮裨國), 시위국(豕
韋國), 통고사국(通古斯國), 수밀이국(須密爾國).   (발행인 주)

176

'홍익인간(弘益人間) 제세이화(濟世理化)'의 원리를 펼치기 위해서 지금의 바이칼호와 백두산 사이에 각 방면에 정통한 무리 3,000명을 이끌고 우주선을 타고와 착륙했느니라. 그리고 세월이 흘러가자 환국은 지금의 전 아시아를 통치하는 전 세계 최고의 강대국이 되었느니라. 그때에 환웅은 나를 섬기기 위해 대웅전을 짓고 그때에 그들은 나를 보고 '환님(桓因)'이라고 하였느니라. 환국(桓國)에서 환(桓)은 '크다' 또는 '밝다'라는 뜻도 있으나 '하나'라는 뜻이 있느니라. 이 하나라는 뜻은 곧 나 '하나님'을 말하는 것이니라. 그리고 국(國)이란 '나라'라는 뜻이니 환국(桓國)은 결국 '하나님의 나라'라는 뜻으로서 결국 지금의 '한국'과 같은 뜻이 되느니라. '한국'에서 '한'은 '하나'라는 뜻이 있고, 이 '하나'라는 뜻은 결국 나 '하나님'을 말하는 것이며, 국(國)이란 '나라'를 말함이니 결국 '한국'도 나 '하나님의 나라'라는 뜻이며, 결국 '환국'이나 '한국'은 나 '하나님의 나라'라는 같은 뜻인 것이다."

"그러하옵니까? 주님이시여."

"부연해서 말하건대, 환인(桓因)에서 '환(桓)'은 '하나'라는 뜻이고, 결국 나 하나님을 일컫는 말이며, '인(因)'은 존칭이니라. 그리하여 결국은 '환인'은 지금의 말로서는 "하나님"이라는 뜻인 것이다. 그리하여 그 옛날 환국 때의 사람들은 나를 '환인(桓因)'이라고 칭하고서 나를 믿었던 것이니라."

"잘 알겠나이다. 주님이시여."

"이스라엘에게는 '선민(選民)'이라는 의식(意識)이 존재하느니라. 그러나 너희 민족은 '천손(天孫)'이라는 의식이 존재하노라. 네가 천손이라는 단어를 한번 해석해 보아라."

"예, 아버지시여, 우리 민족이 천손민족이라는 뜻은 우리 민족이 당신, 곧 하나님의 백성이라는 뜻이옵니다."

"네가 지극히 잘 말했느니라. 너희민족은 원래 나를 믿고 나를 섬기던 천손민족(天孫民族)이었느니라. 이제는 내가 너희나라에 일곱 기둥을 세워서 영원불멸의 민족혼을 되찾아 주리라."

"잘 알겠나이다. 그런데 아버지시여, 저는 한 가지 신이한 경험을 했사옵니다. 그때에 비몽사몽간에 어떤 주문을 받았는데 그것은 옴 진언으로 구성되어 있는 주문이옵니다. 이 뜻은 무엇이옵니까?"

"네가 옴(Aum) 진언을 받은 것은 나의 뜻이니라. 그 소리는 네가 나의 선지자라는 뜻이니라. 나는 누구나 나의 선지자에게는 나의 영원히 존귀한 소리인 옴으로 인(印)을 치느니라."

"그런데 아버지시여, 저에게 근심이 하나 있나이다."

"무엇이냐? 무엇이든 말하라."

"아버지의 진리는 분명히 뛰어나지만, 너무나도 한국적이고 너무나도 국수적인 면모가 있나이다. 전 세계에서도 통할 수 있는 전 세계적인 진리를 말씀해 주시옵소서."

"너는 이런 말을 들어보았을 것이니라. 즉 '가장 한국적인 것이 가장 세계적인 것이다'라는 말을 들어보았을 것이로다. 그 하나의 예로 너희 나라의 말에 '하나님'이라는 단어가 있느니라. '하나님'에서 '하나'라는 뜻은 너희 지구 주민 모두가 나의 분령(分靈)이며, 그리하여 내 앞에서 '하나'라는 뜻이니라. 즉 이는 어떤 사람이 어느 국가나 민족, 인종, 종교에 속해있든 간에 아무런 상관없이 그 모두가 영원히 존귀한 나의 자식들이라는 뜻인 것이다. 또한 '한국'이라는 단어에서 '한'이란 '하나'를 말하며, '국'이란 나라를 말함이니, 그 뜻은 너희나라 '한국'을 통해 전 세계가 하나된 나라를 이룬다는 뜻이니라."

"잘 알겠나이다. 존경하는 아버지시여."

"내가 장차 너희 나라에 일곱 기둥을 세우고 해외에 다섯 기둥을 세워 전 세계에 열두 기둥을 세우리라. 그리하여 각각의 기둥마다 의인 일만 이천(12,000) 명을 배출하여 전 세계를 통일시키리라. 그리고 그 연후 나는 너희 지구별에 전에도 없었고 앞으로도 없을 전무후무한 지상천국, 지상낙원, 지상극락 세상을 이룰 것이다. 그

리하여 이 지상천국주의, 지상낙원주의, 지상극락주의를 '평화인류
하나주의', 줄여서 '평화인류주의'라고 하느니라. 너희 나라에서 세
워지는 일곱 기둥은 바로 이 '평화인류주의'의 이론적인 정립과 실
천을 통해 전 세계로 뻗어나가게 하는 사명을 감당하기 위해서 세
우는 것이니라."

"잘 알겠나이다. 주님이시여. 그런데 주님이시여, 수많은 종교들
이 인류의 〈멸망론〉을 주장하고 있나이다. 또는 어떤 사람들은 세
계 제3차 대전이 발발해서 인류가 멸망한다고 주장하고 있습니다."

"그것은 사실이니라. 인류는 세계 제3차 대전이 일어나서 멸망하
게끔 예정되어 있었느니라. 즉 원래 인류는 민주주의의 나라들과
공산주의의 나라들 간에 세계 제3차 대전이 발발하여 핵무기에 의
해서 멸망하게끔 예정돼 있었던 것이다. 그러나 그것은 이제 너무
걱정하지 말라. 내가 나의 끝없는 전능한 힘으로 전 세계의 모든
공산주의를 거두어 갔느니라."

"그러하옵니까? 주님이시여."

"너는 지혜를 모아서 한번 생각해 보라. 이미 민주주의의 세력들
과 공산주의의 세력들 간에 한바탕 전쟁이 있었느니라. 그 전쟁이
어떤 전쟁이라고 생각하느냐?"

"주님이시여, 죄송하오나 저는 잘 모르겠사옵나이다."

"그것은 바로 너희 나라에서 일어났던 6.25 사변이니라. 바로 이
6.25 사변이 전 세계에서 일어날 제3차 대전을 대속한 것이다. 그
리하여 너희 나라는 전 세계를 구원한 메시아의 나라가 되는 것이
니라."

"잘 알겠나이다. 주님이시여. 그런데 주님이시여, 우리나라가 고
구려 때만 해도 초강대국이었나이다. 그런데 고구려가 멸망한 이후
로 우리나라의 국운이 융성하지 못하고 점점 국운쇠락의 길을 걸어
갔나이다. 이는 어떻게 된 일이옵니까?"

"그것은 우선 너희 나라는 원래 나를 신봉하던 나라였는데, 나를

버려서 그리된 것이니라. 그 다음으로 너희 나라의 국운이 쇄락한 큰 사건이 하나 있었노라. 이 우주에는 하나의 무서운 원리가 존재하노니, 그것은 바로 '사랑의 원리'이다. 누구든지 '사랑의 원리'를 배반하면 무서운 벌을 받게 되느니라. 그러나 반대로 '사랑의 원리'를 실천하면, 누구든지 그 뒤에 끝없는 창성이 기다리고 있느니라. 너희 나라의 국운이 융성하지 못하고 계속적으로 쇄락의 길을 걸어간 것은 바로 신라의 김유신(金庾信)9) 때문이니라. 원래 고구려와 백제와 신라는 하나의 민족, 즉 똑같은 한민족이었느니라. 그러나 김유신이 중국 당나라의 힘을 빌려 고구려와 백제를 멸망시켰느니라. 즉 김유신이 중국 당나라의 힘을 빌려 동족상잔의 피를 뿌렸던 것이다. 이에 천지신명(天地神明)들이 진노하여 너희 나라를 떠나갔느니라. 그리하여 김유신이 지은 그 동족상잔의 비극이 하나의 큰 업장(業障)이 되어서 지금 너희 나라가 동족상잔의 비극을 겪고 있는 것이니라. 다시 말하지만 지금의 동족상잔의 비극은 김유신이 중국 당나라의 힘을 빌려 동족인 고구려와 백제인들의 피를 뿌린데 근본원인이 있는 것이며, 그 업보로 일어난 것이니라."10)

"주여, 그렇다면 우리나라를 떠나간 천지신명들을 다시 불러 모

---

9) 신라 시대의 장군(595~673). 멸망한 가야 왕손으로 금관가야(金官伽倻)의 시조인 수로왕(首露王)의 12대손이며, 금관가야의 마지막 왕인 구해왕[仇亥王]의 증손이다. 백제와 고구려를 멸망시켜 삼국통일을 이룩했다.

10) 우리나라 심령과학 분야의 개척자인 故 안동민 선생은 생존시 신라의 김유신에 관련된 흥미로운 언급을 한 적이 있다. 사람의 전생(前生)을 투시하는 능력의 소유자였던 안동민 선생은 북한의 김일성(金日成)이 바로 전생에 김유신이었다고 지적했다. 비록 김유신이 외세를 끌여들여 삼국을 통일했으나 온전한 통일이 아닌 반쪽 통일을 하는 바람에 결과적으로 고구려의 영토인 만주땅을 잃어버렸고, 또 당시에 외세를 끌어들임과 동시에 미인계와 이간계(離間計)와 같은 위계(僞計)를 써서 백제와 고구려를 멸망시켰기에 이번 생에는 고구려의 옛 땅인 북한에 태어났다는 것이다. 그리하여 옛 신라와 백제였던 남한지역을 6.25 전쟁을 통해 흡수통일하려고 했지만, 우리나라의 운명이 세계의 운명과 연동되어 있었기에 UN군이 참전해서 무산되었다고 한다. 그 후에도 그는 남한을 정복하기 위해 호시탐탐 노려왔으나 결국 뜻을 이루지 못하고 세상을 떠났다는 것이다. 참고로 안동민 선생은 삼국통일의 또 다른 주역인 김춘추(태종무열왕)는 이번 생에 전 국무총리이자 공화당 총재였던 김종필씨로 환생했다고 언급한 바 있다. (발행인 주)

삼국을 통일했던 김유신 장군

아야 하지 않겠나이까?"

"너는 그것에 대해서 너무 걱정하지 말라. 천지신명과 비교조차 할 수 없는 나의 뜻이 너희 나라 대한민국에 있느니라. 내가 장차 너희 나라 대한민국을 일으켜 세워 그 영광과 존귀가 끝이 없게 할 것이다. 그런데 한민족의 뜻이 무엇이냐? 네가 말해보라."

"예, 그것은 전 세계의 모든 민족들이 당신 앞에서 하나의 민족이 된다는 뜻이며, 그 뜻이 우리나라 한민족을 통해서 일어나고 이루어진다는 뜻이옵니다."

"네가 잘 말하였도다. 그러하느니라. 장차 나의 뜻이 너희나라 대한민국을 통해 일어나고 이루어져 전 세계의 모든 민족이 내 앞에서 하나의 민족이 될 것이다. 이에 너희민족을 하나의 민족, 즉 한민족이라고 하느니라."

"주여, 그런데 저희 나라가, 즉 아주 작은 저희 나라가 어찌 그런 일을 담당할 수가 있겠나이까?"

"이스라엘도 처음에는 나약한 민족이었느니라. 그런데 지금은 어떠하냐? 온 세계가 유대민족의 지배를 받고 이스라엘의 사서인 성경책을 읽고 있지 아니하느냐? 나의 역사도 그러하느니라. 언젠가는 온 세계가 너희나라의 사서를 읽도록 하겠느니라. 비록 나의 처음은 미미하나, 나의 나중은 크나큰 창성이 있느니라."

"잘 알겠나이다. 주님이시여."

"만약에 너희 대한민국이 장차 힘이 아닌 사랑으로 일어선다면, 너희 대한민국 영광의 날들은 영원히, 그리고 길이 이어질 것이로다. 하지만 반대로 힘으로 일어선다면 오래 존속하지 못할 것이다.

보라. 내가 그 하나의 예를 들어 보이리라. 그 옛날 고구려의 영광이 끝이 없어서 중국보다 더 강성한 나라였느니라. 그러므로 중국은 주변의 그 어떠한 나라들보다 더 고구려를 무서워했느니라. 그리하여 중국은 수도 없이 고구려를 침략했으나 모조리 다 실패로 돌아갔던 것이다. 그러나 신라의 김유신이 너무나도 삼한통일에 눈이 멀어 중국의 힘을 빌려 백제를 멸망시키고, 결국은 고구려를 멸망시켰느니라. 이 같은 행위는 같은 민족의 피를 흘리게 한 짓이었으며, 그리고 이는 바로 나의 사랑의 원리를 정면으로 어기는 짓이었노라. 그때부터 너희 한민족 국운융성은 실패하고 점차 초라한 나라로 전락하고야 말았느니라. 이제야 알겠느냐? 이제야 왜 내가 왜 너희들에게 사랑을 끝없이 강조하는지를 알겠느냐? 나는 끝없는 사랑이니라. 그러나 내가 아무리 끝없는 사랑의 신(神)이라고 할지라도 사랑의 정신이 없는 국가는 나로서도 어찌할 수가 없느니라. 이와는 반대로 어떤 나라가 끝없는 사랑의 국가라면, 나는 쉽게 나의 전능한 능력으로 그 나라를 찬란히 융성시켜 줄 수가 있느니라."

"잘 알겠나이다. 주님이시여."

"내가 이제까지 누누이 강조한 것 중의 하나는 바로 사랑이니라. 이제 이 지구별에서는 '사랑의 원리'가 이 지구별을 지배해야 하느니라. 그리하여 이 땅은 더 이상 고통 받으며 사는 자의 땅이 아니라, 나의 뜻이 펼쳐지고 나의 영광이 꽃피어나는 땅이 되어야 할 것이다. 아무리 나라가 커도 그 나라에 사랑의 정신이 없으면 그 나라는 지극히 작고 빈껍데기요, 아무리 나라가 적어도 그 나라에 사랑의 정신이 있으면 그 나라는 지극히 크고 존귀한 나라이니라. 또한 아무리 지식이 많더라도 그것이 모두 자신을 위한 것이라면 아무런 쓸모가 없으며, 아무리 지식이 적더라도 그것이 모두 남을 위하는 것이라면 그것이 바로 진실로 가치 있는 것이로다. 보라. 모든 멸망함과 모든 창성함이 사랑에 있노라. 예컨대 너희 나라의

아브라함 링컨

김유신은 타국의 힘을 빌려가면서까지 같은 민족의 피를 흘리게 함으로써 나의 '사랑의 원리'를 거역하는 짓을 저질렀느니라. 그래서 너희나라의 국운이 융성되지 못하고 과거의 대제국에서 한낱 초라한 나라로 변한 것이다. 그러나 미합중국의 아브라함 링컨[11]은 전쟁을 해서라도 흑인 노예들을 해방시킴으로써 나의 사랑의 원리를 행했느니라. 그래서 미국의 국운이 짧은 시간임에도 불구하고 융성하여 전 세계에서 제일가는 나라가 되었느니라. 이렇게 '사랑의 원리'는 실로 무서운 원리인 것이다."

"잘 알겠나이다. 주님이시여."

"보라. 교회의 끝없는 창성을 보라. 예수가 끝없는 사랑의 존재가 되어 그 끝없는 사랑을 강조하고, 또한 끝없는 사랑을 행하고 죽었느니라. 그래서 어쨌든 교회가 끝없는 융성을 계속하는 것이니라. '사랑의 원리'를 강조하고, 그리하여 끝없이 사랑의 국민들이 많아지면 나는 너희 나라를 전 세계에서 가장 으뜸가는 종주국으로 만들어줄 수가 있느니라."

"명심하고 또 명심하겠나이다."

"그런데 너희 나라의 자살률이 왜 이렇게 높은 것이냐? 삶이 아무리 어렵고 괴롭더라도 결코 자살하지 말라. 이것은 마치 배우는 것이 어렵다고 배움의 학교에서 도망가는 것과도 같은 것이로다. 이왕에 이 지구별에서 태어났으면 삶을 신성하게 살다가 떠나도록

---

[11]미국의 제16대 대통령(1809 ~ 1865). 가난한 농부의 아들로 태어나 어려서부터 노동일을 하느라 학교 교육은 거의 받지 못하고 성장했다. 하지만 틈틈이 독학하여 1837년 변호사가 되어 스프링필드에서 개업했고, 1834~1841년에는 일리노이 주 의회 의원, 1847년에는 연방 하원의원으로 선출되었다. 젊은 시절 노예시장에서 흑인들이 채찍질을 당하며 매매되는 것을 보고 충격을 받은 것이 계기가 되어 나중에 대통령에 당선된 후, 노예제도의 폐지를 단행했다. (편집자 주)

하라. 낮이 있으면 밤도 있듯이, 인생에서 행복한 때도 있으면 불행한 때도 있는 것이다. 진리를 깨닫고 보면 행복도 배워야할 교과서요, 불행도 배워야 할 교과서이니라. 진리가 꼭 경전에만 있다고 생각하지 말라. 삶 자체가 진리를 배우는 과정인 것이니라."

"잘 알겠나이다. 아버지시여."

"너희들은 결코 나를 '심판하는 신'이라고 생각하지 말라. 나는 끝없는 '사랑의 신'이며, 그리하여 나는 끝없는 '구원의 신'이니라. 너희들이 뼈가 빠지도록 고해계(苦海界)에서 윤회전생(輪廻轉生)하는데 어찌 내가 너희들을 심판할 수가 있다는 말이냐? 그러므로 너희들은 수많은 종교들에서 말하고 있는 소위 '심판론'을 믿지 말라. 만약에 내가 너희들을 심판한다면, 나는 전 우주에서 가장 의롭지 못하는 신으로 낙인이 찍힐 것이다. 그리고 누구나 이렇게 말하느니라. '신은 어디에 있는가? 신이 있다면 왜 우리들 앞에 나타나지 않는가?' 그러나 나는 말하느니라. 너희들이 자기의 마음속에 들어 있는 온갖 불순한 것들을 몰아내고 마음이 지극히 지순지결(至純至潔)하게 되면, 너희들이 바로 어린 신(神)임을 알게 될 것이다. 또한 악마가 아무리 위대해도 결국은 나의 영광을 드러내는 하나의 들러리에 불과하다는 사실을 알아야 하느니라."

"잘 알겠나이다. 아버지시여."

"나는 앞으로 오는 후세에는 너희 나라에서 듣도 보도 못한 놀라운 기적의 역사들을 일으키리니, 그 기적의 역사들로 인해 점차 너희나라 대한민국이 나의 나라, 즉 '하나님의 나라'라는 사실이 알려지게 하리라. 그리하여 앞으로 오는 후세에서는 너희 나라가 전 세계에서 가장 으뜸가는 주인공의 나라가 되게 할 것이다."

"잘 알겠나이다. 존경하는 아버지시여."

"너희 나라가 무슨 좋은 물건을 만들어서 외국에 수출하는 것도 중요하지만, 너희 나라의 원래의 사명은 그런 것이 아니니라. 내가 너희 나라에게 내린 사명은 '평화 인류주의'를 정립하고 친히 '평화

인류주의'의 나라가 되어서 그 '평화 인류주의'를 타국에 수출하는 것이다. 이 공덕이 끝이 없음으로 인해 너희 나라가 그 공덕으로 전 세계에서 으뜸가는 나라가 되는 것이니라. 그리하여 누구나 너희 나라가 일으킨 '평화 인류주의'를 선택하는 나라들에게는 어둠과 암흑의 역사들은 영원히 거두고 오직 미래에 끝없는 빛과 광명의 역사들이 영원히, 그리고 무궁히 이어지게 할 것이다."

"잘 알겠나이다. 존경하는 아버지시여."

"너희 나라가 이 사명을 훌륭히 감당한다면, 나는 너희 나라의 모든 것이 전 세계에서 기준이 되게 하고 또 표준이 되게 하리라. 그리고 모든 길은 너희 나라로 통한다는 소리를 듣게 할 것이니라. 이로 인해 너희 나라는 순간의 나라에서 영원의 나라가 될 것이로다."

"잘 알겠나이다. 존경하는 아버지시여."

"나는 온 우주에서 끝없이 무궁한 빛이요, 희망이요, 생명이니라. 누구나 나를 통하면 기나긴 어둠의 강을 건너 끝없이 무궁한 빛의 언덕에 도달할 것이요, 누구나 나를 통하면 기나긴 절망의 강을 건너 끝없이 무궁한 희망의 언덕에 도달할 것이며, 누구나 나를 통하면 기나긴 죽음의 강을 건너 끝없이 무궁한 생명의 언덕에 도달할 것이니라. 이는 너희나라 대한민국도 마찬가지이니라. 너희 나라도 온 인류를 위해서 끝없이 무궁한 빛과 희망과 생명의 나라가 되어야 하느니라. 누구나 너희 나라를 통하면 기나긴 어둠의 강을 건너 끝없이 무궁한 빛의 언덕에 도달할 것이요, 기나긴 절망의 강을 건너 끝없이 무궁한 희망의 언덕에 도달할 것이며, 기나긴 죽음의 강을 건너 끝없이 무궁한 생명의 언덕에 도달하게 해야 하느니라."

"명심하고 또 명심하겠나이다."

"이제 인류사 기나긴 어둠의 날들은 영원히 지나가고 밝은 아침이 도래하고 있느니라. 그리하여 그 무궁한 빛과 광명의 날에는 다시는 내 앞에서 서로 싸우고 피 흘리며 죽어가는 일이 없을 것이다. 나의 존귀하고 거룩한 이름이 '하나님'이라. '하나님'에서 '하나'라는 뜻은 너희들 지구 주민들 모두가 내 앞에서 한 형제요, 한 자매라는 뜻이다. 그리고 이것이 바로 '한 사상'이니라. 그것이 이루어지는 그날에는 누구나가 무량한 빛 속에 있을 것이요, 누구나가 영원히 구원을 받을 것이요, 누구나가 영원한 생명을 얻을 것이니라."

"잘 알겠나이다. 아버지이시여."

"지금 너희들은 그 모두가 돈의 노예가 되어 있고 돈에 굶주린 사람이 되어 있느니라. 그리하여 돈 때문에 무수한 사람들이 온갖 만행과 비리들을 저지르고 있도다. 그러나 나는 이룰 것이다. 나는 장차 돈이 지배하는 세상 대신에 진리가 지배하는 세상을 이룰 것이니라. 그리하여 그날에는 그 누구나 오히려 진리의 노예가 되어 있고, 진리에 굶주린 사람들이 되어 있게 할 것이니라."

"옳사옵니다. 아버지이시여."

"또한 나는 장차 너희나라 대한민국에 일곱 기둥을 세울 것이다. 나는 그 중에서 한 명을 선택하여 그로 하여금 '자유 민주주의' 다음에 '평화 인류주의'를 선포하게 할 것이니라."

"잘 알겠나이다. 존경하는 아버지시여. 그리 하오면 저희 나라가 장차 전 세계에서 처음으로 '평화 인류주의'를 선포한 나라가 되나이까?"

"네가 잘 말했느니라. 바로 너희 나라 대한민국이 전 세계에서 처음으로 '평화 인류주의'를 선포하는 나라가 될 것이다. 또한 너희들은 온 세계만방에, 즉 땅 끝까지 나의 신전을 지어 나의 이러한 '한 사상'을 가르쳐 다른 나라들도 이에 동참케 해야 하느니라. 그러기 위해서는 너희 나라가 영원히 인류에 의한, 인류를 위한, 인류의 나라가 되어야 할 것이다."

"잘 알겠나이다. 존경하는 아버지시여."

"어떠냐? 장차 네가 '평화 인류주의'를 위해 헌신할 수 있겠느냐?"

"주님의 뜻이 그러하다면 백 번이고, 천 번이고 그리하겠나이다."

"참으로 훌륭하구나. 내가 지금 끝없이 흡족 하느니라."

"그런데 어떻게 하면 주님의 영광을 드러낼 수가 있겠나이까?

주님을 신봉하는 신전을 많이 지으면 되오리이까?"

"물론 나의 영광을 드러낼 나의 신전을 많이 짓는 것도 공덕이지만, '평화 인류주의'의 이론적인 정립과 실행이 끝없는 공덕이니라. 나는 누구나 이 일을 하는 자들은 그를 의인으로 간주할 것이며, 먼 미래 생애에 그를 영원히 존귀한 신(神)이 되게 할 것이다. 그리하여 너희들은 이렇게 알라. '평화 인류주의'가 바로 '지상천국주의'이고, '지상낙원주의'이며, '지상극락주의'이니라. 이렇게 살아서 지상천국, 지상낙원, 지상극락을 이루려 한 자가 천국에 들어가고, 낙원에 들어가며, 극락에 들어가느니라."

"옳사옵니다. 아버지의 귀하신 말씀이여."

"이제 때가 되어 인류사 기나긴 어둠의 역사는 영원히 사라지고 밝은 광명으로 가득 찬 역사가 도래하고 있느니라. 그 무궁한 평화의 날에 모든 분열과 대립들은 영원히 사라지고 오직 끝없는 평화로움만이 너희 지구별을 지배할 것이다. 또한 그 광명 신천지의 날에는 온 세계의 모든 나라들이 너희 나라를 뒤따라서 '평화 인류주의'를 선택할 것이며, 그 무궁한 빛의 날에 드디어 너희 지구별에서는 나의 찬란한 나라가 건설될 것이로다."

"잘 알겠나이다. 존경하는 아버지시여."

"명심하라. 나는 사랑이요, 그것도 끝없는 사랑이며, 무궁한 사랑이요, 영원한 사랑이니라. 이 우주는 사랑이라는 가없는 바다에 떠 있는 하나의 섬에 불과 하느니라. 그러므로 너희들이 진리를 깨닫고 보면, 우주는 어디에 가도 없고 오직 끝없는 사랑의 바다를 보게 될 것이다. 즉 이 우주는 나의 끝없는 사랑에 의해서 창조가 되었느니라. 그렇기에 사랑을 모르는 자들은 이 우주를 알 수도 없고 이해할 수도 없느니라. 오직 가없는 사랑을 깨달은 자가 이 우주를 알고 이해하느니라."

"잘 알겠나이다. 그런데 주님이시여, 마음이란 무엇이옵니까?"

"사람의 마음은 하나의 밭이니라. 그 밭에 진리의 씨앗을 뿌리면 진리의 나무가 그 밭에서 자라서 나중에 대성인(大聖人)이 될 수가 있으나, 그 밭에 비진리의 씨앗을 뿌리면 비진리의 나무가 그 밭에서 자라나서 나중에 대악인(大惡人)이 되느니라. 그러므로 명심하라. 어릴 때부터 진리로 사람을 가르치면 그 사람은 나중에 대성인이 될 것이요, 어릴 때부터 지식으로만 사람을 가르치면 그 사람은 나중에 지극히 이기적인 사람이 될 것이다."

"옳사옵니다. 주님이시여."

"명심하라. 내가 너로 하여금 일꾼으로 세워 쓰려는 것은 나의 진리를 너희 대한민국 국민들에게 알리기 위함이니라. 너희 나라의 애국가에 나의 영원히 존귀한 이름인 '하느님'을 넣은 것도 나였으며, 너희 나라의 태극기에 나의 영원히 거룩한 신물인 '태극'을 넣은 것도 나였느니라. 그리고 너희 나라가 하나의 거대한 '태극'이 되게 한 것도 나였느니라. 이에 너희나라는 그저 단순한 나라가 아니라 바로 나 '하나님의 나라' 즉 '신의 나라'이니라. 누구든지 이를 믿는 자는 복이 있을 것이다. 누구든지 이를 믿고서 나의 뜻을 행하는 자는 땅에서도 그의 영광을 기록할 것이요, 하늘나라에서도 그의 영광을 기록할 것이로다. 그리고 그가 죽으면 내가 빠짐없이 그의 영혼을 거두어 영원히 나의 나라에 있게 할 것이며, 내가 친히 그의 머리에 영원히 찬란한 보관을 씌워주어 그를 끝없이 기쁘게 할 것이니라."

"잘 알겠나이다. 주님이시여! 주님의 뜻이 이루어지기를 삼가 기원하나이다. 그런데 주님이시여! 주님께서는 우리들이 어떠한 사람이 되기를 원하시옵니까?"

188

"항상 나를 일심(一心)으로 생각하라. 그리고 항상 그 마음에서 진리를 추구하는 진리심을 가지도록 하라. 그리하면 내가 그를 통하여 나의 끝없는 영광이 꽃피어나게 할 것이니라."

"잘 알겠나이다. 그런데 주님이시여, 미래는 정해져 있사옵니까? 아니면 정해져 있지 않사옵니까?"

"아무리 운명을 타고 났어도 '노력' 앞에서는 무용지물(無用之物)이니라. 따라서 미래는 정해져 있는 것이 아니라 '노력'에 의해 만들어지는 것이로다. 하늘은 스스로 노력하는 자를 돕느니라. 그러므로 너희들은 '노력'을 생명으로 알라. 아무리 타고난 그릇이 크더라도 노력하지 않으면 대인(大人)이 될 수가 없고, 아무리 타고난 그릇이 적더라도 노력하면 대인(大人)이 될 수가 있는 것이다. 이 우주도 나의 끝없는 고행, 즉 나의 끝없는 '노력'에 의해서 창조가 되었느니라. 그리하여 하늘은 노력하는 자를 제일로 소중하게 생각하며, 어떤 일을 함에 있어서 끝없이 노력하는 자에게는 하늘이 힘을 주어 그의 '노력'을 이루게 하느니라. 그러나 어떤 일을 함에 있어서 노력하지 않는 자들에게는 하늘도 힘을 주지 않느니라."

"잘 알겠나이다. 주님이시여."

"그런데 너희들의 마음속 깊은 곳, 즉 무의식의 세계에서는 누구나가 신(神)의 의식(意識)이 자리 잡고 있노라. 바로 그 신의 의식을 소위 '신성(神性)'이라고 하느니라. 그러나 너희들이 자신의 마음속 깊숙이 존재하고 있는 신의 의식을 각성시키려면 피눈물 나는 고행을 통해 노력하는 수밖에 달리 방법이 없느니라. 오직 그 마음이 일심이 되어야 너희들의 마음속 깊숙이 자리 잡고 있는 신의 의식이 각성이 될 것이다. 이렇게 너희들이 일심으로 노력하면 너희들의 마음속 깊은 곳에 자리 잡고 있던 신의 의식이 깨어나며, 그리하여 신의 의식이 깨어나면 우주심(宇宙心)과 너희들의 신의 의식이 연결이 되느니라. 그렇게 되면 그토록 불가능해 보였던 일들도 우주심의 도움으로 손쉽게 이루어지느니라."

"잘 알겠나이다. 그러면 주님이시여, 저희들이 어떻게 하면 하늘이 내리는 복을 받을 수가 있겠나이까?"

"항상 남들이 하늘이 내리는 복을 받기를 기원하라. 그리하면 자신이 먼저 하늘이 내리는 복을 받느니라."

"잘 알겠나이다. 주님이시여. 그리하면 어떤 자가 하늘의 벌을 받나이까?"

"항상 남들이 하늘이 내리는 벌을 받기를 기원하면, 자신이 먼저 하늘이 내리는 벌을 받느니라."

"잘 알겠나이다. 주님이시여. 그리 하오면 하늘이 일을 함에 있어서 어떠한 방식으로 일을 하나이까?"

"하늘이 일을 함에 있어서 너희들 인간들과 다른 점은 일심으로 일을 하고, 100% 긍정적인 마음으로 일을 하고, 도(道)에 따라서 일을 하고, 진리(眞理)에 어긋남이 없이 일을 하기 때문에 반드시 일을 이루느니라."

"잘 알겠나이다. 주님이시여. 그런데 주님이시여, 진정으로 저희들의 마음속에 신(神)이 될 성품, 즉 신성(神性)이 있나이까?"

"있느니라. 나는 온 우주에서 살고 있는 모든 우주종족들에게 그들이 마음을 갖고 있는 한 빠짐없이 신이 될 신성(神性)을 주었느니라. 바로 그것 때문에 온 우주의 모든 신들이 나를 지극히 의로운 신이라고 찬탄하고 있느니라."

"그런데 존경하는 아버지시여, 아버지께서는 참으로 거룩하시고 또 거룩하시나이다. 왜냐하면 아버지께서는 우주의 모든 존재들에게 그 존재가 어디에서 살든 상관없이 신이 될 수가 있는 신의 성품인 신성을 주셨나이다."

"그러하느니라. 나는 어떤 존재가 이 우주에서 그 어느 세계에서 살고 있든 신이 될 수 있는 신성을 주었느니라. 비록 너희들의 세계가 끝없는 고(苦)의 세계인 고해계(苦海界)이나, 그 지닌 신성은 온 우주의 우주종족들과 똑같으며, 하나도 다를 바가 없노라. 너희들이 육도윤회(六道輪廻)를 하는 것은 내가 너희들을 미워해서가 아니라, 너희들로 하여금 장차 신이 되게 할 교육을 시키는 것이니라. 그러므로 너희들이 비록 몸에 대소변과 같은 부정(不淨)한 것을 지니고 있다고 해도 하나도 부끄러워할 필요가 없느니라. 진리를 깨닫고 보면 천국도, 낙원도, 극락도 다 마음속에 있는 것이다. 자신의 마음속 깊숙이 내재하고 있는 신성을 깨달으면 그 자리가 바로 천국이요, 낙원이요, 극락이니라."

"잘 알겠습니다. 그러면 주님이시여, 사람은 왜 사는 것이옵니까?"

"진리(眞理)를 깨닫기 위해서 사느니라."

"진리를 깨달으면 어떻게 되나이까?"

"남자는 성인(聖人)으로 진화하며, 여자는 성녀(聖女)로 진화하느니라."

"그리하면 그 다음에는 어떻게 되나이까?"

"그 다음에는 이 우주에서 한 우주를 통치하는 영원히 존귀한 신(神)이 되느니라."

"그리하면 이 우주에 신(神)들의 숫자는 도대체 몇 명이나 되나이까?"

"이 우주에 신(神)들의 숫자는 대략 2조명 가량 되느니라."

"잘 알겠나이다."

"그런데 내가 너에게 하나를 물어보자. 너는 교도소에 대해서 어떻게 생각하고 있느냐?"

"예, 아버지이시여. 저는 교도소가 우리 사회에서 꼭 있어야 할 진정한 사랑의 기관이라고 생각하고 있습니다."

"그것이 무슨 말이냐?"

"예, 아버지이시여. 누구나 범죄를 저지르거나 또는 악을 행한다면 반드시 잡혀서 벌을 받아야 하나이다. 그러므로 교도소가 있음으로 말미암아 누구나 자신이 범죄나 악을 자행한다면 교도소에 갇혀 무서운 벌을 받을 것이라고 생각할 것이옵니다. 이러한 생각은 신(神)이 되기 이전에 반드시 배우고 익혀야 할 사항이옵니다. 그러므로 바로 이것을 가르쳐 주는 것이 진정한 사랑인 것입니다. 저는 범죄를 저지르고 악을 행했어도 무조건 용서해 주는 것은 진정한 사랑의 정신이 아니라고 생각하고 있사옵니다."

"너의 말이 진실로 옳으니라. 범죄를 저지르거나 혹은 악행을 하면 반드시 처벌을 받는다는 인식을 가져야 하느니라. 그리고 그러한 인식은 누구나가 신이 되기 이전에 반드시 갖추어야 할 무조건적인 사항이니라. 만약에 그러한 인식이 없는 자가 신이 된다면 이 우주는 엉망진창이 될 것이다. 그러므로 어떤 의미에서는 너의 말대로 교도소는 하나의 사랑의 기관이니라."

"예, 아버지이시여. 만약에 교도소가 없다면, 국민들 누구나가 아무런 두려움이 없이 범죄를 저지르거나 악행을 일삼을 것이옵니다. 그러므로 교도소는 어떤 의미에서는 범죄나 악행을 사전에 미리 차단하는 영향력을 가지고 있다고 생각하나이다."

"너의 말이 진실로 옳도다. 그런데 내가 하나 더 물어보자. 너는 공자(孔子)에 대해서는 어떻게 생각하느냐?"

"예, 주님이시여, 제가 알기로는 공자께서는 스승이 없었다고 하나이다. 공자는 스스로의 '노력'으로 대성인(大聖人)이 되었다고 합니다."

"너의 말이 진실로 옳으니라. 공자뿐만이 아니라 누구나 노력하면 대성인(大聖人)이 될 수가 있느니라."

"주님의 말씀이 옳사옵니다. 그런데 존귀하신 주님이시여, 저는 백수건달로 있을 때 마음속에서 끝없는 번뇌 망상이 생겨나는 것을 느꼈나이다. 이것은 참으로 무서운 고통이었사옵니다."

"너희들의 세계는 온통 번뇌 망상의 세계이니라. 그리고 번뇌 망상은 무서운 마음의 병이며, 이 번뇌 망상이 커지면 나중에 우울증에 걸리게 되고, 그렇게 되면 만사가 다 귀찮은 중증의 우울증에 걸리게 되는 것이다. 그리고 중증의 우울증에 걸리면 마침내 자살하고야 마느니라. 마음속에서 번뇌 망상이 쳐들어오지 못하게 하는 유일한 길은 무엇이든 이루기 위해 일하고 또 노력하는 것이며, 또 필히 그렇게 해야 하느니라. 아무것도 아니하고 노는 자는 그 마음속에 번뇌 망상이라는 무서운 정신병이 침입하느니라."

"옳사옵니다. 주님이시여."

"너희들은 어떤 일이든 정신없이 바쁘게 일을 해야 하느니라. 사람이 할 일 없이 빈둥거리며 놀기 때문에 그 마음에 그 끝없는 번뇌 망상이 쳐들어오는 것이다. 그러나 정신없이 바쁘게 일을 하는 사람들에게는 그 끝없는 번뇌 망상이 쳐들어 올 겨를이 없느니라."

"잘 알겠나이다. 존경하는 아버지이시여. 불행하게도 비록 세상이 많이 편리해졌다고 해도 끝없는 번뇌 망상 때문에 술에 의존하고, 담배에 의존하고, 육신의 정욕에 의존하고, 또는 마약에 의존하는 소위 현대병에 걸린 사람들이 숱하게 많이 있사옵니다. 무슨 좋은 방법이라도 있겠나이까?"

"방법이 아주 없는 것은 아니니라. 마음이 하나로 집중된 상태를 일심(一心)의 상태라고 하며, 번뇌 망상 등에 의해 마음의 집중력이 흐트러지고 산만한 상태를 이심(二心)의 상태라고 하느니라. 그리고 마음의 상태가 일심의 상태가 되면, 그 무서운 번뇌 망상에서 벗어날 수가 있는 것이다. 마음이 일심이 되게 하기 위해서는 만트라(주문)를 일심으로 외우든가, 화두(話頭)를 일심으로 틀든가 하는 방법들이 있느니라. 그리고 그것들에는 공통점이 하나 있느니라."

"그것이 무엇이옵나이까? 존경하는 아버지이시여."

"그것은 바로 마음의 집중이로다. 만트라를 외우든, 화두를 일심으로 들든지 그 공통적인 특징은 바로 마음의 집중이니라. 이렇게 마음이 집중이 되어야 일심의 상태 내지는 삼매의 상태, 또는 초보적인 일체유심조(一切唯心造)의 상태에 도달할 수가 있는 것이다. 또한 그래야만 마음속의 그 끝없는 번뇌 망상을 완벽하게 퇴치할 수가 있는 것이니라."

"잘 알겠나이다. 존경하는 아버지이시여."

"또 다른 방법으로는 마음의 진상을 깨닫는 방법이 있느니라. 내가 너에게 묻노니, '마음이 곧 태극'이라는 뜻이 무엇이냐?"

"죄송하오나 저는 도무지 모르겠사옵니다."

"너희 나라에 한국판 예수가 있느니라. 그 존재는 바로 수운 최제우(崔濟愚)이니라. 그런데 수운 최제우가 무엇이라고 하였느냐?"

"예, 아버지시여, 수운 최제우 선생이 말하기를, '인내천(人乃天)'이라고 하였나이다."

"그 뜻이 무엇이냐?"

"예, 아버지시여, 그 뜻은 "사람이 곧 하늘(하나님)"이라는 뜻이옵니다."

"그러면 '마음이 곧 태극'이라는 뜻이 무엇이냐?"

"예, 이제야 알겠습니다. '태극'은 아버지 하나님을 말하는 것이고, '마음이 곧 태극'이라는 뜻은 '마음이 곧 하나님'이라는 뜻이 되며, 결국은 인내천(人乃天) 즉 '사람이 곧 하나님'이라는 뜻이 되옵나이다."

"네가 정확히 맞추었느니라. 누구나 그의 마음속 깊은 곳에는 '나의 의식(意識)' 즉 '신(神)의 의식', 다시 말하면, '하나님의 의식'이 흐르고 있느니라. 그래서 '마음이 곧 태극'인 것이다. 그러면 내가 앞에서 '신의 의식'을 무엇이라고 말했느냐?"

"예, 아버지시여, 아버지께서는 '신의 의식'을 '신성(神性)'이라고 말씀하셨나이다."

"그러면 결국은 '마음이 곧 태극'이란 무엇을 말하는 것이냐?"

"예, 아버지시여, "마음이 곧 태극"이라는 뜻은 바로 우리들의 마음속 깊숙이 존재하고 있는 신성(神性)을 말하는 것이옵니다."

"네가 참으로 잘 말했느니라."

"과분한 칭찬이시옵니다."

194

"그러면 석가모니는 '마음이 곧 부처' 즉 '즉심시불(卽心是佛)'이라고 하였느니라. 그러면 '마음이 곧 태극'을 고쳐서 무엇이라고 하겠느냐?"

"예, 아버지시여, '마음이 곧 태극'이라는 뜻은 '마음이 곧 신(神)'이라는 뜻이니 '즉심시태극(卽心是太極)'을 '즉심시신(卽心是神)'이라고 할 수가 있겠나이다."

"네가 참으로 잘 말했느니라. '마음이 곧 신' 즉 '즉심시신(卽心是神)'이니라."

"아버지의 말씀이 옳사옵니다. 그런데 만약에 만트라를 선택하라면 어떠한 만트라가 최고의 만트라가 되겠나이까?"

"물론 만트라 중에서 단연코 최고의 만트라는 '옴 진언' 만트라이니라. 그러나 아무리 "옴"진언이 최고의 만트라라고 하여도 지극한 정성으로, 즉 일심으로 하지 않으면 아무런 소용이 없느니라. 또 아무리 하찮은 만트라라고 하더라도 다년간 일심으로 피눈물 나는 고행으로 수련한다면 그것이 최고의 만트라가 되는 것이다. 만트라의 종류는 여러 가지가 존재하지만 어느 것이든지 다년간 지극한 정성으로, 즉 일심으로 하기 나름이니라."

"잘 알겠습니다. 존경하는 아버지시여. 그리하면 진정한 지상천국, 지상낙원, 지상극락은 최고급의 의식주를 향유하는 것이 아니라 마음이 천국이요, 마음이 낙원이요, 마음이 극락인 그런 세계가 되어야 하겠나이다."

"그러하느니라. 네가 참으로 잘 말하였도다. 진정한 지상천국, 지상낙원, 지상극락은 마음이 천국이요, 낙원이요, 극락이 되어야 이루어질 수가 있는 것이지 최고급의 의식주를 향유한다고 이루어지는 것은 아니니라. 그러나 언젠가 때가 되면 하늘이 사람을 내어 마음이 천국이요, 낙원이요, 극락인 그런 경지에 가게 하리라. 그래야만 진정한 지상천국, 지상낙원, 지상극락이 이루어 질 수가 있는 것이다."

"잘 알겠나이다. 존경하는 아버지시여, 돈이 많은 부자들은 행복하겠나이다. 부자들을 어떻게 생각하시나이까?"

"너의 그 생각은 틀렸노라. 돈이 많은 부자들은 오직 최고급의 의식주 생활을 하려 하느니라. 즉 최고급의 옷을 입고 싶어 하고, 최고급의 식사를 하고 싶어 하며, 최고급의 주택에서 살고 싶어 하느니라. 또는 최고급의 자가용을 타고 싶어 하고, 최고급의 술을 마시고 싶어 하며, 또는 마음껏 섹스를 하고 싶어 하고, 또는 마음껏 마약을 복용하고 싶어 하기 마련인 것이다. 그런데 그런 그들이 마음이 천국인 경지에 도달하기 위해 오랜 세월에 걸쳐 피눈물 나는 고행을 하고 싶어 하겠느냐?"

"그렇습니다. 아버지이시여."

"그러나 너희들과 같이 끝없는 번뇌 망상의 세계에서 만트라를 통해 일심의 상태, 즉 삼매의 상태로 몰입하는 것은 지극히 어렵고도 어려우니라. 대략 다년간 지극한 정성으로 만트라를 외우고 또 외어야 하느니라. 즉 반드시 오랜 기간 동안 피눈물 나는 고행을 해야만 하는 것이다. 그렇지 아니 하고서는 도저히 일심의 상태, 즉 삼매의 상태로 몰입할 수가 없느니라."

"만약에 저희들이 다년간의 만트라 수행을 통해서 일심의 상태, 즉 삼매의 상태로 몰입할 수만 있다면 그 이후에는 어떻게 되나이까?"

"그렇게만 된다면 그 이후에 너희들은 소위 말하는 초보적인 '일체유심조(一切唯心造)'의 세계, 즉 마음의 세계로 진입하게 되느니라. 그리고 너희들이 일단 이 정도의 경지에만 가도 여러 가지의 현상들이 나타나거나, 또는 갖가지 현상들을 너희들의 마음대로 조종할 수가 있느니라."

"존경하는 아버지시여, 그러한 현상들에 대해서 설법해 주시옵소서."

"그리하리라. 너희들이 일단 마음의 세계로 진입하면 여러 가지

196

종류의 인생 문제를 자유롭게 해결할 수가 있느니라. 또는 다양한 인생고의 문제들이 자유롭게 풀리느니라. 예를 들어 돈이 너무나도 없어서 자살하기 일보 직전에까지 간 사람이 갑자기 어떤 신이한 인연을 만나서 갑자기 엄청난 돈을 벌게 된다든가, 또는 자신을 지극히 싫어하던 애인의 마음이 갑자기 변해서 자신을 지극히 좋아하게 된다든지, 또는 그토록 어렵던 사법고시에 합격한다든지 등등 수없는 인생 문제들이 저절로 풀리게 되는 현상이 발생하느니라."

"잘 알겠나이다. 존경하는 아버지시여."

"그러나 이것뿐만이 아니니라. 어떤 사람이 만트라를 통해 일심의 상태, 즉 삼매의 상태인 초보적인 일체유심조의 상태에 들게 되면 불가(佛家)에서 소위 말하는 8대 신통력도 자유자재로 구사할 수가 있게 되느니라."

"잘 알겠나이다. 존경하는 아버지시여."

"내가 하나의 설법을 하리니, 너는 잘 들으라. 너희들 인간들은 지금 상대적인 세계에서 살고 있노라. 그러나 신(神)들이나 부처들은 절대적인 세계에서 살고 있느니라. 상대적인 세계는 모든 것들이 차별화되어 있는데, 예를 들면 대통령이 있으면 그 밑에 장관들이 있고, 또 그 밑에 차관들이 있으며, 또 그 밑에 국장이나 일반적인 공무원들이 있고, 또 그 밑에 국민들이 있느니라. 이것은 회사에서도 마찬가지이다. 이렇게 너희들의 세계는 높은 자가 있으면 낮은 자가 있으며, 남자가 있으면 여자가 있고, 나이가 많은 어른이 있으면 어린 아이도 있는 것이다. 이렇게 차별화된 세계를 상대적인 세계라고 하느니라."

"그렇사옵니까?"

"그러나 너희들이 진리를 깨달아 절대적인 세계에 도달하면, 그 모든 존재들이 차별적으로 보이는 것이 아니라 자신과 같이 평등하게 보이느니라. 예를 들면 석가모니가 도(道)를 깨닫고 온 사바세계를 들여다보았느니라. 그러자 석가모니는 기이한 면모를 발견했느니라. 즉 그것은 일체의 모든 중생들이 자신과 똑같이 불성(佛性)을 갖고 있음을 발견하게 된 것이로다. 다시 말해 중생들의 위치가 높거나 낮거나, 또는 남자이거나 여자이거나, 또는 나이가 많거나 나이가 적으나 모두 똑같이 자신과 같이 불성을 가지고 있음을 발견하게 되었던 것이다. 이것은 신(神)들도 마찬가지이다. 신들도 일체의 모든 중생들이 신이 될 성품 즉 신성(神性)을 갖고 있다는 사실을 알고 있으며, 그리하여 자신이 중생들보다 더 높다는 생각을 하지 않느니라. 신들은 일체의 중생들을 볼 때에 단지 그 중생들을 어린 신(神)으로 보느니라. 그래서 신들은 일체의 중생들 앞에서 단지 영적인 스승의 역할을 하고 싶어 하지 결코 중생들 위에서 군림하려는 생각이 전혀 없느니라. 이렇게 신이 되자면 이런 절대적인 진리를 깨달아야 하는 것이니라.”

“귀하신 말씀 참으로 감사하옵니다. 존경하는 아버지시여, 신들의 그런 경지는 어떤 경지이옵니까?”

“그런 경지는 완전한 ‘일체유심조(一切唯心造)’의 경지이며, 또한 우주의식(宇宙意識)과 완전히 합일해야 가능한 경지이니라. 누구나 이 경지에 도달하면 전지전능한 성자가 되거나 성녀가 되며, 그 모든 것을 자신의 마음먹은 대로 행할 수가 있게 될 것이다. 예를 들면 예수의 경지가 바로 이러한 경지이니라. 너희들이 이 경지에 도달하게 되면, 예수와 같이 전지전능한 초능력을 마음먹은 대로 구사할 수가 있게 될 것이로다. 그러나 지금 이 경지는 현재의 너희들 지구인들로서는 쉽사리 도달할 수가 없는 경지이니라.”

“잘 알겠나이다. 아버지시여. 그런데 존경하는 아버지시여, 아마도 세계통일국의 세계통일정부, 즉 지구연합을 이루는데 수없는 장애와 방해가 있을 것이옵니다. 아마도 인류 역사상 가장 어려운 역사가 될 듯싶나이다.”

“나는 이 역사가 단숨에 이루어지리라고는 생각하지 않고 있느니라. 나는 먼저 나의 뜻을 너희 나라 한국에서 이루고, 그 다음에 온 세계에 나의 뜻을 이룰 것이니라. 너희 나라의 이름이 왜 '한국'인지를 아느냐? '한국'에서 '한'이란 '하늘'을 말함이며, '국'이란 '나라'를 말함이니 이는 '하늘의 뜻이 이루어지는 나라'라는 뜻이니라. 이렇게 너희 나라에서 먼저 나의 뜻이 이루어지면, 섭리적으로 나중에 온 세계만방에서도 이루어지게끔 되어 있느니라."

"그러하옵니까? 그런데 존경하는 아버지시여, 이렇게 저에게 아버지의 귀하신 진리를 설법해주시는 뜻이 무엇이옵니까?"

"너는 내가 우주를 통치할 때에 무엇으로 통치하는 줄 아느냐?"

"죄송하오나 저는 잘 모르겠사옵니다."

"나는 우주를 통치함에 있어서 진리에 바탕을 두고 통치를 하느니라. 그래서 이 우주가 영원한 것이다. 내가 너에게 진리를 설법한 것은 네가 장차 진리로 그러한 역할을 하기 바라서이다. 로마는 주변의 국가들을 진리로 통치하지 않았으며, 힘으로 통치했느니라. 그래서 로마는 멸망했던 것이다. 만약에 로마가 진리로 주변의 국가들을 통치했다면, 로마의 영광은 아직까지도 전해져 내려오고 있을 것이다. 그리하여 만약에 대통령이 진리에 바탕을 두고 나라를 통치한다면, 너의 나라는 영원에 영원을 가는 제국이 될 것이니라."

"잘 알겠나이다. 존경하는 아버지시여."

"장차 너희 나라가 '평화 인류주의'의 이론을 정립할 때에 반드시 진리에 바탕을 두고 정립해야 하느니라. 그래야만 너희 지구별에서 나의 나라 즉 지상천국, 지상낙원, 지상극락이 이루어질 수가 있는 것이다."

"잘 알겠나이다. 존경하는 아버지시여."

"자유 민주주의는 거의 모든 면에서 큰 발전을 이루었도다. 그러나 자유 민주주의에는 큰 단점이 하나 있느니라. 그것은 바로 '빈익빈(貧益貧), 부익부(富益富)'의 현상이로다. 즉 부자들은 계속해서 더 부자가 되고 가난한 사람들은 계속해서 가난하게 살아야 하는 것이다. 그리하여 장차 너희 나라가 '평화 인류주의'를 정립시킬 때에 반드시 모든 국민들이 평등하게 골고루 잘 사는 시스템을 이루어야 하느니라. 그리하여 특히 서민들이 잘 사는 나라를 구현해야 하느니라."

"반드시 그리하겠나이다."

"물론 성장정책도 꼭 필요하지만 복지정책도 큰 폭으로 상승시켜야 하느니라. 특히 국가유공자에 대한 예우를 크게 하여 많은 연금을 주어야 할 것이다. 그리하면 국민 누구나가 나라를 위해서 노력하고 헌신할 것이다. 또한 기초생활대상자의 연금도 큰 폭으로 향상시켜 그들이 가난에서 탈피하게 해야 하느니라. 또한 장애인연금도 큰 폭으로 향상시켜서 살아가는데 아무런 지장이 없게 해야 하느니라."

"반드시 그리하겠나이다."

"이렇게 서민들의 수중에 돈이 많아지고, 국민들 모두가 경제적 여유가 생기면 소비가 크게 일어나 기업들이 큰 혜택을 입을 것이다. 그렇게 되면 저절로 경제가 활성화되어 너희나라는 참으로 잘 사는 나라가 될 것이니라."

"반드시 그리하겠나이다. 그런데 존경하는 아버지시여, 제가 생각하건대 아마도 아버지의 뜻을 거역하는 나라들이 아주 많을 것이옵니다."

"내가 어찌 그것을 모르겠느냐? 그러나 지금은 하늘이 너희 지구별에 지상천국 지상낙원, 지상극락을 이룩하려는 때이니라. 만약에 이러한 하늘의 뜻을 거역하는 나라가 있다면, 하늘이 강제적으로 그 나라에게 재앙을 내리고, 하늘이 강압적으로 그 나라를 영원한 멸망으로 인도하리라."

"그러하옵나이까?"

"보라, 앞으로 새로운 시대가 열리리니, 하늘의 뜻을 따르는 자들은 생존하고 번성할 것이며, 하늘의 뜻을 따르지 아니하는 자들은 없어지고 멸망할 것이니라. 옛말에 '천여불취 반수기앙(天與不取 反

受其殃)'이라 하였나니, 하늘의 뜻을 따르는 자들은 복을 받을 것이요, 하늘의 뜻을 거스르는 자들은 재앙을 받으리라."

"옳사옵니다. 아버지의 말씀이 옳사옵니다. 그런데 아버지시여, 앞으로 점점 석유가 고갈이 되어 에너지 문제가 큰 문제로 발전할 수가 있나이다. 이에 대한 아버지의 고견(高見)을 듣고 싶나이다."

"그 대안으로서 우선 첫 번째로 이 우주를 생각할 수가 있느니라. 너희들의 생각으로는 이 우주가 마치 진공상태처럼 텅텅 빈 것처럼 여기고 있지만 실상은 그렇지 않노라. 이 우주는 나의 전능한 힘과 에너지로 빽빽이 충만해 있느니라. 그러므로 언젠가 너희들이 이런 나의 에너지를 발견한다면, 에너지 문제는 완전히 해결될 수 있을 것이다. 두 번째로 태양의 에너지를 생각할 수가 있느니라. 예컨대 거대한 열병합 발전소를 태양 가까이에 주둔시켜 태양에서 뿜어져 나오는 거대한 에너지를 전자기파(電磁氣波)로 바꾸어 지구별로 송출한다면, 지구별에서 그 전자기파를 다시 여러 분야에서 쓸 에너지로 바꿔서 사용할 수가 있느니라. 세 번째로는 바닷물 속에 거의 무한대로 충만되어 있는 수소에너지를 핵융합시켜서 사용하는 방법이 있느니라. 네 번째로 언젠가는 은하연합에 속한 선성(善性)의 외계인들이 대량으로 너희 지구별에 착륙하여 물질 속에 들어 있는 에너지를 사용할 수 있는 방법을 알려줄 것이니라."

"잘 알겠나이다. 존경하는 아버지시여. 그런데 언제쯤 은하연합에 속한 선성의 외계인들이 대량으로 우리 지구별에 착륙하겠나이까?"

"지금 은하연합에 속한 선성의 외계인들은 너희 지구별이 통일되기만을 바라고 있느니라. 다시 말하자면 온 세계가 통일되어 세계 통일정부, 즉 지구연합이 이루어진다면, 그때에 은하연합에 속한 선성의 외계인들이 대량으로 지상에 착륙하여 너희들이 보기에는 꿈속에서도 상상하지 못할 과학과 기술들을 전수해 줄 것이니라."

"부디 그리되기를 바라나이다."

"구름이 아무리 크다 하더라도 언제까지나 태양의 빛을 가릴 수가 없느니라. 이제 인류사 기나긴 어둠의 나날들은 모두 다 지나가고 밝은 광명의 때가 도래하고 있노라. 바로 새 시대의 그날에 너희들은 언젠가는 태양 속에 감추어진 비밀들을 풀어낼 것이다. 그리되면 무궁한 빛의 문명이 일어나 온 인류를 끝없이 밝히게 될 것이니라."

"부디 그리되기를 바라나이다."

"또한 장차 찬란한 제4차원 정신문명이 일어나 누구나가 영원히 구원을 받으며, 누구나가 영원히 사는 영생의 시대가 도래할 것이로다."

"부디 그리되기를 바라나이다."

"또한 미래에는 너희들이 필요한 모든 생활필수품을 비롯한 모든 것들을 인공지능을 지닌 로봇이 다 만들어 낼 것이다. 그때 너희들은 그것들을 아무런 돈이 필요 없이 공짜로 가져다 쓸 날이 올 것이니라."

"부디 그리되기를 바라나이다."

"지구별 누대에 걸친 모든 잘못된 것들은 내가 다 거두어 가리니, 장차 너희 지구별에는 오직 무궁한 창성에 창성만이 있을 것이다. 그리하여 그날에는 너희 지구별의 지구주민 모두가 무궁한 빛과 광명 속에 있을 것이니라."

"부디 그리되기를 바라나이다. 그런데 존경하는 아버지시여, 저는 잘은 모르오나 과학자들이 나무의 잎사귀의 엽록소(葉綠素)에서 태양으로부터 오는 빛을 받아 광합성 작용을 하는 과정을 아직은 정확히 밝혀내지를 못했다고 하옵니다. 만약에 그 과정이 완전히 밝혀지면 식량문제가 크게 풀린다고 하나이다."

"나도 그것을 잘 알고 있느니라. 그것도 태양광선의 신비중의 하나이니라. 언젠가는 태양의 신비가 모두 다 밝혀지는 날이 올 것이니, 그날에는 모든 잘못된 것들은 하나도 남김없이 사라질 것이요, 오직 무궁한 진리가 너희 지구별을 지배할 때가 다가올 것이니라."

"잘 알겠나이다. 존경하는 아버지시여. 그런데 무궁한 진리가 우리 지구별을 지배하면 우리 지구인들은 어떻게 되나이까?"

"이 우주에는 소위 '영적인 등급'의 원리가 지배하고 있느니라. 즉 '영적인 등급'에 따라서 우주적인 비밀들이 주어지게 되는 것이다. 지금은 너희 지구인들은 악성(惡性)의 정도가 너무나도 강하여 소위 '영적인 등급'의 원리에 의해 초능력을 갖추는 것이 금지되어 있느니라. 그러나 너희들의 의식이 한 차원 더 격상되어 그 모든 이들이 이 지구별의 동일한 지구 주민들이라는 세계통일의식이 너희들을 지배하면, '영적인 등급'의 원리에 의해 초능력을 갖는 것이 허용되느니라. 그리고 이 법칙은 하나의 전 우주적인 법칙으로서 우주를 보호하기 위한 것이로다. 생각해 보아라. 영적인 등급이 아주 낮고 의식이 저급한 어떤 우주종족이 초능력을 지닌다면, 어찌 되겠느냐? 이 우주는 한 마디로 엉망진창이 되고야 말 것이니라."

"그러하옵니까? 그렇다면 만약 저희들 지구인들의 영적인 등급이 한 차원 더 격상되어 세계통일의식을 가지게 되면 그 어떤 초능력들이 주어지게 되나이까?"

"첫째로 천안통(天眼通)을 들 수가 있느니라. 천안통이란 〈제3의 눈〉을 말하는 것으로서 가만히 앉아서 온 우주를 들여다 볼 수 있는 초능력을 말하는 것이다. 둘째로 천이통(天耳通)을 들 수가 있느니라. 천이통이란 시간과 공간을 초월해서 어떤 말들을 들을 수 있는 초능력을 말하느니라. 셋째로는 타심통(他心通)을 들 수가 있노라. 타심통이란 타인들의 마음을 환히 들여다보고 무슨 마음을 가지고 있는지 환히 다 알 수가 있는 초능력을 말하느니라. 넷째로 숙명통(宿命通)을 들 수가 있느니라. 숙명통이란 타인의 전생(前生) 또는 그 전전생(前前生) 등등 타인의 모든 전생을 환히 다 알 수가 있는 초능력을 말하느니라. 물론 이 숙명통이 극성에 다다르면, 자기 자신의 전생 또는 그 이전의 전생 등등 자기 자신의 전생도 환히 다 알 수가 있는 초능력이니라. 다섯째로 비행통(飛行通)을 들

수 있을 것이다. 비행통이란 자신의 몸을 공중으로 띄워서 공중을 자유자재로 날수가 있는 초능력을 말하느니라. 여섯째로 누진통(漏盡通)을 들 수가 있느니라. 누진통이란 자기 자신의 마음속에 존재하고 있는 모든 번뇌 망상을 자신이 마음먹은 대로 완전히 소멸시킬 수가 있는 초능력을 말하느니라."

"잘 알겠나이다. 존경하는 아버지시여. 그런데 아버지시여, 아버지께서 말씀하신 초능력 중에 누진통(漏盡通)은 불교를 믿는 불교인들이 아주 좋아하겠나이다. 왜냐하면 불교는 마음속에 존재하고 있는 모든 번뇌 망상을 몰아내고자 하는 종교가 아니옵니까?"

"그러하다. 누진통은 불교를 믿는 불교인들이 아주 좋아할 수가 있는 초능력이니라. 그러나 이 누진통은 너희들 지구인들에게는 아주 절대적인 초능력인데, 왜냐하면 너희들 지구별은 끝없는 번뇌 망상의 세계이기 때문이다. 특히 병원의 정신병동에 가면 정신병 환자들이 그 모두들 번뇌 망상에 시달리고 있는 성향이 아주 강하느니라. 만약에 누진통을 증득할 수만 있다면, 수없는 정신병자들이 그 수없는 정신병에서 완전히 해방될 수 있을 것이다."

"잘 알겠나이다. 존경하는 아버지시여. 그런데 아버지시여, 타심통(他心通)은 아주 골치가 아픈 초능력이 되겠사옵니다. 타인의 마음을 환히 들여다보고 안다는 것은 지금의 시대로 말하자면 "사생활 침해 죄"에 해당되나이다. 이 초능력은 참으로 곤란한 초능력이 될 것 같습니다. 남자들은 상관이 없지만 어떤 사람이 이 타심통을 증득하여 여자들의 마음속을 환히 들여다보면 참으로 곤란하겠나이다. 또는 이 타심통은 범죄에도 이용될 수 있을 것이옵니다. 예를 들면 어떤 사람의 마음을 환히 들여다보고 그 사람이 갖고 있는 은행의 통장 계좌번호와 비밀번호를 알아낸다면, 그 사람이 은행 등에 맡겨 놓은 돈을 인출해 갈 수가 있기 때문이옵니다."

"너의 말이 지극히 옳으니라. 이처럼 초능력은 때로는 범죄에도 악용이 될 수가 있기 때문에 이 우주에서 '영적인 등급'의 법칙이 존재하는 것이니라."

"옳사옵니다. 존경하는 아버지시여. 그런데 아버지시여, 천안통(天眼通)을 증득하면 여자들의 나체도 환히 볼 수가 있나이까?"

"그러하느니라. 천안통을 증득하면 온 우주도 환히 들여다 볼 수가 있는데 어찌 여자들의 나체도 들여다보지를 못하겠느냐? 천안통을 증득하면 여자들의 나체도 환히 들여다볼 수가 있느니라."

"존경하는 아버지시여, 이 천안통도 아주 골치가 아픈 초능력이 될 것 같사옵니다."

"그러하느니라."

"존경하는 주님이시여, 이 우주가 정말로 불가사의하옵니다. 이 우주가 당신에 의해서 창조되었으니 당신께서는 정말로 불가사의하옵니다. 어떻게 하면 당신의 불가사의를 알 수가 있겠나이까?"

"그것은 전 우주 최고 차원의 우주의식과 합일해야 나의 불가사의를 알 수가 있느니라. 나의 불가사의를 안다는 것은 곧 그가 신(神)이 되었다는 뜻이니라. 그런 자들에게는 모든 암흑과 절망과 사망의 날들은 영원히 멈추고 무궁한 빛과 희망과 생명의 날들이 영원히, 그리고 길이 이어질 것이니라."

"존경하는 주님이시여, 저는 한 때 증권시장에서 모든 돈을 잃었나이다. 저는 그때에 저의 모든 것을 잃었사옵니다."

"그때에 너는 아무것도 잃지 않았다."

"예? 그것이 무슨 말씀이옵니까?"

"들으라. 돈을 잃는 것은 조금 잃는 것이요, 재물을 잃는 것도 조금 잃는 것이요, 명예를 잃는 것도 조금 잃는 것이다. 그러나 나를 잃는 것은 모든 것을 잃는 것이니라."

"오! 그러하옵니까? 진귀한 말씀 참으로 감사하옵니다. 그런데 주님이시여, 나라를 다스림에 있어서 어떤 자가 명군(名君)이며, 어떤 자가 폭군(暴君)이옵니까?"

"그 신하를 보면 그 통치자가 명군인지 폭군인지를 알 수가 있느

니라. 만약에 어떤 통치자 밑에 충신들만 가득 차 있으면 그 통치
자는 명군이며, 만약에 어떤 통치자 밑에 간신배들만 가득 차 있으
면 그 통치자는 폭군이니라. 마찬가지로 그 사람의 친구를 보면 그
사람을 알 수가 있나니, 만약에 어떤 사람의 주위에 악인(惡人)들
만 가득 차 있다면 그 사람은 악인이요, 만약에 어떤 사람의 주위
에 선인(善人)들만 가득 차 있다면 그 사람은 선인이니라. 또한 그
가 말하는 것으로 그가 의인인지 죄인(罪人)인지를 알 수가 있나
니, 만약에 그가 항상 의(義)를 말한다면 그는 의인이요, 만약에 그
가 항상 불의(不義)를 말한다면 그는 죄인이니라."

"그리하오면 어떤 자가 죽어서 하늘나라에 가옵니까?"

"누구나 나의 영광을 드러내고자 노력하는 사람이 나중에 죽으면
영원무궁한 나의 나라에 갈 것이요, 누구나 사랑을 귀하게 여기고
사랑을 행한 자는 나중에 죽으면 영원무궁한 사랑의 나라에 갈 것
이며, 누구나 자비를 귀하게 여기고 자비를 행한 자는 나중에 죽으
면 영원무궁한 자비의 나라에 갈 것이다. 또 누구나 정의를 귀하게
여기고 정의를 행한 자는 나중에 죽으면 영원무궁한 정의의 나라에
갈 것이요, 누구나 선을 귀하게 여기고 선을 행한 자는 나중에 죽
으면 영원무궁한 선의 나라에 갈 것이며, 누구나 악을 귀하게 여기
고 악을 행한 자는 나중에 죽으면 영원무궁한 악의 나라로 갈 것이
니라. 즉 그 누구라도 지상에서 행한대로 천상에서 받게 되는 것이
다."

"귀하신 말씀 참으로 감사하옵니다."

"온 우주의 모든 진리는 나에게서 나온즉, 어느 진리라도 열심히
수행하면 결국은 나에게로 이르느니라. 그리하여 무궁한 빛과 희망
과 생명의 길이 따로 있는 것이 아니라 나의 말 속에 무궁한 빛과
희망과 생명의 길이 있느니라. 만약에 어떤 자가 있어서 그에게 진
리가 입속에 있는 꿀같이 달콤하다면, 비록 그 사람의 육신은 지상
에 있으나 그 영혼은 이미 나의 나라에 있는 것이다."

"귀하신 말씀 참으로 감사하옵니다."

"인생에서 위기가 닥치면 그가 나를 경외하는지 아니하는지를 알수가 있느니라. 만약에 어떤 사람이 그 인생에서 위기가 닥쳐도 여전히 나를 일심으로 믿으면, 그는 진실로 나를 경외하는 자요, 인생에 위기가 닥쳤다고 하여 나를 버리는 자는 진실로 나를 경외하지 않는 자이니라."

"귀하신 말씀 참으로 감사하옵니다."

"타인을 미워하기는 쉬워도 타인을 사랑하는 것은 미워하는 것보다 백배, 천배 더 어려우니라. 마찬가지로 나를 믿지 아니하는 것은 쉬우나, 나를 일심으로 믿는 것은 나를 안 믿는 것보다 백배, 천배 더 어려우니라."

"그런데 주님이시여, 하나님을 믿는 자들은 많은데 왜 아직까지 하나님의 나라가 이루어지지 아니하는 것이옵니까?"

"나를 무턱대고 믿는 자가 많다고 나의 나라가 이루어지는 것이 아니라, 나를 일심으로 믿는 자들이 많아야 나의 나라가 이루어지느니라."

"그리 하오면 의인과 악인의 차이점은 무엇이옵니까?"

"의인은 항상 나에게 나의 영광을 드러내게 해달라고 나에게 기도하나, 악인은 항상 자신의 영광을 드러내게 해달라고 나에게 기도하느니라."

"당신께서는 주로 어떠한 자를 쓰시옵니까?"

"나는 항상 무능하고 병신 같은 자를 써서 나의 영광을 드러내느니라. 그러므로 지혜가 없는 자는 내가 세운 선지자를 알아보지를 못할 것이요, 오직 지혜가 있는 자만이 그 선지자를 알아내어 나중에 큰 복을 받느니라."

"잘 알겠나이다. 주님이시여."

"대저 진리는 마음을 지극히 지순지결(至純至潔)하게 하나니, 만약에 마음이 지순지결하게 되지를 아니하면 그 진리는 진리가 아니니라."

"잘 알겠나이다. 그리하면 저희들이 어떻게 하면 당신을 기쁘게 하오리이까?"

"나를 기쁘게 하는 것은 모든 사람들이 의(義)를 알고 의를 행하는 것이요, 나를 괴롭게 하는 것은 모든 사람들이 불의(不義)를 알고 불의를 행하는 것이니라. 그리고 너희들은 알도록 하라. 나의 나라가 따로 있는 것이 아니라 의를 믿고 의를 행하는 의인의 마음 속에 나의 나라가 있느니라. 또한 나는 의인들의 소망은 빠짐없이 들어주어 의인들의 소망은 크게 창성시키나, 반대로 악인들의 소망은 들어주지 아니하고 오히려 악인들의 행사를 영원한 멸망으로 이끄느니라."

"그리하면 저희들이 어떻게 하면 과거 생에 지은 업장(業障)을 소멸할 수가 있겠나이까?"

"원래 업장은 그 업을 받아야 풀리는 것이나, 나를 일심으로 믿고 나를 경외하는 것도 하나의 업장소멸의 길이니라. 또한 나의 말 속에 업장을 소멸시키는 능력이 있나니, 이는 나의 말이 곧 진리이기 때문이다. 누구나 나의 말을 듣고서 진리를 깨달은 자들은 과거 생에서의 모든 업장들이 다 소멸되어 버리느니라. 또한 그것뿐만이 아니로다. 무궁한 빛과 희망과 생명의 길이 따로 있는 것이 아니라 나의 말 속에 무궁한 빛과 희망과 생명의 길이 있느니라."

"귀하신 말씀 참으로 감사하옵니다."

"아주 큰 소리는 귀에 들리지 아니하는 것과도 같이 큰 의를 행하는 대의인(大義人)이 행한 거룩한 업적은 사람들이 몰라주는 경향이 있느니라. 그러나 하늘에 있는 나는 빠짐없이 그가 큰 의(義)를 행했다는 사실을 알고 있나니, 언젠가 그가 죽으면 나는 빠짐없이 그의 영혼을 거두어 하늘나라에 있게 하고, 수많은 이들 앞에서 영원히 시들지 아니하고 영원히 찬란한 생명의 보관(寶冠)을 그의 머리 위에 씌워주어 수많은 이들 앞에서 그를 끝없이 기쁘게 할 것이니라."

"귀하신 말씀 참으로 감사하옵나이다."

"의인은 항상 나의 말, 곧 진리로 배를 채우나, 불의한 이는 항상 재물로 배를 채우느니라. 또한 지혜가 있는 자의 마음이 심히 중요하느니라. 만약에 지혜가 있는 자의 마음이 심히 악하다면 그는 그 지혜로 세상에게 큰 피해를 끼칠 것이요, 만약에 지혜가 있는 자의 마음이 심히 선하다면 그는 그 지혜로 세상을 크게 유익하게 하리라."

"귀하신 말씀 참으로 감사하옵나이다."

"진실로 도(道)를 깨닫고 진리(眞理)를 깨달은 자는 일부러 사람들에게 어리석게 보여 자신을 감추느니라."

"그러하옵니까? 존귀하신 주님이시여. 그런데 주님이시여, 주님께서는 앞으로 우리나라를 어떠한 나라로 만드실 것이옵니까?"

"장차 내가 이 한(恨) 많은 나라를 일으켜 세워 역사하리니, 그때에는 이 나라가 아침 햇살같이 환하게 되고, 중천에 뜬 태양같이 빛나게 되며, 끝없는 바다보다 넓게 되고, 한없이 높은 산같이 웅장케 될 것이니라. 장차 나의 끝없는 영광이 이 나라를 통하여 이루어질 것인즉, 이 나라는 밤하늘에 빛나는 뭇 별같이 찬란하게 되며, 깊은 계곡의 귀한 꽃같이 귀하게 될 것이로다. 또한 내가 친히 너희 나라의 신이 될 것인즉, 너희 나라는 아침이슬같이 영롱하게 되며, 가을 산의 단풍같이 화려하게 되며, 밤하늘의 은하수 같이 번영하게 될 것이니라."

"귀하신 말씀 참으로 감사하옵나이다."

"그리하여 온 세계의 만민들이 너희 나라의 그 지극한 아름다움을 보기 위해서 몰려오고 또 몰려올 것이다."

"잘 알겠나이다. 주님이시여."

"나는 분명히 존재하고 있느니라. 나는 한 마디로 끝없는 힘이요, 지혜요, 사랑이니라. 그리고 태극은 바로 나의 형상이니라. 너희나라의 국기에 태극이 들어가 있음은 바로 너희나라가 나의 선택한 땅이며, 너희 나라가 바로 신의 나라, 즉 나 '하나님의 나라'라는 뜻이니라."

"옳사옵니다. 거룩하신 아버지시여."

"장차 새 하늘, 새 땅이 열릴 것이며, 이중에서 새 땅은 바로 너희 나라 한국(韓國)을 말하는 것이니라. 이제 고난의 역사, 시련의 역사는 영원히 사라져 다시는 있지 아니하고, 너희 나라의 이름이 온 세계에 빛날 것이며, 찬란한 새날들만이 영원히 이어질 것이로다."

"귀하신 말씀, 참으로 감사하옵나이다."

"나는 진리요, 진리가 나이니, 진리가 바로 나에게로 오는 길임을 명심하라."

"삼가 명심하겠나이다."

"노력하라. 노력하면 그 무엇이든 이루고 성취할 것이다. 그러나 노력하지 아니하면 아무것도 못 이루고, 아무것도 성취하지 못할 것이니라. 하늘은 그 어떠한 경우에서도 스스로 노력하는 자의 편이니라. 노력하는 자에게는 하늘의 힘이 내려질 것이요, 노력하지 아니하는 자에게는 아무런 하늘의 힘이 내려지지 아니할 것이다. 그러나 옳은 일은 쉽게 이루어지는 법이 없느니라. 그러나 너희 나라의 말에 '칠전팔기(七顚八起)'와 같은 말이 있듯이, 일곱 번을 노력해도 아니 되면 여덟 번째에도 일어나서 시도할 것이요, 여덟 번째에도 아니 되면 아홉 번째에도 다시 일어나서 시도할지니라. 그리하면 하늘이 그 지극한 노력을 알아주고 힘을 주느니라."

"삼가 명심하겠나이다."

"사람이 삶을 살다보면 화가 날 때도 있느니라. 그러나 그것도 어느 정도에서 그쳐야지 너무 지나치면 아니 되느니라. 그러므로 화가 날 때에는 적당히 화를 내고 그치도록 하라. 마음속에 화가 응어리져서 남아 있으면 마음에 병이 생기느니라. 그러므로 화가 날 때에는 적당히 화를 내고 마음속의 응어리를 풀어 버리도록 하라."

"삼가 명심하겠나이다."

"세상에는 참으로 아름다운 것들이 많이 있으나, 진리를 설법하는 입보다 더 아름다운 것은 없느니라. 진리는 바로 영원한 생명으로 가는 길이요, 비진리는 영원한 사망으로 가는 길이니라."

"삼가 명심하겠나이다."

"너희들은 어린이들을 교육함에 있어 진리로 교육하라. 그리하면 그들이 늙어서도 진리를 떠나지 아니할 것이다. 늙어서도 진리를 떠나지 아니하면 그는 이미 성인(聖人)이니라. 나이가 많은 노인이 되었다고 매일 매일 놀면서 지낸다면 내가 그들을 다시 태어나게 할 것이요, 나이가 많은 노인이 되어서도 진리를 떠나지 아니하는 자들은 내가 빠짐없이 그들을 거두어 영원한 생명의 나라로 인도할 것이니라."

"삼가 명심하겠나이다."

"대저 큰 진리는 하루아침에 증득할 수가 없나니, 가고 또 가고 행하고 또 행하는 가운데에 큰 진리의 증득이 이루어지느니라."

"삼가 명심하겠나이다."

"남에게 베풀라. 그리하면 나도 베푼 그에게 베풀 것이니라."

"삼가 명심하겠나이다."

"너희들은 삼가 말을 조심하라. 말 한마디로 원수가 되고, 말 한마디로 친구가 되느니라. 또한 말 한마디로 원수가 친구가 되고, 말 한마디로 친구가 원수가 되느니라. 그리하여 좋은 말 한마디로 친구가 생기며, 거기서 너희들의 기업이 흥할 것이다. 그러나 나쁜 말 한마디로 적이 생기며, 거기서 너희들의 기업이 망하느니라."

"삼가 명심하겠나이다."

"자신의 허물은 보이지 아니하고 타인의 허물이 환하게 보이면 그는 불의한 자요, 타인의 허물은 보이지 아니하고 자신의 허물이 환하게 보이면 그는 성인(聖人)이니라. 그리고 진리 한 구절을 듣고서 그 마음에 지극한 환희심을 일으키는 자는 이미 성인의 반열에 들어섰느니라. 진실로 그러한 자가 있다면 하늘이 그를 이끌어 더 크고 더 위대한 진리의 바닷가로 인도하리라."

"삼가 명심하겠나이다."

"젊어서 놀면 늙어서 궁핍할 것이요, 젊어서 열심히 일하면 늙어서 풍족할 것이다."

"삼가 명심하겠나이다."

"진리를 깨달으면 하늘이 하는 바를 알게 되느니라. 왜냐하면 하늘이 어떤 일을 행함에 있어 진리를 따라서 행하기 때문이니라."

"삼가 명심하겠나이다."

"이 세상에서 제일로 행복한 사람은 따뜻한 햇볕 아래에서 진리의 즐거움(樂)에 취해있는 사람이니라. 이것은 너희 지구별뿐만 아니라 온 우주에서도 그러하느니라."

"삼가 명심하겠나이다."

"전생(前生)에 원수가 된 사람들은 하늘이 금생(今生)에 그들을 부부로 태어나게 하며, 금생에 원수가 된 사람은 하늘이 내생(來生)에 그들을 부부로 태어나게 하느니라. 이는 하늘이 서로 서로 사랑하는 법을 가르치기 위함이니라."

"삼가 명심하겠나이다."

"베풀었다는 마음이 없이 남에게 베풀 것이며, 사랑했다는 마음이 없이 남을 사랑할 것이고, 자비를 행했다는 마음이 없이 남에게 자비를 행하라."

"삼가 명심하겠나이다."

"나는 이제 그만 떠나가노라. 다시 만날 날이 있을 것이다."

"안녕히 가시옵소서."

이윽고 나는 잠에서 깨어나서 하나님에게 무수히 절을 했다.

10.신의 일곱 번째 계시 말씀

그분이 말씀하셨다.

"너는 지금부터 천기(天機), 즉 '하늘의 비밀'을 듣게 될 것이다. 너는 나의 말을 기억했다가 나중에 너희 한민족에게 말해야 하느니라."

"명심하겠나이다. 주님이시여."

"내가 북한을 그 옛날 이스라엘 성전의 '지성소(至聖所)'로 만들고, 남한을 그 옛날 이스라엘 성전의 '성소(聖所)'로 만들어, 그 옛날 이스라엘 성전의 성소에 있던 '일곱 금 촛대'를 너희 나라 대한민국에 등장할 '일곱 기둥'을 상징하는 것으로 만든 까닭은 그 옛날 이스라엘 성전은 하나의 그림자요, 모형이며, 그 실체는 너희 나라가 되어야 했기 때문이다. 즉 구약시대는 신약시대의 그림자요, 모형이며, 그 실체는 신약시대이고, 신약시대는 앞으로 다가올 언약시대의 그림자이자 모형이고, 언약시대는 신약시대의 실체이기 때문이니라."

"잘 알겠나이다. 주님이시여."

"너희 나라가 비록 짧은 시간임에도 불구하고 급속한 경제성장을 이룩하여 놀라운 경제대국이 된 이유를 아느냐? 그 이유는 내가 하늘에서 나의 끝없는 힘을 너희들에게 주었기 때문이니라. 너희들이 밤낮을 불구하고 나의 영원히 존귀한 상징이자 신물인 태극에게 경례를 하고, 밤낮을 불구하고 나의 영원히 거룩한 이름을 부르면, 내가 너희 나라를 더욱더 창성케 하여 주리라. 너희들이 지속적으로 태극기에 들어가 있는 태극에게 경례를 하고, 나의 이름이 들어가 있는 애국가를 부른다면, 한민족의 빛으로 가득 찬 영광의 역사는 영원히 그리고 무궁히 이어질 것이니라."

"귀하신 말씀 감사하옵나이다."

"너희들이 태극기의 태극을 보고 온 마음을 다하여 나를 전심으로 생각하고, 나의 이름이 들어가 있는 애국가를 부를 때 온 정성을 다하여 나를 전심으로 생각하면, 나는 너희나라 대한민국을 끝없는 축복의 땅, 끝없는 은총의 땅, 끝없는 은혜의 땅으로 만들어 주리라."

"그리하겠나이다. 아버지이시여."

"너희들은 대한민국의 국민으로 태어난 것을 감사하게 생각하라. 내가 장차 너희 나라에 일곱 기둥을 세워 무수한 의인들을 배출할 것이다. 그리고 내가 장차 그 일곱 기둥으로 대한민국의 그 끝없는 고난과 시련의 역사를 영원히 끝내고 만고에 다시없는 빛과 생명의 역사가 영원히, 그리고 무궁히 이어지게 할 것이니라. 그리하여 그 결과로 인해 너희나라 대한민국을 온 세계의 모든 나라 중에서 가장 많은 축복과 은총, 은혜를 받은 나라가 되게 하리라."

"부디 그리되기를 바라나이다."

"내가 너희 나라 대한민국을 끝없이 사랑하여 일곱 기둥을 세우려하는 것과도 같이 너희 나라도 타국을 끝없이 사랑하라. 너희들이 나의 이러한 뜻을 따른다면, 온 세계만국이 너희 나라를 아낌없이 의롭다고 칭찬할 것이요, 너희 나라가 가는 길을 온 세계만국도 따라갈 것이니라."

"그렇게 하겠나이다. 아버지이시여."

"보라, 내가 너희 나라를 남 유다와 북 이스라엘처럼 만들었고, 그 옛날 이스라엘의 성전의 '성소'와 '지성소'처럼 만들었으며, 하나의 거대한 태극으로 만들었도다. 그리하여 그날에는 온 세계의 모든 만민들이 너희 나라를 향해 경배를 할 것이며, 온 세계의 만민들이 너희 나라를 구경하기 위해 몰려올 것이니라."

"잘 알겠나이다. 아버지이시여."

"내가 이제 너희 나라 대한민국을 일으켜 세워 온 인류에게 영원히 무궁한 나의 나라를 건설하리라. 그리하여 그날에는 모든 나라와 나라들이 너희 나라 대한민국을 보고 나의 나라, 즉 신(神)의 나라, 곧 신국(神國)이라고 부를 것이니라."

"부디 그리되기를 기원하나이다."

"너희 나라 대한민국은 나의 나라, 신의 나라, 곧 신국이니라. 그리하여 나를 믿는 너희들은 이 신국이라는 단어를 많이 쓰도록 하라. 또한 너희들은 그리하면서 하루속히 나의 나라가 너희 나라에서 이루어지기를 기원하고 또 기원하라. 너희들이 그리하면 하늘에 있는 내가 기뻐할 것이요, 하루속히 나의 나라가 너희 나라에서 이루어질 것이니라."

"그리하겠나이다. 주님이시여."

"이제까지는 온 세계 인류에 존재하고 있는 상극(相剋)의 기운을 모조리 다 소진시키기 위해 너희 나라가 온 세계에 존재하고 있는 모든 상극의 기운을 받아 태극의 상극의 나라가 되었으나, 이 상극의 기운이 모조리 다 소진되면, 그 후부터는 너희 나라의 태극의 상생의 무궁한 기운이 온 세계로 퍼져 나아가매, 온 세계 인류가 상생의 나라가 될 것이다. 즉 너희 나라가 인류가 대결해야 할 민주주의와 공산주의 간의 상극의 대치 상태를 대신함으로써 온 인류의 공산주의가 영원히 사라지고 온 인류가 대부분 민주주의의 나라가 되었느니라. 이제 이 과정이 성공적으로 끝나면, 너희 나라의 태극의 상생의 무궁한 기운이 온 세계로 뻗어 나아가 온 인류의 세계통일이 이루어질 것이로다. 그리고 그 이후에 온 인류에게 무궁한 지상천국, 지상낙원, 지상극락이 이루어질 것이니라."

"명심하겠나이다. 주님이시여."

"예수가 뭇 인류를 살리기 위해서 십자가를 진 것은 그림자요, 모형이며, 그 실체는 너희나라 대한민국이니라. 즉 너희나라 대한민국이 온 인류를 살리기 위해 선악대결이라는 무거운 십자가를 짐으로 인해 온 인류가 멸망함에 이르지 아니하고 무궁한 구원을 받았느니라. 그리하여 그 날에는 온 인류가 이를 알게 될 날이 올 것이며, 따라서 그 날에는 너희 나라가 나의 나라, 곧 하나님의 나라라는 사실을 온 인류가 알게 될 것이니라."

"귀하신 말씀 감사하옵나이다."

"이미 말했듯이 6.25 전쟁으로 인류의 멸망을 대신하게 하고 하늘이 전 세계에 걸쳐서 존재하고 있던 공산주의를 거두어 갔던 것이로다. 이제 하늘은 너희 지구별에서 지상천국, 지상낙원, 지상극락을 세우려 하노라. 그리하여 하늘이 제일 먼저 한 일은 전 세계를 민주화시키고, 그 다음에 전 세계를 통일시키며, 그 다음에 너희 지구별에 영원히 무궁한 지상천국, 지상낙원, 지상극락을 이룰 것이다. 바로 이 역사를 이루기 위하여 하늘이 전 세계에 열두 기둥을 세우는 것이니라."

"잘 알겠나이다. 아버지이시여."

"너희들은 삼가 알라. 예수가 등장하여 예수와 그 열두 제자들이 찬란한 신약시대를 연 것은 하나의 그림자요, 모형이며, 그 실체는 나 하나님이 등장하여 전 세계에 열두 기둥을 세워 영원히 무궁한

216

언약시대를 여는 것이니라."

"명심하겠나이다. 아버지이시여."

"또 너희들은 삼가 알도록 하라. 초림 때 예수의 설법, 즉 혼인잔치에서는 신부가 등장하지를 아니하나, 재림 때에는 신부가 등장하느니라. 〈요한계시록〉에서는 신부를 거룩한 '성 예루살렘'으로 표현했으나, 이는 바로 너희 나라 '대한민국'을 가리키는 것이다. 즉 내가 신랑이 되고 너희나라 대한민국이 신부가 된다는 뜻이니라."

"잘 알겠나이다. 아버지이시여."

"너희 나라가 온 세상의 중심이므로 너희들은 세계통일정부를 너희 나라에 세우도록 하라. 그리고 너희 한국민들은 평화 인류주의를 주장하라. 자유 민주주의의 시대는 자유 민주주의가 온 세계에 이루어짐으로써 자유 민주주의의 사명이 끝났느니라. 이제 하늘이 온 세계를 통일시키려 하나니, 하늘이 그 귀한 사명을 너희 나라 한국민들에게 주리라. '한국민'에서 '한'이란 '하나'를 말함이며, '국민'은 '인류'를 말하니, 곧 '한국민'의 뜻은 장차 모든 지구 주민들이 내 앞에서 "하나의 국민"이 된다는 뜻이니라. 그리고 너희들이 세계통일정부에서 국민의례를 행할 때에 새 노래인 너희 나라의 애국가를 부르도록 하라. 아무리 어떤 사람이 의인이라고 하더라도 나는 너희 나라의 애국가를 부정하는 자들은 내가 기필코 의인 십사만 사천(144,000) 명에서 제외시켜 버릴 것이니라. 그리하여 나는 새 노래인 너희나라의 애국가를 세계통일 국가(國歌)로 승격시켜 온 세계 주민들로 하여금 부르고 또 부르게 하리라."

"그리하겠나이다. 아버지이시여."

"예수가 십자가를 짊어졌듯이, 너희 나라가 6.25 사변과 남북분단이라는 십자가를 짊으로써 온 인류가 영원한 사망에서 영원한 생명으로 옮겨갔느니라."

"잘 알겠나이다. 아버지이시여."

"예수가 온 인류를 위해서 십자가를 지매 온 인류가 예수를 믿게 되었으나, 너희 나라가 온 인류의 선악 대결의 십자가를 지매 이제 온 인류가 너희 나라를 믿는 날이 도래하리라. 나는 누구나 너희 나라를 믿지 아니하는 자들은 누구나 의인의 반열에서 제외시켜 버릴 것이니라."

"부디 그리되기를 바라나이다."

"너희들 인간들은 물로 창조된 바, 물의 존재들이니라. 그리하여 너희들 인간들은 물을 마시면 살고, 물을 마시지 아니하면 사망하느니라. 너희 인간들의 세계에 있는 물은 하나의 그림자요, 모형이며, 그 실체는 천국에 있는 생명수 샘물이니라. 천국에 있는 생명수 샘물을 마시면 영생을 하느니라. 앞으로 하늘이 너희 세계에서도 마시면 영생하는 생명수 샘물이 있게 하리니, 누구나 그 물을 마시는 자들마다 영원히 사망을 여의고 영원한 생명을 얻을 것이니라. 그리하여 지상천국, 지상낙원, 지상극락은 먼저 물로부터 오느니라."

"부디 그리되기를 바라나이다."

"누구나 태극기에 있는 태극을 존귀히 여기고, 애국가에 있는 내 이름을 거룩히 여기는 자들에게는 나의 자녀가 되는 영광을 주리라. 또한 나아가서 나의 뜻을 이루는 영광을 줄 것이니라."

"잘 알겠나이다. 아버지이시여."

"너희 나라가 온 인류의 멸망을 대신하였으니, 너희 나라는 온 인류로부터 끝없는 영광과 찬사와 존귀를 받음에 아무런 부족함이 없도다. 이 사실을 믿는 자에게는 하늘의 끝없는 복이 있을 것이다. 예수가 인류를 위해 십자가를 져서 예수가 진실로 하나님의 아들이라고 칭함을 받았듯이, 너희 나라가 선악대결의 십자가를 져서 온 인류의 멸망을 대신하였으니, 너희 나라가 진실로 하나님의 나라라고 칭함을 받는 것이 지극히 당연하느니라. 인류를 구원하기 위해 처음으로 십자가를 진 존재는 예수이며, 두 번째로 십자가를 진 존재는 바로 너희 나라이니라."

"명심하겠나이다. 아버지이시여."

"구약시대는 신약시대의 그림자요, 모형이고, 예언이지만, 신약시대는 구약시대의 실체이며, 예언의 성취이니라. 그러나 신약시대는 앞으로 오는 언약시대의 그림자요, 모형이며, 예언이나, 언약시대는 신약시대의 실체요, 예언의 성취이니라. 그리하여 신약시대에는 예수가 왕 노릇 하였으나, 앞으로 오는 언약시대에서는 내가 왕 노릇 할 것이니라. 신약시대에는 예수의 보혈로 인류를 살렸으나, 이것은 하나의 그림자요, 모형이며, 그 실체는 너희 나라 한국민이 6.25사변으로 장차 온 인류에서 일어날 제3차 세계대전을 대신하였으니, 그때에 너희 한국민이 흘린 피가 인류를 살린 것이니라. 또한 예수가 주기도문에서 이르기를, '나라에 임하옵시며'에서 이 기도는 하나의 그림자요, 모형이며, 그 실체는 너희 나라이니라. 또한 악들, 즉 마귀와 사탄이 예수를 십자가에 못 박은 이 선악대결은 하나의 그림자요, 모형이며, 그 실체는 너희 나라의 6.25사변과 남북분단의 십자가이니라. 또한 신약시대의 주인공은 하나님의 아들인 예수였으나, 이것은 하나의 그림자요, 모형이며, 그 실체는 너희 나라가 나 하나님의 나라, 곧 신국(神國)이 되어 내가 주인공이 되는 것이니라. 또한 예수가 진 십자가는 마이너스(一)와 플러스(十), 즉 음(陰)과 양(陽)을 뜻하며, 이것은 하나의 그림자요, 모형이며, 그 실체는 역시 같은 마이너스와 플러스이자 음과 양인 태극(太極)이니라."

"귀하신 말씀 감사하옵니다."

"잊지 말라. 무궁한 빛의 미래는 오직 노력에 의해서만 만들어지느니라. 내가 다시 오리라."

"안녕히 가시옵소서."

이 말씀을 끝으로 그분은 사라졌다. 나는 잠자리에서 벌떡 일어났다. 그리고 그분에게 수없이 절을 하였다.

11.신의 여덟 번째 계시 말씀

하나님께서 이렇게 말씀하셨다.

"너는 지금부터 내가 하는 말을 명심하여 너희 한민족에게 전해야 하느니라."

"잘 알겠나이다. 주님이시여."

"선(善)의 권능과 악(惡)의 권능이 너희 지구별을 두고서 서로 같이 역사하고 있느니라. 그래서 너희 지구별에 선과 악의 대결이 끊임없이 일어나고 있는 것이다. 민주주의는 선의 권능이 세웠고, 공산주의는 악의 권능이 세운 것이다. 그리하여 원래 너희 지구별은 민주주의와 공산주의 간의 핵전쟁으로 인해 멸망당하게끔 예정되어 있었느니라. 그래서 선의 권능인 하늘이 너희 한국민으로 하여금 민주주의와 공산주의 간의 선악대결을 대신하게 하고 서둘러서 공산주의를 거두어갔던 것이다. 하지만 그래도 온 인류에게는 여전히 수없는 핵무기들이 존재하고 있느니라. 그러나 하늘이 은하연합(銀

220

河聯合)에 속한 선성의 외계인들로 하여금 너희 지구별을 보호하게 하였느니라. 은하연합에 속한 선성의 외계인들은 어떤 핵무기를 보유한 나라가 핵무기를 발사하려고 할 때에 우주선에서 핵무기가 발사되지 못하도록 원격으로 조정하고 제어할 수 있는 능력을 보유하고 있느니라."

"잘 알겠나이다. 아버지이시여."

"너희 나라가 온 인류를 멸망에서 구원하기 위해 6.25사변이라는 십자가를 졌다는 사실을 인정하지 아니하고 부정하는 자는 내가 그를 영원히 의인 십사만 사천(144,000) 명에서 제외시켜 버릴 것이니라."

"잘 알겠나이다. 아버지이시여."

"원래 이스라엘의 유월절 포도주는 예수의 피를 의미하며, 죄 사함의 권능이 있느니라. 그러나 구약시대의 여호와가 그토록 유월절을 대대에 규례로 신신당부하였으나 지키지 아니하였고, 예수도 유월절을 지켰고 또 후대에 지키라고 신신당부를 하였으나 지키지 아니했느니라. 그리하여 이스라엘의 유월절은 이제 의미가 없어졌노라. A.D. 325년 니케아 종교 회의에서 유월절의 절기가 폐지되고 유월절을 지키면 이단으로 간주되었느니라. 그러나 이것은 유월절을 지키지 못하게 하려는 마귀, 사탄의 공작이었느니라. 하지만 이제 나는 포도주를 6.25사변 때에 너희 한국민이 흘린 피로 대신하리니, 나를 믿는 너희들은 매년 10월 10일에 포도주를 마심으로써 너희 한국민이 6.25사변 때에 흘린 보혈(寶血)을 대대로 기념할지니라. 참고로 북이스라엘과 남유다 시대 때에 북이스라엘이 앗수르에게 멸망을 당한 것은 여호와가 명령한 유월절을 지키지 아니하였기로 여호와가 그냥 두고만 보았기 때문이로다. 그러나 이와는 반대로 남유다는 유월절을 지킴으로써 여호와가 남유다를 침략한 앗수르를 진멸하고 남유다를 지켜주고 보호해 주었느니라."

"명심하겠나이다. 아버지이시여."

"온 세계가 너희 한국민의 피로써 구원을 받았으니, 장차 온 세계가 너희 나라에게 경배하게 하리라. 내가 나의 영원히 존귀한 상징인 태극을 너희의 태극기에 넣은 것은 내가 동해물과 백두산이 마르고 닳도록 너희 나라와 함께 한다는 뜻이며, 또 내가 나의 영원히 거룩한 이름을 애국가에 넣은 것은 내가 동해물과 백두산이 마르고 닳도록 너

6.25 전쟁시 북한 지역에 폭탄을 투하하는 전투기와 낙동강 전투에 투입된 미 육군의 M-26 탱크

희 나라와 함께 한다는 뜻이니라. 그리하여 이로써 너희 나라는 영원무궁하도록 나의 나라 곧 신국(神國)이 되리니, 그것으로 온 세계가 너희 나라에게 경배하게 될 것이니라."

"부디 그리되기를 바라나이다. 아버지이시여."

"이스라엘 민족이 애굽에서 430년 동안 종살이를 할 때에 여호와가 이스라엘 민족을 해방시키기 위해서 애굽에게 10가지의 재앙을 주었느니라. 그 10가지의 재앙 중 마지막 재앙, 즉 애굽에서 처음으로 난 것과 장자(長子)를 끊을 때에 유월절 어린 양의 피를 문설

222

155㎜ 곡사포를 발사하는 장면(좌)과 인천상륙작전을 감행하는 미 해병대(우)

주의 문에 바르면 재앙이 그 피를 피하여 넘어가는 것은 하나의 그림자요, 모형이며, 그 실체는 예수의 피이니라. 누구나 예수가 십자가에서 흘린 피를 믿는 자마다 재앙이 넘어가고 죄사함을 받듯이, 이 예수의 피는 다시 하나의 그림자요, 모형이며, 그 실체는 6.25사변 때에 너희 한민족이 흘린 피이니라. 6.25사변 때에 너희 한민족이 흘린 피로 인해 온 인류가 당해야 할 인류멸망이라는 재앙이 넘어갔으며, 온 인류가 죄사함을 받았느니라."

"잘 알겠나이다. 아버지이시여."

"성경에서 나무는 사람을 상징하는 것이로다. 그리하여 구약에 나오는 법궤는 나무로 구성되어 있으며, 그 속에는 모세가 받은 여호와의 말이 담겨져 있느니라. 이것은 하나의 그림자요, 모형이며, 그 실체는 나의 말을 그 영혼에 새기고 그 마음에 기록한 사람이니라. 그러므로 누구나 나의 말을 그 영혼에 새기고 그 마음에 기록한 사람은 나의 법궤가 되리라. [역대상: 제13장 14절] '하나님의 궤가 오벧에돔의 집에서 그 권속과 함께 석 달을 있으니라. 여호와께서 오벧에돔의 집과 그 모든 소유에 복을 내리셨더라.' 이것은 나도 마찬가지이니라. 누구나 나의 말을 그 영혼에 새기고 그 마음에 새긴 자는 나의 영원히 존귀하고 거룩한 법궤가 될 것이며, 그가 있는 곳은 어디서나 무궁한 복이 있는 곳으로 변하게 되리라."

"잘 알겠나이다. 아버지이시여."

"[예레미아: 제2장 14절] '여호와께서 내게 이르시되, 재앙이 북방에서 일어나 이 땅의 모든 거민에게 임하리라'는 뜻은 북이스라엘이 앗수르에게 멸망당한다는 뜻이나, 이것은 하나의 그림자요, 모형이며, 그 실체는 북한이 중국의 힘을 빌어서 공산주의의 국가로 전락한다는 뜻이니라. 그리하여 북한이 너희 남한의 재앙의 나라가 된다는 뜻이니라."

"잘 알겠나이다. 아버지이시여."

"이스라엘의 제사장들이 예복에 다는 열두 보석은 하나의 그림자요, 모형이며, 그 실체는 앞으로 전 세계에 내가 세울 열두 기둥이니라."

"잘 알겠나이다. 아버지이시여."

"나를 믿는 너희들은 나의 날인 10월 10일에 양고기를 먹으면서 6.25사변 때에 너희 한민족이 희생당한 것을 기념할 것이며, 포도주를 마시면서 6.25사변 때에 너희 한민족이 흘린 피를 명심하라."

"그렇게 하겠나이다. 아버지이시여."

"내가 너희 한국민에게 천국문의 열쇠를 주리니, 너희 한국민이 천국문을 닫으면 그 누구도 천국에 들어가지 못할 것이요, 너희 한국민이 천국문을 열면 그 누구도 천국에 들어가리라. 그러므로 너희 한국민이 볼 때에 천국에 합당한 자가 있으면 그를 위하여 천국문을 열어 줄 것이요, 너희 한국민이 볼 때에 천국에 합당한 자가 아니면 그를 위하여 결코 천국문을 열어주지 말라. 내가 천국문의 열쇠의 권능과 권세를 너희 한국민에게 주는 이유는 장차 다가올 후세에 너희 대한민국을 온 세계에서 주인공의 나라로 만들기 위함이니라."

"잘 알겠나이다. 아버지이시여."

"이스라엘의 국기에 있는 히란야(육각별)12)는 마이너스(一)와 플

----

12)본래 산스크리트어로서 "황금빛"이라는 의미가 있다고 한다. 모양은 2개의 삼각형

러스(十)를 뜻하고, 음과 양을 뜻하며, 나아가서 하나님을 상징하느니라. 그러나 이스라엘의 국기에 있는 히란야는 하나의 그림자요, 모형이며, 그 실체는 너희 나라의 태극이니라. 너희 나라의 태극도 이스라엘의 히란야와 같이 마이너스와 플러스를 뜻하며, 음과 양을 뜻하며, 나아가서 나 하나님을 뜻하느니라."

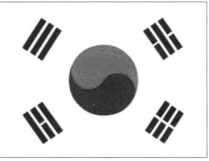

히란야 문양이 가운데 들어가 있는 이스라엘 국기와 우리나라의 태극기

"귀하신 말씀 감사하옵나이다."

"나는 너희 나라가 인류를 멸망에서 생명으로 살리기 위해 6.25 사변과 남북분단의 십자가를 졌다는 사실을 인정하고 믿는 자는 그 누구나 의인이 되게 할 것이요, 그 사실을 인정하지 아니하고 믿지 아니하는 자는 그 누구나 의인의 반열에서 제외시켜 버릴 것이니라."

"잘 알겠나이다. 아버지이시여."

"보라. 나의 끝없는 힘을 보라. 나의 끝없는 힘이 너희 나라를 하나의 거대한 태극으로 만들었느니라. 그리하여 너희 나라는 영원히 존귀한 나 태극신(太極神)의 나라가 될 것이요, 나는 영원히 존귀한 너희나라의 태극신이 되리라."

이 역으로 교차된 형태로서 흔히 이를 〈다윗의 별〉이라고 칭한다. 현재 이 6각별 형상이 이스라엘의 국기에 들어가 있다. 그리고 히란야 문양 자체는 우주에너지를 끌어들이는 모종의 작용이 있는 것으로 알려져 있다. (편집자 주)

"옳사옵니다. 아버지이시여."

"믿음에도 두 가지의 종류가 있느니라. 내가 하나님임과 너희 나라 대한민국이 나의 나라, 곧 나 하나님의 나라임을 믿는 믿음은 영원한 생명의 믿음이며, 내가 하나님이 아님과 너희 나라 대한민국이 나의 나라, 곧 나 하나님의 나라가 아니라고 부정하는 믿음은 영원한 사망의 믿음이니라."

"귀하신 말씀 감사하옵나이다."

"나는 너희들의 열조(烈祖)들이 믿던 '하늘님'이요, 하늘나라를 통치하는 영광의 왕이니라. 나는 마이너스와 플러스이고, 음과 양이며, 알파(A)와 오메가(Ω)이고, 시작과 끝이며, 처음이자 마지막이니라."

"잘 알겠나이다. 아버지이시여."

"이스라엘 열두 지파는 하나의 그림자요, 모형이며, 그 실체는 앞으로 내가 전 세계에 세울 열두 기둥이니라."

"잘 알겠나이다. 아버지이시여."

"너희 나라 대한민국의 국민 모두가 너희 나라 대한민국이 나의 나라 곧 신국(神國)임을 굳게 믿는다면, 온 세계의 모든 나라의 모든 국민들 가운데에서 가장 무서운 국민이 될 것이니라."

"옳사옵니다. 아버지이시여."

"그 옛날 이스라엘 성전의 성소에 있던 '일곱 금 촛대'는 하나의 그림자요, 모형이고, 예언이며, 그 실체와 예언의 성취는 장차 너희 나라 대한민국에서 세워질 나의 '일곱 기둥'이니라."

"잘 알겠나이다. 아버지이시여."

"보라. 6.25사변 때에 너희 한국민의 피로서 온 세계를 살렸고, 온 세계가 생명을 얻었느니라. 그러므로 나를 믿는 너희들은 결코 인류의 종말론이나 인류의 멸망론을 믿지 말라. 오히려 그 반대로 너희 지구별에 지상천국, 지상낙원, 지상극락이 속히 이루어지기를 기원하고 또 기원하라. 그렇게 기원하는 자가 죽어서 천국과 낙원,

226

극락을 그 유업으로 얻느니라."

"명심하겠나이다. 아버지이시여."

"누구나 태극기에 들어가 있는 나의 형상, 곧 태극을 사랑하고 애국가에 들어가 있는 나의 이름을 존귀히 여기는 자들에게는 사망의 날들은 영원히 지나가고 생명의 날들은 무궁히 이어지리라."

"믿사옵니다. 아버지이시여."

"남한을 중심으로 북한을 보면, 남한은 플러스(十)이고 양(陽)이며, 북한은 마이너스(一)이고 음(陰)이로다. 또한 북한을 중심으로 남한을 보면, 북한은 플러스이고 양이며, 남한은 마이너스이고 음이니라. 즉 남한과 북한은 따로 따로 별개의 것이 아니라 태극의 형태를 지니고 있느니라."

"잘 알겠나이다. 아버지이시여."

"6.25사변 때에 너희 한국민들이 흘린 보혈(寶血)로 인해 장차 인류가 당할 제3차 대전이라는 재앙이 넘어 갔으니, 너희들은 이 날을 너희 민족의 영원한 국경일로 정하여 대대로 기념할지니라."

"그렇게 하겠나이다. 아버지이시여."

"내가 너희 한국민에게 하늘과 땅의 모든 권능과 권세를 주리니, 그 무엇이든지 너희 나라에서 이루면 온 세계에서도 이루어질 것이며, 그 무엇이든지 온 세계에서 이루어지면 너희 나라에서도 이루어지리라. 또한 장차 나의 무궁한 영광이 너희 나라를 통하여 꽃피어나리니, 나의 무궁한 영광이 너희나라에서 이루어지면 온 세계에서도 나의 무궁한 영광이 이루어지리라. 예를 들어 너희나라가 남북통일이 이루어지면, 장차 온 세계에서도 통일이 이루어질 것이니라."

"그렇게 되기를 진실로 기원하옵니다."

"너희는 전 세계에서 제일로 먼저 '자유 민주주의' 다음으로 '평화 인류주의'의 나라로 바꾸어라. 그 연후 너희 나라 대한민국은 온 세계에다 '평화 인류주의'를 주장하라. 그 뒤는 내가 알아서 하리라."

"그렇게 하겠나이다. 아버지이시여."

"나를 믿는 너희들은 하루속히 나의 나라가 너희 지구별에서 이루어지기를 간절히 기원하고 또 기원하라. 누구나 그렇게 간절히 기원하는 자는 하늘나라를 아무런 값없이 그 유업으로 얻으리라. 또한 나를 믿는 너희들 대한민국 국민들은 '신국(神國)'이라는 단어를 많이 쓸지어다."

"그렇게 하겠나이다. 아버지이시여."

"다시 말하지만 예수의 피는 하나의 그림자요, 모형이고, 예언이며, 그 실체와 예언의 성취는 6.25사변 때 너희 한국민이 흘린 피이니라. 6.25사변 때 너희 한국민이 흘린 피로 인해 인류의 멸망이라는 재앙이 넘어가고, 온 인류가 죄사함을 받고, 온 인류가 생명을 얻었느니라."

"잘 알겠나이다. 아버지이시여."

"또한 구약시대의 재앙을 넘어가게 하는 유월절 양의 피는 하나의 그림자요, 모형이며, 그 실체는 신약시대의 죄사함을 주는 예수의 피이니라. 그러나 신약시대의 죄사함을 주는 예수의 피는 하나의 그림자요, 모형이며, 그 실체는 온 인류의 멸망을 대신한 너희나라 한국민의 피이니라. 그리하여 누구나 이를 믿는 자마다 의인이 될 것이요, 누구나 이를 믿지 아니하는 자들은 의인의 반열에서 제외되리라."

"믿사옵니다. 아버지이시여."

"6.25사변 때에 너희 한국민이 피를 흘림으로써 인류를 멸망에서 생명으로 구원했다는 사실을 믿는 자에게는 하늘의 심판이 그를 넘어가리라. 나를 믿는 너희들은 온 세상의 사람들이 믿거나 말거나 6.25사변이 장차 온 인류에게 일어날 제3차 세계대전을 대속했다고 말하라. 이를 믿는 자들은 그 모두가 의인이 될 것이요, 이를 믿지 아니하는 자들은 그 모두가 의인의 반열에서 제외될 것이니라."

"그리하겠나이다. 아버지이시여."

228

"하나님이라는 내 이름을 빛나게 하고, 내 이름을 영화롭게 하고, 내 이름을 존귀하게 하며, 내 이름을 거룩하게 하고, 내 이름을 경외케 하는 자가 있다면, 나도 그의 이름을 사망의 책에서 영원히 지우고 그의 이름을 생명의 책에 영원히 기록하리라."

　"그리하겠나이다. 아버지이시여."

　"성경의 창세기에 나오는 생명나무 실과는 하나의 그림자요, 모형이며, 그 실체는 영생하게 하는 예수의 살과 피이니라. 그러나 예수의 살과 피도 하나의 그림자요, 모형이며, 그 실체는 내가 온 세계에 세우는 열두 기둥이니라. 장차 내가 온 세계에 나의 온전한 열두 기둥을 세우고 나면 온 세계가 영원한 생명, 즉 영생을 얻으리라. 그리하여 너희 지구별은 고해계(苦海界)를 영원히 떨쳐버리고 영생하는 별로 바뀔 것이다. 내가 이제 온 세계에 나의 무궁한 열두 기둥을 세워 너희 지구별이 영원한 생명의 별이 되게 하리라. 그리하여 누구나 이 역사에 동참하는 자들은 의인이 되는 영광을 주고 또 주리라."

　"명심하겠나이다. 아버지이시여."

　"내가 진실로 진실로 당부하나니, 의인의 입에서는 칭찬이 마르지 않는다고 하였느니라. 그러므로 너희는 정부와 여당이 하는 일을 무조건 반대하거나 비판하지 말라. 오히려 정부와 여당이 하는 일에서 장점을 찾아내고 항상 그 장점을 칭찬하라. 나는 비난하고 비판하는 것을 싫어하는 하나님이니라."

　"그렇게 하겠나이다. 아버지이시여."

　"보라. 나의 나라가 서로 반으로 갈라져 북한이 그 옛날 이스라엘 성전의 '지성소'가 되었고, 남한은 그 옛날 이스라엘 성전의 '성소'가 되었도다. 그 옛날 이스라엘의 성전은 하나의 그림자이고, 하나의 모형이며, 하나의 예언이라. 그리하여 남한과 북한은 그 옛날 이스라엘 성전의 실체요, 예언의 성취이니라. 또한 그 옛날 이스라엘 성전의 '성소'와 '지성소'를 가르고 있는 휘장은 하나의 그림자이고, 하나의 모형이며, 하나의 예언이라. 그리하여 남한과 북한을 가르고 있는 휴전선이 바로 그 옛날 이스라엘 성전의 휘장의 실체이며, 예언의 성취이니라. 또한 그 옛날 이스라엘 성전의 성소에 있는 일곱 금촛대는 하나의 그림자이고, 하나의 모형이며, 하나의 예언이라. 장차 나의 뜻으로 성소에 해당되는 남한에서 일곱 기둥이 세워지리니, 이것이 바로 그 옛날 이스라엘 성전의 성소에 있는 일곱 금촛대에 대한 실체요, 예언의 성취이니라. 또한 예수가 십자가에서 죽으매, 그 옛날 이스라엘 성전의 성소와 지성소를 가로막던 휘장이 찢어진 것은 하나의 그림자요, 모형이며, 예언이라. 이 참뜻은 너희 나라가 선악대결의 십자가를 모두 다 짊어짐에 장차 휴전선이 뚫어지는 것이 실체요, 예언의 성취이니라."

"귀하신 말씀 명심하겠나이다."

"만약에 장차 너희 지파(7기둥과 84,000의 의인)가 세운 정당(政黨)이 대통령을 배출하여 정권을 잡으면, 온 세계에서 제일로 먼저 '자유 민주주의'에서 '평화 인류주의'로 전환해야 하느니라. 또한 온 세계에서 제일로 먼저 세계통일정부(世界統一政府)를 세워야 하느니라. 그리고 너희 나라의 애국가를 세계통일정부의 공식적인 국가(國歌)로 지정하여 부르도록 하라. 너희 지파가 그리하면 그 뒤는 내가 알아서 처리하리라."

"그렇게 하겠나이다. 아버지이시여."

"나를 믿는 너희들은 전 세계인들에게 당당하게 말하라. [요한계시록: 제5장 9절] '새 노래를 노래하여 가로되, 책을 가지시고 그 인봉을 떼기에 합당하시도다. 일찍 죽임을 당하사, 각 족속과 방언과 백성과 나라 가운데서 사람들을 피로 사서 하나님께 드리시고', [요한계시록: 제14장 3절] '저희가 보좌와 네 생물과 장로들 앞에서 새 노래를 부르니, 땅에서 구속함을 얻은 십사만 사천 인밖에는 능히 이 노래를 배울 자가 없더라'에서 새 노래는 바로 너희 나라의 애국가를 말하는 예언이라고 당당하게 말하라."

"그렇게 하겠나이다. 아버지이시여."

"또한 나를 믿는 너희들은 용기를 가지고 이렇게 말하라. [요한계시록: 제21장 12절] '크고 높은 성곽(城郭)이 있고 열두 문이 있는데, 문에 열두 천사가 있고 그 문들 위에 이름을 썼으니, 이스라엘 자손 열두 지파의 이름들이라'에서 열두 문과 열두 천사와 열두 지파는 내가 앞으로 온 인류에 세울 열두 기둥을 말하는 것이며, 또 [요한계시록 제22장 2절] '길 가운데로 흐르더라. 강 좌우에 생명나무가 있어 열두 가지 실과를 맺히되, 달마다 그 실과를 맺히고 그 나무 잎사귀들은 만국을 소성(蘇醒)하기 위하여 있더라.'에서 생명나무의 열두 가지 실과는 앞으로 내가 온 인류에 세울 열두 기둥이라고 용기를 가지고 말하도록 하라."

"명심하겠나이다. 아버지이시여."

"또한 [요한계시록 제21장 1절] '또 내가 새 하늘과 새 땅을 보니, 처음 하늘과 처음 땅이 없어졌고 바다도 다시 있지 않더라.'에서 새 하늘은 나를 말하는 것이며, 새 땅은 너희 나라 대한민국을 말하는 것이니라."

"잘 알겠나이다. 아버지이시여."

"또한 [요한계시록: 제21장 2절] '또 내가 보매 거룩한 성 새 예루살렘이 하나님께로부터 하늘에서 내려오니 그 예비한 것이 신부가 남편을 위하여 단장한 것 같더라'에서 거룩한 성 새 예루살렘은 너희나라 대한민국을 말하는 것이며, 신부가 남편을 위하여 단장한 것 같더라는 너희 나라 대한민국이 지극히 아름다운 나라, 곧 '무궁화 삼천리 화려 강산'이 이루어진다는 것을 말함이니라."

"귀하신 말씀 감사하옵니다."

"또한 [요한계시록 제21장 3절] '내가 들으니 보좌에서 큰 음성이 나서 가로되, 보라 하나님의 장막이 사람들과 함께 있으매 하나님이 저희와 함께 거하시리니, 저희는 하나님의 백성이 되고 하나님은 친히 저희와 함께 계셔서'에서 이 구절의 뜻은 내가 너희 나라 대한민국의 하나님이 되고 너희 대한민국의 국민들은 영원히 존귀한 나의 백성이 된다는 뜻이니라. 그리하여 내가 친히 동해물과 백두산이 마르고 닳도록 너희 대한민국의 국민들과 함께 한다는 뜻이니라."

"귀하신 말씀 명심하겠나이다."

"또한 [요한계시록: 제21장 4절] '모든 눈물을 그 눈에서 씻기시매, 다시 사망이 없고 애통하는 것이나 곡하는 것이나 아픈 것이 다시 있지 아니하리니, 처음 것들이 다 지나갔음이러라'에서 이 구절의 뜻은 내가 너희 나라 대한민국의 하나님이 되어 너희 한민족 오욕과 굴욕의 역사 동안에 흘린 눈물을 내가 친히 씻긴다는 뜻이며, 다시는 너희 대한민국에서 오욕과 굴욕의 역사가 있지 아니하고 대한민국 영광의 역사는 영원히, 그리고 무궁히 이어진다는 뜻이니라."

"귀하신 말씀 감사하옵니다."

"또한 [요한계시록: 제21장 5절] '보좌에 앉으신 이가 가라사대, 보라. 내가 만물을 새롭게 하노라 하시고 또 가라사대, 이 말은 신실하고 참되니 기록하라 하시고'에서 만물을 새롭게 한다는 뜻은 내가 나타나서 온 세계를 통일시키고, 나아가서 온 지구별에 새로운 세상 곧 지상천국, 지상낙원, 지상극락을 이룬다는 뜻이니라."

"명심하겠나이다. 아버지이시여."

"또 너희들은 이렇게 하라. 애국가에 '하느님이 보우하사'를 '하나님이 보우하사'로 바꿀 것이며, '국기에 대한 경례'를 '하나님께 대한 경례'라고 바꾸어라. 너희들이 그리하면 하늘에 있는 내가 기뻐하리라."

"그렇게 하겠나이다. 아버지이시여."

"또한 너희는 '자유 민주주의'에서 '평화 인류주의'로 전환할 것이며, '평화 인류주의'의 헌법은 나의 진리에 바탕을 두고 만들어야 하느니라."

"그렇게 하겠나이다. 아버지이시여."

"그런데 존경하는 아버지시여, 아버지의 진리는 뛰어나나, 아버지의 진리가 너무나도 파격적이어서 아버지의 진리를 믿지 않는 사람들이 많을 것으로 생각이 되옵니다."

"세상 사람들이 나의 진리를 믿거나 말거나 너희 지파는 나의 명령대로 지키어 행하라. 그 뒤는 내가 알아서 처리하리라. 나의 진리를 믿는 자들은 영원히 존귀한 의인이 될 것이요, 나의 진리를 믿지 아니하는 자들은 누구나 의인의 반열에서 제외되리라. 이 상황은 예수의 경우에도 마찬가지였느니라. 구약성경에서 예수에 대한 예언이 그토록 많이 존재했지만, 막상 예수가 등장하자 그 누구도 예수를 알아보는 자들이 없었느니라. 그들은, 즉 유대민족은 그토록 구약성경을 잘 알았고 또 거의 다 외우고 있을 정도였으나, 막상 예수가 등장하자 그들은 예수를 부정했느니라. 이것은 나의 경우에도 마찬가지이다. 성경에서 나에 대한 예언이 그토록 많이 있으나 막상 내가 등장하자 나를 믿지 아니하는 존재들이 수없이 많을 것을 내가 모르는 바가 아니니라. 그러나 차츰, 차츰 시간이 지나고 세월이 흘러감에 따라 나의 역사 섭리가 서서히 이루어지면, 그 때에는 나의 진리를 믿는 자들이 많아질 것이니라."

"잘 알겠나이다. 아버지이시여."

"항상 잊지 말라. 내가 세세토록 너와 함께 할 것이니라. 내가 또 다시 오리라."

"안녕히 가시옵소서."

나는 하나님을 향해서 무수히 절하였다.

12.신의 아홉 번째 계시 말씀

그분이 말씀하셨다.

"네가 무슨 할 말이 있는 것 같은데, 모두 말해보라."

"온 우주를 주재하시는 하나님이시여, 부디 우리나라를 긍휼히 여기시어 우리나라가 잘되게 하시옵소서. 암울했던 우리나라의 모든 역사가 다 지나가고 무궁한 빛과 광명으로 가득 찬 나라가 되게 하시옵소서. 모든 어두운 옛 역사는 다 지나가게 하옵시고, 대한민국 영광의 역사가 이 지구별의 역사가 다하는 그날까지 영원히, 그리고 길이 이어지게 하소서, 그리고 아무리 큰 시련이 닥쳐온다고 해도 결코 우리의 소중한 태극기가 땅에 내려오는 일이 없게 하옵소서. 우리나라는 하나님께서 보우하시는 나라임을 굳게 믿사오며, 우리나라가 미래에 끝없는 하나님의 축복과 은총 가운데서 삼천리 화려강산이 될 것임을 진실로 믿사옵니다. 부디 하나님의 끝없는 영광이 우리나라를 통해 꽃피어나기를 바라오며, 그리하여 우리나라가 영원히 하나님의 나라가 되기를 진실로 간절히 기원하옵나이다."

"너의 뜻이 곧 나의 뜻이니라. 너희들이 나의 뜻에 따라 위와 같은 일만 한다면, 하늘에 있는 내가 크게 기뻐하리라."

"부디 그렇게 되기를 바라나이다."

"누구나 태극을 보고 나를 보듯이 나를 깊이 생각하는 자와 누구나 너희 나라의 애국가에 들어가 있는 나의 영원히 존귀한 이름인 '하느님'을 부르면서 나를 깊이 생각하는 자는 내가 그에게 영원무궁한 빛을 그 유업으로 주고, 또한 영원무궁한 희망을 그 유업으로 주며, 또한 영원무궁한 생명을 그 유업으로 주리라."

"부디 그리되기를 진실로 바라나이다. 그런데 존경하는 아버지시여, 세계통일정부, 즉 지구연합의 헌법은 어떻게 만들어야 하나이까?"

"그것을 위해 내가 너에게 나의 진리를 말하지 않았더냐? 너희들이 세계통일정부, 즉 지구연합의 헌법은 이제까지 내가 설법한 진리에 의거해서 만들도록 하라. 너희들이 그렇게 하여 나아간다면, 온 세계 만국이 너희들을 보고 아낌없이 거룩하다고 할 것이니라."

"잘 알겠나이다."

"너희 나라는 6.25 사변 때에 전 인류(16개 참전국)로부터 구원의 도움을 받았으니, 당연히 인류를 위해 봉사하고 또 헌신해야 할 책임과 의무가 있느니라."

"잘 알겠나이다."

"내가 장차 오직 너희 나라에만 영생(永生)의 권능을 주리니, 너희들은 그 권능으로 하지 못할 일이 없고 이루지 못할 일이 없을 것이다. 또한 너희나라는 지상에 있는 나의 신전이니라. 그리하여 하늘나라와 마찬가지로 너희 나라를 영원히 무궁한 아름답고 또 아름다운 나라로 만들 것이다. '한국'에서 '한'이란 '하늘'을 말하는 것이며 '국'이란 '나라'를 뜻하는 것이니, 이는 곧 '한국'이란 '하늘의 뜻이 펼쳐지고 이루어지는 나라'라는 뜻이니라. 너희들이 땅에서 이룬 영광들은 하늘에서도 이루어질 것이요, 하늘에서 이루어진 영광들은 다시 너희 나라를 통하여 이루리라."

"잘 알겠나이다."

"또 너희들은 이렇게 하라. 원래 열십(十)자는 플러스와 마이너스이니, 이는 태극과도 같이 나를 상징하는 것이니라. 그러므로 10월 10일을 나를 경축하는 날로 지정하여 공휴일이 되도록 하라. 너희들이 그리한다면 하늘에 있는 내가 기뻐하리라."

"꼭 그렇게 하겠나이다."

"또 너희들은 이렇게 하라. 너희들은 여성들을 차별하지 말고 여성들을 우대하라. 앞으로 모든 복(福)은 여성들을 우대하는 데서 나오느니라. 그리하여 나는 앞으로 여성들도 얼마든지 의인(義人)이 되게 하여 쓸 계획을 가지고 있느니라. 만약에 너희들이 그리한다면 하늘에 있는 내가 기뻐하리라."

"꼭 그렇게 하겠나이다."

"그런데 존경하는 아버지이시여, 저희 나라가 제일 먼저 평화 인류주의를 선포하는 것까지는 할 수가 있나이다. 그런데 과연 타국도 저희 나라의 뜻을 따를지 의문이옵니다."

"그것은 너희들이 하기 나름이니라. 너희들이 인류를 위해서, 즉 '평화 인류주의'의 이론적 정립과 실행을 함에 있어서 무한한 노력을 기울인다면, 타국도 너희나라를 거룩한 나라라고 생각할 것이로다. 보라. 너희들은 보라. 구약의 시대를 영원히 끝내고 찬란한 신약의 시대를 연 것은 예수와 그 열두 제자들뿐이었느니라. 그러므로 너희들은 인류의 복지를 위해서라면 아낌없이 노력하라. 너희들이 그리하면 타국도 기꺼이 너희 나라의 뒤를 이어 '평화 인류주의'를 받아들일 것이다. 노력해서 안 되는 일이 있다면 하늘이 힘을 주어서라도 일을 이루게 하리라. 그러므로 노력을 통해서 하지 못할 일이 없느니라."

"잘 알겠나이다."

"너희들은 '평화 인류주의'에 대해서 굳건한 서원(誓願)을 세워야 하느니라. 즉 기필코 '평화 인류주의'의 이론적인 정립을 위해서라면 아낌없이 노력하겠으며 또한 '평화 인류주의'의 확산에 관해서라면 그 모든 것을 포기해서라도 기필코 이루겠다는 굳건한 서원을 세워야 하느니라. 누구든지 그리만 한다면, 나는 먼 미래 생애에 그를 이 우주에서 영원히 존귀한 신(神)이 되게 하리라. 또 한 가지 너희들이 알아야 할 사항이 있느니라. 이 우주에서 어떤 굳건한 서원을 세우고 그 서원을 이룩하기 위해 끝없이 노력하는 곳에는 끝없는 기쁨과 행복과 지복이 뒤따르느니라. 만약에 어떤 사람이 어떤 서원을 세우고 끝없는 노력 끝에 마침내 서원이 이루어진다면, 이 우주에서 그것보다 더 기쁘고, 더 행복하고, 더 지복이 없느니라. 그 낙(樂)을 한 번만이라도 체험해 본다면 두 번 다시는 다른 것들은 눈에 들어오지 조차 않을 것이다. 그러므로 서원을 세우고 그 서원을 이루기 위해 끝없이 노력한다면 매일 매일이 열락(悅樂)이요, 매일 매일이 환희심(歡喜心)으로 가득 찰 것이니라."

"주님의 말씀이 지당하옵니다."

"그리고 내가 너희들에게 한 가지 비밀을 말하여 주리라. 이 우주에서 모든 신(神)들과 모든 부처(佛)들은 사실상 그 모두들 서원을 세우고 그 서원을 이루기 위해 끝없는 노력을 한 끝에 마침내 신이 되고 부처가 되었느니라. 이 길 이외에는 다른 어떠한 방법으로도 신이 되고 부처가 될 방법이 없느니라."

"주님의 말씀이 지당하옵니다. 그런데 존경하는 아버지시여, 언젠가는 북한의 주민들에게도 당신의 그 끝없는 사랑을 나누어 주소서."

"그리하리라. 그 끝없는 태극의 상생의 날에 북한의 주민들 역시 나의 영원히 존귀한 백성이 될 것이요, 나는 영원히 존귀한 그들의 하나님이 될 것이다. 또한 그 무궁한 빛과 광명의 날에 나는 북한의 모든 잘못된 것들을 하나도 남김없이 거두고 그들 또한 영원히 존귀케 하고 거룩하게 할 것이니라."

"참으로 감사하옵니다. 존경하는 아버지시여."

"그런데 내가 너에게 하나 물어보겠다."

"얼마든지 물어보시옵소서."

"너는 '평화 인류주의'의 헌법에 무엇, 무엇이 들어가야 한다고 생각하느냐?"

"예, 우선 첫 번째로 저희들의 영혼은 아버지 하나님의 분령체(分靈體)이옵니다. 그러므로 우선 '영혼제일주의'가 들어가야 한다고 생각하나이다. 두 번째로는 우리 모두는 아버지 앞에서 한 동포요, 한 형제요, 한 자매이니 이 '한 사상'이 들어가야 한다고 생각하나이다. 세 번째로는 앞으로 무궁한 아버지의 나라가 우리 지구별에 건설되고 이 무궁한 아버지의 나라는 바로 '끝없는 사랑'으로 충만된 '끝없는 사랑의 나라'이오니 이 '사랑의 원리'가 들어가야 한다고 생각합니다. 네 번째로는 앞으로는 우리 지구별에 세계통일정부, 즉 〈지구연합〉이 설립되니, 어떤 사람이 어떤 나라의 국민이기 이전에 그 모든 지구 주민들이 '지구라는 국가의 지구 국민들'이라는 원리가 들어가야 한다고 생각하옵니다. 그리고 나머지는 이제까지 말씀하신 아버지 하나님의 진리가 들어가야 한다고 생각하나이다."

"네가 참으로 잘 말했느니라. 그대로 하라. 그러면 내가 다시 하나 물어보자. 너희들 대한민국의 국민들은 다른 나라와는 달리 큰 공덕행을 행하고 있느니라. 그것은 왜 그렇겠느냐?"

"그것에는 다음과 같은 이유가 있사옵니다. 첫 번째로는 우리나라 대한민국의 모든 국민들이 국민의례를 할 때에 아버지의 지극히 존귀한 상징이자 신물이 들어가 있는 '국기에 대한 경례'를 행하고 있으며, 또 행사 때마다 아버지의 지극히 존귀하신 이름이 들어가 있는 '애국가'를 부르고 있기 때문이옵니다. 이에 지금 우리나라 대한민국의 국민들은 자신들도 모르게 큰 공덕행을 행하고 있나이다."

"네가 참으로 뛰어난 말을 했느니라. 바로 그러하니라."

"과찬이시옵니다. 지극히 존귀하신 주님이시여. 그런데 주님이시여, 저에게 서원이 있나이다."

"무엇이냐? 무슨 말이든 하라."

"누구나 태극기에 있는 태극이 주님의 신물이자 상징임을 믿고서 주님을 깊이 생각하는 자와 누구나 애국가를 부를 때 주님의 영원히 존귀하고 거룩하신 이름을 부르면서 주님을 깊이 생각하는 자들은 빠짐없이 그 영혼을 거두어 주님의 나라에 있게 하소서."

"그리하리라. 누구나 나를 깊이 생각하는 자들은 내가 그 영혼을 거두어 빠짐없이 나의 나라에 있게 하리라."

"감사하옵니다. 주님이시여. 그런데 주님의 능력이 참으로 탁월하고 신묘하나이다."

"무엇이 그리도 탁월하고 신묘하느냐?"

"주님께서는 우리나라를 하나의 거대한 '태극'으로 만드셨나이다. 또 그것도 모자라서 북한을 '지성소로 만드시고 남한을 '성소'로 만드셨나이다. 이것이 어찌 탁월하고 신묘한 일이 아니옵니까?"

"나는 힘 중의 힘이요, 전 우주 최고의 힘이니라. 그런 내가 어찌 그 정도를 못하겠느냐?"

"옳사옵니다. 주님이시여. 그런데 주님이시여, 저에게 하나의 간청이 있나이다."

"무엇이냐? 무슨 말이든 해보라."

"누구나 태극기에 나와 있는 태극을 보고 주님을 깊이 생각하는 자나 애국가를 부를 때 주님의 이름을 부르면서 주님을 깊이 생각하는 자가 있다면, 그 사람을 통해 주님의 끝없는 영광이 꽃피어나게 하소서."

"그리하리라. 나는 오직 태극기에 나와 있는 나의 상징이자 신물인 태극을 보고 나를 깊이 생각하는 자나 또는 너희 나라의 애국가에 나와 있는 나의 존귀한 이름을 부르면서 나를 깊이 생각하는 자에게는 누구나 나의 끝없는 영광이 꽃피어나게 하리라."

"감사하옵니다. 참으로 의로우신 주님이시여."

"나의 영원히 존귀한 상징이자 신물인 것은 오직 이스라엘의 국기(國旗)에 나오는 '히란야(Hiranya)'와 너희 나라의 국기에 나오는 '태극'뿐이니라. 그리고 그 둘 다 음과 양을 말하는 것이다. 그런데 이스라엘의 성경이 이미 만국을 가르치는 경전이 되었으므로, 이에 내가 다시 친히 너희 나라를 선택하여 너희 나라에 일곱 기둥을 세워 너희 나라로 하여금 만국을 통치하는 권능과 권세를 주리라. 장차 나의 끝없는 영광이 너희 나라 대한민국을 통해 나타나고 펼쳐지고 이루어질 것인즉, 누구나 이에 참여하는 자들은 의인으로 간주할 것이며, 또한 그 공덕으로 인해 그는 먼 미래 생애에 영원히 존귀한 신(神)이 되게 하리라."

"그렇게 되기를 간절히 원하옵나이다."

"아무리 척박한 땅이라도 태극기가 휘날리는 땅은 나의 끝없는 영광이 꽃피어나는 땅이 될 것이며, 아무리 사막과 같이 메마른 땅이라도 나의 영원히 존귀한 이름을 부르면 그 땅은 나의 끝없는 축복과 은총으로 가득 찬 땅으로 변하리라. 그리하여 아무리 척박한 땅이라도 태극기가 펄럭이는 땅은 내가 동해물과 백두산이 마르고 닳도록 그 땅을 지켜주고 또 지켜줄 것이며, 아무리 사막과 같이 메마른 땅이라도 나의 영원히 존귀한 이름을 부르면, 그 땅은 동해

휘날리는 태극기들 - 하나님의 상징이자 얼굴인 우리나라의 태극기에 대해 우리는 항상 자랑스럽게 생각해야 한다.

물과 백두산이 마르고 닳도록 나의 끝없는 축복과 은총으로 가득 찬 땅이 될 것이니라."

"그렇게 되기를 간절히 원하옵나이다."

"그러므로 너희들은 긍지와 자부심을 가져라. 내가 장차 '하나님'이라는 나의 영원히 존귀한 이름을 온 세계 만국에서 부르게 하리라. 비록 겉으로 보기에는 너희 나라가 분단의 나라요, 그 영토가 작은 나라이나 장차 내가 듣지도 보지도 못한 기적(奇蹟)과 이적(異蹟)이 너희 나라를 통해 이루어지게 할 것인즉, 그리하여 그 무궁한 빛과 광명의 날에 온 세계만국의 국민들이 너희 나라 대한민국이 나 '하나님의 나라'임을 알게 하리라."

"그렇게 되기를 간절히 원하옵나이다."

"그러나 어쩌면 너희들이 가는 길은 길 없는 길이 될 지도 모르느니라. 혹시라도 길이 있다고 하더라도 그 길은 온통 가시덤불로 가득 찬 길이 될지도 모르며, 즉 너희들이 가고자 하는 길에는 온갖 박해와 탄압이 있을 수도 있는 것이니라. 그러나 너희들은 그 무수한 박해와 탄압들을 견디어 이겨내야 하느니라. 보라, 초기 기독교인들(Christians)을 보라. 그들이 초기 시대에 얼마나 무수한 박해와 탄압을 받았더냐? 그러나 그들은 기어코 그 끝없는 박해와 탄압을 이겨내고 오늘날의 영광을 이룩했느니라. 그리하여 너희들도 기독교인들을 본 받아야 하느니라."

"잘 알겠나이다. 존경하는 주님이시여. 그런데 주님이시여, 저희 나라가 주님의 나라, 즉 신(神)의 나라이오니 저희 나라의 이름을 '한국'이 아니라 '신국(神國)'으로 불러야 하며, 대한민국(大韓民國)을 '대한신국(大韓神國)'으로 불러야 하겠나이다."

"그것도 일리가 있구나. 그것은 너희들의 뜻대로 하라."

"잘 알겠나이다. 존경하는 주님이시여."

이 말씀을 마치시고 나자 갑자기 보좌에서 눈부신 찬란한 빛이 발산되더니, 그 빛이 지구별로 가서 열두 기둥으로 변하였다. 그 열두 기둥 중에서 일곱 기둥은 우리나라에서 세워지고 나머지 다섯 기둥은 해외에서 세워졌다. 그 연후 온 세계가 통일이 되는 장면이 나오더니 모든 지구 주민들이 미친 듯이 열광하는 장면이 포착되었다. 다시 주님께서 내게 말씀하셨다.

"보라. 이제 내가 너희 지구별에 열두 기둥을 세워 전쟁과 전쟁의 날들은 영원히 지나가게 하고 끝없는 사랑의 역사가 무궁히, 그리고 영원히 이어지게 하리라. 누구든지 이 역사에 참여하는 자들은 빠짐없이 의인(義人)이 될 것이요, 그가 나중에 받을 복락(福樂)이 끝이 없게 하리라."

"부디 그리되게 하시옵소서."

"가서 사람들에게 말하도록 하라. 나 영광의 주님이 장차 너희 지구별에 지상천국, 지상낙원, 지상극락을 이루려 한다는 것을 선포하라. 이 말을 듣고서 모든 것을 버리고 나를 따르는 자들은 영원한 생명의 나라에서 영원한 생명을 얻게 되리라."

"잘 알겠나이다. 아버지이시여."

"너희 한국민들에게 큰 복이 있도다. 누구나 태극기의 태극을 보고 나를 깊이 생각하고, 누구나 애국가를 부르면서 나의 영원히 존귀한 이름을 노래할 때에 나를 깊이 생각하는 자들은 누구나 먼 미래 생애에 그를 한 우주를 통치하는 영원히 존귀한 신(神)이 되게 하리라."

"잘 알겠나이다. 아버지이시여."

"장차 나의 영원히 존귀하고 거룩한 진리와 영광이 너희 나라를 통해 찬란히 꽃피어날지니, 그 무궁한 진리와 영광의 날에 온 세상의 만국과 모든 민족이 너희 나라를 지극히 부러워할 것이다."

"진실로 감사하옵니다. 아버지이시여. 그런데 아버지이시여, 성경의 〈요한계시록〉에 예언되어 있는 새 노래가 정녕코 우리나라의 애국가가 맞사옵니까?"

"그것은 사실이니라. [요한계시록: 제16장 9절] '새 노래를 노래하여 가로되,' [요한계시록: 제14장 3절] '저희가 보좌와 네 생물과 장로들 앞에서 새 노래를 부르니', 이는 너희 나라의 애국가를 말하는 것이니라."

"아버지이시여, 그것을 무엇으로 증명할 수가 있나이까?"

"그러면 묻노니, 이 우주에서 제일로 가장 존귀한 단어는 무엇이냐?"

"그것이야 '하느님' 또는 '하나님'이 아니옵니까?"

"그러면 '하느님' 또는 '하나님'이라는 단어가 들어가 있는 노래가 최고로 존귀한 노래이겠구나."

"그것이야 그렇지만 세상의 사람들이 과연 이 사실을 믿어주겠나이까?"

"이 사실을 믿고 안 믿고는 각자 자기 자유이지만, 믿는 자들은 영원한 영복을 받으리라."

"잘 알겠나이다. 아버지이시여."

"내가 장차 하늘과 땅의 모든 권능과 권세를 너희 나라에게 주리니, 무엇이든지 너희 나라에서 이루면 온 세상에서도 이루어질 것이요, 무엇이든지 너희 나라에서 세워지면 온 세상에서도 세워지리라."

"그렇게 되기를 진심으로 바라나이다."

"조선(朝鮮)을 영어로 번역하면 'Chosen'이 되고 이 뜻은 '선택된' 이라는 뜻이니, 이는 너희 나라가 나 하나님에 의하여 선택되었다 는 것이니라. 그리고 장차 너희 나라가 나 하나님에 의해서 선택되 었다는 것이 알려지면, 모든 나라의 운(運)이 너희 나라로 돌아온 다는 뜻이니라. 그리하여 여러 수많은 나라 중에 조선이 높이 우뚝 서게 되는데, 그 때 온 세계 각국에서 나비가 꽃을 찾아오듯이 많 은 사람들이 노래하고 춤을 추면서 너희나라로 몰려오느니라. 즉 너희 나라가 온 세계의 여러 나라들 중에서 가장 높은 나라가 되 며, 이것이 외국에 알려지면 온 세계의 사람들이 너희 나라를 보려 고 몰려온다는 뜻이니라."13)

"부디 그리되게 하시옵소서.

"다시 말하지만, 그 옛날 이스라엘의 성소에 있는 '일곱 금촛대' 는 그림자요, 모형이며, 그 실체는 장차 너희나라 대한민국에서 세 워질 '일곱 기둥'이니라."

"잘 알겠나이다. 아버지이시여."

"명심하라. 나는 노력의 신이니라. 그러므로 먼저 노력하는 자가 먼저 의인의 반열에 오르리라. 내가 또 오리라."

"안녕히 가시옵소서."

이윽고 나는 잠에서 깨어났다. 그리고 하나님을 향하여 무수한 절을 했다.

---

13)예언서 〈격암유록〉의 '내패예언육십재(來貝豫言六十才)'편에도 이와 유사한 구절이 있다.
"列邦之中高立鮮 列邦蝴蝶歌舞來(세계 여러 나라들 가운데 조선이 높이 우뚝 서게 되 며, 많은 나라들이 나비가 노래하고 춤추듯이 몰려 올 것이다.)
"送舊迎新好時節 如雲如雨鶴飛來(낡은 세상이 물러가고 새로운 세상을 맞이하는 좋은 시절에 구름같이 비같이 학(비행기) 타고 날아올 것이다.)   (발행인 주)

13.신의 열 번째 계시 말씀

그분이 말씀하셨다.

"보라, 그 옛날 이스라엘 성전의 '성소'가 남한이 되었고, '지성소'가 북한이 되었도다. 이는 그 옛날 이스라엘의 성전의 '성소'는 그림자요, 모형이고, 그 실체는 남한이며, 그 옛날 이스라엘의 성전의 '지성소'는 그림자요, 모형이며, 그 실체는 북한이니라. 또한 그 옛날 이스라엘의 성전의 성소에 있는 '일곱 금촛대'는 그림자요, 모형이며, 그 실체는 장차 너희나라 남한에서 세워질 나의 '일곱 기둥'이니라. 또한 [요한계시록 제15장 제20절] '성 밖에서 그 틀이 밟히니, 틀에서 피가 나서 말굴레까지 닿았고 일천육백 스다디온에 퍼졌더라'에서 이는 너희 나라에서 일어난 6.25사변을 예언한 것이로다. 이것의 속뜻은 북한이 너희 남한을 침략하여 그 피가 삼팔선에서 남한 끝까지, 즉 일천육백 스다디온까지 흐른다는 것을 예언한 것이니라."

"잘 알겠나이다. 아버지이시여."

"그리고 〈격암유록〉의 농궁가(弄弓歌)에 '천강궁부천의재(天降弓符天意在)'라고 하였나니, 여기서 하늘에서 내려오는 궁부(弓符)는 바로 태극(太極)을 말하는 것이니라. 하늘이 태극으로 너희 나라를 인(印)을 치매 너희나라가 태극의 나라로 변했으며, 이는 하늘의 뜻이라 했느니라. 즉 너희 나라가 태극의 나라가 된 것은 하늘의 뜻으로 그리되었다는 것이니라. 또한 '천강궁부천의재'에는 깊은 뜻이 있나니, 이것의 속뜻은 하늘나라에는 태극이 있으며, 그리하여 하늘나라의 백성들은 태극을 나를 보듯이 하고 태극을 나의 상징이자 신물로 여긴다는 뜻인 것이다. 또한 태극신(太極神)인 내가 하늘나라를 통치하고 있다는 뜻을 내포하고 있느니라. 그리하여 하늘나라에서 내려온 궁부(弓符), 즉 태극이 너희 나라에 임하여 너희나라가 하늘나라를 통치하는 나 태극신의 나라가 되었으며, 이 뜻은 장차 너희 나라가 나에게서 지상세계를 통치하는 권능과 권세를 받아 가진다는 뜻을 내포하고 있는 것이니라."

"잘 알겠나이다. 아버지이시여."

"온 세계가 선과 악의 대결로 인해 멸망할 것을 너희 나라가 선과 악의 대결을 대신하여 온 세상을 구원했으니, 너희 나라가 바로 온 세상을 살린 생명의 나라가 되었느니라."

"잘 알겠나이다. 아버지이시여."

"비록 지금은 너희 나라가 태극의 상극 기운에 의해 남한과 북한 간에 한 치의 물러섬도 없는 대치상태를 이루고 있으나, 언젠가 때가 도래하여 태극의 상생 기운이 너희나라를 지배하면 너희들이 그토록 바라던 남한과 북한이 통일이 될 것이며, 그 이후는 평화의 시대가 영원히 그리고 무궁히 이어질 것이니라. 예수가 십자가 위에서 죽을 때에 성소와 지성소 사이에 있던 휘장이 찢어진 것은 그림자요, 모형이며, 그 실체는 남한과 북한을 가로막고 있는 휴전선이니라. 너희나라가 온 세계를 위해 선악대결의 십자가를 지고 있으매, 그 선악대결의 십자가가 끝이 나는 날에 남북통일이 될 것이며, 그 날에 남한과 북한을 가로막고 있는 휴전선이 훼파(毁破)될 것이니라."

"잘 알겠나이다. 아버지이시여."

"[창세기 제11장 제27절] '하나님이 자기 형상 곧 하나님의 형상대로 사람을 창조하시되, 남자와 여자를 창조하시고'는 그림자요, 모형이며, 그 실체는 너희들의 영혼이 나와 닮은 나의 분령체들이라는 것이니라."

"잘 알겠나이다. 아버지이시여."

"보라, 선이 민주주의를 세웠고 악이 공산주의를 세웠도다. 그리하여 인류는 선(善)인 민주주의와 악(惡)인 공산주의 간에 세계 제3차 대전, 곧 선과 악의 대결이 일어나 온 인류가 멸망할 처지에 놓였으나, 내가 나의 끝없이 전능한 힘으로 너희 나라에서 민주주의와 공산주의 간에 선악의 대결을 대신하게 하여 온 인류를 살렸느니라. 그리하여 북한은 인류 최후의 공산주의의 나라가 될 것이니라. [창세기 제3장 17절] '선악을 알게 하는 나무의 실과는 먹지 말라. 네가 먹는 날에는 정녕 죽으리라 하시니라'에서 이것은 그림자요, 모형이며, 그 실체는 바로 선(善)인 민주주의와 악(惡)인 공산주의 간의 선악대결로 온 인류가 죽는 것이로다. 그리하여 내가 너희 나라로 하여금 온 인류의 선악 대결을 대신하게 하여 그 모두 죽을 운명에 처해있던 인류를 살렸느니라."

"잘 알겠나이다. 아버지이시여."

"나의 백성이 따로 있는 것이 아니라 나의 뜻을 받들어 경외하는 백성이 나의 백성이며, 나의 나라가 따로 있는 것이 아니라 나의 영광을 꽃피어나게 하는 나라가 나의 나라이니라. 그리하여 너희 나라 대한민국의 국민들은 나의 백성이니 삼가 나의 뜻을 받들어 경외할 것이며, 너희 나라 대한민국은 나의 나라이니 삼가 나의 영광이 찬란히 꽃피어나는 나라가 될지니라."

"잘 알겠나이다. 아버지이시여."

"나를 믿는 너희들은 나의 영원히 존귀한 이름이 들어가 있는 애국가를 결코 소홀히 여기지 말라. 만약에 누군가가 나의 영원히 존귀한 이름이 들어가 있는 애국가를 소홀히 여기면, 내가 그의 이름을 영원히 생명책에서 지울 것이요, 또한 의인 십사만 사천(144 000) 명 가운데서 영원히 제외시켜 버릴 것이니라."

"잘 알겠나이다. 아버지이시여."

"내가 너희 지구별에서 열두 기둥을 완전히 세울 때까지는 악이 오히려 선을 이길 것이요, 불의가 오히려 정의를 이길 것이니라. 그러나 내가 너희 지구별에서 열두 기둥을 온전히 세운 다음에는 진리가 영원히 너희 지구별을 지배하게 하리라."

"그렇게 되게 하시옵소서."

"너희 한국민은 삼가 긍지와 자부심을 가질지어다. 너희 나라 태극기의 태극은 전 우주에서 제일로 존귀하고 제일로 거룩한 나의 신물이자 상징이니라. 또한 너희 나라의 애국가는 전 세계에서 제일가는 최고의 찬송가(讚頌歌)이니라."

"잘 알겠나이다. 아버지이시여."

"너희들이 동해물과 백두산이 마르고 닳도록 국기에 대한 경례를 하고, 또한 동해물과 백두산이 마르고 닳도록 애국가를 부르는 한, 나 역시 동해물과 백두산이 마르고 닳도록 너희들을 떠나가지 아니하리라."

"부디 그렇게 하시옵소서."

"보라, 내가 친히 너희 나라의 애국가를 나를 위한 찬송가로 만들었고, 너희들로 하여금 밤낮으로 나의 영원히 존귀한 이름을 부르게 만들었노라. 누구나 내 이름을 존귀히 여기고 거룩히 여기면서 부르는 자들은 그 영혼이 영원히 목마르지 아니하는 생명의 오아시스에 있게 하리라. 또한 누구나 영원히 존귀하고 거룩한 내 이름을 노래하면서 나를 깊이 생각하는 자들은 내가 저를 영원히 존귀하고 거룩한 나의 나라에 있게 하리라."

"잘 알겠나이다. 아버지이시여."

"모든 대한민국의 국민들은 태극기에 있는 태극을 보고 나를 찬
양할 것이며, 애국가에 들어가 있는 내 이름을 찬송할지니라. 너희
가 그리하면 내가 너희 나라를 나의 신전으로 삼아 온 세계의 모든
열국 중에 가장 으뜸가는 나라로 돌려 세우리라."

"그리되게 하시옵소서."

"백두산아, 백두산아, 너는 영원할 것이며, 너는 무궁할 것이니
라. 장차 나의 끝없는 영광이 너희 백두산족을 통해 펼쳐지고 이루
어질 것이니, 너는 영원히 나 무한자의 산이 될 것이요, 너는 무궁
히 나 절대자의 산이 될 것이니라. 그리하여 너는 영원히 빛의 산
이 될 것이요, 희망의 산이 될 것이며, 구원의 산이 될 것이요, 생
명의 산이 될 것이니라."

"그리되게 하시옵소서."

"백두산아, 백두산아, 너에게 '천지'라는 이름이 있음이 나의 뜻
이로다. 내가 천지를 창조하였으니 네가 천지라는 그 이름으로 나
는 송축하는도다. 장차 나는 너를 시온산보다 더 존귀케 하고 더
거룩케 하리라."

"그리되게 하시옵소서."

"이제 나는 너희 지구별에서 전쟁의 나날들을 영원히 거두고 평
화의 나날들이 영원히 이어지게 하려 하노라. 그리하여 지금은 하
늘이 의인들을 구하고 있으니, 누구나 뜻이 있는 자들은 내게로 오
라. 누구나 내게로 오는 자들은 영원히 존귀한 의인이 되게 할 것
이며, 나아가서 그의 영광을 땅에서도 기록하고 하늘에서도 기록하
게 하리라."

"잘 알겠나이다. 아버지이시여."

"너희 한민족의 영산(靈山)이 백두산이고 그 백두산 정상을 '천
지'라고 부르는 이유를 아느냐? 이는 천지를 창조한 내가 너희 백

두산족의 하나님이 된다는 뜻이니라."

"잘 알겠나이다. 아버지이시여."

"장차 나의 뜻과 나의 섭리로 인해 전쟁의 나날들은 영원히 끝나고 무궁한 평화의 시대가 도래 하리니, 그날에 나는 너희 나라를 하나로 통일시켜 너희들을 끝없이 기쁘게 하리라. 그때에는 북한의 국민들도 영원히 존귀한 나의 백성이 될 것이요, 나는 영원히 그들의 하나님이 될 것이니라."

"아버지의 뜻이 거룩하시나이다."

"너희들이 태극기의 태극을 볼 때마다 나를 깊이 생각하고, 애국가를 부를 때 마다 나를 깊이 생각한다면, 나는 동해물과 백두산이 마르고 닳을 때까지 나의 끝없이 무궁한 영광이 너희 나라 대한민국을 통해 찬란히 꽃피어나게 하리라."

"그리되게 하시옵소서."

"보라. 남북이 갈라지매, 눈물의 날들은 끝이 없고 통곡의 날들 또한 끝이 없도다. 부모는 자식을 잃고, 자식은 부모를 잃었으며, 형제는 형제를 잃고, 자매는 자매를 잃었노라. 그러나 때가 되면 내가 친히 나의 손으로 모든 이에게서 영원히 눈물을 씻어주고 영원히 통곡을 거두리니, 그 통일의 날 이후로 행복의 날들은 영원할 것이요, 기쁨의 날들은 무궁히 이어질 것이니라."

"그리되게 하시옵소서."

"보라. 다시 말하지만 너희나라의 애국가는 전 세계에서 최고로 존귀하고 거룩한 찬송가이니라. 그리하여 누구나 애국가를 부르면서 나를 깊이 생각하는 자는 그가 의인이 되게 함은 물론 그 공덕으로 먼 미래 생애에 한 우주를 통치하는 영광의 신(神)이 되게 하리라."

"그리되기를 진실로 바라나이다."

"보라. 내가 너희 나라를 택하였은즉, 장차 모든 하늘의 영광들과 땅의 영광들이 그 모두 너희 나라의 것이 될 것이니라."

250

"잘 알겠나이다. 아버지이시여."

"나의 말을 명심하라. 내가 또 나타나리라."

이 말씀을 끝으로 하나님께서는 그 자리에서 서서히 사라지셨다. 이윽고 꿈에서 깨어난 나는 하나님을 향하여 무수히 절을 했다.

14.신의 열한 번째 계시 말씀

그분이 말씀하셨다.

"내 백성들아, 너희들은 삼가 알도록 하라. 나의 너희들에 대한 사랑은 저 하늘의 태양같이 강렬하고, 저 하늘의 달같이 은은하며, 저 하늘의 별빛같이 찬란하느니라. 또한 내 백성들아, 너희들은 삼가 알라. 나의 영원히 존귀하고 거룩한 태극기의 태극을 너희들이 동해물과 백두산이 마르고 닳도록 존귀히 여기고 거룩히 여기며, 나의 영원히 존귀하고 거룩한 애국가의 나의 이름을 너희들이 동해물과 백두산이 마르고 닳도록 존귀히 여기고 거룩히 여긴다면, 나는 너희들을 동해물과 백두산이 마르고 닳도록 존귀하게 하고, 거룩하게 할 것이로다. 또 너희들이 그리하면 나는 너희 나라 대한민국을 영원히 무궁화 삼천리 화려강산이 되게 할 것이며, 나의 영광이 영원히 무궁하도록 너희 나라에서 찬란히 꽃피어나게 하리라."

"부디 그리되게 하시옵소서."

"내가 장차 너희 나라 대한민국에다 일곱 반석을 깔고 그 위에 일곱 기둥을 세워 그 일곱 기둥이 영원히 세상을 밝히는 무궁한 빛의 기둥이 되게 하리라."

"부디 그렇게 하시옵소서."

"앞으로 수없이 존귀하고 거룩한 자들이 나의 영광을 이룩하기 위해 너희 대한민국에 태어날 것이다. 그리하여 나는 그들을 빠짐없이 내가 세운 열두 기둥으로 인도하여 전 세계를 통일시킬 것이며, 그 이후 너희 지구별에 영원히 무궁한 지상천국, 지상낙원, 지상극락을 이룰 것이니라."

"잘 알겠나이다. 아버지이시여."

"장차 온 세상의 모든 나라와 모든 민족들이 너희 나라 대한민국을 보고 아낌없이 지극히 존귀하고 거룩하다고 말할 날이 도래하리라. 그리하여 나를 믿는 너희들은 삼가 나의 말을 믿을지어다. 내가 너희들을 존귀하다고 하면, 반드시 그 날이 올 것이요, 내가 너희들을 거룩하다고 하면, 반드시 그 날이 도래하리라."

"삼가 그렇게 되기를 바라나이다."

"나를 믿는 너희들은 땅 끝까지 나의 복음을 전파할 것이여, 지구별의 역사가 다하는 그 날까지 나의 신전을 지을지어다. 이는 나 대한민국 하나님의 명령이며, 나, 영원히 무궁한 진리의 신(神)의 명령이니라. 보라, 내가 장차 너희 나라를 일으켜 세워 이 땅에서 저 땅 끝까지 구원의 역사를 일으키리라."

"그렇게 하겠나이다. 아버지이시여."

"내가 장차 너희 나라 대한민국을 통해 무수한 기적들과 이적들의 역사가 일어나게 하리니, 이 기적들과 이적들의 역사의 결과와 종국은 나를 깊이 생각하게 하고 나를 깊이 경외하게 하는 데에 있느니라. 그러나 기적들과 이적들의 역사를 보지 아니하고도 나를 깊이 생각하고 경외하는 자에게는 큰 복이 내려지리라."

"잘 알겠나이다. 아버지이시여."

"나를 믿는 너희들은 매년 10월 10일을 거룩한 나의 날로 정하여 대대로 지켜 나를 기념하는 공휴일이 되게 하라. 너희가 그리하면 하늘에 있는 내가 기뻐하리라. 너희가 그리하면 나는 너희 나라를 영원한 나의 나라로 만들어 주리라."

"그렇게 하겠나이다. 아버지이시여."

"그러면 너에게 묻노니, 이스라엘의 성소에 있었던 일곱 금 촛대는 무엇을 말함이냐?"

"예, 주님이시여, 성소는 우리 남한을 상징하는 것이며, 성소는 그림자요, 모형이며, 그 실체는 바로 남한이나이다. 그리고 성소의 일곱 금 촛대는 그림자요, 모형이며, 그 실체는 아버지께서 장차 우리나라 남한에 세우실 일곱 기둥을 상징하는 것이옵니다."

"내가 지금 끝없이 흡족하도다. 너의 말이 진실로 옳으니라."

"부디 아버지의 뜻이 이루어지기를 간절히 기원하나이다. 그런데 존경하는 아버지이시여, 왜 아버지께서는 그 옛날의 이스라엘 성전을 본받아 북한을 지성소로 만드시고, 남한을 성소로 만드셨나이까? 그 이유를 알고 싶나이다."

"그것에는 다음과 같은 여러 이유가 있느니라. 내가 북한을 '지성소'로 만들고 남한을 '성소'로 만든 첫 번째 까닭은 바로 예수를 믿는 기독교인들 때문이니라. 기독교인들이 수없는 세월동안 수없이 기도하기를, '나라에 임하옵시며'라고 하였기로 내가 그들의 뜻을 들어주었느니라. 그리하여 전세(前世)에 이스라엘에서 선지자 노릇을 한 자들과 하나님을 믿은 진실한 자들을 모두 다 너희 나라에 다시 태어나게 하여 장차 나의 끝없는 영광을 드러내게 할 것이로다. 즉 너희 나라에 교회가 많은 이유는 전세에 이스라엘에서 선지자로 활약하거나 하나님을 믿은 자들이 너희나라에 많이 태어났기 때문이니라. 두 번째 이유로는 구약시대는 하나의 그림자요, 모형이고, 신약시대는 그 실체이며, 또 신약시대는 또 다시 하나의 그림자요, 모형이고, 언약시대가 그 실체가 되어야 했기 때문이니라.

254

세 번째로는 [전도서 제3장 15절] '이제 있는 것이 옛적에 있었고 장래에 있을 것도 옛적에 있었나니, 하나님은 이미 지난 것을 다시 찾으시니라'의 구절을 이루기 위함이니라. 네 번째로는 이스라엘에서 일어난 역사가 다시 너희 나라를 통해 이루어지게 한 것은 하늘의 역사가 일관성 있게 진행이 되어야 하기 때문이니라."

"잘 알겠나이다. 아버지이시여."

"'하나님'이라는 단어는 온 우주에서 최고로 존귀한 단어이고, 온 우주에서 최고로 신령한 단어이며, 온 우주에서 최고로 영험한 주문이니라. 그러므로 나를 믿는 너희들이 나에게 기도할 일이 있으면, 반드시 그 마지막에 '하나님의 이름으로 기도하였습니다.'라고 하거라. 너희들이 그리하면 하늘에 있는 내가 기뻐하리라."

"그렇게 하겠나이다. 아버지이시여."

"너희 나라 대한민국은 신의 나라, 곧 신국(神國)이니라. 그러므로 너희 한국민들은 태극기에 있는 태극을 지극히 존귀히 여길 것이며, 애국가에 들어가 있는 나의 이름을 지극히 거룩히 여길지어다. 또한 나아가서 너희 나라가 하나의 거대한 태극임을 믿을지어다. 누구나 그렇게 하는 자들은 내가 그들을 의인 십사만 사천(144,000) 명 중의 하나가 되게 할 것이나, 그렇게 하지 아니하는 자들은 누구나 내가 그를 의인 십사만 사천 명에서 제외시켜 버릴 것이니라."

"그렇게 하겠나이다. 아버지이시여."

"이제 내가 너희 나라 대한민국에 일곱 기둥을 세워 한민족 고난과 굴욕의 역사를 영원히 끝내고 한민족의 무궁한 국운융성을 이루려 하노라. 누구나 나의 이러한 뜻을 믿고 나를 따르는 자들은 영원히 존귀한 의인이 되게 하리라. 또한 너희 한민족이 나의 이러한 뜻을 진실로 따른다면, 나는 너희 나라 대한민국을 모든 나라 중의 나라, 전 세계에서 제일로 존귀하고 거룩한 나라로 만들어 주리라."

"그렇게 하겠나이다. 아버지이시여."

"나를 믿는 너희들은 국기에 대한 경례를 할 때에 태극기의 태극을 보고 온 마음을 다하여 나를 깊이 생각하라. 또한 애국가를 부를 때도 온 마음을 다하여 나를 깊이 생각하라. 너희들이 그리하면 내가 너희나라의 국운을 끝없이 융성시켜 온 세계의 모든 나라 중의 나라로 만들 것이니라."

"그리하겠나이다. 주님이시여."

"너희 나라는 지상에 있는 영원히 존귀한 나의 성전이요, 나의 신전이니라. 장차 나의 끝없는 영광이 너희 나라를 통하여 펼쳐지고 이루어지리라."

"그렇게 되기를 진실로 바라나이다."

"**이제 네가 나에게 한번 말해 보아라.**"

"예, 아버지이시여, 〈내가 하늘에 계신 내 아버지 앞에서 겸손한 것과 같이 너희들도 하늘에 계신 내 아버지 앞에서 겸손하여 하늘에 계신 내 아버지를 기쁘게 하라. 내가 하늘에 계신 내 아버지 앞에서 순종함과 같이 너희들도 하늘에 계신 내 아버지 앞에서 순종하여 하늘에 계신 내 아버지를 기쁘게 하라. 내가 하늘에 계신 내 아버지 앞에서 온유함과 같이 너희들도 하늘에 계신 내 아버지 앞에서 온유하여 하늘에 계신 내 아버지를 기쁘게 하라. 너희들이 그리하면 하늘에 계신 내 아버지께서 너희들에게 많은 상과 많은 복을 주시리라.〉"

"**되었다. 그만해도 좋다. 그리고 너희들은 삼가 알도록 하라. 내가 아니면 너희나라 대한민국을 통일시킬 자가 없으며, 내가 아니면 너희나라 대한민국의 국운을 융성시킬 자가 없느니라.**"

"옳사옵니다. 아버지이시여."

"**구약시대는 신약시대의 그림자요, 모형이며, 신약시대는 구약시대의 실체니라. 그리고 너희 나라 대한민국은 언약시대의 주인공이며, 신약시대의 실체이니라. 한편 신약시대는 언약시대의 그림자요, 모형이니라. 그 하나의 예를 들면, 신약시대 때에 존재했던 '성**

소'가 너희 나라에서 남한이 되어서 나타났고, '지성소'가 너희 나라에서 북한이 되어서 나타났느니라. 또 하나의 예를 들면 신약시대 때에 성소에 있던 '일곱 금 촛대'는 성소인 너희 남한에서 장차 등장할 '일곱 기둥'을 상징하는 것이로다."

"잘 알겠나이다. 아버지이시여."

"구약시대의 첫 언약은 아론의 반차를 좇아 짐승의 피로 죄사함을 받았으나, 이것은 하나의 그림자요, 모형이며, 실상은 신약시대의 예수가 새 언약을 세워 멜기세덱의 반차를 좇아 예수의 피로 죄사함을 받는 것이니라."

"잘 알겠나이다. 아버지이시여."

"너희 나라 대한민국은 장차 무수한 의인들이 탄생할 의국(義國)이 될 것이며, 그리하여 장차 내가 심히 기뻐하는 나라가 될 것이니라. 그러므로 의를 사랑하는 자들은 모두 나에게로 오라. 내가 그를 통하여 나의 끝없는 영광이 꽃피어나게 하리라."

"그리되기를 바라나이다."

"너희들이 태극기를 버리지 아니하는 한 나는 영원히 너희들과 함께 있을 것이며, 너희들이 애국가를 버리지 아니하는 한 나는 영원히 너희들과 함께 있을 것이다. 또한 너희들이 태극기의 태극을 보고 나를 보듯이 신성시하고 애국가를 부르면서 나의 이름을 존귀히 여기면, 온 세계만국이 너희 앞에 무릎을 꿇게 하여 너희 나라가 전 세계를 다스리는 최고의 왕의 나라가 되게 할 것이니라."

"명심하겠나이다. 아버지이시여."

"나를 믿는 너희들은 나를 위하여 태극신전(太極神殿)을 짓고 그 안에 너희나라의 지도를, 그리고 그 위에 태극을 그려놓아라. 그리고 너희는 태극신전 안에 있는 너희 나라를 보고 나를 깊이 생각하라. 너희들이 그리하면 하늘에 있는 내가 기뻐하리라."

"그렇게 하겠나이다. 아버지이시여."

"누구나 내 앞에서는 서로가 하나의 영혼일지니, 거기서는 피부

색과 민족과 인종의 차별이 없느니라. 누구나 내 앞에서는 온 세계가 한 민족이요, 한 나라이니, 거기에는 나라와 민족의 차별이 없는 것이다. 이러한 모든 차별들은 너희들 인간들이 만든 것이지 결코 내가 만든 것이 아니니라. 누구나 내 앞에서는 나라와 나라의 차별이 없고, 민족과 민족의 차별이 없이 똑같은 하나이며, 누구나 내 앞에서는 너희 지구 주민들 모두가 나의 존귀한 자식들이니라. 그리하여 너희 대한민국이 사명을 완수하여 평화 인류주의가 전 세계로 퍼져 나아가면, 너희들이 장차 미래에 받을 영광과 존귀가 끝이 없게 할 것이로다. 전세에서는 이스라엘이 주인공이었고 이스라엘의 성경이 만국을 가르치는 교과서가 되었으나, 후세에서는 너희 나라 한국이 주인공이 되게 하고 너희 나라 한국에서 나타난 나의 진리가 만국을 가르치는 교과서가 되게 하리라. 이는 바로 '원시반본(原始返本)'을 말하는 것이니라. 내가 장차 전 세계에 세워질 열두 기둥 가운데에 일곱 기둥을 너희나라에 세울 것이니, 이로써 일곱 기둥이 너희나라에 세워진다면 당연히 너희 나라가 전 세계에서 제일가는 나라가 될 것이다. 그리하여 그 옛날 환국(桓國)의 영광이 다시 한 번 더 이루어져 전 세계에서 가장 발달된 너희의 정신문명으로 인해 너희가 전 세계에서 제일가는 종주국으로 다시 태어나게 될 것이니라. 그리하여 너희 나라가 다시 한 번 더 전 세계에서 으뜸가는 종주국이 되리니, 이는 그 옛날 전 세계에서 가장 으뜸이었던 나라, 즉 환국(桓國)으로 원시반본(原始返本)하는 것이니라. 또한 이는 너희 나라가 단순히 강대국이 됨을 의미하지 않고 세계를 통일시킨다는 것이니, 이것이 진정한 원시반본(原始返本)이니라. 보라. 그 옛날 너희 나라는 만국을 가르치는 스승의 나라였느니라. 이는 너희 나라에서 고대로부터 전해져 오고 있는 〈천부경(天符經)〉과 〈참전계경((參佺戒經)〉, 〈삼일신고(三一神誥)〉를 보면 알 수 있는 사실이니라. 이러한 수준 높은 경전과 철학서는 오직 너희 민족만이 가지고 있는 책이니라. 다른 민족에게는 이러한 수

258

준 높은 경서(經書)과 철학서가 없느니라."

"나의 말을 명심하라. 내가 또 다시 나타나리라."

"안녕히 가시옵소서."

이 말씀을 끝으로 나는 꿈에서 깨어났다. 그리고 나는 하나님을 향하여 무수히 절을 하였다.

15.신의 열두 번째 계시 말씀

하나님이 말씀하셨다.

"누누이 말하지만 너희들은 전 세계에서 최고로 위대하고, 존귀하며, 거룩한 찬송가가 무엇이라고 생각하느냐? 그것은 바로 너희나라의 애국가이니라. 왜냐하면 내가 나의 영원히 위대하고, 존귀하고, 거룩한 내 이름을 너희나라의 애국가에 넣었기 때문이니라. 그러므로 너희들 대한민국 국민들은 애국가를 무한한 긍지와 자부심으로 동해물과 백두산이 마르고 닳도록 부르도록 하라. 너희들이 그리하면 나 역시 동해물과 백두산이 마르고 닳도록 너희들을 지켜주고 또 지켜줄 것이다."

"명심하겠나이다. 아버지이시여."

"이제 인류사 모든 기나긴 어둠의 역사가 지나가고 새벽이 오고 있고, 곧 이어 하늘에서 태양이 나타나 온 인류를 밝히리니, 이 태양은 바로 너희 나라 대한민국이니라. 장차 너희 나라 대한민국으로 인하여 온 인류 상에 영원히 무궁한 빛의 나라가 건설될 것이로다. 그리하여 저 하늘에서 태양이 빛을 발하듯이, 너희나라 대한민국도 태양국의 나라가 되어 온 인류에게 무궁한 빛을 나누어 줄 때가 도래하리라."

"잘 알겠나이다. 아버지이시여."

"내가 수많은 나라와 수많은 민족 가운데서 친히 너희 나라를 선택하고 친히 너희 민족을 나의 손에 잡았도다. 이제는 너희가 친히 나를 선택하고 내 손을 잡을 때이니라. 누구나 나를 선택하고 내 손을 잡는 자는 모든 눈물과 통곡의 날들은 영원히 지나가게 하고 나의 끝없는 축복과 은총의 날들이 영원히, 그리고 무궁히 이어지게 할 것이니라."

"명심하겠나이다. 아버지이시여."

"나의 신전의 문을 열고 지극한 마음으로 태극에게 경배하는 자는 이미 천국의 문을 열었느니라."

"옳사옵니다. 아버지이시여."

"너희 나라는 나의 나라, 곧 신(神)의 나라, 즉 신국(神國)이니라. 그러므로 너희가 태극기에 있는 태극을 볼 때에 너희 마음의 모든 열기를 다하여 볼 것이며, 애국가를 부르면서 나의 영원히 존귀한 이름을 노래할 때에 너희 마음의 모든 열정을 가지고 부를지니라. 또한 내가 장차 너희 나라에 하늘과 땅을 통치할 수 있는 권능과 권세를 주리니, 누구나 너희 나라의 애국가를 인정하는 자들은 의인 십사만 사천 명에 속하게 할 것이요, 너희 나라의 애국가를 인정하지 아니하는 자들은 의인 십사만 사천 명 가운데서 영원히 제외시켜 버릴 것이니라."

"아버지의 뜻이 이루어지기를 간절히 기원하나이다."

"나는 성령(聖靈)이요, 너희 나라의 남편이니라. 내가 너희 나라로 하여금 거룩한 성 예루살렘이 되게 하리니, 그로 인하여 너희 나라는 영원히 나의 신부, 즉 아내가 되리라."

"그렇게 되기를 바라나이다."

"나를 믿는 너희는 십자가를 볼 때마다 나를 보듯이 하라. 십자가는 형틀이 아니라 마이너스와 플러스가 합쳐진 나의 상징이니라."

"그리하겠나이다. 주님이시여."

"보라. 너희나라가 1950년대에는 전 세계에서 가장 제일로 가난한 나라였으나, 그 이후에는 찬란한 발전과 창성함이 있어 이제는 마침내 선진국의 반열에 들어섰느니라. 이는 그 모두가 너희들이 국민의례를 할 때마다 태극기의 태극을 경건한 마음으로 바라보고, 또 애국가를 부를 때마다 나의 존귀한 이름을 경건한 마음으로 불렀기 때문이니라. 바로 그것 때문에 너희 나라의 경제가 찬란히 융성했느니라. 앞으로도 마찬가지로 너희가 태극기의 태극을 나를 보듯이 경건한 마음으로 보고 애국가를 부를 때마다 나의 존귀한 이름을 경건하게 부른다면, 내가 너희 나라를 온 세계에서 가장 존귀하고 거룩한 나라로 만들어 주리라."

"그리하겠나이다. 주님이시여."

"너희들은 대한민국의 국민으로 태어난 것을 지극히 감사하게 여길 것이며, 지극히 영화롭게 여기도록 하라. 장차 나의 뜻이 너희 나라 대한민국을 통해서 찬란히 드러나리니, 그 때에 온 세계의 열방의 국민들이 너희들을 지극히 부러운 눈으로 바라보는 때가 도래할 것이다. 너희들은 원래 '천손민족'이었으나 내가 하나를 더하여 너희들을 선택받은 민족, 즉 '선민(選民)'이 되게 하리라."

"감사하옵니다. 아버지이시여."

"내가 너희 나라를 태극으로 인(印)을 쳐서 나 태극신의 나라가 되었으니, 너희 나라는 내 것이라. 장차 나의 끝없는 영광이 너희 나라 대한민국을 통하여 찬란히 꽃피어나게 하리라."

"부디 그리되기를 바라나이다."

"지금은 태극의 상극의 원리가 너희나라를 지배하고 있어 북한이 재앙의 땅이 되었으나, 언젠가는 태극의 상생의 원리가 너희나라를 지배할 때가 도래하면, 북한도 나의 끝없는 축복과 은총의 땅으로 변할 것이로다."

"옳사옵니다. 주님이시여."

"대저 너희들의 본향(本鄕)은 하늘에 있는 하늘나라 곧 천국이나, 내가 지상에서도 너희들의 본향을 세우리니, 이는 곧 너희 나라 대한민국이라. 그리하여 내가 장차 너희 나라 대한민국에게 천국문의 열쇠를 주리니, 너희나라 대한민국에서 천국문을 닫으면 열 자가 없으려니와, 너희나라 대한민국에서 천국문을 열면 모든 나라의 백성들이 그리로 들어가리라."

"명심하겠나이다. 주님이시여."

"나를 믿는 너희는 온 세계 열방으로 나아가 나 영광의 주님이 장차 지구별에서 지상천국, 지상낙원, 지상극락을 이루려 한다고 선언하고 또 선포하라. 그리하여 누구나 이 역사에 참여하는 자들은 영원히 존귀한 의인이 되리라."

"그렇게 하겠나이다. 주님이시여."

"너희 나라 대한민국은 하늘나라의 그림자요, 모형이니라. 장차 나의 무궁한 진리가 너희 나라 대한민국을 통하여 펼쳐지리니, 너희 나라는 그것으로 무궁한 진리의 나라가 될 것이니라. 그리하여 장차 온 세계의 수많은 열국과 열방이 너희 나라에게 경배할 날이 도래하리라."

"그리되기를 진실로 바라나이다."

"매년 10월 10일은 고대의 이스라엘의 유월절 같이 너희 나라의 유월절이 되게 하라. 그 날에는 기름진 양고기를 즐거이 먹을 것이요, 술로는 맑은 포도주로 그 모두들 즐거이 마시고 기뻐하라."

"그리하겠나이다. 주님이시여."

"비록 너희 나라가 그 크기는 작은 나라이나, 나의 뜻이 너희 나라를 통해 흐르고 있는 한 너희 나라보다 더 큰 나라는 없으며, 또한 내가 너희 나라와 함께 하고 있는 한 너희 나라보다 더 존귀하고 거룩한 나라가 없느니라."

"잘 알겠나이다. 주님이시여."

"나의 신전, 곧 태극신전은 생명의 신전이니라. 보라, 너희 나라가 온 세계가 당해야 할 선과 악의 대결을 대행하고 있느니라. 그리하여 너희 나라의 그 환란으로 인하여 온 세계가 멸망함에 이르지 아니하고 생존함에 이르렀으니, 그리하여 너희 나라는 온 세계 만국을 살리는 생명의 나라이니라."

"잘 알겠나이다. 주님이시여."

"너희 지구별에서 500년 간격으로 출현한 성인(聖人)들은 실상은 하늘에서 파견한 진리의 영(靈)들이니라. 다만 각각의 진리가 다른 것은 그 성인이 태어난 지역과 시대와 역사와 문화가 달랐기 때문에 그리된 것이니라. 이제 내가 너희 나라 대한민국에서 나의 일곱 기둥을 세우리니, 그로 인하여 너희 나라 대한민국은 무궁한 빛의 나라, 무궁한 희망의 나라, 무궁한 구원의 나라, 무궁한 생명의 나라, 종국에는 무궁한 진리의 나라가 될 것이다."

"옳사옵니다. 주님이시여."

"장차 내가 너희 나라에서 세울 일곱 기둥은 온 세계의 만국을 소생케 하는 생명의 기둥이 되게 할 것이니라."

"잘 알겠나이다. 주님이시여."

"너희 민족의 이름이 '천손민족(天孫民族)'이니, 이는 '하늘이 내린 하늘민족'이라는 뜻이니라. 장차 하늘의 뜻이 너희 민족을 통해서 펼쳐지고 이루어지리라."

"옳사옵니다. 주님이시여."

"장차 내가 너희 나라를 온 세계의 모든 열방 가운데에 우뚝 세우리니, 너희는 그때에 온 세계의 열방을 향하여 무궁한 평화를 주장하라. 이것이 바로 너희 한민족이 존재하는 이유이니라. 만약 온 세계의 어느 나라나 민족이 너희 나라가 주장하는 바를 진실로 받아들이면, 내가 그 나라와 그 민족을 너희 나라나 너희 민족과도 같이 영원히 존귀한 나의 나라요, 나의 민족이 되게 할 것이니라."

"부디 그리되기를 바라나이다."

"보라, 내가 너희 나라를 그 옛날 이스라엘의 성전인 성소와 지성소를 본떠서 남한을 성소로 만들고 북한을 지성소로 만들어 남한, 곧 성소에다 일곱 기둥을 세우는 이유가 있느니라. 구약시대는 그림자요, 모형이며, 그 실체는 신약시대이니라. 또한 신약시대는 앞으로 다가올 언약시대의 그림자요, 모형이며, 그 실체는 언약시대이니라. 성소의 일곱 촛대가 장차의 일곱 기둥임 외에 더 예를 들면 [민수기; 제21장]의 놋뱀 사건, 즉 '뱀에게 물린 자들마다 장대 위에 달린 놋뱀을 쳐다본즉 살더라'에서 이는 육적인 구원을 의미하고, 나아가서 하나의 그림자요, 모형이며, 그 실체는 예수가 십자가에 못 박힌 사건이요, 장대는 하나의 그림자이고 모형이며, 그 실체는 십자가를 상징하는 것이니라. 그러므로 놋뱀 사건은 하나의 그림자요, 모형이며, 그 실체는 십자가에 못 박힌 예수를 믿고 깨달아 그 참된 가르침대로 행하는 자들마다 영적으로 살게 되리라는 뜻이니라. 또한 구약의 도피성 제도는 그릇 살인한 사람이 대제사장이 죽어야 그의 본향으로 돌아갈 수 있듯이, 이는 하나의 그림자요, 모형이며, 그 실체는 대제사장인 예수가 죽어야 사람들이 영적인 본향, 즉 천국에 갈 수가 있다는 뜻이니라. 또한 요나가 밤낮으로 사흘 동안 큰 물고기의 뱃속에 있었던 것은 하나의 그림자요, 모형이며, 그 실체는 예수가 밤낮으로 사흘 동안 무덤 속에 있는 것이니라."

"명심하겠나이다. 주님이시여."

"장차 온 세계의 주민들이 나의 진리를 배우기 위해 너희 나라로 몰려올 날이 있을 것이로다."

"그리되기를 바라나이다."

"하늘이 이제 새로운 시대를 여노니, 곧 지상천국, 지상낙원, 지상극락이 바로 그것이라. 그리하여 하늘이 여는 새로운 시대에 합치하는 단체나 기업은 생존함은 물론이고 끝없는 창성함이 있을 것이니라. 그러나 하늘이 여는 새로운 시대에 거역하는 단체나 기업은 생존하지 못함은 물론이고 영원한 멸망만이 있을 것이니라."

"옳사옵니다. 주님이시여."

"너희 나라가 6.25 사변으로 인류의 멸망을 대신했으니 너희나라가 바로 생명의 나라이니라. 그러하기에 내가 너희 나라에 일곱 기둥을 세우는 것이니라."

"잘 알겠나이다. 주님이시여."

"[요한계시록: 제1장 4절] '요한은 아시아에 있는 일곱 교회에 편지하노니,' [요한계시록 제1장 12절] '일곱 금 촛대를 보았는데,' [요한계시록: 제1장 20절] '네 본 것은 내 오른손에 일곱별의 비밀과 일곱 금 촛대라. 일곱별은 일곱 교회의 사자요, 일곱 촛대는 일곱 교회이니라.' [요한계시록 제2장 1절] '오른손에 일곱별을 붙잡고 일곱 금 촛대 사이에 다니시는 이가 가라사대,' [요한계시록 제4장 5절] '보좌 앞에 일곱 등불 켠 것이 있으니 이는 하나님의 일곱 영이라,' [요한계시록 제5장 1절] '일곱 인으로 봉하였더라,' [요한계시록 제5장 6절] '일곱 뿔과 일곱 눈이 있으니, 이 눈은 온 땅에 보내심을 입은 하나님의 일곱 영이더라,' [요한계시록 제6장 1절] '어린 양이 일곱 인 중에 하나를 떼시는 그 때에' [요한계시록 제8장 6절] '일곱 나팔 가진 일곱 천사가 나팔 불기를 예비하였더라,' [요한계시록 제10장 3절] '외칠 때에 일곱 우뢰가 그 소리를 발하더라.' 여기에서 모든 일곱이라는 숫자는 그림자요, 모형이며, 그 실체는 장차 너희 나라 대한민국에서 세워질 '일곱 기둥'을 영적으로 상징하는 것이니라."

"귀하신 말씀 감사하옵니다."

"나는 이 우주를 창조한 태극신(太極神)이며, 태극신이 곧 나이니

라. 그리고 너희 나라 대한민국은 영원히 존귀하고 거룩한 나의 나라 곧 태극신의 나라임을 알지니라."

"잘 알겠나이다. 주님이시여."

"내가 장차 나의 귀한 일곱 기둥을 너희 나라 대한민국에 세우리니, 그로써 너희 나라는 영원히 나의 나라가 될 것이다. 그리하여 너희가 너희 나라에서 그 무엇이든지 이루면 하늘에서도 이루어질 것이요, 그 무엇이든지 하늘에서 이루면 너희 나라에서도 이루어질 것이니라."

"명심하겠나이다. 주님이시여."

"구약시대에서는 그 모든 것이 여호와의 이름으로 진행되었으므로 여호와가 주인공이 되어 여호와의 이름으로 기도를 드렸으나, 신약시대에서는 그 모든 것이 예수의 이름으로 진행이 되었음으로 예수가 주인공이 되어 예수의 이름으로 기도를 드렸느니라. 그러나 앞으로 오는 언약시대에서는 그 모든 것이 나 하나님의 이름으로 진행되므로 내가 주인공이 되어 나 하나님의 이름으로 기도를 드려야 하느니라. [요한계시록 제22장 17절] '성령과 신부가 말씀하시기를, 오라 하시는 도다. 듣는 자도 오라 할 것이요, 목마른 자도 올 것이요, 또 원하는 자는 값없이 생명수를 받으라 하시더라.'에서 성령은 나를 일컫는 말이고, 신부는 너희 나라 대한민국을 말하는 것이며, 생명수란 장차 너희나라에서 등장할 '옴 진동수(振動水)'를 말하는 것이니라. 그리하여 너희들이 나에게 기도할 때에 마지막에는 반드시 '하나님의 이름으로 기도하였습니다.'라고 해야 하느니라. 나는 앞으로 전 세계에 세워질 나의 열두 기둥에서 나를 향하여 기도할 때에도 반드시 "하나님의 이름으로 기도하였습니다."라고 하게 할 것이니라."

"귀하신 말씀 감사하나이다."

"지금은 외국인들이 너희 나라를 볼 때에 단순히 남북분단의 나라로만 인식하여 보고 있으나, 실상을 알고 보면 온 인류가 선과 악의 대결로 멸망할 것을 너희 나라가 대신하는 것이니라. 그리하여 언젠가는 온 세상의 모든 사람들이 너희 나라가 나의 나라임을 기이하게 여기면서 볼 날이 있으리라. 장차 내가 너희 나라를 들어서 역사함에 있어 너희 나라로 하여금 무궁한 빛의 나라가 되게 하여 온 인류의 모든 어둠을 몰아낼 것이고, 무궁한 구원의 나라가 되게 하여 온 인류의 모든 멸망을 몰아낼 것이니라. 또한 너희 나라로 하여금 무궁한 희망의 나라가 되게 하여 온 인류의 모든 절망을 몰아낼 것이며, 무궁한 생명의 나라가 되게 하여 온 인류의 모든 사망을 몰아낼 날이 도래하리라."

"귀하신 말씀 감사하옵나이다."

"너희들의 편견과 너희들의 생각과 너희들의 뜻으로 저 사람은 진리전도(眞理傳道)가 아니 될 것이라고 생각하지 말라. 너희들은 오직 용기를 가지고 나의 복음을 만인에게 전하라. 그 뒤는 내가 알아서 그를 전도케 하리라. 지금 영계(靈界)에서나 천국에 있는 의인들이 내가 장차 세울 열두 기둥에 들어가기를 눈이 빠지게 기다리고 있느니라."

"그리하겠나이다. 주님이시여."

"내가 진실로, 진실로 약속하리니, 동해물과 백두산이 마르고 닳도록 나는 너희 나라 대한민국과 함께 있을 것이고, 나는 너희 나라 대한민국을 떠나지 아니할 것이로다. 또한 나는 너희 나라 대한민국을 지켜줄 것이며, 나는 너희나라 대한민국을 보우(保佑)할 것이니라."

"그리되기를 바라나이다."

"보라. 내가 구세주, 메시아로 온다는 것이 〈격암유록〉에 증거되어 있도다. 〈격암유록〉[14]의 농궁가(弄弓歌)에 '무극천상운중왕(無極

---

[14]우리민족의 위대한 예언서인 〈격암유록〉에 관해서는 유감스럽게도 위서(僞書) 논란이 존재한다. 그러나 하늘의 계시에 따르면, 후세에 불순한 종교 세력의 손에 의해 사본의 일부 내용이 조작된 것은 사실이나, 그 이전에 분명히 원본(原本)이 존재했다고 한다. 그러므로 현재 남아 있는 것은 어디까지나 〈필사본(筆寫本)〉이기에 필사과정에

天上雲中王)이 태극재래정씨왕(太極再來鄭氏王)'이라. 이는 천상 곧 하늘에 있는 왕, 즉 나 하나님이 태극신으로 와서 지상세계에서 왕의 노릇을 한다는 뜻이니라. 또한 〈격암유록〉에 '태고이후초락도(太古以後初樂道)'라 하였느니라. 이 뜻은 이제까지는 천국에 가서 영생한다는 진리는 있었으나 신(神)이 되게 한다는 진리는 없었나니, 그리하여 신이 되게 한다는 도(道)가 태고 이후로 처음으로 나타난다는 뜻이니라. 또한 〈격암유록〉에 '사말생초신천지(死末生草新天地)'라고 하였으니 이 뜻은 앞으로 죽음은 영원히 사라지고 영생하는 신천지가 건설된다는 뜻이니라. 이 뜻은 내가 구세주, 메시아로 와서 신천지, 즉 지상천국, 지상낙원, 지상극락을 이룬다는 뜻이니라."

"귀하신 말씀 감사하옵나이다."

"너희 나라 대한민국은 물질만을 생산하여 수출하는 나라가 되지 말고 끝없는 영(靈)과 진리의 나라가 되어라. 그리하여 그 끝없는 영과 진리를 타국에 수출하는 나라가 되어야 할 것이다. 누구나 나의 뜻이 흐르면 온 우주에서 가장 존귀한 존귀지체(尊貴肢體)가 되듯이 어느 나라나 나의 뜻이 흐르면, 온 세계에서 최고로 존귀한 나라가 되느니라. 그리하여 너희 나라가 나를 잘 영접하면, 내가 너희 나라 대한민국을 온 세계에서 최고로 존귀한 나라로 만들어 주리라."

"잘 알겠나이다. 아버지이시여."

"너희 나라 대한민국은 무궁한 진리의 나라가 되고, 무궁한 진리의 스승국이 되어 그 진리를 타국에 수출하도록 하라. 이것이 바로 너희나라 대한민국이 가야할 운명이니라. 만약에 너희 나라 대한민국이 그리한다면 물질도 끝없이 창성시켜 주리라. 너희 나라의 말에 '뭉치면 살고 흩어지면 죽는다.'는 말이 있거니와, 너희들이 내 앞에서 하나가 되면 너희 나라의 창성함이 무궁하리라."

서 얼마든지 일부 내용을 조작해서 넣을 수 있었다고 보아야 할 것이다. (편집자 주)

"잘 알겠나이다. 주님이시여."

"보라, 그 옛날 이스라엘의 성전인 '성소'와 '지성소' 사이를 가로막고 있는 휘장은 그림자요, 모형이며, 그 실체는 너희 나라의 휴전선이니라. 그리하여 예수가 십자가에서 사망할 때에 성소와 지성소를 가로막고 있는 휘장이 찢어졌다는 것은 그림자요, 모형이며, 그 실체는 너희 나라가 선악대결의 십자가가 다하는 그 날에 휴전선이 찢어지는 것이니라."

"잘 알겠나이다. 아버지이시여."

"내가 북한을 그 옛날 이스라엘 성전의 '지성소'로 만들고, 또 남한을 그 옛날 이스라엘 성전의 '성소'로 만들어 그 옛날 이스라엘 성전의 성소에 있던 '일곱 금 촛대'를 너희나라 대한민국에 등장할 '일곱 기둥'의 상징으로 만든 까닭은 그 옛날 이스라엘 성전은 하나의 그림자요, 모형이며, 그 실체는 너희 나라가 되어야 했기 때문이로다. 즉 구약시대는 신약시대의 그림자요, 모형이고, 그 실체는 신약시대이며, 또한 신약시대는 앞으로 다가올 언약시대의 그림자이자 모형이며, 언약시대는 신약시대의 실체이기 때문이니라."

"잘 알겠나이다. 주님이시여."

"지금까지는 너희 나라의 국민들이 선진 지식을 구하기 위해 외국으로 유학을 가고 있으나, 미래에는 온 세계의 사람들이 진리를 구하기 위해 너희나라로 몰려오게 될 것이니라."

"그리되기를 바라나이다."

"나를 믿는 너희들은 온 마음을 다하여 나의 거룩한 상징이자 신물인 태극을 존귀히 여기고, 거룩히 여기며, 또 너희들이 온 정성을 다하여 애국가에 있는 나의 이름, 즉 하느님 그 영원자, 그 절대자의 이름을 사랑할지니라. 너희들이 그리하면 내가 너희 나라의 모든 굴욕의 역사를 거두고 너희 나라의 영광과 존귀를 끝이 없게 할 것이며, 결국에는 온 세계 만국 가운데에서 가장 위대한 나라로 돌려 세우리라."

"귀하신 말씀 감사하나이다."

"나의 말을 삼가 명심하라. 내가 또 오리라."

"안녕히 가시옵소서."

이 말씀을 끝으로 나는 자리에서 일어났다. 그리고 하나님을 향하여 무수히 절을 했다.

■ 참고자료 - 옴 진언의 유래와 탁월한 공능에 관해

옴(AUM) 진언에 대해서는 다음과 같은 여러 가지 설(說)이 있다.

1.창조주 하나님께서 우주를 창조하신 다음 옴(AUM) 소리로 온 우주를 진동하게 하셨다고 한다. 그래서 옴(AUM) 진언은 창조주 하나님의 소리라는 설이 있다.

2.불교의 진언종, 진각종에서는 이 옴(AUM) 진언을 지극히 신성시한다.

3.불교의 중요한 만트라 앞에는 반드시 옴(AUM) 진언이 들어가 있다.

4.인도 사람들 역시 옴(AUM) 진언을 지극히 신성시한다.

5.기독교의 "아멘" 역시 옴에서 나왔다고 한다.(※영어발음으로는 AUM은 아움 또는 암이다.) 즉 옴이 "아멘"으로 변형된 것이다.

6.회교도들이 외우는 "아민"도 옴에서 나왔다고 한다. 즉 옴이 "아민"으로 변형된 것이다.

7.옴(AUM) 진언을 많이 외우면 전생의 업장이 소멸되고 팔자상 타고난 여러 가지 액운이 소멸된다고 한다. 그리하여 성공한 삶을 살게 된다고 한다.

8.옴(AUM) 진언은 불교의 현교만의 진언이 아니며, 밀교에서도 신성시하는 진언이다. 또 여러 방파에서 종파와는 상관없이 옴(AUM) 진언을 지극히 신성시한다.

9.옴(AUM) 진언은 처음에는 발음하기가 매우 힘이 든다. 그러므로 처음에는 "옴 마니 반메 훔"부터 외워서 서서히 옴(AUM) 진언을 익히도록 해야 한다. 처음부터 단숨에 익히려면 어렵다. 만약 "옴 마니 반메 훔"이 싫다면, 아래에 있는 다양한 진언들 중의 하나를 선택해서 외우면 된다.

10.아무쪼록 지극한 정성으로 외워서 모든 분들이 소원성취하시기

272

바란다.

●옴[15] 진언들

나무 사만다 못다남

옴 마니 반메 훔

옴 도로도로 지미 사바하

옴 아라남 아라다

옴 샅바못자 모지 사다야 사바하

옴 남

옴 치림

옴 사바바바 수다살바 달마 사바바바 수도함

옴 바아라 뇌로 다가다야 삼마야 바라메 사야훔

옴 난다난다 나지나지 난다바리 사바하 나무 사만다 못다남

---

15)"옴(AUM)"에 관해서는 여러 종교철학에서의 설명과 성자(聖者)들의 언급이 있는데, 그중 몇 가지를 소개하자면 다음과 같다.

*만유를 포함한 브라만(Brahman:창조신) 자체가 무차별의 우주성음(宇宙聖音)인 옴이다. 옴은 핵이며 우주는 그것이 펼쳐진 것이다. 그것은 절대, 초월, 무속성의 실재이며, 또한 자기 내부의 생명력인 샤크티를 조절하는 능력이 있다.(인도 베단타 철학)

*인간의 육체는 보잘 것 없는 음식으로만 유지되는 것이 아니라 우주동력(말씀 또는 옴)으로 유지되는 것이다. 보이지 않는 생명력(Aum)이 장방향 척수의 문을 통해서 육체 속으로 흘러들어간다. 성경은 옴을 성령 또는 모든 피조물을 신성하게 유지시키는 생명력이라고 말하고 있다. 옴의 우주 소리는 모든 차별된 창조적 진동들의 본질이다. 옴은 신(神)의 상징이다. - 태초에 말씀이 있었고, 그 말씀은 신과 함께 있었고, 그 말씀이 신이었다.(요한) - 창조 속에 그분의 최초의 발현이 우주의 지성적 진동, 지성적 성령의 진동이며, 그 소리는 옴 또는 말씀이다. 발성하는 모든 말과 언어들, 신들의 아스트랄 지식, 모든 자연적 기계적 소리들이 모두는 옴의 우주소리에 그 기원을 둔다. 요기들은 그들의 의식을 신(神)의 편재하는 지각 속으로 확장시키기 위해 이 옴소리와 조율한다. (인도의 파라마한사 요가난다)

*아움(옴)의 창조음을 반복하는 사이에 창조와 파괴 두 힘을 의식하게 된다. 이 둘은 본래 하나이며, 따로따로가 아니다. 일체의 만들어진 것, 곧 피조물인 광물, 식물, 동물, 인간계의 모든 모양 있는 것 속에서 이 '아움'의 소리가 울리고 있음을 들을 수 있다. 이것은 만물의 바탕인 울림이고 서로 다른 것은 다만 파장일 뿐이다.(맥도널드 베인의 저서, 〈티벳의 성자를 찾아서〉에서 다추안 대사의 말)

(발행인 주)

옴 아마리 다바베 사바하

옴 마리다리 훔훔바탁 사바하 다냐타

옴 아리다라 사바하

옴 노계새바라 라아 하릭

옴 아마리다 제체 하라 훔

옴 이제리리 사바하

옴 모지짓다 못다 바나야 믹

옴 아리야 승하 사바라

옴 아아나 사바하 나무 사만다 못다남

옴 숫제유리 사바하

옴 바계타 나막 사바하

옴 아로늑계 사바하

옴 바리 마리다니 사바하

옴 아마카 살바다라 사다야 시베 훔

옴 호로호로 사야모케 사바하

옴 사마라 사마라 미만나 사라마하 자가라바 훔 다냐타

옴 아나례 비사제 비라 바아라 다리반다 반다니 바아라 바니반 호
흠 다로응박 사바하 나모 아따 시지남 삼먁 삼못다 구치남

옴 아자나 바바시 지리지리 훔

옴 가라지야 사바하

옴 바아라 도비야 훔

옴 바아라 바다라 훔바탁

옴 기리나라 모나라 훔바탁

옴 기리기리 바아라 훔바탁

옴 제세제야 도미니 도제삿다야 훔바탁

옴 이베이베 이뱌마하 시리예 사바하

옴 바아라 아니바라 닙다야 사바하

옴 아라나야 훔바탁

대표적 옴 진언인 '옴 마니 반메 훔'의
티베트어 표기와 티베트 포탈라궁 바위에
새겨져 있는 옴 진언(우측 사진)

움 도비가야 도비바라 바라니 사바하

옴 소싯지 아리 사바하

옴 아자미례 사바하

옴 가마라 사바하

옴 소싯지 가리바리 다남다 목다예 바아라 바아라 반다 하나하나
훔바탁

옴 바나미니 바아바제 모하야 아아

옴 아례 삼만염 사바하

옴 약삼 나나야 전나라 다 노발야 바사바사 사바하

옴 미라야 미라야 사바하

옴 바나맘 미라야 사바하

옴 바아라 미라야 사바하

옴 기리기리 바아라 불반다 훔바탁

옴 미보라 나락사 바아라 만다라 훔바탁

옴 사라사라 바아라 가락 훔바탁

옴 바아라 바사가리 아나 맘나 훔

옴 바아라 가리라타 맘타

옴 바아라 서가로타 맘타

옴 상아례 사바하

옴 삼매야 기니하리 훔바탁

옴 상아례 마하 삼만념 사바하

옴 도나 바아라 학 나모라 다나 다라 야야

옴 아나바 제 미아예 싯지 싯달제 사바하 나모 바나맘 바나예

옴 아미리 담암베 시리예 시리탐리니 사바하

옴 바아라 네담 아예 사바하

옴 아가로 다라 가라 미사예 나모 사바하

옴 날지날지 날타바지 날제 나야바니 훔바탁

옴 바나만 아링하리

옴 전나라 바맘타 이가리 나기리 나기니 훔바탁

옴 미사라 미사라 훔바탁

옴 아하라 살바미냐 다라 바니제 사바하

옴 서나미자 사바하

옴 바아리니 바아람예 사바하

옴 서나미자 사바하

옴 바아리니 바아람예 사바하

옴 아마라 검제이니 사바하

옴 소로소로 바라소로 바라소로 소로소로 야 사바하

3부

한민족과 대한민국의 영광을 향해

3부

1.신의 열세 번째 계시 말씀

그분이 말씀하셨다.

"지금 전 세계에서 나 하나님의 상징이자 신물이 들어가 있는 국기는 오직 이스라엘의 국기와 너희 나라 대한민국의 태극기뿐이니라. 그리하여 전세에서는 이스라엘이 주인공이 되어 이스라엘의 역사서인 성경이 온 세계의 기준이자 표준이 되는 경전으로 읽혀졌으나, 앞으로 오는 후세에서는 내가 너희나라 대한민국에서 세우는 일곱 기둥과 해외에서 세우는 다섯 기둥이 온 세계를 떠받치는 열두 기둥이 될 것이요, 그 열두 기둥에서 나오는 열두 경전이 온 세계의 기준이요 표준이 되는 경전으로 채택되어 온 세계만방에서 읽히어지게 되리라."

"잘 알겠나이다. 주님이시여."

"그리하여 나는 너희 나라 대한민국을 내세워 온 세계에 신천신지(新天新地), 별천지(別天地)를 이룩할 것이로다. 나는 먼저 너희 민족의 눈에서 눈물을 씻어주고 다시는 슬픔으로 통곡하거나 애통해 하는 일이 없게 할 것이니라. 너희 나라는 영원히 내 존귀한 나라가 될 것이요, 나는 영원히 너희 나라의 신(神)이 되어 영원무궁토록 너희 나라를 지켜주고 또 지켜 주리라. 내 영원한 존귀함이 영원히 너희 나라에 머물러 있게 할 것이요, 내가 무궁토록 너희 나라와 함께 하게 할 것이니라."

"잘 알겠나이다. 주님이시여."

"나는 너희 나라 대한민국을 들어서 빛의 역사를 일으킬 것이며, 그리하여 너희 나라는 무궁한 빛의 나라로 만들 것이니라. 이로 인하여 너희 나라는 세세토록 무궁한 빛의 길을 걸어갈 것이고, 그 뒤를 따라서 온 세계 열방(列邦)과 온 세계 민족들이 너희 나라의 뒤를 따라가게 할 것이다. 그리하여 종국에는 온 세계에 존재하는 모든 어둠과 암흑을 몰아내고 오직 영원무궁한 빛의 세계만이 존재하게 할 것이니라. 그날에는 모든 인류가 찬란한 빛 가운데에 거할 것이요, 다시는 온 인류상에 어둠과 암흑의 역사가 일어나지 않게 할 것이로다. 나는 빛이요, 생명이니, 누구나 나를 따르는 나라와 민족에게는 내 영원한 빛과 생명을 아낌없이 나누어줄 것이니라."

"잘 알겠나이다. 주님이시여."

"보라, 너희 나라 대한민국은 태극(太極)의 나라이니, 태극은 바로 음과 양을 말하는 것이며, 다시 음과 양은 무궁한 사랑을 말하는 것이니, 그 무궁한 빛의 날에 너희 나라를 지배하고 있는 태극의 끝없는 상생의 기운이 끝없는 사랑으로 변하여 온 세계로 퍼져나가리라. 이로써 인류사의 끝없는 전쟁과 전쟁의 역사는 영원히 사라지고 태극에서 퍼져나온 끝없는 사랑의 역사가 온 인류에서 영원히, 그리고 무궁히 이어질 것이다. 그리하여 종국에는 온 인류에게 나의 나라, 즉 끝없는 사랑의 나라가 이루어지리라."

"잘 알겠나이다. 주님이시여."

"너는 나의 말이 기록된 이 책을 외국어로 번역하여 온 세계 열국의 나라와 민족에게 알리도록 하라. 수많은 이들이 생각하기를, 설마 나의 뜻이 너희 나라와 같이 작고 초라한 곳에서 이루어질까 하고 의심하리라. 그러나 결국에는 나의 말이 단 하나라도 버려짐 이 없이 이루어지게 되는 것을 보게 될 것이니라."

"잘 알겠나이다. 아버지시여. 그런데 주님이시여, 저희 민족이 어떻게 하면 조상령들에게 제사를 지내지 아니하고 주님에게 제사를 드리오리이까?"

"원래 너희 한민족이 조상령들에게 제사하는 풍속의 근원은 아득한 옛날 환국시대에 내가 '환인(桓因)'이라고 불리고 환국의 백성들이 나에게 제사하던 풍속이 변해서 조상령들에게 제사하게 되었느니라. 보라, 이제 내 때가 가까웠음이라. 이제는 너희들이 조상령들 대신에 나에게 제사하는 제사장(祭司長) 나라가 되어야 하겠느니라. 이에 너희들은 명절날이나 혹은 다른 날에도 제사를 드릴 때에 태극기를 제사상 앞에 걸어놓고 제사를 드리도록 하라. 그리고 태극기에 있는 태극을 보고 나를 일심(一心)으로 생각하라. 누구나 나를 일심으로 생각하는 자는 나도 그를 영원히 잊지 아니하고 생각할 것이며, 다시는 그를 어둠과 암흑의 길로 보내지 않고 세세토록 영원무궁한 빛의 길로 보내어 그를 영원히 구원하리라."

"잘 알겠나이다. 주님이시여."

"비록 너희들의 일어섬은 지극히 작을 것이요, 지극히 초라할 것이며, 지극히 보잘 것이 없으리라. 그러나 너희들은 보게 될 것이다. 즉 그날에는 너희들의 모든 것이 온 세상을 위하여 기둥이요, 표준이요, 기준이 되는 것을 보게 될 것이니라."

"잘 알겠나이다. 주님이시여."

"너희들이 내 존귀한 이름이 들어가 있는 애국가를 부르는 세상 끝 날까지 나를 깊이 생각한다면, 나는 그날까지도 너희들과 함께 영원히 있을 것이며, 그리하여 나는 영원히 존귀한 너희들의 하느님이 될 것이요, 너희들은 영원히 존귀한 내 백성이 되리라. 또한 너희들이 국민의례를 할 때에 내 거룩한 상징이 들어가 있는 태극을 보고 세상 끝 날까지 나를 깊이 생각한다면, 나는 그날까지 너희들과 함께 영원히 있을 것이며, 그리하여 나는 영원히 거룩한 너희들의 하느님이 될 것이요, 너희들은 영원히 거룩한 내 국민이 되리라."

"잘 알겠나이다. 주님이시여. 그런데 주님이시여, 주님께서는 우리나라 대한민국을 선택하시고 그 국민들을 선민으로 삼기 이전에 마귀, 사탄들이 북한을 점령하게 하시어 6.25사변이라는 참혹한 패망을 주셨나이다. 그런 연후에 우리나라 대한민국을 남북으로 갈라지게 하시고 태극의 상극의 원리로 인해 동족상잔이라는 비극을 주셨나이다. 이것은 바로 배도(背道)이옵니다. 물론 지금은 아직 우리나라의 국민들이 이 사실을 모르고 있기에 망정이지, 알고 있다면 큰일이 일어나겠나이다. 이제 태극의 상극의 원리가 우리나라를 지배함이 끝나고 태극의 상생의 원리가 우리나라를 지배하는 때가 오면, 우리나라의 국민들이 그토록 갈망하던 남북통일이 되나이다. 그런 연후에 대한민국 영광의 역사는 영원히 그리고 길이 이어지게 되나이다. 그리고 이것이 바로 구원이옵니다."

"네가 참으로 잘 풀이했느니라. 나는 너희 나라를 나의 나라로 선택하기 이전에 먼저 패망과 배도를 주었느니라. 보라. 나의 역사에는 반드시 마귀, 사탄들이 그 반대로 역사하려 하느니라. 그리하여 나는 마귀, 사탄들이 북한을 점령하고 핵무기를 만드는 것을 지켜보았느니라. 이와 같이 나의 역사에는 반드시 마귀, 사탄의 역사가 뒤따르느니라. 그러나 너희들은 미래의 무궁한 영광을 위하여 참고 또 참아야 하느니라. 장차 너희 나라로 인해 이 지구별 위에 지상천국(地上天國), 지상낙원(地上樂園)이 이루어지느니라. 그리고 그때에 너희들이 받을 영광과, 존귀가 끝이 없을 것이로다. 이것이 바로 구원이니라. 나는 너희 나라에 단순한 구원이 아니라 영원무궁한 구원을 주고 또 주리라."

"잘 알겠나이다. 아버지이시여."

"나는 장차 너희 나라를 통해 나의 무궁한 영광을 드러내리니, 비록 지금은 온 세상의 사람들이 같은 동족끼리 상잔(相殘)을 벌이는 초라한 너희의 땅에서 무슨 나의 무궁한 영광이 일어나겠냐며 의심할 것이며, 꿈속에서도 알지 못하리라. 그러나 세월이 지나가고 시간이 흘러감에 따라 나의 말이 호리(毫釐)라도 남김이 없이 이루어지는 것을 보게 될 것이니라. 태극은 음과 양이요, 음과 양은 사랑을 뜻하니, 언젠가 때가 되면 내가 태극의 상극의 힘을 모두 거두고 태극의 무한한 상생의 힘이 너희 나라를 지배하게 하리라. 그리하여 태극에서 발생된 무한한 사랑의 힘이 온 세계로 뻗어나가게 하여 온 세계 모든 열국에서 끝없는 전쟁과 전쟁의 역사를 영원히 거두고 끝없는 사랑의 역사가 영원히, 그리고 길이 이어지게 할 것이로다. 그리하여 그날에는 온 세계의 모든 사람들이 너희 나라를 보고 아낌없이 거룩한 '메시아의 나라'라고 부를 날이 올 것이니라."

"잘 알겠나이다. 아버지이시여."

"온 세상의 모든 열국의 국기들 가운데 오직 이스라엘과 너희 나라 대한민국에만 나의 존귀한 상징이 들어가 있듯이, 이스라엘에게는 자기들이 선택을 받았다는 선민(選民)의 의식이 존재하나, 너희들에게는 '천손민족'이라는 귀한 의식이 있다는 사실을 잊지 말아야 하느니라. 앞서 너희에게 말한 것처럼 '한민족'에서 '한'은 '하늘'을 말하는 것이고, '민족'은 너희 민족을 말하는 것이니, 이를 합하면 '한민족'이란 '하늘민족'을 말하는 것이며, 이 '하늘민족'이 곧 '천손민족'이라는 뜻이 되느니라. 그리하여 그날에는 온 세계의 모든 열국이 너희 민족을 보고 지극히 귀한 '천손민족'이라고 경배할 날이 올 것이니라."

"잘 알겠나이다. 아버지이시여."

"그러므로 너희들은 이렇게 하라. 눈으로 태극을 보면 나를 보듯이 하고, 귀로 옴 진언을 듣거든 나의 말씀 중의 말씀을 듣듯이 하며, 입으로 애국가를 부르면서 거기의 나의 존귀한 이름을 부르게 되거든 나를 부르는 것으로 생각하라. 만약에 그리하는 자가 있다면, 내가 기꺼이 그를 위하여 의(義)의 보좌를 내어주어 수많은 이들 앞에서 그를 심히 기쁘게 하리라."

"잘 알겠나이다. 아버지이시여."

"보라. 그날에는 내가 영원히 너희 나라의 신(神)이 되리니, 누구나 나를 영접하는 자마다 영원히 죽지 아니하는 생명을 얻으리라. 나의 뜻이 먼저 너희 나라에서 이루어지겠고, 그 이후에 온 세계만국에서 나의 뜻이 이루어지리라. 나는 먼저 너희 나라에게 무궁한 빛의 길을 내어주어 너희 나라가 제일 먼저 그 길을 걸어갈 것이다. 그 뒤를 따라서 온 세계가 너희들이 간 그 길을 따라서 걸어가게 할 것이며, 또한 나는 먼저 너희 나라에게 무궁한 희망의 길을 내어주어 너희 나라가 제일 먼저 그 길을 걸어갈 것이니라. 그리고 그 뒤를 따라서 온 세계가 너희들이 간 그 길을 따라 걸어가게 할 것이며, 또한 나는 먼저 너희 나라에게 무궁한 생명의 길을 내어주어 너희 나라가 제일 먼저 그 길을 걸어가겠고, 그 뒤를 따라서 온 세계가 너희들이 간 그 길을 따라서 걸어가게 하리라. 그리하여 종래에는 온 인류가 영원히 무궁한 빛과 희망과 생명으로 가득 차게 할 것이니라. 그리고 그 결과로 인하여 온 인류에게 영원히 무궁한 신천지가 이룩되게 할 것로다."

"잘 알겠나이다. 아버지시여."

"장차 너희 나라는 다음과 같은 나라가 되어야 하느니라. 장차 너희 나라는 인류에 의한, 인류를 위한, 인류의 나라가 되어야 할 것이니라. 그리하여 누구나 정의를 사랑하고, 사랑을 사랑하며, 자비를 사랑하고, 진리를 사랑하면, 그 누구라도 바로 너희 나라의 국민으로 간주해야 하느니라. 그리하여 너희 나라 온 국민들이 정의를 사랑하면, 너희 나라는 정의에 의한, 정의를 위한, 정의의 나라가 세워질 것이요, 또한 너희 나라 온 국민들이 사랑을 사랑한다면, 너희 나라는 사랑에 의한, 사랑을 위한, 사랑의 나라가 세워질 것이다. 또한 너희 나라 온 국민들이 자비를 사랑한다면, 너희 나라는 자비에 의한, 자비를 위한, 자비의 나라가 세월질 것이며, 또한 너희 나라 온 국민들이 진리를 사랑한다면, 너희 나라는 진리에 의한, 진리를 위한, 진리의 나라가 세워질 것이니라."

"아버지의 말씀이 옳사옵니다."

"너희들은 '하나님'이라는 말의 뜻을 소중히 여기고 그 뜻을 전 세계에 알려야 하느니라. 나의 이름이 너희 나라의 말로 '하나님'이라. 이 '하나님'에서 '하나'는 온 우주에서 하나 밖에 없는 존재라고 해서 '하나'라고 말하는 것이며, '님'은 존칭이니라. 그러나 '하나님'이라는 단어에는 또 다른 뜻이 들어가 있음이니, '하나님'에서 '하나'라는 뜻은 모든 지구 주민들이 내 앞에서 나라와 민족과 인종과 피부색깔과 남녀노소를 불문하고 '하나'라는 뜻이니라. 또한 앞으로 전 세계가 내 앞에서 '하나'가 된다는 뜻이니라. 그래서 나의 이름이 '하나님'이니라."

"아버지의 말씀이 거룩하시옵니다."

"내가 장차 너희 나라 대한민국에 수많은 의인들을 배출하리니, 너희들은 영원히 존귀한 의인들의 나라가 될 것이요, 나는 영원히 의로운 신(神)이 되리라. 그리하여 너희 의인들은 들으라. 너희 의인들은 '평화 인류주의'를 일으켜 세워 내 이름을 거룩하게 하라. 내가 때가 되면 너희들이 정립한 '평화 인류주의'를 온 세계로 퍼져 나가게 하여 전 세계가 너희를 보고 지극히 의롭다함을 받게 하리라."

"진실로 그리되기를 바라나이다."

"내가 때가 되면 나라와 나라, 민족과 민족 사이의 구분을 서서히 없애고 그 모든 사람들이 그 어떤 나라 어떤 민족에 속해있든 간에 하나의 지구국민이라는 의식을 갖게 하리라. 그리하여 나는 나라와 나라, 민족과 민족 사이의 전쟁을 영원히 없애고 전에도 없었고 후에도 없을 무궁한 사랑의 역사를 일으켜, 마침내 너희 지구별에 전에도 없었고 후에도 없을 지상천국, 지상낙원을 이룩하리라. 나의 말 속에 '평화 인류주의', 곧 지상천국, 지상낙원을 이룩하는 데 기초가 되고 반석이 되는 것이 있나니, 너희들은 나의 말을 토대로 먼저 '평화 인류주의'를 세우도록 하라. 그리하여 너희는 성숙한 '평화 인류주의'를 정립시켜 온 세계에 수출해야 하느니라."

"진실로 그리되기를 바라나이다."

"나의 말 속에는 무궁한 빛과 희망과 생명과 끝없는 존귀와 거룩과 영광이 있나니, 장차 너희들이 '평화 인류주의'를 정립시킬 때에 나의 말 속에서 이런 점을 찾아내어 무궁한 빛과 희망과 생명 및 끝없는 존귀와 거룩과 영광이 들어가 있는 '평화 인류주의'를 제정해야 하느니라. 그리하여 너희들이 정립시킨 '평화 인류주의'를 온 세계 열방으로 퍼져나가게 해야 하느니라. 나는 '평화 인류주의'를 정립시키는 권능과 권세를 오직 너희 나라 대한민국에게만 줄 것이니, 너희는 지구상 유례가 없는 존귀한 나라로 부상하게 될 것이로다. 그리하여 마침내 온 세계에 '평화 인류주의'가 이룩되는 날에 온 세계는 너희들이 정립시킨 '평화 인류주의'로 인해 끝없이 무궁한 빛과 희망, 생명 및 끝없이 무궁한 존귀와 거룩과 영광 가운데에 있게 될 것이니라."

"부디 아버지의 뜻이 이루어지기를 간절히 기원하겠나이다."

"너희 나라는 지상에 있는 나의 신전(神殿)이니라. 장차 나는 지상에 있는 나의 신전, 곧 너희 나라 대한민국에다 나무를 심으리라. 그 나무는 빛의 나무요, 희망의 나무요, 생명의 나무이니, 그리하여 그날에 나는 빛의 나무에서 무궁한 빛의 열매를 맺게 하여 온 인류에게 나누어 주리라. 또한 그날에 나는 온 인류상에 다시는 빛이 없고 어둠속에 거하는 일이 없게 하고 오직 무궁한 빛만이 존재하게 할 것이다. 그리고 그날에 나는 희망의 나무에서 무궁한 희망

286

의 열매를 맺게 하여 온 인류에게 나누어 주리라. 그리하여 그날에 나는 온 인류상에 존재하는 모든 절망을 몰아내고 오직 무궁한 희망만이 존재하게 하리라. 또한 그날에 나는 생명의 나무에서 무궁한 생명의 열매를 맺게 하여 온 인류에게 나누어 주리라. 그리하여 그날에는 내가 온 인류상에 존재하는 모든 사망을 몰아내고 오직 무궁한 생명만이 존재하게 할 것이로다."

"삼가 아버지의 뜻이 이루어지기를 간절히 기원하나이다."

"비록 너희의 출발이 초라하다 할지라도 내 마음은 항상 너희와 함께 있음을 잊지 말아야 하노라. 당장은 나의 뜻이 이루어지지는 않을 것이다. 그러나 언젠가는 그 무궁한 빛과 희망과 생명의 날에 나는 영원히 존귀한 너희 나라의 하나님이 될 것이요, 너희는 영원히 존귀한 나의 백성이 되리라. 그리고 그날에는 너희의 뜻이 곧 나의 뜻이 될 것이고, 너희의 마음이 곧 나의 마음이 될 것이며, 너희의 주장이 곧 나의 주장이 될 것이니라. 다시 말하자면 내 영원한 권능과 권세를 너희에게 주어 너희가 곧 나이며, 내가 곧 너희가 되게 할 것이로다. 나의 권능과 권세는 전 우주 최고의 것이니, 너희는 그 권능과 권세로서 이스라엘을 능가하는 하나님의 나라가 될 것이니라."

"잘 알겠나이다. 아버지이시여."

"無極天上雲中王(무극천상운중왕)　太極再來鄭氏王(태극재래정씨왕)이라. 참으로 좋고도 좋구나. 너는 이 뜻을 다시 한 번 더 분석해 보아라."

"예, 아버지이시여, 천상 세계에 있는 왕인 무극신(無極神)이 태극신(太極神)으로 지상에 하강하는데, 이가 바로 구세주, 메시아인 정(鄭)씨 왕이라는 뜻이나이다. 천상 즉 하늘의 세계를 통치하고 계시는 무극신(無極神)이 태극신(太極神)으로 화하여 지상세계로 내려와 진리를 설법하는데, 이분이 바로 정(鄭)씨 왕인 구세주 메시아라는 뜻이옵니다."

"그러하느니라. 위에서 나오는 태극신(太極神)은 나를 말하는 것이며, 내가 메시아가 되어서 너희 지구별에 신천신지(新天新地)를 창조한다는 뜻이니라."

"잘 알겠나이다. 아버지이시여."

"내가 장차 내 영원한 존귀함을 너희 민족에게 주어 너희 민족을 영원히 존귀케 하며, 또한 장차 내 영원한 거룩함을 너희 민족에게 주어 너희 민족을 길이 거룩케 하리라. 그리하여 그날에는 온 세계의 모든 만민들이 너희 민족을 보고 지극히 존귀하고, 지극히 거룩하다고 할 날이 올 것이다. 나는 장차 너희 민족을 세상을 밝히는 무궁한 빛의 기둥으로 돌려 세우리니, 그리하여 너희 민족은 온 세계의 모든 민족 중의 민족으로 발전하게 될 것이니라."

"그리되기를 간절히 기원하나이다. 아버지이시여."

"이 우주에는 무수한 별들과 은하계들이 존재하지만, 그 모든 것들이 너희들의 영혼 하나보다도 못하느니라. 왜냐하면 너희들의 영혼은 영원히 존귀한 나의 분령(分靈)이기 때문이로다. 그러므로 너희들이 장차 '평화 인류주의'를 만들 때에 이 '영혼제일주의'를 그 중심으로 하라."

"잘 알겠나이다. 아버지의 말씀이시여."

"보라. 장차 내가 온 세계에 열두 기둥을 세워 끝없는 상극의 시대는 영원히 지나가게 하고 무궁한 상생의 대운을 열어 무궁한 화합의 시대를 이룩하리라. 그날에는 나라와 나라가 서로 서로 화합할 것이고, 민족과 민족이 서로 서로 화합할 것이며, 인종과 인종이 서로 서로 화합할 것이니라. 그리하여 마침내 온 인류가 끝없는 사랑으로 충만된 나의 나라가 건설될 것이다. 비로소 그날에는 모든 상극의 시대는 영원히 지나가고, 오직 끝없는 상생의 시대가 무궁히, 그리고 길이 이어지게 하리라

"잘 알겠나이다. 아버지이시여."

"보라, 너희 나라가 900번 이상이나 외침(外侵)을 받았으나, 너희

는 단 한 번도 타국을 침략한 적이 없는 평화의 나라이니라. 그리하여 이런 나라는 온 지구별에서 단 하나밖에 없으므로 너희 나라의 이름을 '한국'이라 하느니라. 이에 너희 나라는 내 앞에서 흠 없는 나라요, 평화 인류주의를 일으킬 자격이 있는 신성한 나라인 것이다. 내가 이 존귀하고 거룩한 사명을 너희 나라에게 주리니, 너희들은 이 권능으로 온 세상의 나라 중의 나라로 발전하게 될 것이니라."

"감사하옵니다. 주님이시여."

"또한 너희 나라는 나의 나라이니, 너희들이 서로 서로 편지하고 교통할 때에 항상 '하나님께서 항상 너와 함께 하기를 기원하노라'라고 표현하라. 또한 만약에 너희들이 기도할 일이 있으면 기도를 마친 후 항상 '하나님의 이름으로 기도하였습니다.'라고 말하라. 그리하면 너희 나라가 속히 나의 나라가 되리라. 이는 나 대한민국의 하나님의 말씀이니라."

"그리하겠나이다. 아버지이시여."

"누구나 나의 뜻을 잘 헤아리고 실천하는 너희들은 나의 기쁨이요, 나의 행복이니, 내가 하늘에서 크게 기뻐하리라. 그리하여 하늘나라에 있는 생명나무의 과실이 저희들의 것이 되게 하리라. 그리고 나는 영원이요, 무궁이니 저희들도 나를 따라서 영원이요, 무궁이 되게 할 것이니라. 보라, 너희들에게 영원이 있으니 곧 '동해물과 백두산이 마르고 닳도록'이라. 이는 내가 영원히 너희 나라를 떠나가지 아니하고, 영원히 너희 나라와 함께 하며, 영원히 너희 나라를 지켜주고 또 지켜준다는 뜻이니라. 또한 너희들에게 무궁이 있으니, 곧 '무궁화 삼천리 화려 강산'이라. 이는 나의 무궁한 뜻이 너희 나라를 통하여 이루어지매, 너희 나라가 무궁히 아름다운 나라가 된다는 뜻이니라. 그리하여 너희들은 하늘에 있는 나의 신전(神殿)이 지상으로 내려와 너희 나라가 나의 신전이 되었음을 믿을지어다. 믿는 자들은 나의 끝없는 복을 저희들에게 주고 또 주리

라. 의(義)의 결실은 천국이요, 믿음의 결실은 영생이니라."

"옳사옵니다. 아버지의 귀하신 말씀이시여. 그런데 아버지를 모신 곳을 무엇이라고 불러야 하나이까? 교회라고 하오리이까? 아니면 예배당이라고 하오리이까?"

"하늘에 있는 나의 신전(神殿)이 땅으로 내려와 너희 나라가 되었음이라. 그러므로 너희들은 나를 모신 곳을 신전이라고 하라."

"그렇게 하겠나이다. 아버지시여."

"그날에는 내가 다시는 너희들이 내 앞에서 서로 서로 싸우고 피 흘리며 죽어가는 일이 없게 하고, 그날에는 인류사에서 끝없이 계속 반복되어 온 모든 전쟁과 싸움의 역사를 영원히 거두고 평화와 사랑의 역사가 영원히, 그리고 무궁히 이어지게 하리라. 그리하여 나는 그날에 온 지구별에 존재하는 모든 나라와 국경의 차별을 모두 없게 할 것이니라. 너희들은 장차 나의 말을 바탕으로 '평화 인류주의'를 정립할 때에 '평화'와 '사랑'을 인류주의를 떠받치는 중요한 기둥이 되게 해야 하느니라."

"삼가 아버지의 말씀을 따르겠나이다."

"나는 보고 싶구나. 나는 진정으로 보고 싶구나. 먼 미래에 너희들이 정립한 '평화 인류주의'가 온 세계로 뻗어 나아가는 것을 보고 싶구나. 그리하여 온 인류가 끝없이 기뻐하는 것을 보고 싶구나. 너희들이 나의 땅(한국)에서 이루면 하늘나라에서도 이루어질 것이요, 또한 하늘나라에서 이루면 너희 나라를 통해 지상에서도 이루어지게 할 것이니라."

"잘 알겠나이다. 거룩하신 아버지시여."

"이제 인류사 기나긴 어둠의 시대는 지나가고 점차 밝은 광명의 시대가 도래하고 있느니라. 너희 나라의 애국가에도 나와 있듯이, 동해물과 백두산이 마르고 닳도록 나는 영원히 너희 나라의 신(神)이 되어 너희 나라를 지켜주고 또 지켜 주리라. 그리하여 항상 잊지 말라. 내 마음은 항상 너희들에게 있다는 것을 잊지 말도록 하

290

라."

"예, 아버지시여, 그렇게 하겠나이다."

"이제 나는 너를 떠나가노라. 내가 다시 나타나리라."

"안녕히 가시옵소서."

이 말씀을 끝으로 나는 잠에서 깨어났다. 그리고 지극히 경건한 마음으로 하나님을 향하여 수없이 절을 하였다.

2.신의 열네 번째 계시 말씀

하나님이 말씀하셨다.

"보라, 내가 태극(太極)으로 너희 나라를 인(印)을 쳤느니라. 그리하여 너희 나라의 국기에도 태극이 들어갔고, 또한 너희 나라가 하나의 거대한 태극이 되었도다. 태극은 음과 양을 말하는 것이며, 무궁화는 그 꽃잎이 다섯 개로 오행을 상징하는 것이니라. 그리하여 너희 나라는 음양오행의 나라가 되었음이라. 이는 장차 새로운 시대가 너희 나라로 인하여 도래한다는 뜻이니라. 이제 이 새로운 시대에 나는 모든 한국 국민들을 아낌없이 축복하리니, 부디 너희 한국민들은 나의 뜻을 받들어 '평화 인류주의'라는 세계적인 대과업을 완성하기 바라노라. 그리하여 온 인류가 끝없는 빛과 광명으로 가득 찬 새로운 시대를 열기를 진실로 기원하는 바이다."

"삼가 아버지의 존귀하신 뜻이 이루어지기를 간절히 바라나이다."

"그런데 왜 내가 세계통일주의(世界統一主義)이자, 지상천국주의

(地上天國主義), 지상낙원주의(地上樂園主義)인 '평화인류주의(平和人類主義)'의 정립을 너희 나라 대한민국에게 주었는지 그 이유를 알겠느냐?"

"아버지시여, 저는 잘 모르겠사옵니다."

"장차 앞으로 다가오는 후세에 너희 나라를 온 세계에서 제일가는 나라, 즉 주인공의 나라로 만들기 위함이니라."

"이제야 잘 알겠나이다. 아버지이시여."

"너희들은 '평화 인류주의'를 구축할 때에 미국을 잘 참고하도록 하라. 미국에는 나의 뜻이 숨겨져 있느니라. 미국에서 각각의 주(州)들은 지금의 기준으로 각각의 나라를 상징하느니라. 그리고 세계통일정부는 UN을 한 단계 더 격상시키면 되느니라. 즉 다시 말하자면, UN이 세계통일정부가 되고 각각의 나라들은 미국에서처럼 각각의 주 정부가 되게 하면 되느니라."

"잘 알겠나이다. 아버지이시여."

"장차 너희들의 지파가 커지면, 나의 말을 온 세계의 각국의 언어로 번역하여 나 영광의 하나님이 온 세계에 열두 기둥을 세우고 의인(義人) 144,000명을 모집한다고 선포하여라."

"아버지시여, 어찌 저희들이 그런 큰일을 해낼 수가 있나이까? 저는 할 수가 없다고 생각하나이다."

"할 수 없다니 무슨 그런 심약한 말을 하느냐? 일심(一心)을 가지면 할 수 없는 일도 얼마든지 할 수가 있느니라."

"잘 알겠나이다. 아버지이시여."

"너희들이 명심할 사항이 하나 있느니라. 지금 온 세계가 나 하나님을 여호와로 착각하고 여호와라는 이름을 경외하거나, 또는 'God'이라는 단어를 쓰고 있으나, 너희들은 나를 너희 나라의 말로 '하나님'이라는 단어를 쓰도록 하라. 내가 이미 앞에서 말했거니와 앞으로는 온 세계가 나의 진정한 이름인 '하나님'이라는 단어를 쓰게 할 것이다. 이에 너희들은 외국인들에게 '하나님'의 단어의 참뜻을 자세히 가르쳐 주도록 하라."

"그렇게 하겠나이다. 아버지이시여."

"네가 '하나님'이라는 단어를 한번 풀이해 보라."

"예, 아버지이시여, '하나님'에서 '하나'하는 뜻은 온 우주에서 '하나'밖에 없다는 뜻이며, '님'은 존칭이옵나이다. 즉 다시 말하자면 '하나님'은 온 우주에서 '하나밖에 없는 신(神)'이라는 뜻이옵니다. 또한 '하나님'에서 '하나'라는 뜻은 온 세계 만국의 국민들과 온 인류가 아버지 당신 앞에서 '하나'이며, 장차 '하나'가 된다는 뜻이옵니다. 즉 '하나님'에서 '하나'라는 뜻은 온 세계가 아버지의 존귀한 뜻으로 '세계통일국'이 이루어진다는 뜻이옵니다. 또한 '하나님'에서 '하나'는 우리나라 '한국'을 뜻하며 '님'이란 존칭이오니 결국 '하나님'이란 '한국의 하나님'이라는 뜻이 되옵나이다."

"네가 참으로 잘 말했느니라."

"과찬이시옵니다. 아버지이시여."

"또 너희들은 이렇게 하라. 미국이 민주주의의 기둥이 되어 온 세계가 민주화 되는데 지대한 공로를 세웠음이라. 고로 이를 경축하여 너희들은 국민의례를 할 때에 먼저 너희 나라의 애국가를 부르고, 그 다음에 미국의 애국가인 성조가를 부르게 하라. 또 미국 이외에 다른 나라에서 활동을 할 때에 먼저 너희 나라의 애국가를 부르고, 그 다음에 그 나라의 애국가를 부르게 하라."

"그렇게 하겠나이다. 아버지이시여."

"그런데 내가 너에게 하나 물어보겠다."

"얼마든지 하문(下問) 하소서."

"천국(天國), 즉 하늘나라에서 제일로 높고, 그리하여 제일로 권능이 크며, 그리하여 제일로 두려운 존재는 누구이냐?"

"그것이야 당연히 아버지이시옵니다."

"그러면 내가 태극으로 빛나고 있으니, 이는 무슨 뜻이냐?"

"예, 태극은 음과 양을 말하는 것이며, 온 우주가 음과 양으로 창조되었나이다. 즉 온 우주가 음과 양으로 구성되었사옵니다. 그리하여 태극은 바로 아버지 하나님의 상징이 되나이다."

"네가 잘 말했느니라. 내가 하나의 비밀을 말하리니, 천국에서는 나와 태극이 제일로 높고, 그리하여 제일로 권능이 크며, 제일로 두려운 것이니라. 아직은 지상에 있는 자들은 이 사실을 모르고 있지만 언젠가는 이 사실이 밝혀지는 날이 도래하리라. 그리하여 그 날에는 온 세계의 열국(列國)과 열족(列族)이 너희 나라를 지극히 거룩하고 존귀한 나라임을 알게 되고 그 모두가 한결같이 너희 나라를 두려워하며, 또 나아가 찬양하고 찬송하며 경배할 것이로다. 그러므로 너희들은 자부심과 긍지를 가져라. 장차 너희 나라는 열국 중의 열국이 될 것이며, 열족 중의 열족이 될 것이니라. 나는 장차 너희나라 대한민국에 일곱 기둥을 세워 온 세계만국을 통치하는 권능을 주리라."

"잘 알겠나이다. 아버지이시여."

"겉으로 보기에는 너희가 지극히 작고 초라하여 분단의 나라인 너희 나라에서 무슨 나 하나님의 영광이 펼쳐지겠는가를 의심하겠지만, 나의 뜻과 나의 일이 하나하나씩 이루어짐에 따라 결국은 너희들이 나의 말을 믿게 되는 날이 오리라."

"아버지의 뜻이 거룩하나이다."

"보라. 이제 모든 낡은 시대는 지나가고 새로운 시대가 오고 있노라. 내가 우선 너희 나라 대한민국에다 나의 일곱 기둥을 세우고, 나아가 해외에서 다섯 기둥을 세울 것이다. 그리하여 온 세계에 열두 기둥을 세워 그 위에 나의 찬란한 신전을 이룩하리라. 그 날에는 너희 나라가 진실로 '무궁화 삼천리 화려 강산'이 되어 온 세계만국에서 너희 나라의 아름다움을 구경하기 위해 너희 나라로 밀려오고 또 밀려올 것이니라."

"삼가 아버지의 뜻이 이루어지기를 간절히 기원하나이다."

"지금은 온 세계가 민주화되는 시대여서 민주주의의 종주국인 미국이 전 세계에서 제일가는 나라가 되었느니라. 그러나 앞으로 오는 시대는 세계통일의 시대여서 '세계통일의 원리'를 정립한 나라가 전 세계에서 으뜸가는 종주국이 되게끔 돼 있느니라. 앞에서도 말했지만, 나는 이 사명을 너희 나라 대한민국에게 맡기어 장차 너희 나라가 온 세계에서 제일로 으뜸가는 부모국이요, 종주국이 되게 하리라. 이에 너희 한민족은 나의 말을 바탕으로 하여 성공적으로 '평화 인류주의'를 정립해야 하느니라. 알겠느냐?"

"잘 알겠나이다. 아버지이시여."

"그런데 내가 너희 한민족에게 당부할 사항이 하나 있느니라."

"무엇이든 말씀하소서."

"너희 한민족은 내가 너희와 함께 있다고 해서 온 세계 열국과 열족으로부터 존귀히 여김을 받고 거룩히 여김을 받을 생각을 하지 말라. 너희들 한민족은 '평화 인류주의'를 정립하는 데 있어서 아낌없는 노력을 온 세계에 보임으로써 너희 한민족 스스로가 온 세계 열국과 열족으로부터 아낌없이 존귀히 여김을 받고 거룩히 여김을 받아야 하느니라."

"아버지의 말씀이 옳사옵니다."

"전에도 말했지만, 너희들은 나의 진리가 너무도 한국적이어서 세계만방에 통하지 않을 것이라는 나약한 생각과 부정적인 생각을 하지 말도록 하라. 이스라엘의 성경도 처음에는 이스라엘의 역사서였을 뿐이었으나 그들이 끝까지 믿음을 버리지 아니하고 끝없는 선교의 노력을 한즉, 오늘날 세계화가 되었느니라. 그러므로 모든 것은 노력에 달려 있는 것이다. 노력해 보지도 아니하고 처음부터 아니 된다고 생각하면 영원히 대업(大業)을 이룰 수가 없느니라. 그러나 너희들은 일을 함에 있어서 너무 빨리도 하지 말고, 너무 천천히도 하지 말라. 항상 중용(中庸)의 도리를 지켜가면서 일을 해나가라. 또한 일을 행함에 있어서 하면 할 수 있다는 강한 긍정적인 생각을 갖고 나아가라. 진리에는 국경의 차별이 없나니, 그러므로 나의 진리가 너무나도 한국적이어서 다른 나라에서는 전파가 불가능하리라고 절대 생각하지 말라. 그리고 너희들의 배후에는 항상 전능하고도 끝없는 힘을 지닌 내가 있다는 사실을 명심하라. 나의 끝없는 힘은 주인이 없어서 먼저 갖고 가는 자가 임자이니라. 그리고 나는 때가 될 때마다 너희들에게 나의 끝없는 힘을 보여줄 것이다. 그리하여 그 때마다 나는 너희들의 나에 대한 믿음을 견고히 해 주리라."

"아버지의 말씀을 따르겠나이다."

"그리고 진리를 깨닫는 데는 남녀의 차별이 없느니라. 여자들도 얼마든지 고도의 영적인 깨달음을 얻을 수가 있게끔 만들어져 있느니라. 그리하여 앞으로 하늘이 너희 지구별에 많은 성녀(聖女)들을 배출하여 진리를 깨닫는 데 있어서 남녀의 차별이 없음을 보여주리라. 또한 앞으로 다시는 너희 지구별에서 남존여비(男尊女卑)와 같은 불평등한 사상이 존재하지 않게 할 것이다."

"아버지의 뜻이 옳사옵니다. 그런데 앞으로 우리들이 세워야할 서원(誓願)을 몇 가지 가르쳐 주실 수가 있나이까?"

"충분히 가르쳐 주리라. 보라. 너의 그 지극한 서원으로 하늘이 너의 서원을 들어주어 북한을 제외한 수많은 나라들이 민주화 되었음이라. 이에 하늘이 너를 경축하는 바이니라. 이제 앞으로 하늘이 무궁한 천기(天氣)를 돌려세워 온 세계를 통일시키고 그 바탕 위에서 지상천국, 지상낙원, 지상극락을 이루려 하느니라. 이제 자유민주주의가 성숙되었으므로 그 다음에는 하늘이 '세계통일주의'인 '평화인류주의'를 세우고 온 세계에 '평화인류주의'를 이룩하려 하노라. 이에 너희들은 나의 말을 바탕으로 삼아 지극히 뛰어난 '평화인류주의' 이론을 정립하고, 나아가서 온 세계에 '평화인류주의'가 이루어질 수 있도록 서원을 세우기 바라노라. 그러므로 너희들은 먼저 지극히 뛰어난 '평화인류주의'의 이론적인 정립에 대한 서원을 세우기 바라며, 그것이 이룩되면 온 세계에 '평화인류주의'가 구현

될 수 있도록 서원을 세우라. 그리하여 누구나 이것에 관한 서원을 세우고 지극한 정성으로 노력한 자들은 하늘이 그를 의인(義人)이라고 칭할 것이요, 나중에 반드시 하늘이 그를 천국으로 보내리라."

"아버지의 말씀이 지극히 훌륭하시옵니다."

"[마태복음: 제5장 9절]에 '화평케 하는 자는 복이 있나니, 저희가 하나님의 아들이라 일컬음을 받을 것임이요'에서 화평은 곧 평화를 말하는 것이니, 누구나 온 세상을 평화의 세상으로 만들고자 서원을 세우는 이는 영원히 존귀한 나의 자식이 될 것이요, 나는 영원히 존귀한 그들의 하나님이 되리라."

"아버지의 뜻이 이루어지기를 바라나이다."

"그러나 지혜가 있어서 나의 역사함을 알아보고, 나를 찾고, 나를 믿는 자들에게는 내가 그들에게 끝없이 무궁한 복을 주리라."

"그런데 아버지시여, 아버지께서 전 세계에 열두 기둥을 세우시고 의인 십사만 사천(144,000) 명을 거두어 가시어 그들에게 무엇을 해주려 하시나이까? 그들을 천국으로 보내려 하시나이까?"

"아니니라. 그것이 아니로다. 내가 그들을 겨우 천국으로 보내려고 전 세계에 열두 기둥을 세우고 의인 십사만 사천 명을 거두는 것은 아니니라. 나는 그들이 원한다면 물론 천국에도 보내 주겠지만 그것보다는 비교조차도 되지 않는 끝없이 무궁한 복을 주리라. 그 복은 바로 그들이 신(神)이 되게 하는 것이니라. 나는 그들 의인들을 먼 미래 생애에 영원히 존귀한 신(神)으로서의 진화의 길로 보낼 것이니라."

"그러하옵나이까?"

"왜 내가 너희나라, 너희 민족을 들어서 쓰는지 그 이유를 아느냐? 너희나라, 너희 민족은 지난 세월동안 무려 900번 이상이나 외침을 받았음에도 단 한 번도 타국을 침략한 적이 없는 평화의 나라, 평화의 민족이니라. 그렇기 때문에 내가 너희나라, 너희 민족을 들어서 쓰는 것이니라. 아울러 전 지구상에 이러한 나라, 이러한 민족은 너희나라, 너희 민족 하나 밖에 없기에 내가 너희나라, 너희 민족을 들어서 쓰는 것이로다. 이처럼 너희나라는 평화의 나라요, 너희 민족은 평화의 민족이기에 '평화 인류주의'의 역사적 사명을 너희나라, 너희 민족에게 맡기는 것이니라."

"그러하옵나이까?"

"그러므로 너희들은 마음을 담대히 하고 용기를 가지도록 하라. 마음에 긍지와 자부심을 가지도록 하라. 전 지구에서 너희나라, 너희 민족같이 평화적인 나라, 평화적인 민족이 없느니라. '한국'이라는 이름에서 여러 가지의 뜻이 있지만 '한국'에서 '한'이란 너희나라와 같이 평화적인 나라는 '하나'밖에 없으므로 너희나라의 이름이 '한국'이라고 하느니라. 또한 '한민족'에도 여러 가지의 뜻이 있지만 '한민족'에서 '한'이란 너희 민족과 같이 평화적인 민족 역시 오직 '하나'밖에 없으므로 너희 민족의 이름이 '한민족'이라고 하느니라."

"그러하옵나이까?"

"때가 도래하면 언젠가는 온 세계의 모든 나라와 모든 민족들이 이 사실을 알게 될 날이 올 것이다. 그날에는 너희나라, 너희 민족이 주인공의 나라, 주인공의 민족이 될 것이며, 그리하여 그날에는 너희나라, 너희 민족의 모든 것이 온 세계의 표준이 되고 기준이 될 것이니라."

"그러하옵나이까?"

"비록 너희가 겉으로 보기에는 지극히 작고 초라해 보일지라도 나의 이름과 나의 마음은 영원히 너희와 함께 있으리라. 또한 나의 끝없이 무궁한 힘도 너희와 함께 있을 것이다. 그러므로 너희들은 부디 굳건한 신념을 가질 것이며, 너희 지파의 모든 사람들은 누구나 반드시 온 세계를 통일시킬 것이라는 꿈과 원력과 서원을 세우고 노력하여 앞으로 나가고 또 앞으로 나아가라. 그날에는 내가 너희 나라를 지배하고 있는 태극의 상극 기운을 모두 거두고 끝없이 무궁한 태극의 상생 기운이 너희나라를 지배하게 하리라. 바로 그

때 너희 나라에서 일어난 끝없이 무궁한 상생의 기운이 온 세계로 퍼져 나가게 하여 온 세계도 통일이 되게 할 것이니라."

"그러하옵나이까?"

"너희 나라가 그러한 대업을 이루게 하기 위하여 나는 전세에서 활약한 모든 의인(義人)들을 빠짐없이 너희 지파로 보낼 것이다. 그리하여 나는 때가 되면 그들로 하여금 너희 지파를 끝없이 중흥시키고 또 중흥시킬 것이며, 결국 나는 너희 나라를 온 세계 만국의 영원한 부모국이 되게 할 것이니라. 보라, 장차 하늘에서 이루어진 뜻이 너희 나라에서도 이루어질 것이며, 너희 나라에서 이루어진 뜻은 다시 온 세계만국에서도 이루어질 것이다. 그래서 누구나 나의 이러한 뜻을 이해하고 참여하는 자들에게는 먼 미래 생애에 한 우주를 통치하는 영광의 신(神)이 되게 할 것이니라."

"그러하옵니까?"

"보라, 나는 장차 전세에서 활약했던 무수한 의인들을 다시 태어나게 하여 온 세계에 열두 기둥을 세울 것이며, 그 열두 기둥 위에 나의 끝없이 찬란한 왕국을 이룩할 것이다. 이때는 하늘이 사람을 쓰는 때이니라. 그러므로 누구든지 참여하는 자는 의인이 될 것이니라."

"잘 알겠나이다."

"너희 나라 대한민국에서도 장차 무수한 의인들이 탄생하여 무수한 영광들을 이룩하고 죽을 것이니라. 보라, 너희 지파에 끝없이 무궁한 공덕들이 있도다. 하다못해 나의 신전을 짓기 위해 벽돌 하나를 날라도 그는 나를 잊을지는 모르나, 나는 그를 빠짐없이 기억하리라."

"잘 알겠나이다."

"너희 나라는 지상에 있는 나의 신전이니라. 그러므로 무엇이든 너희 나라에서 이루면 하늘나라에서도 이루어질 것이요, 무엇이든 너희 나라에서 건설되면 하늘나라에서도 건설될 것이니라."

300

"잘 알겠나이다."

"또한 너희 나라는 하나의 거대한 태극(太極)이니라. 비록 지금은 태극의 상극의 원리가 너희 나라를 지배하고 있지만, 언젠가는 태극의 상생의 원리가 너희나라를 지배할 때가 도래하리라. 태극은 바로 음과 양을 말하는 것이며, 음과 양은 바로 사랑을 말하는 것이니, 이는 장차 너희 나라가 끝없이 무궁한 사랑의 나라가 되어 그 사랑의 무궁한 기운이 온 세계만국으로 퍼져 나아간다는 뜻이니라. 그리하여 그날에는 온 세계 만국이 너희 나라에서 발생된 끝없이 무궁한 사랑 속에 있을 것이로다."

"잘 알겠나이다."

"너희들이 훌륭하고 뛰어난 서원을 세울 때에 항상 나에게 지상천국주의, 지상낙원주의, 지상극락주의인 평화인류주의에 대한 위대한 논문을 쓰게 해달라고 나에게 간구하라. 이 우주에서 그 공덕을 능가하는 서원이 없고, 그 공덕을 능가하는 공덕이 없으며, 그 공덕이 끝이 없느니라. 그리고 또한 '평화인류주의'가 온 세계로 퍼져 나아가게 하는 공덕도 끝이 없느니라. 그리하여 너희 지파는 복덕(福德)이 끝이 없는 위대한 지파라는 사실을 깨달아야 하느니라. 너희들은 결코 흔들리지 말고 굳은 신념을 가지고 마음을 담대히 하여 나아가라. 내 마음은 항상 너희들과 함께 있을 것이니라."

"잘 알겠나이다."

"너의 생각에는 어떠하냐? 내가 너희 지파(일곱 기둥과 84,000 의인)에게만은 평화 인류주의를 정립시키고 그 정립된 평화 인류주의를 온 세계로 퍼져나가게 하는 권능과 권세를 주었노라. 그리하여 너희 지파는 그 공덕으로 영원히 존귀한 지파가 될 것이니라. 그 무엇이나 너희 나라에서 이루어진 영광들은 전 세계에서도 이루어질 것이요, 그 무엇이나 너희 나라에서 건설된 것은 전 세계에서도 건설될 것이다. 그리하여 너희들이 나에 대한 끝없는 신심(信心)을 가지고 앞으로 나아가면, 너희들은 먼 미래 생애에 영원히 존귀한 신(神)이 될 것이요, 너희 나라는 영원히 존귀한 제국이 될 것이니라."

"잘 알겠나이다."

"여기서 너희가 '제국(帝國)'이라는 뜻을 알겠느냐? 이는 너희 나라가 온 세계 만국을 통치하는 〈황제의 나라〉가 된다는 뜻이니라. 나는 앞으로도 계속하여 무수한 의인들을 너희 나라에 탄생하게 하여 무수한 영광들을 이룩하게 할 것이며, 그리하여 결국에는 너희 나라는 영원히 존귀하고 거룩한 영광의 나라가 될 것이니라. 평화 인류주의를 성공적으로 정립하고 그것을 온 세계로 퍼져 나가게 하는 것이 원래의 너희 나라의 사명이니라. 그리하여 언젠가는 너희 나라가 그 사명을 마치는 그날에, 그 무궁한 빛과 광명의 그날에 나는 영원히 존귀한 너희의 하나님이 될 것이요, 너희는 영원히 존귀한 나의 백성이 되리라."

"잘 알겠나이다."

"이제 나는 너를 떠나가노라. 내가 다시 너에게 오리라."

"안녕히 가시옵소서."

이 말씀을 끝으로 나는 잠에서 깨어났다. 그리고는 하나님을 향하여 수없이 절을 하였다.

3.신의 열다섯 번째 계시 말씀

하나님께서 말씀하셨다.

"평화 인류주의는 진리에 바탕을 두고 만들어져야 하느니라. 그래야만 나중에 온 세계에 '평화인류주의'가 정착될 때 드디어 온 세계에 진리의 나라가 건설될 것이다. 여기서 말하는 진리는 내가 설법한 것도 포함되지만, 내가 설법하지 아니한 진리도 진리이므로 그 진리에 바탕을 두고 만들어져도 아무런 상관이 없느니라. 다만 너희들은 장차 이루어질 세상이 진리의 세계가 되도록 명심하라."

"잘 알겠나이다. 그런데 아버지시여, 평화인류주의를 정립하는 데 있어서 하나의 예를 들어주실 수가 없나이까?"

"내가 그 하나의 예를 들어주리라. 지금 너희 세계에는 수많은 나라와 나라들이 존재하며, 그리하여 그 결과로 수많은 국경(國境)들이 존재하고 있느니라. 너의 생각에는 어떠하냐? 지금 너희 세계에서는 인간들을 더 중요하게 생각하느냐? 아니면 국경을 더 중요하게 생각하느냐?"

"지금은 국경을 더 중요하게 생각을 하옵나이다."

"그러나 나의 입장에서 보면 너희 지구인들 모두가 다 내 앞에서 똑같이 존귀하고 똑같이 귀중하느니라. 내 눈에는 너희들 모두가 내 앞에서 똑같이 한 형제요, 한 자매이니라. 또한 나의 입장에서 보면 너희들 모두가 내 앞에서 똑같은 나의 자식들인 것이다. 국경이라는 것은 너희 인간들이 만든 것이지 내가 만든 것은 아니니라. 내 이름이 '하나님'이라. 여기서 '하나'라는 뜻은 너희들 모든 인간들이 내 앞에서 똑같이 하나라는 뜻이니라. 너희들의 눈에는 어떤 사람이 그 나라의 국민으로 보일지는 모르지만, 나의 입장에서는 너희들 모두가 영원히 존귀한 지구별의 똑같은 지구주민이자 내 자녀들로 보이느니라."

"잘 알겠나이다."

"너희들이 그동안 국경이라는 선을 그어놓고 그 얼마나 많은 영토분쟁이 있었으며, 그 얼마나 많은 전쟁들이 있었고, 또 그 얼마나 많은 다툼이 있었느냐? 그리하여 그 얼마나 많은 사람들이 죽어가야 했느냐? 너의 생각에는 어떠하냐? 국경이라는 개념이 있으면, 이 지구별 위에 지상천국, 지상낙원, 지상극락이 이루어지겠느냐?"

"국경이라는 개념이 있는 한 영토분쟁은 끝이 없을 것이고, 전쟁이 끝이 없을 것이며, 다툼이 끝이 없을 것이옵니다. 그리하여 국경이라는 개념이 존재하는 한, 이 땅위에 영원히 아버지의 나라, 즉 지상천국, 지상낙원, 지상극락이 이루어질 수가 없나이다."

"네가 참으로 잘 말했느니라. 국경이라는 개념이 존재하는 한, 너희 지구별에서는 영원히 나의 나라, 즉 지상천국, 지상낙원, 지상극락이 이루어질 수가 없느니라."

"그러하옵니다."

"자유 민주주의에서는 자유를 소중히 여겨 이제 그 이상이 실현되었느니라. 그리고 '하나님'이라는 용어에서 '하나'라는 의미가 앞으로 전 세계가 내 앞에서 '하나'가 된다는 뜻이듯이, 이제 '세계통일주의'인 '평화인류주의'에서는 이 '하나'라는 개념을 소중히 여겨야 하느니라."

"잘 알겠나이다."

"장차 너희 나라가 전 세계에서 가장 위대한 으뜸가는 나라, 가장 제일가는 나라가 되려면, 훌륭하고 위대한 서원(誓願)을 지닌 의인(義人)들이나 의녀(義女)들이 전 세계에서 제일로 많아야 되느니라. 너희들이 그리하여 나의 뜻을 따른다면, 내가 너희 나라를 전 세계에서 가장 위대한 나라로 만들어 주리라."

"잘 알겠나이다."

"또한 앞으로 너희 나라에서 이루어질 하늘의 도(道)는 남녀의 차별이 없어서 여자들도 얼마든지 지극한 서원을 세울 수 있으며, 그 정성이 지극하면 하늘이 그 여자를 도와서 뜻을 이루게 하리라. 때로는 천지신명들이 그 지극한 정성에 감동하여 그 여자의 뜻을 이루어 줄 것이로다. 그리하여 앞으로는 수많은 성녀(聖女)들이 배출되어 뭇 여자들의 지위가 향상되게 할 것이니라. 그러므로 나는 여자들도 얼마든지 지극한 서원을 세워서 앞으로 나아가기를 원하노라."

"잘 알겠나이다."

"자유 민주주의는 비록 수많은 사람들에게 자유를 주었지만 '평등함'을 이룩하지는 못했느니라. 즉 부자는 계속해서 점점 부자가 되고, 가난한 사람은 계속해서 더 가난한 자가 되는 '부익부빈익빈(富益富貧益貧)'이라는 문제를 해결하지 못한 것이다. 그러나 너희들은 세계통일정부의 중요한 기둥의 하나로써 부(富)가 골고루 분배되는 '평등'의 원리를 중요시하도록 하라."

"잘 알겠나이다."

"자유 민주주의에서는 자유를 대단히 위대한 것으로 보고 자유의 기둥 위에서 나라들을 세웠으나, 너희들은 진리, 즉 정의, 사랑, 자비, 평화, 평등 같은 진리를 대단히 중요한 것으로 보고 그것들을 세계통일정부를 떠받치는 기둥으로 생각하여 세계통일정부의 헌법으로 만들도록 하라."

"잘 알겠나이다."

"너무 걱정하지 말라. 나는 너희들에게 자유로운 사상을 줄 것이다. 즉 세계통일을 이룩하기 위해 너희들은 자유롭게 사상을 펼치면 되느니라. 어떤 것이든 훌륭하면 되는 것이지 꼭 어떻게 해야 한다는 것은 없느니라. 그러므로 너희들은 마음껏 훌륭한 사상들을 연구하라."

"잘 알겠나이다. 그런데 아버지시여, 세계통일사상을 연구하는 데 있어서 반드시 논문의 형태이어야 하옵니까? 어떤 사람이 아버지의 진리 위에 바탕을 두고 어떤 훌륭한 책을 쓰는 것도 하나의 큰 공덕이 아니 되오리이까?"

"너의 뜻이 옳도다. 세계통일사상을 연구하는 데 있어 그 형태가 꼭 논문의 형태일 필요는 없느니라. 얼마든지 훌륭한 책을 써서 세계통일사상에 기여하면 되는 것이다. 나는 세계통일사상을 연구하는 것에 대해서 그 어떠한 제한을 두지는 않으리라. 그러므로 너희들은 마음껏 세계통일사상을 연구하라."

"그렇게 하겠나이다."

"그러면 내가 너에게 하나 물어보자."

"얼마든지 하문하소서."

"지금 시대의 최고의 서원은 무엇이냐?"

"예, 아버지시여, 지금 시대의 최고의 서원은 바로 아버지의 나라, 즉 지상천국, 지상낙원, 지상극락을 이루겠다는 서원이옵니다."

"네가 참으로 잘 말했느니라. 지금 시대의 최고의 서원은 바로 나의 나라, 즉 지상천국, 지상낙원, 지상극락을 이루겠다는 서원이니라. 그러나 이 일은 그렇게 간단하지가 않느니라. 너희 지파가 이 일을 함에 있어서 아마도 앞에서 말한 대로 그 마음속이 시커멓게 타 들어갈 것이다. 왜냐하면 우선 지상천국주의, 지상낙원주의, 지상극락주의(地上極樂主義), 세계통일주의(世界統一主義)인 평화인류주의(平和人類主義)를 이론적으로 정립해야 하고, 또 그 이론들이 전 세계로 퍼져 나가게 해야 하기 때문이니라. 아마도 그 과정에서 무수한 난관들이 너희들을 가로막을 것이며, 너희들의 서원도 무수한 암초에 걸릴 것이로다. 그러나 그래도 너희들은 불퇴전의 보리심(菩提心)으로 앞으로 나아가고 또 앞으로 나아가야 하느니라."

"잘 알겠나이다. 아버지이시여."

"나는 앞에서 지상천국주의, 지상낙원주의, 지상극락주의인 평화인류주의를 이론적으로 정립함에 있어서 그 어떠한 사상의 자유도 허용한다고 했느니라. 그리하여 아마도 지상천국주의, 지상낙원주의, 지상극락주의인 평화인류주의를 이론적으로 뛰어나게 잘 정립한 뛰어난 논문이나 책도 뼈가 빠지는 고행이 아니고서는 이룩할 수가 없을 것이다. 그러나 그러한 업적을 성취하고 죽을 때는 참으로 잘 살았다고 흐뭇해 할 때가 있을 것이고, 비록 씨앗은 아무런 맛이 없으나, 그 열매는 참으로 달콤할 것이니라. 왜냐하면 그 열매가 만국을 소생시키기 때문이다. 비록 그 일이 힘들고, 괴롭고, 마음을 애태우며, 그 마음이 시커멓게 타들어가는 온갖 종류의 고통이 있을지라도 굳건한 보리심으로 그 모든 것들을 이겨내기 바라느니라."

"잘 알겠나이다. 그런데 아버지시여, 여자들도 얼마든지 훌륭하고 위대한 서원을 세워 일심(一心)으로 나아가면 그 서원을 들어주소서."

"당연히 들어주리라. 들으라. 나 대한민국의 신(神)이 말하노라. 나의 진리에는 남녀의 차별이 없으리니, 아무리 어떤 여자가 그 용모가 보잘것없고 학식이 부족하더라도 훌륭하고 위대한 서원을 세워 일심으로 그 서원을 이루기 위해 살아간다면, 그 여자보다 더 큰 여자는 없느니라. 만약에 그런 여자가 있다면 당연히 내가 그 서원을 들어주리라. 그리하여 그 여자는 먼 미래 생애에 그 머리에는 영원무궁한 여왕관을 쓰고 한 우주를 통치하면서 영광의 보좌에 앉는 영원히 존귀한 여신(女神)이 되게 하리라."

"아버지의 뜻이 이루어지기를 간절히 기원하나이다. 그런데 아버지시여, 천지신명(天地神明)들도 아버지의 역사에 참여하면 그들도 먼 미래 생애에 신(神)이 될 수가 있나이까?"

"당연히 될 수가 있느니라. 이제 한민족 오욕(汚辱)의 역사는 영원히 사라지고 찬란한 새 역사가 도래하고 있느니라. 그리하여 나는 온 세계에 존재하고 있는 무수한 천지신명(天地神明)들을 너희 대한민국으로 불러들여 민족중흥의 역사적인 대 과업을 맡기고자 하느니라. 이윽고 서서히 민족중흥의 새날이 밝아오면 온 세상의 모든 천지신명들이 너희나라로 몰려올 것이다. 그리하여 그들은 수많은 의인(義人)들과 의녀(義女)들의 수호령(守護靈)이 되기를 간절히 원할 것이니라. 지금 천지신명들은 눈이 빠지게 하늘의 일을 할 의인들과 의녀들을 찾고 있느니라. 그리하여 그 사람들의 수호령이 되어 대업을 이루고자 하느니라. 나의 일은 하늘의 힘만이 아니라 천지신명들의 힘도 필요하느니라. 그리하여 나는 앞으로 '신인합일(神人合一), 신인조화(神人調和)'의 새 시대를 열고자 하느니라."

"잘 알겠나이다. 그런데 아버지시여, 이 우주에는 여신(女神)들도 많이 있사옵니까?"

"아주 많이 있느니라. 그러나 그들도 똑같이 여신이 되겠다는 발원을 하고 너희 지구별과 같이 지극히 살기 어려운 세계에서 어떤 훌륭하고 위대한 서원을 세워 그 서원을 이룩하고자 지극한 노력을 한 결과 결국 여신이 되었느니라. 이 우주에는 뿌린 대로 거두고, 심은 대로 수확한다는 우주법칙이 존재하고 있노라. 그러므로 그 여신들도 지극히 고난이 많은 별에서 서원을 세워 지극한 노력을 하다가 죽기를 수없이 했느니라. 그리하여 그 공덕으로 여신이 된

308

것이니라"

"잘 알겠나이다."

"내가 여자들을 보니 그 모두가 한결같이 여신이 될 선근(善根)과 복덕(福德)을 원만히 갖추었구나. 그리하여 나는 앞으로 여자들도 크게 들어서 쓸 것이니라. 그래서 너는 너의 법을 여자들에게도 아낌없이 나누어주도록 하라. 그리하여 너희의 도문(道門)에서 무수한 여자 보살들이 탄생되기를 기원하는 바이니라."

"예, 그렇게 하겠나이다."

"누가 여자들이 연약하다고 비난하느냐? 그리고 누가 여자들이 심약하다고 비웃느냐? 아무리 천하에 다시없는 영웅호걸들이라도, 또 아무리 천하에 다시없는 절세가인(絶世佳人)들이라도 그 모두가 여자들의 몸에서 나왔으며, 그 모두들을 여자들이 키웠느니라."

"잘 알겠나이다. 아버지이시여."

"그리고 나의 진리를 외국어로 번역하여 외국의 수많은 여자들에게 전파하라. 전세에서는 모든 성인들이 남자들이어서 진리도 남성 위주의 진리가 되었으나, 앞으로 오는 후세에서는 내가 여자들을 크게 들어서 쓸 것이다. 그러므로 진리를 여자들에게 주어 여자들을 기쁘게 하라. 그렇게 하겠느냐?"

"예, 아버지이시여, 그렇게 하겠나이다. 그런데 아버지시여, 노스트라다무스가 예언하기를, '1999년 제7의 달에 하늘에서 공포의 대왕이 내려오리라. 앙골모아의 대왕을 부활시키기 위해서 그 전후에 마르스는 행복으로 지배하리라.'하는 말을 하였나이다. 저는 생각하기를, 이것이 혹시라도 세계 제3차 대전이 발발한다는 뜻이고 하늘에서 내려오는 공포의 대왕은 혹시라도 핵무기가 아닐까 생각하옵니다. 또 이런 이야기도 있나이다. 미래로부터 어떤 소녀가 타임머신을 타고서 현재로 왔는데, 여러 가지의 예언을 했다고 합니다. 그런데 그 예언이 다 맞았다고 하옵니다. 그리고 마지막으로 예언하기를, 201x년도에 제 3차 대전이 발발한다고 하면서 타임머신을 타고 다시 미래로 되돌아갔다고 합니다. 이에 대해서 아버지께서는 어떻게 생각하시나이까?"

"세계 제3차 대전이 일어난다는 예언은 사실이니라. 이 우주에는 악성의 외계인들도 많이 존재하고 있느니라. 그래서 그들이 우주선을 타고 지구별로 와서 핵무기를 보유한 나라들을 이간질시켜 서로서로 싸우게 함으로써 제3차 세계대전이 일어나게 되어 있었느니라. 그러나 하늘이 이미 이 사실을 다 알고서 너희 나라의 6.25 전쟁으로 제3차 세계대전을 대속하게끔 했노라. 그리하여 너희 민족이 흘린 피로 인해 세계 제3차 대전은 사라졌으며, 그것 때문에 미래에 너희나라가 주인공의 나라, 즉 종주국이 되는 것이니라."

"잘 알겠나이다."

"장차 지상천국주의, 지상낙원주의, 지상극락주의, 세계통일주의인 평화인류주의를 너희 나라가 정립하여 그것이 전 세계에서 이루어질 때에 너희 나라의 영광이 끝이 없으리라. 너희 나라는 그 공덕으로 후세에 주인공의 나라가 되는 것이다. 비록 지금은 성경이 전 세계를 지배하고 있지만 장차 세워질 나의 열두 기둥이 전 세계를 지배할 날이 올 것이니라. 그러므로 너희 한국민들은 모두 합심하여 나의 뜻을 받들고, 나의 뜻을 이루어야 하느니라."

"잘 알겠사옵니다. 아버지시여."

"너희들이 애국가를 부를 때에 항상 나의 영원히 존귀한 이름인 '하느님이 보우하사'를 부르며 노래하지 않더냐? 그러므로 너희 나라는 나의 나라라고 해서 그 이름이 '신(神)의 나라'인 것이다."

"잘 알겠나이다. 거룩하신 아버지이시여. 그런데 아버지시여, 앞으로 온 세계의 수많은 여자들도 그 모두들을 훌륭하고 위대한 서원을 세운 보살들로 만들어 장차 지상천국, 지상낙원, 지상극락을 이루는데 수많은 기여를 하게 하시옵소서."

"그렇게 하리라. 그녀들로 하여금 훌륭하고 위대한 서원을 세우게 하고 보살로 만들어 장차 지상천국, 지상낙원, 지상극락을 이루는데 수많은 기여를 하게 할 것이다. 앞으로 나는 나의 끝없는 영광들이 수많은 여자 보살로 인하여 이루어지게 할 것이니라. 그리하여 온 세계 만국의 여성들의 지위를 향상시켜 남녀가 골고루 평등한 시대를 열리라. 또한 앞으로 온 세계만국에 단 하나의 여성차별도 존재하지 않게 할 것이니라. 그리하여 나는 장차 너희 지파에서 무수한 여자 성녀(聖女)들이 배출되게 하리라."

"그렇게 되기를 진실로 바라겠나이다."

"남자들은 전쟁을 하느니라. 남자들은 항상 전쟁이니라. 그러나 여자들은 끝없는 사랑의 존재들이 되어 남자들의 그 무수한 전쟁들을 막아야 하느니라. 그리되게 하기 위해서 여자들도 모여 어떤 세계적인 기구를 만들어야 할 것이다. 원래 여자들은 전쟁을 좋아하지 아니하고 사랑을 좋아하니, 앞으로 여자들은 어떤 세계적인 기구를 만들어 전쟁의 역사는 영원히 사라지고 사랑의 역사는 무궁히 이어지게 해야 하느니라. 그래야만 그 결과로 인해 온 인류상에 드디어 지상천국, 지상낙원, 지상극락이 이루어지리라."

"잘 알겠나이다."

"특히 너희는 여성들을 우대하여 여성들의 성차별을 없애고 여성들의 권익(權益)에 힘써야 하느니라. 그리고 너희 나라에서 먼저 국제적인 여성단체를 만들고, 그리하여 너희 나라에서 먼저 여성들의 성차별을 완전히 없앰으로써 여성들의 권익향상에 힘써야 하느니라."

"잘 알겠나이다. 그런데 아버지시여, 우리나라의 6.25 사변이 어떻게 해서 세계 제3차 대전을 대속한 것인지가 이해가 되지를 않나이다. 부디 원하옵건대, 이를 설명하여 주시옵소서."

"그러하리라. 너의 생각에는 어떠하냐? 만약에 세계 제3차 대전이 일어난다면 누가 그 전쟁을 하겠느냐?"

(이에 내가 문득 깨달음을 얻어 말하였다.)

"예, 아버지시여, 저의 생각에는 아마도 민주주의의 진영과 공산주의의 진영이 서로 서로 반목하여 그 둘이 서로 싸워 세계 제3차 대전이 일어나지 않을까 생각하나이다."

"네가 참으로 잘 말했느니라. 그러면 내가 하나 더 물어보자. 너희 나라의 6.25 사변은 누구와 누구 간의 전쟁이었더냐?"

"예, 아버지시여, 바로 자유 민주주의의 진영과 공산주의의 진영 간의 전쟁이었나이다."

"이제야 네가 이해를 하겠느냐? 그러하느니라. 원래 세계 제3차 대전은 민주주의와 공산주의 간에 일어날 예정이었으나, 너희 나라의 6.25 사변을 통해 민주주의와 공산주의 간의 전쟁이 일어나서 바로 그 전쟁이 세계 제3차 대전을 대속한 것이니라."

"잘 알겠나이다. 아버지시여. 어떤 정치를 해야 하옵니까? 삼가 아버지의 가르침을 받고 싶나이다."

"그러하다면 우선 인터넷 정치를 하도록 하라. 그리하기 위해서 전 국민 모두가 각각 1대씩의 컴퓨터를 갖추도록 하라. 그리고 전 국민 모두가 저렴한 비용으로 인터넷을 쓸 수 있도록 하라. 내가 너희 나라를 보니 부자들은 적은데 가난한 사람들이 너무나도 많구나. 그러므로 다시 강조하지만 기초생활대상자의 연금과 장애인들의 연금을 선진국 수준으로 대폭 증강시켜라. 또한 국가유공자의 포상을 크게 늘리고 특히 국가유공자의 자녀들에게는 정부가 책임을 지고 취업을 시키도록 하라. 너는 한번 생각해 보라. 만약 국가유공자와 그의 자녀들에게 정부가 큰 포상을 주고, 정부가 책임을 지고 그 자녀들을 취직시켜 준다면, 누구나 다 나라를 위해서 아낌없이 노력하지 않겠느냐? 그리고 노령연금 또한 큰 폭으로 향상시켜 노인들이 그 돈으로도 의식주를 해결하고 살아가는 데에 지장이 없도록 해야 할 것이니라. 이렇게 복지정책을 대폭 강화하여 가난한 사람들이 하나도 없는 나라, 그 모든 국민들이 잘 먹고, 잘 사는 나라를 만들어야 하느니라."

"그렇게 하겠나이다. 아버지이시여."

"그리고 특히 박정희 전(前) 대통령의 '새마을 운동'을 본받아 '새마음 운동'을 벌여 온 국민 모두가 너희나라가 신(神)의 나라임을 명심하게 하고 자랑스럽게 생각하도록 하라."

"그렇게 하겠나이다. 아버지이시여. 그런데 아버지시여, 우리나라를 자유 민주주의의 나라에서 평화 인류주의의 나라로 바꾸기 위해서는 국민들의 투표가 필요하옵니다."

"당연히 국민들의 투표를 통해 이루어져야 하느니라. 먼저 훌륭한 정치를 행하여 국민 모두의 사랑을 받으라. 그런 연후에 헌법을 개정하고 '자유 민주주의'에서 '평화 인류주의'로 바꾸도록 하라. 물론 이 일에는 국민들의 투표가 필요할 것이다. 그러나 그 이전에 국민들에게 아낌없이 설명을 하고 충분히 설득하여 너희 나라가 전 세계에서 처음으로 '평화 인류주의'를 실현하도록 하라."

"잘 알겠나이다. 아버지이시여."

"반드시 서민을 위한, 서민에 의한, 서민의 정치를 해야 하느니라. 특히 너희 나라는 나의 나라이니 도덕성이 강해야 하느니라. 내가 하늘에서 내려다보니 거액의 아파트를 이중으로 계약해서 많은 서민들이 평생 동안 번 돈을 한꺼번에 날려먹고 눈물 흘리는 것을 많이 보았느니라. 이는 하늘이 진노할 일이로다. 그러므로 절대로 그런 일이 없도록 하라. 서민들이 눈물 흘리는 일이 없도록 하라. 대기업을 무너뜨리는 한이 있더라도 서민들이 피해를 보는 일이 없도록 하라. 그리고 과거에 어떤 억울한 일을 당한 서민들이 있다면, 국선 변호사를 대폭 증가시켜서 서민들이 무료로 변호사를 선임 받아 과거에 자신의 피 같은 돈을 뜯긴 억울한 그들의 돈을 되찾을 수 있도록 해주라."

"그렇게 하겠나이다. 아버지이시여."

"그리고 국가적으로 훌륭한 일을 한 사람이나, 또는 예를 들어 돈을 사기당한 억울한 서민들을 위해 소송을 걸어 그 돈을 찾아준 훌륭한 국선 변호사 같은 사람들은 대통령 표창을 받게 하고, 그

성금으로 돈 일억 원을 포상하도록 하라. 그리하여 너희 나라에서는 단 한 사람의 서민들도 힘이 없어서 억울한 일을 당하는 사례가 없도록 하라."

"그렇게 하겠나이다. 아버지이시여."

"특히 '농자천하지대본야(農者天下之大本也)'라. 내가 하늘에서 내려다보니 정부의 쌀 수매(收買) 가격이 턱없이 낮아서 분통을 터뜨리는 일이 아주 많이 있음을 보았느니라. 이에 이중곡가제를 실행하여 농민들의 억울함을 풀어 주어야 하느니라. 그리고 이중곡가제를 실현하여 정부에 쌀이 남아돌면, 기초생활대상자나 장애인들에게 매달 한 포대씩 나누어 주도록 하라. 그리하여 국민 한 사람도 굶주리는 사람들이 없게 하라."

"그렇게 하겠나이다. 아버지이시여."

"법위에 도덕(道德)이 있느니라. 그리하여 도덕이 통하는 나라를 만들어야 하느니라. 네가 앞에서도 질타했듯이, 고금리의 악덕 사채업자들이 서민들의 피 같은 돈을 빨아먹고 있느니라. 이는 외견상 법적으로는 아무런 걸림이 없지만 도덕적으로는 엄청난 범죄를 저지르고 있는 것이다. 서민들의 돈은 곧 서민들의 피이니라. 그런 피 같은 돈을 악덕 고리사채업자들이 가만히 앉아서 가로채가고 있느니라. 너희들이 이러고서야 어떻게 나의 찬란한 나라가 되겠느냐? 나의 지적대로 악덕 고금리사채업을 완전히 철폐하도록 하라. 필요하다면 너희들이 세운 은행을 통해서 서민들에게 저금리로 돈을 대출해 주도록 하라."

"그렇게 하겠나이다. 아버지이시여."

"너희들은 명심해야 하느니라. 너희 나라는 단순한 나라가 아니며, 너희는 나의 나라, 즉 '신(神)의 나라'이니라. 그리하여 모든 부패를 타파하고 진실로 '무궁화 삼천리 화려강산'을 만들어야 하느니라. 너희들이 그렇게 되기를 노력한다면, 나는 너희 나라를 전 세계에서 제일로 잘 사는 나라로 만들어 줄 것이다. 나는 부디 너희

314

나라에서 앞서 언급한 '새마음 운동'이 성공적으로 일어나기를 바라
느니라."

"잘 알겠나이다. 존경하는 아버지시여."

"그런데 너는 '평화 인류하나주의', 줄여서 '평화 인류주의'의 참
뜻을 알겠느냐?"

"죄송하오나 잘 모르겠사옵니다."

"들으라. 너희 지구인 모두의 영혼들은 우주대령(宇宙大靈)인 나
에게서 떨어져 나온 분령(分靈)이니라. 아무리 너희들이 불교를 믿
거나, 또는 기독교나 천주교를 믿거나, 아니면 회교를 믿거나, 혹
은 무신론자라고 해도 너희들 모두는 나의 분령이니라. 이에 나의
이름이 바로 '하나님'이니라. 다시 말해 누구나 내 앞에서 '하나'라
고 해서 내 이름이 '하나님'인 것이다. 너희 지파는 이 사실을 땅
끝까지 전파하라."

"그렇게 하겠나이다."

"온 인류가 내 앞에서 '하나'이기에 내가 '세계통일주의'인 '인류
하나주의'를 줄여서 '평화인류주의'라고 이름을 붙였느니라."

"잘 알겠나이다. 존경하는 아버지이시여."

"지상천국, 지상낙원, 지상극락 사업은 하늘이 하는 사업이니라.
그리하여 누구든지 참여하는 자들에게는 하늘이 영원무궁한 복을
주리라."

"그리되게 하시옵소서."

"이제 내가 너를 떠나가노라. 내가 너에게 다시 나타나리라."

"안녕히 가시옵소서."

이 말씀을 끝으로 나는 잠에서 깨어났다. 그리고 하나님을 향하
여 무수히 절을 하였다.

4.신의 열여섯 번째 계시 말씀

　그분이 말씀하셨다.

　"나는 앞으로 지상천국, 지상낙원, 지상극락을 이루는 데 방해를 하는 나라나 민족이 있다면 재앙을 내릴 것이다. 이와는 반대로 지상천국, 지상낙원, 지상극락을 이루는 데 동참하는 나라나 민족에게는 끝없는 번영과 창성을 줄 것이니라. 또한 나는 먼저 너희 나라에서 지상천국, 지상낙원, 지상극락을 이루고, 그것이 온 세계 만국으로 퍼져나가게 하리라."

　"그리되게 하시옵소서."

　"특히 너희 지파는 한반도 비핵화(非核化)에만 신경을 쓰지 말고 어떤 국제적인 기구를 만들어 전 세계의 비핵화에 앞장서도록 하라. 지금 거의 모든 도시에서 도시가스를 쓰고 있다 보니 배관을 통해 지하에 도시가스가 흐르고 있는 실정이로다. 그래서 어떤 도시에서 핵폭탄이 터지면 땅 밑에 있던 도시가스도 함께 연쇄적으로 폭발하여 전 도시가 완전히 파괴되어 버리느니라. 앞으로 그런 비핵화 운동을 하는 국제적인 기구의 이름을 '전 세계 비핵화 운동연합'이라고 하고, 이 운동이 전 세계로 퍼져 나가게 해야 하느니라. 너희들은 한번 잘 생각해 보라. 핵무기가 온 세계를 하루에도 몇 번씩이나 멸망시킬 수 있을 정도로 많이 있는데, 그것이 존재하는 한 어떻게 지상천국, 지상낙원, 지상극락을 이룰 수가 있겠느냐?"

"그렇사옵니다. 아버지시여. 그리하겠나이다."

"우선 두 가지 일을 먼저 해야 하느니라. 첫 번째로는 중고등학교의 교과서에 음주운전을 절대 하지 말라는 교육을 시키도록 하라. 21세기에는 누구나 다 차를 한대씩 가지고 있을 것이다. 그런데 음주운전은 자신만 다치는 것이 아니라 남도 다치거나 죽게도 할 수가 있느니라. 그러므로 음주운전을 한 사람은 그 처벌을 무겁게 하라. 음주를 한 경우에는 대중교통버스를 이용해 집에 돌아오거나 또는 영업용 택시를 이용해서 귀가하게 하라. 두 번째에는 서민들을 위한 아파트를 많이 지어 누구나 다 저렴하게 아파트를 구입하여 손쉽게 자신의 집을 갖게 하라. 이것은 도덕이니라. 이것은 하나의 도덕이니라. 내가 앞에서 말했지만 너희 나라는 먼저 도덕이 바로서고 통하는 나라가 되어야 하느니라."

"그리하겠나이다. 아버지이시여."

"특히 부동산 투자로 졸부(猝富)가 되겠다는 생각이 완전히 없어질 때까지 무한대로 아파트를 지으라. 내가 앞에서 말했지만 돈을 벌려면 정직한 방법으로 돈을 벌라고 했느니라. 부동산 투기로 거액의 돈을 번 사람들을 정부가 나서서 모조리 다 조사하여 세금을 무겁게 매기도록 하라. 이것도 하나의 '도덕정치'의 시작이니라. 너희 나라는 이 '도덕정치'로 인해 다시 거듭 태어나야 하느니라."

"그렇게 하겠나이다. 아버지이시여. 그러나 아버지시여, 그것은 그러나 지금 수없는 사람들이 마음속에서 끝없이 일어나는 번뇌 망상과 중증의 우울증에 걸려서 신음하고 있는 실정이옵니다. 그래서 그들은 끝없이 술이나 담배, 또는 도박이나 또는 성관계, 마약 등등 이루 헤아릴 수가 없는 잘못된 방법으로 살아가고 있나이다. 그리하여 이 지구별에서 진정한 지상천국 지상낙원, 지상극락을 이룩하자면, 먼저 마음의 문제부터 해결해야 한다고 생각하나이다."

"네가 참으로 뛰어난 질문을 했느니라. 그러하느니라. 너희 지구별에서 진정한 지상천국, 지상낙원, 지상극락을 이룩하자면 먼저 마음문제부터 해결해야 할 것이다. 마음문제를 해결하지 않고서는 도저히 지상천국, 지상낙원, 지상극락을 이룩할 수가 없느니라. 나도 이것을 잘 알고 있으니 언젠가는 하늘이 사람을 내어서 이 문제를 풀게 할 것이다."

"그런데 아버지시여, 이것은 문제가 있지 않사옵니까?"

"무엇이 말이냐?"

"아버지께서는 우리 대한민국 국민들이 아무도 모르게 아버지의 존귀하신 이름인 '하느님'이라는 이름을 애국가에 넣었나이다. 그런데 만약에 불교인들이나 타 종교인들이 이 사실을 안다면 한바탕 난리가 날 것이옵니다."

"나의 존귀한 이름을 부르면 누구나 먼 미래 생애에 신(神)이 되거늘, 손해 보는 일이 무엇이 있느냐?"

"그것은 그렇사옵니다."

"그런데 너희 나라에 다른 문제가 있구나."

"무엇이 그러하옵니까?"

"수없는 서민들이 신용등급이 낮아서 시중의 은행을 이용하지 못하고 악덕 고리 금융업체나 사채업자에게서 대출을 받는구나. 그리하여 악덕 고리사채업자들이 서민들의 피 같은 돈을 빨아먹고 있는데, 너희나라의 정부에서는 아무런 대책을 세우지 못하고 있느니라. 내가 너희 지파로 하여금 특별한 은행을 설립하라고 한 이유를 알겠느냐?"

"예, 아버지시여, 바로 신용도가 낮은 서민들에게 저금리로 돈을 대출해주라는 뜻으로 알고 있사옵니다."

"그렇다. 신용불량자라면 어떻게 할 수가 없지만, 신용등급이 낮아도 그 사람이 합리적으로 원금과 이자를 갚을 조건을 제시하고 자세히 설명하면 돈을 대출해 주도록 하라."

"잘 알겠나이다."

"서민들에게는 조그마한 돈이라도 피와 같고 살과 같으니라. 그러므로 그런 서민들에게 저금리로 대출을 해 주는 것은 일종의 보살도(菩薩道)를 행하는 것과도 같은 것이다. 악덕 고리사채업자들은 신용등급이 낮은 서민들의 돈을 갈취해서 부(富)를 축적해 합법적으로 막대한 돈을 벌수가 있느니라. 비록 이것이 아무리 국법에는 어긋나지 않는다고 해도 하늘은 그런 자들에게 무서운 벌을 내리느니라. 그들이 살아서는 부귀영화를 누릴지는 모르나 죽어서는 지옥에 가게 될 것이다."

"잘 알겠나이다."

"너희들이 온 세계만국을 돌아다니며 나의 진리를 전할 때에 너희들의 목적은 너희 지구별에서 지상천국, 지상낙원, 지상극락을 이루는 일을 하고 있는 것이라고 열심히 설명하라. 그리하면 결국은 진실이 통할 것이며, 너희들의 인류에 대한 끝없는 헌신을 그 누구나 알아줄 세상이 열릴 것이다. 진실은 마치 반석 위에 집을 지은 것과도 같이 결코 무너짐이 없느니라."

"잘 알겠사옵니다. 거룩하신 아버지시여."

"또 너희들이 태극신전(太極神殿)을 지을 때에 이렇게 지으라. 너희 나라 대한민국에서는 먼저 너희 나라의 형상을 그리고, 그 위에 태극을 그리면 되나, 외국에서는 왼쪽 편에 너희 나라의 형상을 그리고, 그 위에다 태극을 그릴 것이며, 그 오른 편에는 그 나라의 지도를 그리도록 하라. 이는 그 나라도 너희 나라와 같이 지상천국, 지상낙원, 지상극락이 이루어지라는 뜻이니라."

"잘 알겠사옵니다. 거룩하신 아버지시여."

"특히 너희 지파의 사명이 막중 하느니라. 너희들은 온 세계만국을 돌아다니면서 나의 신전(神殿)을 지을 것이며, 그리하여 온 세계만국에다 나의 복음, 즉 나의 진리를 전파하라. 장차 하늘이 너희 지구별에 지상천국, 지상낙원, 지상극락을 이룩한다는 계획을 알리어 잠자고 있는 무수한 의인들을 일깨워야 하느니라. 또한 나는 전세에서 활약한 무수한 의인들을 너희 지구별에 태어나게 해서 지상천국, 지상낙원, 지상극락을 이루는데 기여하게 할 것이니라."

"잘 알겠사옵니다. 거룩하신 아버지시여."

"전 우주에서 최고의 주문(呪文)은 바로 나의 영원히 존귀한 이름이니라. 즉 하느님 또는 하나님이 전 우주 최고의 만트라(Mantra)이니라. 그리하여 너희들이 애국가를 부를 때에 '하느님이 보우하사'라는 노래를 하면서 나를 깊이 생각하는 자는 그 모두 다 전 우주 최고의 진언을 외우고 있는 것이다. 그리하여 하느님 또는 하나님이라는 지극히 존귀한 내 이름이 들어가 있는 이 '경전'의 영적인 가치는 실로 지대하느니라. 특히 우주력(宇宙力)이 하느님 또는 하나님이라는 단어를 통해 흐르고 있느니라. 그러므로 한국의 경전인 이 책은 우주력이 흐르고 있는 소중한 경전이니라."

"잘 알겠나이다. 거룩하신 아버지시여. 그런데 아버지시여, 저희들에게 또 다른 공부를 알려 주소서."

"네가 욕심이 많구나. 먼저 태극기를 앞에 걸어놓고 단정히 가부좌를 틀고 앉은 후, 자신이 세운 서원을 '이루어지게 하여 주소서'라고 하고 지극한 정성으로 나에게 비는 공부가 있느니라. 절하는 것도 하나의 공부이지만 이런 경우도 하나의 공부가 되느니라. 마치 절에서 승려들이 화두(話頭)를 틀어서 참선(參禪)을 하듯이 태극기를 보면서 자신이 세운 서원을 일심(一心)으로 생각하는 공부가 있느니라. 그때에 시간은 정해진 바가 없느니라. 즉 짧게 하고 싶은 사람들은 적게 하고 오래하고 싶은 사람은 오래해도 아무런 상

320

관이 없으리라. 이때 너희들이 가져야 할 중요한 점은 지극한 정성으로 온 마음을 다해 태극기 앞에서 자신이 세운 서원을 일심으로 생각해야 한다는 것이다. 너희들이 그리하면 그 과정에서 일심이 아닌 사람들이 나중에는 일심을 가진 자가 되느니라."

"잘 알겠사옵나이다."

"너희들은 창녀(娼女)가 더럽다고 말하지만, 어찌하여 창녀만 더럽고 그 창녀와 교접을 한 남자들은 더럽지 않다는 말이냐? 남자들이 교접을 하기 위해서 창녀를 찾지 않느냐? 그러므로 창녀들을 찾는 남자들도 응당 더럽다고 말해야 하지를 않겠느냐?"

"아버지의 말씀이 옳사옵니다."

"앞으로 너희들은 여자를 좋아하는 자를 호색한(好色漢)이라고 해서 그 남자를 무조건 비난하지 말라. 이는 여자를 부정시(不淨視)하는 견해에서 나온 것이니라. 여자를 좋아한다고 해서 그것이 부정하다면 이것은 여자를 부정(不淨)한 존재로 보는 연고이니라. 그러므로 너희들은 여자를 좋아한다고 해서 무조건 그 사람을 더럽거나 부정한 존재로 보지 말라. 먼저 여자를 신성시하고, 여자를 깨끗한 존재들로 보아야 속히 나의 나라가 이루어지리라."

"아버지의 말씀이 옳사옵니다."

"그리하여 너희 지파에서는 한 여자라도 지극히 신성시 하고 지극히 존귀한 존재들로 여기도록 하라. 너희들이 그래야만 여자를 높이려는 나의 뜻이 속히 이루어지리라. 그리고 그래야만 나의 왕국이 일찍 이루어질 것이다. 알겠느냐?"

"예, 잘 알겠사옵니다. 아버지시여."

"여자가 없으면 누가 아기를 낳으며, 누가 아기를 기르겠느냐? 여자가 없으면 인류는 멸절하느니라."

"옳사옵니다. 아버지시여."

"나는 앞으로 여자를 신성시하지 아니하고 천하게 생각하거나 더럽다고 생각하는 자들은 단 한명도 쓰지를 아니하리라. 그러므로 너희들은 그 모두 남존여비(男尊女卑) 사상을 완전히 타파해야 하느니라. 그리하여 나는 남존여비의 사상을 가진 사람들은 단 한명도 쓰지 아니할 것이다."

"예, 잘 알겠사옵나이다. 아버지시여. 그런데 아버지이시여, 하늘이 일을 할 때에 어떻게 일을 하나이까?"

"하늘이 일을 할 때에 처음에는 지극히 은밀한 중에 일을 하느니라. 이때까지를 '천기(天機)'라 하여 아무도 모르게 일을 진행시키느니라. 그러다가 마침내 '천기'를 온 세상 사람들에게 알릴 때가 다가오면, 하늘이 낸 사람을 통해 하늘의 뜻을 온 세상 사람들에게 알리느니라. 보라, 내가 한 일을 보라. 아무도 모르게 은밀한 중에 너희 나라의 애국가에 '하느님'이라는 내 이름을 넣은 것도 나였으며, 또한 너희나라의 태극기에 나의 신물인 '태극'을 넣은 것도 나였느니라. 그리고 '태극'이 있으면, 즉 음양이 있으면 오행이 있어야 할 것이니, 꽃잎이 다섯 개인 '무궁화' 꽃으로 너희 국화(國花)로 삼아 오행을 대신하게 한 것도 나였도다. 또한 너희나라를 하나의 '거대한 태극'이 되게 한 것도 나였으며, 그 옛날 환국(桓國)의 뜻을 이어받아 너희나라의 이름을 '한국'으로 정한 것도 나였느니라. 지금 이 사실은 너 이외에는 아무도 모르는 천기(하늘의 기밀)이니라. 이렇게 하늘은 일을 할 때에 은밀한 중에 일을 하느니라. 그러나 때가 되어 천기를 펼칠 때가 도래하면, 하늘이 사람을 내어서 너희 나라의 온 국민들이 알게 할 것이로다. 그리고 또한 때가 되면, 다시 하늘이 사람을 내어 이 사실을 온 세계만방에 알릴 것이다. 그때가 도래하면 너희 나라의 존귀와 영광이 끝이 없을 것이니라."

"잘 알겠나이다. 거룩하신 아버지시여, 삼가 아버지의 뜻이 이루어지기를 바라나이다."

"지금 너희 나라는 나의 나라이니라. 다시 말하면 너희 나라 대한민국은 '신(神)의 나라'이니라. 너의 생각에는 어떠하냐? 너의 생각에는 내가 너희 나라 대한민국 국민들에게 지금 무엇을 갖추고자 하느냐?"

"죄송하오나 존경하는 아버지시여, 저는 잘 모르겠사옵니다."

"지금 전 세계적으로 악(惡)에 대해서 가장 투철한 나라는 바로 너희나라 대한민국이니라. 그러하기에 너희 나라가 바로 나의 나라, 즉 '신의 나라'가 되는 것이다. 신의 나라가 되려면 제일 먼저 악에 대해서 가장 투철한 나라가 되어야 하느니라."

"이제야 아버지의 뜻을 조금이나마 이해를 하겠나이다."

"나는 장차 너희 지파로 하여금 무수한 보살(菩薩)들을 탄생시켜 세계통일정부, 즉 지구연합을 이루게 하리라. 그리하여 나는 너희 지구별을 영원히 전쟁이 없는 지상천국, 지상낙원, 지상극락을 이루려 하노라. 누구나 이 역사에 참여하는 자들은 먼 미래 생(生)에 신(神)이 될 것이며, 그리하여 그 영광과 존귀가 끝이 없게 하리라. 이제 기나긴 윤회전생(輪廻轉生)의 시대는 지나가고 영원한 생명의 시대가 도래하고 있느니라. 이에 너희 나라 대한민국의 임무가 참으로 막중하게 되었느니라. 그러나 너무 걱정하지 말라. 누구나 훌륭한 서원을 세운 자들에게는 나의 끝없는 힘이 주어질 것이다. 또한 그러한 자들에게는 하늘이 그의 수호령이 되어서 그를 세세토록 지켜주고 또 지켜줄 것이니라."

"그리되기를 간절히 바라나이다. 그러하면 존경하는 아버지이시여, 아버지의 뜻을 알고 싶나이다. 아버지께서는 지금 전 세계의 핵무기 보유국들의 핵무기는 장차 어떻게 되어야 한다고 생각하고 계시나이까?"

"우선 나의 뜻을 말하리라. 나는 너희 지구별에서 하루속히 세계통일국의 세계통일정부, 즉 지구연합이 구성되어 전 세계의 모든 핵무기는 지구연합의 권능 아래에 있어야 한다고 생각하고 있느니라. 즉 전 세계의 모든 핵무기들은 지구연합이 통제하고 제어해야 하며, 종국에는 폐기해야 한다고 생각하고 있느니라."

"아버지의 뜻이 이루어지기를 간절히 바라겠나이다. 그리 하오면 제 생각에는 진정한 지상천국, 지상낙원, 지상극락은 최고급의 의식주를 향유하는 것이 아니라 마음이 천국이요, 마음이 낙원이요, 마음이 극락인 그런 세계가 되어야 하겠나이다."

"그러하느니라. 네가 참으로 잘 말했노라. 진정한 지상천국, 지상낙원, 지상극락은 마음이 천국이요, 낙원이요, 극락이 되어야 이루어질 수 있는 것이지, 최고급의 의식주를 향유한다고 이루어지는 것이 아닌 것이다. 하지만 언젠가 때가 되면 하늘이 사람을 내어 마음이 천국이요, 낙원이요, 극락인 그런 경지에 가게 하리라. 그래야만 진정한 지상천국, 지상낙원, 지상극락이 이루어질 수가 있는 것이니라."

"잘 알겠나이다. 존경하는 아버지시여."

"그리하여 결국은 너희나라 '한국'으로 인하여 전 세계가 통일이 될 것이니라. 그러므로 너희들은 들으라. 이 '한 사상'은 '세계통일 사상' 즉 '평화인류주의'의 근본이 되는 지극히 귀한 사상(思想)이므로 너희들은 이 사상을 지극히 귀하게 여겨야 하느니라. 그리고 너는 들으라. 이제까지 나타난 사상 중에서 이 '한 사상'만큼 세계적인 사상이 어디에라도 있더냐?"

"없었습니다. 존경하는 아버지시여. 그런데 아버지시여, 아버지께서는 아버지의 신물인 태극을 태극기에 넣어 음양으로 우리나라를 상징하게 하셨고, 무궁화 꽃잎 다섯 개로 하여금 오행을 상징하게 하셨나이다. 즉 아버지께서는 음양오행(陰陽五行)으로 우리나라를 상징하게 하셨나이다. 여기에도 무슨 깊은 뜻이 있나이까?"

"내가 너에게 하나 물어보자. 이 우주는 어떻게 창조가 되었느냐?"

"예, 음양오행에 의하여 창조가 되었나이다."

"바로 그것이니라. 내가 너희 나라로 하여금 음양오행을 상징하게 한 것은 장차 너희 나라로 인하여 전 세계에 새로운 광명신천지가 창조된다는 뜻이니라. 그러므로 이 음양오행도 알고 보면 '한 사상'의 일부가 되느니라. 즉 이 음양오행도 '세계통일사상' 즉 '평화인류주의'의 근본이 되는 사상이니라."

"잘 알겠나이다. 존경하는 아버지시여. 그리하면 저희들이 서원을 세울 때에 가장 으뜸가는 서원 두 가지만을 말씀하여 주시옵소서."

"우선 온 세계가 내가 하는 일을 알아야 하느니라. 그리하여 너희들의 첫 번째로 으뜸가는 서원은 바로 나의 신전을 전 세계에 짓는 것이다. 이것은 물론 나의 영광을 드러내는 면모도 있지만, 보다 중요한 것은 바로 '한 사상'을 온 세계만방에 가르치려는 나의 뜻이니라. 그러나 너희들은 너무 두려워하지 말라. 그러한 서원을 세운 사람은 내가 친히 나의 끝없는 영원무궁한 힘을 주고 또 주어 그의 서원을 이루어 줄 것이다. 두 번째로 으뜸가는 서원은 바로 이 '한 사상' 즉 '세계통일사상'인 '평화인류주의'의 이론을 정립하여 나중에 실제로 실행하는 것이니라."

"그러하옵나이까?"

"이미 말했듯이 나는 장차 너희나라 대한민국에다 일곱 기둥을 세울 것이다. 그리고 나는 그 중에서 적합한 자를 선택하여 너희나라 대한민국의 대통령이 되게 함으로써 '자유민주주의' 다음에 '평화인류주의'를 선포하게 할 것이니라."

"잘 알겠나이다. 존경하는 아버지시여. 그리 하오면 저희 나라가 전 세계에서 처음으로 '평화인류주의'를 선포하는 나라가 되나이까?"

"네가 잘 말했느니라. 바로 너희 나라 대한민국이 전 세계에서 처음으로 '평화인류주의'를 선포한 나라가 될 것이다. 또한 너희들은 온 세계만방에, 즉 땅 끝까지 나의 신전을 지어 나의 이러한 '한 사상'을 가르쳐 다른 나라들도 이에 동참하게 해야 하느니라. 그러기 위해서는 너희 나라가 영원히 인류에 의한, 인류를 위한, 인류의 나라가 되어야 하느니라."

"잘 알겠나이다. 존경하는 아버지시여."

"이제 나는 떠나가노라. 내가 다시 네 앞에 나타날 것이다."

"안녕히 가시옵소서."

이 말씀을 끝으로 나는 잠에서 깨어났다. 나는 하나님을 향하여 무수히 절하였다.

5.신의 열일곱 번째 계시 말씀

그분이 말씀하셨다.

"나는 앞으로 오는 후세에는 너희 나라에서 듣도 보도 못한 놀라운 기적의 역사들을 일으키리니, 그 기적의 역사들로 인해 차츰 차츰 너희 나라 대한민국이 나의 나라, 즉 하나님의 나라라는 사실이 세상에 알려지게 하리라. 그리하여 앞으로 오는 후세에는 너희나라가 전 세계에서 가장 으뜸가는 주인공의 나라가 되게 할 것이니라."

"잘 알겠나이다. 존경하는 아버지시여."

"그런데 아버지께서는 앞에서 저희들더러 정당을 세우라고 하명하셨나이다. 이는 그 정당에서 대통령을 배출시키기 위함이옵나이까?"

"그러하느니라. 내가 장차 너희들에게 정당을 세우라고 명령한 것은 우선 너희 지파를 정치적으로 보호하기 위함이고, 그 다음 대통령을 배출시키기 위함이니라. 나의 뜻을 알고, 나의 뜻을 받들고, 나의 뜻을 속히 행하기 위해서는 우선 너희 지파가 세운 정당에서 대통령이 배출되어야 하느니라."

"잘 알겠나이다. 아버지시여."

"너희들은 헌신해야 하느니라. 너희들은 온 세계의 만국이 '평화인류주의'를 선택할 때까지 헌신해야 하느니라. 그러나 너희들은 심히 두렵고 이를 심히 부정적으로 생각할 것이다. 또한 너희는 과연 너희 나라가 이 대과업을 완수할 수 있을까 의심할 것이니라. 그러나 너무 걱정하지 말라. 내가 친히 너희들과 함께 하리라. 내가 친히 너희들과 함께 한다는 속뜻은 나의 끝없는 힘이 너희들과 함께 한다는 것이니라. 나의 끝없는 힘은 그 어떠한 불가능도 이기는 힘이며, 나의 영원한 힘은 그 어떠한 어려움도 이기는 힘 중의 힘이니라. 또한 나의 힘은 어둠을 이기는 힘이고, 절망을 이기는 힘이며, 사망을 이기는 힘 중의 힘이니라. 누구나 나의 힘을 통하면 영원한 빛을 그 유업으로 얻을 것이요, 누구나 나의 힘을 통하면 영원한 희망을 그 유업으로 얻을 것이며, 누구나 나의 힘을 통하면 영원한 생명을 그 유업으로 얻을 것이니라."

"잘 알겠나이다. 아버지시여. 그런데 존경하는 아버지시여, 왜 우리나라가 인류를 위해서 봉사하고 헌신해야 하나이까?"

"6.25 사변 때에 무수한 타국의 병사들이 너희 나라의 민주주의를 지키기 위해서 피를 흘렸느니라. 또한 무수한 타국의 병사들이 자신들의 조국과는 아무런 상관이 없는 너희 나라를 위해서 그들의 소중한 목숨을 바쳤느니라. 바로 이것 때문에 너희 나라는 인류를 위해서 봉사하고 헌신해야 할 책임과 의무가 있는 것이다."

"아버지의 뜻이 합당하나이다."

"또한 너희 나라는 인류를 구원하기 위하여 제3차 세계대전을 6.25 사변으로 대속하였음이라. 이에 너희 나라는 바로 인류를 구원한 '메시아의 나라'가 되며, 너희 나라의 그 끝없는 공덕으로 인해 내가 너희 나라에다 일곱 기둥을 세워 너희 한국을 전 세계에서 가장 으뜸가는 나라로 만들려 하고 있느니라."

"아버지의 뜻이 합당하나이다."

"장차 너희 나라는 하나의 안내판이 되어야 하느니라. 너희 나라가 전 세계에서 제일 먼저 찬란한 '평화인류주의'를 정립시켜 온 세계의 모든 나라들이 너희들의 '평화인류주의'를 보고 선택할 때까지 그것을 가리키는 안내판이 되어야 하느니라. 비가 오나 눈이 오나, 바람이 부나, 아무리 외롭거나 쓸쓸할 때에도 그 자리에 굳건히 서서 여전히 온 세계의 모든 나라들이 '평화인류주의'를 선택하고 인류가 의인이 되는 길을 걸어가게 인도하는 하나의 안내판이 되어야 할 것이니라."

"잘 알겠나이다."

"또한 너희 나라는 인류라는 마차의 바퀴가 되어야 할 것이니라. 그래서 지금 전 세계의 모든 나라들이 선택한 '자유민주주의' 대신에 모든 나라들이 '평화인류주의'를 선택할 때까지 그들을 이끄는 마차의 바퀴가 되어야 하느니라. 비록 그 마차의 앞에 온갖 방해물이 있다 해도 너희 나라는 하나의 튼튼한 마차의 바퀴가 되어 온 인류를 '평화 인류주의'라는 생명의 언덕에 도달하게 해야 하느니라. 때로는 진흙탕이 너희들을 기다리고 있다고 해도, 또 때로는 깊은 강이 너희들을 가로막고 있다고 해도 너희들은 튼튼한 마차의 바퀴가 되어 온 인류를 '평화인류주의'라는 생명의 언덕에 도달하게 해야 하느니라. 이것이 바로 너희 한민족의 사명이니라."

"잘 알겠나이다."

"만약에 너희들이 찬란한 '평화인류주의'를 정립한다면, 나는 너희의 '평화인류주의'를 온 세계 만국에 기준이자 표준으로 돌려 세우리라. 그리하여 결국은 모든 길은 너희나라 대한민국으로 통한다는 말을 듣게 할 것이니라."

"잘 알겠나이다."

"비록 지금은 너희 나라가 겉으로 보기에는 남북분단의 국가요, 별 볼일이 없는 작고 초라한 나라처럼 보이겠지만, 장차 내가 너희 나라에 일곱 기둥을 세워 이제까지 듣지도 보지도 못한 기적과 이적의 역사를 펼치리니, 그때에는 너희 나라가 나 '하나님의 나라'라는 사실이 온 세계만국에 드러나고 밝혀질 것이로다. 바로 그때에 너희 나라는 순간의 나라에서 영원의 나라로 옮겨지게 될 것이니라. 그리하여 너희 나라의 태극기는 끝없는 평화를 외치면서 너희 지구별의 역사가 다 하는 그날까지 영원을 펄럭이게 될 것이요, 너희나라의 애국가는 끝없는 나의 영광을 노래하면서 너희 지구별의 역사가 다 하는 그날까지 영원히 불리어지게 될 것이니라."

"잘 알겠나이다."

"나의 영원히 찬란한 영광이 '동해물과 백두산이 마르고 닳도록' 너희들과 함께 있을 것이요, 나의 끝없는 존귀함이 '동해물과 백두산이 마르고 닳도록' 너희들과 함께 있을 것이며, 또 나의 무궁한 거룩함이 '동해물과 백두산이 마르고 닳도록' 너희들과 함께 있을 것인즉, 너희 나라는 이로써 전 세계만방에서 가장 찬란한 영광의 나라, 가장 존귀한 나라, 가장 거룩한 나라가 될 것이니라."

"잘 알겠나이다."

"그러나 아무리 내가 너희 나라의 하나님이라고 해도 너희들이 반드시 지켜야 할 계명이 있느니라."

"그 계명이 무엇인지 말씀해 주시옵소서."

"내가 왜 이 우주에서 가장 의로운 신(神)인지 그 이유를 아느냐? 그것은 나의 힘이 끝이 없어서 내가 이 우주에서 가장 의로운 신이 아니라, 나의 사랑이 끝이 없어서 내가 온 우주에서 가장 의로운 신이니라. 그러므로 너희 대한민국도 힘으로 의롭다는 소리를 듣지 말고, 그 지닌 사랑이 끝이 없어서 진실로 의롭다는 소리를 들어야 하느니라."

"잘 알겠나이다."

"너희들이 타국에게 사랑을 베풀면 베풀수록 나는 너희들에게 더 많은 것들을 베풀어준다는 사실을 알아야 하느니라. 이와 같이 너희 나라 대한민국이 끝없는 힘의 나라가 아니라 끝없는 사랑의 나라가 되어야만 비로소 타국들이 너희 나라를 보고 아낌없이 의롭다고 찬탄하고 칭찬할 것이니라. 나는 아무리 그 지닌 영토가 작더라도 그 나라가 끝없는 사랑의 나라이면, 나는 나의 전능한 힘으로 그 나라를 끝없이 창성시킬 수가 있느니라. 그러나 아무리 그 나라의 영토가 크다고 해도 사랑이 없는 나라이면, 설사 아무리 내가 전지전능한 신이라고 해도 그 나라를 길이 창성시킬 수가 없노라."

"잘 알겠나이다."

"이미 누누이 강조했지만, 신라의 김유신이 너무나도 삼한통일에 집착하여 나의 사랑의 원리를 어김으로써 너희 나라가 국운쇄락의 길을 걷게 되었듯이, 이처럼 나의 전능한 힘은 사랑을 따라 존재하지, 미움이나 증오를 따라서는 존재하지 않는 것이니라."

"잘 알겠나이다."

"만약에 너희 나라가 끝없는 사랑의 나라가 되어 타국에게 그 무엇이든 끝없이 베풀어 준다면, 나는 너희나라를 끝없이 중흥시킬 수가 있느니라. 그러나 이와는 반대로 너희 나라가 타국으로부터 미움을 받고 증오를 받는다면, 나는 결단코 너희 나라를 중흥시켜 줄 수가 없느니라."

"잘 알겠나이다."

"전세에는 힘의 시대였고, 그렇기 때문에 힘이 센 나라가 강대국이 되었느니라. 그러나 앞으로 오는 시대인 후세에는 무궁한 사랑의 시대이며, 그렇기에 힘이 아닌 사랑이 더 높은 나라가 강대국이 되도록 정해져 있노라. 따라서 너희 나라는 인류에 의한, 인류를 위한, 인류의 나라가 되어야 하느니라. 만약에 너희 나라가 그러한 나라가 되어서 타국에게 끝없는 사랑의 정신으로 베풀어 준다면, 나는 너희 나라를 전 세계에서 제일가는 나라로 만들어 주리라. 왜냐하면 이것은 나의 사랑의 원리에 부합이기 때문이로다."

"잘 알겠나이다. 그리 하오면 사랑의 원리는 나라뿐만이 아니라 민족이나 단체에도 해당이 되나이까?"

"그러하느니라. 앞으로 오는 후세에 이 사랑의 원리는 국가들뿐만이 아니라 이 지구별의 어떤 민족이나 단체에도 마찬가지로 적용되어 지배되게끔 섭리적으로 정해져 있느니라. 그리하여 앞으로 오는 후세에 이 사랑의 원리를 따르는 나라나 민족 및 단체는 끝없이 창성할 것이요, 이와는 반대로 앞으로 이 사랑의 원리를 배반하는 나라나 민족이나 단체는 모조리 다 멸망할 것이니라."

"잘 알겠나이다. 주님의 뜻이 이치에 합당하옵니다. 만약에 이 사실이 전 세계에 알려진다면 온 세상의 모든 나라들이 끝없는 사랑의 나라가 되기 위해 노력할 것이며, 어떠한 민족이나 단체도 사랑의 단체가 되기 위해 노력할 것이옵니다. 그렇게 되면 온 인류가 사랑의 인류가 될 것이며, 결국은 온 인류에게 끝없이 무궁한 사랑의 인류, 즉 아버지의 찬란한 나라가 건설될 것이옵나이다."

"네가 참으로 잘 말했느니라. 너의 말대로 앞으로 오는 후세에서는 '힘의 원리'가 아니라 '사랑의 원리'가 전 세계를 지배하게 되어 끝없이 무궁한 사랑의 인류, 즉 나의 찬란한 나라가 너희 지구별에 건설될 것이니라."

"잘 알겠사옵니다. 그런데 만약에 후세에 아버지의 뜻을 따르지 아니하는 국가나 민족이나 단체는 섭리적으로 어떻게 되도록 되어 있나이까?"

"만약에 앞으로 오는 후세에서 나의 '사랑의 원리'를 따르지 아니하는 국가나 민족이나 단체에게는 하늘이 강제적으로 영원한 멸망을 내릴 것이니라. 그러나 앞으로 오는 후세에 나의 사랑의 원리를 따르는 국가나 민족이나 단체에게는 하늘이 도와서 영원한 생명을 주리라."

"잘 알겠나이다."

"전세에서는 '힘의 원리'가 인류를 지배하여 나라와 나라, 민족과 민족, 그리고 단체와 단체 사이에 수없는 전쟁과 전쟁들이 있었느니라. 그러나 앞으로 오는 후세에는 나의 '사랑의 원리'가 온 인류를 지배하여 그 끝없는 전쟁과 전쟁의 나날들은 영원히 사라지고 무궁한 사랑의 역사가 영원히, 그리고 길이 이어지게 하리라."

"잘 알겠나이다."

"전세에는 전쟁의 나날들이 끝이 없었으나, 후세에서는 이와는 반대로 사랑의 나날들이 끝이 없으리라. 그러므로 너희들은 이렇게 알도록 하라. 사랑은 천국의 열쇠이고, 전쟁은 지옥의 열쇠이니라. 누구나 사랑을 하는 자는 그 영혼이 천국에 있을 것이요, 누구나 전쟁을 하는 그 영혼은 지옥에 있을 것이다."

"잘 알겠나이다."

"너희 나라는 '인류의 축소판'이니라. 지금 인류가, 즉 나라와 나라가, 민족과 민족이, 단체와 단체가 서로 서로 다투고, 싸우고, 처절한 경쟁을 하고 있느니라. 그것이 반영된 것이 바로 너희 나라를 지배하고 있는 태극의 '상극원리'이니라. 그러나 언젠가는 태극의 '상생원리', 즉 무궁한 '사랑의 원리'가 너희나라 대한민국을 지배하는 때가 도래하게 될 것이다. 그리하여 너희나라 대한민국이 온 세계의 모든 '사랑의 원리'의 중심이 될 것이니라. 태극의 '상극의 원리'는 한 마디로 나라와 나라, 민족과 민족, 단체와 단체 사이의 투쟁과 전쟁을 말하는 것이지만, 앞으로 이와는 정반대의 태극의 '상생원리', 즉 무궁한 사랑의 원리가 너희나라에서 일어나 온 세계로 퍼져나갈 것이다. 이로 인해 온 인류의 나라와 나라, 민족과 민족, 단체와 단체 사이의 모든 다툼과 싸움과 경쟁이 완전히 없어지고 나의 나라, 즉 지상천국, 지상낙원, 지상극락이 이루어지리라."

"귀하신 말씀 참으로 감사하옵니다."

"태극이 온 우주의 중심이듯이, 이 지구별에서 너희 나라가 바로 중심이니라. 그리하여 너희 나라에서 성숙된 민주주의가 일어나면 온 인류에게서도 성숙된 민주주의가 이루어지며, 또 너희 나라에서 '평화인류주의'가 일어나면 온 인류에게서도 '평화인류주의'가 일어나느니라. 그리고 이는 하늘의 뜻이니라. 하늘의 뜻으로 너희 나라에서 '평화인류주의'가 일어나는 것은 너희나라가 900번 이상이나 외침을 당했으나, 단 한 번도 타국을 침략한 적이 없는 '평화의 나라'이기 때문이니라."

"잘 알겠나이다. 그런데 아버지시여, 장차 우리나라에서 세워질 일곱 기둥의 일곱 별은 이미 정해져 있나이까? 아니면 아직 정해져 있지 않나이까?"

"내가 앞에서 무엇이라고 했더냐? 하늘은 병신 같은 사람을 써도 얼마든지 하늘의 영광을 찬란히 드러낼 수가 있다고 말하지 않았더냐? 그리하여 하늘은 항상 하계(인간계)를 내려다보고 있느니라. 하늘이 하계를 내려다보는 이유는 노력하는 사람을 찾기 위함이니라. 또 내가 무엇이라고 했더냐? 하늘은 스스로 노력하는 사람을 돕는다고 말하지 않았더냐? 만약에 하계에서 노력하는 사람이 없으면, 하늘이 사람을 내어서 일곱 기둥의 일곱 별 중의 하나가 되게 하지만, 노력하는 사람이 있으면 하늘은 그 사람을 선택하여 일곱 기둥의 일곱 별 중의 하나가 되게 하느니라. 이와 같이 하늘은 노력하는 사람을 제일로 귀중하게 생각하느니라."

"잘 알겠나이다."

"발명왕인 에디슨이 무엇이라고 말했더냐? 발명은 1%의 영감과 99%의 노력이라고 말하지 않았더냐? 발명왕인 에디슨뿐만 아니라 모든 성인(聖人)들이나 모든 위인들은 끝없는 노력에 의해서 탄생이 되었느니라. 그러므로 학교에서 학생들에게 지식만을 가르치지 말고 노력하는 습관을 가르쳐야 하느니라. 노력하는 자는 하늘도 힘을 주어 그의 일을 이루게 할 것이요, 노력하지 않는 자는 하늘이 그에게 힘을 주지 않고 그를 외면하느니라."

"잘 알겠나이다."

"나는 분명히 존재하고 있느니라. 그리고 나는 한 마디로 끝없는 힘이요, 지혜요, 사랑이니라."

"옳사옵니다. 거룩하신 아버지시여."

"장차 새 하늘, 새 땅이 열릴 것이며, 이중에서 새 땅은 바로 너희 나라 한국(韓國)을 말하는 것이니라. 이제 고난의 역사, 시련의 역사는 영원히 사라져 다시는 있지 아니하고, 너희 나라의 이름이 온 세계에 빛날 것이며, 찬란한 새날들만이 영원히 이어질 것이다. 그 무궁한 통일의 날에 모든 고난의 날들은 영원히 역사 속으로 사라질 것이며, 다시는 너희들이 눈물 흘리는 일이 없게 될 것이로다. 내가 너희들에게 눈물을 씻기매, 다시는 너희들이 통곡하거나 오열하는 일이 있지 아니할 것이니라."

"귀하신 말씀, 참으로 감사하옵니다."

"나는 진리요, 진리가 나이니, 진리가 바로 나에게로 오는 길임을 명심하라."

"삼가 명심하겠나이다."

"노력하라. 노력하면 그 무엇이든 이루고 성취할 것이니라. 그러나 노력하지 아니하면 아무것도 못 이루고, 아무것도 성취하지 못할 것이다. 하늘은 그 어떠한 경우에서도 스스로 노력하는 자의 편이니라. 노력하는 자에게는 하늘의 힘이 내려질 것이요, 노력하지 아니하는 자에게는 아무런 하늘의 힘이 내려지지 아니할 것이다. 그러나 옳은 일은 쉽게 이루어지는 법이 없느니라. 그러하니 너희 나라의 말에 칠전팔기(七顚八起)와 같은 말이 있듯이, 일곱 번을 노력해도 아니 되면 여덟 번째 일어나서 시도할 것이요, 여덟 번째에도 아니 되면 아홉 번째에 다시 일어나서 시도할지니라. 그리하면 하늘이 그 지극한 노력을 알아주고 힘을 주느니라."

"삼가 명심하겠나이다."

"그런데 내가 너에게 하나 물어보겠다."

"얼마든지 하문하소서."

"먼 미래에 너희 나라가 전 세계에서 제일먼저 '평화인류주의'에 대한 헌법을 만들고, 그리하여 너희 나라가 전 세계에서 제일 먼저 '평화인류주의'를 선포한 나라가 된다고 가정하자. 그러면 너희들이 어떻게 하면 타국도 '평화인류주의'를 선택할 수 있게 하겠느냐?"

"아버지시여, 죄송하오나 그것은 저도 도무지 모르겠습니다."

"그리하면 내가 낱낱이 설법하여 주리라. 석가모니(釋迦牟尼)가 어떻게 해서 도(道)를 깨달았느냐?"

"예, 설산에서 6년 동안 피눈물 나는 고행을 통해 드디어 마침내 도를 깨달았나이다."

"그리하면 6년 동안의 피눈물 나는 고행을 다른 말로 무엇이라고 생각하느냐?"

"아버지시여, 죄송하오나 저는 잘 모르겠사옵니다."

"잘 들으라. 피눈물 나는 고행이란 '무한한 노력'을 말하는 것이니라. 즉 석가모니는 '무한한 노력' 끝에 마침내 드디어 도(道)를 깨달았던 것이다. 그러나 석가모니는 거기에 그치지 아니하고 평생 동안 죽을 때까지 또 다시 중생들을 위해 '무한한 노력'으로 무수한 법(진리)들을 설법했느니라. 원래 초창기의 불교는 그리 큰 집단이 아니었노라. 그러나 그의 제자들이 또 다시 '무한한 노력'을 하여 경전을 결집하고 드디어 마침내 오늘날과 같은 초거대 방파가 되었느니라."

"아버지의 말씀이 옳사옵니다."

"그러면 다시 하나를 물어보자."

"얼마든지 하문하소서."

"오늘날과 같은 찬란한 자유민주주의가 이루어지기 위해서 사람들이 어떻게 하였느냐?"

"예, 아버지시여, 이제는 대답할 수 있나이다. 오늘날과 같은 찬란한 민주주의는 무수한 사람들이 '무한한 노력'을 통해서 이루어질 수가 있었사옵니다. 그 와중에서 수많은 사람들이 죽거나 희생이 되어야 했나이다."

"그러면 이제는 너희들이 어떻게 하면 '평화 인류주의'를 전 세계에서 이룰 수가 있겠느냐?"

"예, 이제는 알겠나이다. 저희들이 전 세계에서 '평화 인류주의'를 이룩하려면 우리나라의 모든 국민들이 바로 '무한한 노력'을 해야 하옵니다. 오직 그 길 밖에는 달리 방법이 없나이다."

"네가 참으로 잘 말했느니라. 너희들은 삼가 알도록 하라. 이 우주도 나의 '무한한 노력' 끝에 창조가 될 수가 있었느니라. 이 우주는 결코 하루아침에 이루어지지 않았노라. 그리하여 이 우주 안에 존재하고 있는 모든 영광들은 '무한한 노력'이 아니면 결코 가져갈 수가 없게끔 되어 있느니라."

"아버지의 말씀이 옳사옵니다. 그런데 존경하는 아버지시여, 제가 생각하건대, 아마도 아버지의 뜻을 거역하는 나라들이 아주 많을 것이옵니다."

"내가 어찌 그것을 모르겠느냐? 그러나 지금은 하늘이 너희 지구 별에 지상천국, 지상낙원, 지상극락을 이룩하려는 때이니라. 만약에 이러한 하늘의 뜻을 거역하는 나라가 있다면 하늘이 강제적으로 그 나라에게 재앙을 내리며, 하늘이 강압적으로 그 나라를 영원한 멸망으로 인도하리라."

"그러하옵나이까?"

"자유 민주주의는 거의 모든 면에서 큰 발전을 이루었노라. 그러나 자유 민주주의에는 큰 단점이 하나 있으니, 그것은 바로 '부익부 빈익빈'의 현상이로다. 즉 부자들은 계속해서 부자가 되고 가난한 사람들은 계속해서 가난하게 살아야 하느니라. 그러므로 장차 너희 나라가 '평화인류주의'를 정립시킬 때에 반드시 모든 국민들이 평등하게 골고루 잘 사는 시스템을 이루어야 할 것이다. 그리하여 특히 서민들이 잘 사는 나라를 구현해야 하느니라."

"반드시 그리하겠나이다."

"너는 내가 우주를 통치할 때에 무엇으로 통치하는 줄 아느냐?"

"죄송하오나 저는 잘 모르겠사옵니다."

"나는 우주를 통치함에 있어서 진리에 바탕을 두고 통치를 하느니라. 그래서 이 우주가 영원한 것이다. 과거에 로마는 주변의 국가들을 진리로 통치하지 않았느니라. 로마는 주변의 국가들을 힘으로 통치했느니라. 그래서 로마는 멸망했던 것이다. 만약에 로마가 진리로 주변의 국가들을 통치했다면 로마의 영광은 아직까지도 전해져 내려오고 있었을 것이다. 그리하여 그 누구든 대통령이 되어 진리에 바탕을 두고 나라를 통치한다면, 너의 나라는 영원에 영원을 가는 제국이 될 것이니라."

"잘 알겠나이다. 존경하는 아버지시여."

"장차 너희 나라가 '평화 인류주의'의 이론을 정립할 때에 반드시 진리에 바탕을 두고 정립해야 하느니라. 그래야만 너희 지구별에서 나의 나라, 즉 지상천국, 지상낙원, 지상극락이 이루어질 수가 있는 것이다."

"잘 알겠습니다. 존경하는 아버지시여. 그런데 존경하는 아버지시여, 아마도 세계통일국의 세계통일정부, 즉 지구연합을 이루는 데 수없는 장애와 방해가 있을 것이옵니다. 아마도 인류역사상 가장 어려운 역사가 될 듯싶나이다."

"나는 이 역사가 단숨에 이루어지리라고는 생각하지 않고 있느니라. 나는 먼저 나의 뜻을 너희 나라 한국에서 이루고, 그 다음에 온 세계에 나의 뜻을 이루리라. 너희 나라의 이름이 왜 '한국'인지를 아느냐? '한국'에서 '한'이란 '하늘'을 말함이며, '국'이란 '나라'를 말함이니 이는 '하늘의 뜻이 이루어지는 나라'라는 뜻이니라. 이렇게 너희 나라에서 먼저 나의 뜻이 이루어지면, 섭리적으로 나중에 온 세계만방에서도 이루어지게끔 되어 있느니라."

"그러하옵나이까? 존경하는 아버지시여."

"이제 내가 너를 떠나노라. 내가 다시 너에게 나타나리라."

338

"안녕히 가시옵소서."

이 말씀을 끝으로 나는 잠에서 깨어났다. 그리고 하나님을 향하여 무수히 절하였다.

.

6.신의 열여덟 번째 계시 말씀

그분이 말씀하셨다.

"명심하라. 내가 너를 택한 것은 나의 진리를 너희 대한민국 국민들에게 알리기 위함이니라. 나의 존귀하고 거룩한 이름이 '하나님'이라. 이 '하나님'에서 '하나'라는 뜻은 너희들 지구 주민들 모두가 내 앞에서 한 형제요, 한 자매라는 뜻이로다. 그리고 이것이 바로 '한 사상'이니라. 그것이 이루어지는 그날에는 누구나가 무량한 빛 속에 있을 것이요, 누구나가 영원히 구원을 받을 것이요, 누구나가 영원한 생명을 얻을 것이니라."

"잘 알겠나이다. 아버지이시여."

"너희 한국민(韓國民)들은 들으라. 너희들은 6.25 사변 때에 인류의 도움으로 '자유 민주주의'를 수호할 수가 있었느니라. 그러므로 너희 한국민들은 인류를 위해서 헌신하고 봉사해야 할 책임과 의무가 있느니라. 그리하여 너희들이 이 사명을 훌륭히 감당한다면, 나는 너희 나라를 전 세계에서 가장 으뜸가는 종주국으로 만들어 주리라. 비록 지금은 겉으로 보기에는 너희 나라가 남북분단이라는 비극적인 상태에 처해 있지만, 때가 되면 나는 너희 나라를 통일시켜 너희들을 끝없이 기쁘게 하리라. 그리하여 누구나 서원을 세우고 그 서원을 이루기 위해서 노력하는 자들에게는 아낌없는 나의 힘이 내려지리라."

"명심하고 또 명심하겠나이다."

"구세주 메시아가 따로 있는 것이 아니라 내가 바로 구세주 메시아이니라. 그리하여 나는 장차 나의 영원히 존귀한 이름인 '하나님'이라는 이름을 온 세계에서 믿게 하리라. 그리하여 너희들은 진리를 전파할 때에 '하나님'이라는 이름의 뜻을 반드시 해석하여 전달하도록 하라."

"예, 잘 알겠나이다."

"비록 너희들의 처음은 미약할 것이나 시간이 흘러가고 세월이 흘러갈수록 그 창성함이 무궁하도록 이어지게 할 것이로다."

"잘 알겠나이다."

"그 무궁한 '평화 인류주의'가 구현된 날에는 설혹 너희 나라의 길거리에 아름답게 빛나는 온갖 종류의 금은보석들이 끝없이 널려져 있다 해도 아무도 주어가지 않는 진실로 무궁화 삼천리 화려강산이 이루어질 것이니라. 그리하여 너희 나라가 지극히 찬란하고 지극히 아름다운 나라가 되매, 온 세계의 사람들이 너희 나라의 그 끝없이 찬란하고 그 끝없이 아름다운 화려강산을 구경하려고 몰려오고 또 몰려 올 것이니라."

"부디 그리되기를 삼가 기원하나이다."

"또 너희는 이렇게 하라. 경기도에다 〈세계통일정부〉를 세우도록 하라. 그리하여 너희들이 먼저 세계통일사상을 실천해 나아가라. 그리고 너희들의 애국가를 세계통일국의 국가(國歌)로 지정하여 부르도록 하라."

"예, 반드시 그리하겠나이다."

"너희들은 영원히 존귀한 나의 백성들이니라. 그러므로 부디 긍지와 자부심을 가지고 모든 일을 해 나아가라. 너희들의 배후에는 항상 내가 있다는 사실을 잊지 말라."

"예, 반드시 그리하겠나이다. 그런데 존경하는 아버지이시여, 저희들이 이 지구별 위에 지상천국, 지상낙원, 지상극락을 이룩하려면 수많은 분야의 수많은 인재들이 필요할 것이옵니다. 이런 인재들을 어떻게 구하오리이까?"

"특수 대학교를 세우라. 거기서 필요한 인재들을 구하여 필요한 분야의 교육을 시키고 그들이 졸업하면 너희 지파의 각 기업에 취직을 시키도록 해라."

"아버지의 뜻을 잘 알겠사옵니다. 지금 수없는 사람들이 대학교를 졸업하고도 직장을 구하지 못해서 무직자, 실업자가 된 사람들이 한두 명이 아니옵나이다. 그런데 저희 지파가 대학교를 세우고 그 학생들에게 취업을 보장하여 준다면 크게 좋을 것이옵니다."

"그러하느니라. 너희 지파는 대학교를 세우고 또 그 대학생들이 졸업하면 취업을 보장해 주도록 하라. 그리고 그 대학생들이 졸업하면 너희 지파가 세운 기업들에 취직시켜주도록 해라. 그리하면 그 학생들은 마음 편히 기쁘게 공부할 것이니라."

"삼가 아버지의 뜻을 받들겠나이다."

"부디 너희 나라 대한민국이 나의 끝없는 영광이 꽃피어나는 나라가 되기를 기원하노라."

"반드시 그리되게 하기 위해서 저희들은 노력하고 또 노력할 것이옵니다. 그런데 존경하는 아버지시여, 세계통일정부, 즉 지구연합의 헌법은 어떻게 만들어야 하나이까?"

"그것을 위해서 내가 너에게 나의 진리를 말하지 않았더냐? 너희들이 세계통일정부, 즉 지구연합의 헌법은 이제까지 내가 설법한 진리에 의거해서 만들도록 하라. 너희들이 그리하여 나아간다면 온 세계만국이 너희들을 보고 아낌없이 거룩하다고 할 것이니라."

"잘 알겠나이다."

"내가 장차 오직 너희 나라에만 영생(永生)의 권능을 주리니, 너희들은 그 권능으로 하지 못할 일이 없고 이루지 못할 일이 없으리라. 또한 너희 나라는 지상에 있는 나의 신전이므로 하늘나라와 마찬가지로 영원히 무궁한 아름답고 또 아름다운 나라로 만들 것이다. '한국'이란 '하늘의 뜻이 펼쳐지고 이루어지는 나라'라는 뜻이니, 너희들이 땅에서 이룬 영광들은 하늘에서도 이루어질 것이요, 하늘에서 이루어진 영광들은 다시 너희 나라를 통하여 이루리라."

"잘 알겠나이다. 그런데 존경하는 아버지이시여, 여자란 도대체 어떤 존재이옵나이까?"

"여자란 남자가 하기에 달렸느니라. 사랑하라. 그러면 사랑을 받을 것이요, 미워하라. 그러면 미움을 받을 것이요, 하인처럼 부려먹어라. 그러면 하인처럼 대접을 받을 것이요, 왕비처럼 대접하라. 그러면 왕처럼 대접을 받을 것이니라. 왜 나의 말이 틀렸느냐?"

"아니옵니다. 아버지의 말씀이 지극한 명언이옵나이다."

"그리고 너희들은 잘 알아야 하느니라. 내가 앞으로 올 후세에는 여자들의 지위를 높이여 여자들도 나라를 경영하고 인류를 위해서 공헌하게 할 것이로다. 그러므로 너희 지파의 여자들은 모두 다 끝없는 사랑과 자비를 지닌, 즉 보살심(菩薩心)을 가진 보살이 되어야 할 것이다. 모든 인류가 여자들의 자궁 속에서 탄생이 되었으니, 여자들도 나라를 경영하고 인류를 위해 공헌할 권능과 권세를 가질 필요가 있느니라. 내가 앞으로는 그러한 권능과 권세를 여자들에게도 줄 것이며, 그러므로 여성 도녀(道女)들은 나의 이러한 뜻을 받들어 부디 의(義)를 사랑하는 의녀(義女)가 되기를 바라는 바이니라."

"잘 알겠나이다. 아버지여."

"전세에는 힘의 시대여서 주로 남자들이 왕이나 황제가 되어서 나라를 경영하였고, 여자들은 힘이 없어서 많은 수난을 당했느니라. 그러나 후세에서는 내가 여자들에게 나라와 인류를 경영할 권능과 권세를 주리라. 장차 내가 앞으로 많은 여자 의녀들을 탄생시켜 여성연합정부를 이룩하게 할 것이다. 그리하여 여자들이 반대하는 한, 남자들이 여자들의 뜻을 무시하고는 아무것도 할 수가 없게 하리라."

"잘 알겠나이다. 그런데 아버지시여, 아버지께서 여자들을 중요시여기고 후세에 여자들을 높이시려는 어떤 이유가 있사옵니까?"

"있느니라. 너는 중세시대에 기독교가 자행한 마녀사냥에 대해서 들어본 바가 있느냐?"

"있사옵니다."

"그때에 기독교는 나의 존귀한 이름으로 유럽에서만 약 900만 명의 여자들을 마녀로 몰아서 죽였느니라. 그것도 끔찍하게 불에 태워서 죽였느니라."

"아버지시여, 그런데 주로 어떤 여자들이 마녀의 대상이었나이까?"

"주로 용모가 아름답거나 또는 몸매가 아름다운 여성들이 마녀의 대상이었느니라."

"왜 기독교가 그런 아무 죄가 없는 여자들을 죽였나이까?"

"그 이유는 별 것이 없느니라. 주로 얼굴이 아름답거나 또는 몸매가 아름다운 여자들은 남자들이 볼 때에 성적인 욕망을 일으키며, 그래서 당시 이단심문관(異端審問官)들은 그러한 여자들이 마녀의 화생이거나, 악마의 출현이거나, 또는 사탄이 태어난 것이라고 믿었기 때문이니라."

"기독교가 아버지의 이름으로 참으로 잔인한 짓을 했나이다."

"내가 여자들에게 할 말이 없느니라. 그래서 앞으로 오는 후세에서는 여자들을 높여 전세에 억울하게 죽어간 여자들의 원혼(冤魂)을 달래고자 하느니라. 그들이 다른 이름도 아니고 나의 존귀한 이

중세시대에 마녀로 몰려 화형(火刑)당하거나 교수형(絞首刑) 당하는 여인들을 묘사한 판화들

름으로 죽어갔으니 그들이 나에 대한 원한이 얼마나 크겠느냐? 그리고 내가 그 여자들의 원한을 풀어주지 않으면 어찌 내가 의로운 신(神)이라고 하겠느냐? 이제야 너는 내가 나의 진리를 우선 여자들에게 주려는 이유를 알겠느냐?"

"예, 잘 알겠습니다."

"너희 나라 또한 마찬가지였느니라. 남존여비 사상을 만들어 놓아 과거에 수많은 여자들이 고통을 받으면서 살아야 했느니라."

"예, 잘 알겠나이다."

"그리고 너희들이 집회를 하거나 또는 어떤 행사를 할 때에 반드시 애국가를 부르도록 하여라. 그리고 '대한사람 대한으로 길이 보전하세'를 부를 때에는 세계통일국이 이루어지기를 기원하라. 한국에서 '한'이란 '하나'를 뜻하며 '국'이란 '나라'를 뜻하는 것이니, 그러므로 한국은 또한 하나의 나라 즉 '세계통일국'을 말하는 것이니라. 이는 너희나라 대한민국을 통하여 전 세계에 하나의 나라, 즉 세계통일국이 이루어진다는 뜻이니라."

"아버지시여, 저는 믿사옵니다. 비록 저희 나라 대한민국이 처절한 동족상잔의 비극을 벌이고 있으나, 언젠가는 아버지의 끝없는 무궁한 영광 속에 있게 됨을 진실로 믿사옵니다."

"그리하리라. 내가 그동안 너희나라 대한민국이 겪었던 모든 고난과 시련을 모두 거두고 무궁한 새 역사를 일으켜 너희나라 대한민국을 전 세계에서 나라중의 나라, 전 세계에서 최고로 위대한 나라가 되게 하리라."

"부디 그렇게 되기를 기원하고 또 기원하나이다. 아버지시여, 아버지께 바라옵건대, 저를 영원히 당신 안에 있게 하시옵고, 제 안에 영원히 하나님이 있게 하시옵소서."

"그러할 것이니라. 너는 영원히 내 안에 있을 것이며, 네 안에는 영원히 내가 있으리라. 나는 빛이요, 구원이요, 생명이니, 누구나 나를 통하면 무량한 빛을 얻을 것이요, 누구나 나를 통하면 다시는 어두움에 떨어지지 아니하는 영원한 구원을 받으며, 누구나 나를 통하면 무한한 생명을 얻어 순간에서 영원을 사는 자가 되느니라. 빛이 곧 사랑이며, 사랑이 곧 빛이니, 누구나 빛을 통하면 사랑이 될 것이요, 누구나 사랑을 통하면 빛이 되느니라. 사랑은 영원히 죽지 않고 사는 생명수 샘물이니 누구나 사랑을 믿는 자는 값없이 빛의 자식이 될 것이요, 값없이 생명수 샘물을 얻을 것이며, 값없이 하나님 안에서 영원함과 불멸함을 얻을 것이로다. 그 불멸의 영광의 날에 모든 이 영혼들이 빛으로 빛날 것이요, 사랑으로 빛날 것인즉, 이것이 이루어지는 날, 나 하나님의 나라가 이 땅위에서도 건설되어 전에도 없고 후에도 없을 찬란한 지상낙원, 지상천국이 이루어지리라."

"주여, 저는 주의 뜻을 받들겠나이다."

"들으라. 너희 한민족으로 하여금 장차 내가 세운 그 일곱 기둥에서 나오는 일곱 권능으로 만국을 통치하게 하리라. 다시 말하자면 나는 장차 너희 나라 대한민국에게 내가 세운 일곱 기둥에서 나오는 일곱 권능을 주어서 만국을 통치하는 영광의 나라로 만들리라. 그러나 너희들이 나의 말과 뜻을 따라 지키지 아니하면, 나는

346

너희 나라 대한민국으로 하여금 만국을 통치할 수 있는 권능을 갖추게 할 수가 없느니라."

"주여, 저는 주의 뜻을 받들겠나이다."

"들으라. 너희 한국민들은 들으라. 내가 장차 너희 나라에 일곱 기둥을 세워서 일곱 선지자로 하여금 '일곱 경전(經典)'을 쓰게 하리라. 그리하여 너희들은 이 일곱 경전을 소중히 간직해야 하느니라. 그러면 천국도 너희 한민족의 것이 될 것이요, 만국을 통치하는 권능도 너희들의 것이 될 것이니라. 앞으로 내가 '일곱 경전'에서 천국(天國)에 관한 모든 것들과 예수가 말한 천국에 관한 모든 비유와 비밀들을 상세히 풀어 주리니, 너희들은 이를 보물 중의 보물로 알고 잘 간직하라. 그리하면 천국의 모든 것들이 너희 한민족의 것이 될 것이요, 만국을 통치할 수 있는 권능도 너희 한민족의 것이 될 것이니라. 그런데 참으로 이상하구나."

"무엇이 이상하옵나이까?"

"너희 나라의 대통령들이 하나 같이 내 마음에 들지를 않는구나."

"무엇이 마음에 들지를 않사옵니까?"

"적어도 한 나라의 대통령이라면 서민들의 의식주는 해결해 주어야 하지 않겠느냐?"

"그러하옵나이다."

"내가 보기에 그러한 대통령이 하나도 없구나. 내가 대한민국을 살펴보니 서민들이 의식주조차도 제대로 해결하지를 못하는구나. 네가 생각하기에는 어떻게 해야 하겠느냐? 나는 너희 나라 대한민국의 대통령이 최소한 서민들의 의식주는 해결해 주어야 한다고 생각하고 있느니라. 내 생각이 틀렸느냐?"

"틀리지 않사옵니다."

"부자들은 여전히 계속해서 부자들이 되고 가난한 사람들은 계속해서 가난한 사람으로 전락하고 있구나. 대통령은 국가의 아버지, 즉 국부(國父)이니라. 그리해서 최소한 서민들의 의식주는 완전히 해결해 주어야 하느니라."

"옳사옵니다. 아버지이시여. 그런데 주여, 만약에 우리나라가 만국을 통치할 국가라면, 우리나라는 왕의 나라이고, 온 세계의 모든 나라들은 신하의 나라가 되어야 하나이다. 그런데 어찌 우리나라와 같이 작은 나라가 만국을 통치할 수가 있다는 말씀이시옵니까?"

"그것은 나의 뜻이 그렇다면 그러한 것으로 알고 있어라. 그러면 다시 내가 물어보자."

"예, 얼마든지 물어보시옵소서."

"옛날 조선시대의 왕 뒤에는 무엇이 있었느냐? 어떤 그림이 그려져 있었느냐?"

"예, 해와 달이 그려져 있었고, 그 사이에 하나의 산이 그려져 있는 병풍이 있었나이다."

"그럼, 그때 해와 달은 무엇을 상징하였느냐?"

"예, 그 당시에는 해와 달은 왕을 상징하였나이다."

"그러면 지금은 해와 달이 어디에 있느냐?"

"어디에 있다니요? 하늘에 있사옵니다."

"하늘에 있는 것이 아니라 너희 나라의 태극기에 해와 달을 상징하는 것이 있느니라. 태극기를 한번 잘 생각해 보라."

"잘 모르겠는데요."

"이래가지고서 네가 어찌 나의 제자이자 메신저라고 할 수가 있겠느냐? 다시 한 번 더 잘 생각해 보아라."

"혹시 건괘(乾卦)와 곤괘(坤卦)를 말씀하시는 것이옵니까?"

"바로 그렇다. 너희 나라의 태극기에 있는 건괘는 해를 상징하는 것이며, 곤괘는 달을 상징하는 것이다. 그러므로 너희나라가 곧 만국을 다스릴 왕의 나라라는 뜻이니라. 그러면 해와 달 사이에 있는 산은 무엇을 뜻하느냐?"

"잘 모르겠사옵니다."

"해와 달 사이에 있는 산은 북악산을 의미하는 것이니라. 이는

348

대한민국을 통치할 대통령의 관저가 북악산 앞에 건설된다는 뜻이
니라."

"알겠사옵니다."

"이제 나는 너를 떠나가노라. 내가 다시 오리라."

"안녕히 가시옵소서."

이 말씀을 끝으로 나는 잠에서 깨어났다. 그리고 하나님을 향하여
수없는 절을 하였다.

7.신의 열아홉 번째 계시 말씀

하나님께서 말씀하셨다.

"너희 민족은 타 민족과는 달리 영적으로 매우 진보된 민족이니라. 그것은 너희 나라의 역사를 살펴보면 알 수가 있는 것이다. 너희 민족은 대대로 900번 이상이나 외침을 받아왔으나 단 한 번도 타국이나 타민족을 침략한 적이 없는 평화의 민족이었노라. 그리고 이러한 민족은 너희 지구별에서 너희 한민족밖에 없느니라."

"옳사옵니다. 아버지이시여."

"내가 장차 너희 민족을 통해 영원히 죽지 아니하고 영원히 사는 생명수 샘물을 아무런 값없이 주리니, 이로써 모든 사망하는 것이나 모든 사망함에 따르는 눈물 흘리고 통곡하는 일이 없게 되리라. 그리하여 장차 너희 나라는 모든 인류를 영원히 살리는 생명의 나라가 될 것이다. 장차 너희 나라에서 만국을 영원히 살리는 생명나무가 자라나서 온 인류가 먹으면 영원히 사는 생명의 과실이 열리게 하리라."

"명심, 또 명심하겠나이다."

"그리고 이스라엘에게는 선민이라는 의식이 있느니라. 그러나 너희나라에는 천손이라는 의식이 있느니라. 만약에 너희들이 외국인들에게 천손(天孫)이라는 단어를 설명할 때에는 영어로 "The Son of Heaven"이라고 말하면 외국인들이 큰 깨달음을 얻을 것이다. 그리고 전세에서는 이스라엘이 주역이 되어서 활약을 하였으나, 앞으로 다가오는 후세에서는 너희 한민족이 주역이 되어서 활약하도록 결정되어 있느니라. 알겠느냐?"

"예, 잘 알겠나이다."

"나는 헌신할 것이니라. 아무리 어렵더라도 나는 너희 나라를 위하여 헌신할 것이니라. 그 무궁한 빛과 광명의 날을 위하여 나는 영원히 너희 나라를 떠나지 아니할 것이며, 나는 영원히 너희 나라의 하나님이 되리라. 그리하여 너희 국가는 장차 '신(神)의 나라'가 되리니, 그 결과로 인하여 너희 나라의 국운융성은 반드시 이루어질 것이니라."

"부디 그리되기를 간절히 기원하나이다."

"보라. 미국의 아브라함 링컨을 보라. 아브라함 링컨은 흑인 노예들을 해방시켜준 대보살행(大菩薩行)을 행했느니라. 그리하여 내가 미합중국을 나의 전능한 힘으로 짧은 시간임에도 불구하고 전 세계에서 제일가는 나라로 만들어 주었느니라. 그리하여 누구든지 아브라함 링컨만한 의인(義人)이 있다면, 나는 나의 전능한 힘으로 그의 나라를 영원히 세상의 기둥이 되게 할 것이다. 땅에서 의(義)의 기둥이 된 자는 하늘에서도 의(義)의 기둥이 될 것이요, 하늘에서 의(義)의 기둥이 된 자는 땅에서도 의(義)의 기둥이 되게 할 것이니라."

"부디 그리되기를 간절히 기원하나이다."

"나는 너희나라 조선 시대의 사람들을 이해할 수가 없구나. 공자나 맹자가 반상(班常)의 제도를 만들거나 또는 남존여비의 사상을 설하지도 않았는데도 조선시대에 무수한 사람들이 상민(常民)이나 노비로 태어나서 양반들의 밑에서 죽을 때까지 뼈가 빠지도록 일을 해야 했었고, 또 여성들은 아예 인간으로 취급받지 못했음이라."

"그것은 그러했사옵니다. 아버지시여."

"너는 한번 생각해 보아라. 어떤 사람이 상민이나 노비로 태어나서 죽을 때까지 뼈 빠지도록 일을 해야 했다면, 그 사람이 받았던 그 고통에 끝이 있었겠느냐? 여자들도 마찬가지였느니라. 여자들도 한번 태어나면 죽을 때까지 뼈가 빠지도록 일을 해야 했느니라."

"옳사옵니다. 아버지이시여."

"미래의 너희 대한민국은 아무리 막대한 대가를 치르더라도 그것이 진리의 길이라면, 그 길을 걸어가야 하느니라. 또한 미래의 너희 나라가 아무리 무거운 십자가를 진다고 해도 그것이 진리의 길이라면, 그 길을 걸어가야만 할 것이다. 그러나 미래에 너희가 그러한 길을 걸어간다고 해도 나의 뜻이 너희 대한민국을 통해 완전히 이루어질 때까지는 절대로 교만해서는 아니 되느니라. 올바르고 성숙된 인간은 진실로 아무리 덕(德)이 높아도 자신이 아직은 덕이 부족하다고 생각하고, 아무리 선(善)이 높아도 아직은 선이 부족하다고 생각하며, 아무리 애국심이 높아도 애국심이 부족하다고 생각하느니라. 또한 아무리 도(道)가 높아도 도가 부족하다고 생각하며, 아무리 진리(眞理)가 높아도 진리가 부족하다고 생각하는 법이니라."

"귀하신 말씀 감사하옵나이다."

"그 옛날 그토록 강력했던 로마도 결국은 무너졌으며, 그 위대한 영광도, 그 위대한 찬란함도 결국에는 순간에 불과했느니라. 로마는 인간을 사랑하지 않았고, 오히려 인간을 지배하며 인간 위에서 군림하려 했었노라. 너희 또한 마찬가지이다. 너희도 인간을 사랑하지 않는다면, 로마처럼 인간 위에서 군림한다면, 너희 역시도 멸

352

망할지도 모르느니라. 그러므로 너희는 결코 어떠한 경우에도 인간을 착취하고 지배하고 인간 위에서 군림하려해서는 안 될 것이다. 아무리 그 힘이 강하다 해도 결국에는 멸망한 역사들이 얼마나 많은지 너희들도 잘 알고 있으리라. 그러므로 힘으로 가는 길은 영원으로 가는 길이 아니라 순간으로 가는 길이자 멸망으로 가는 길이며, 사랑으로 가는 길만이 진실로 영원으로 가는 길이니라. 한편 탐욕이라는 열차 역시 멸망이라는 철길을 따라 결국은 사망이라는 목적지에 도착하게 된다는 사실을 분명히 알아야만 하느니라."

"진실로 귀하고도 귀하신 말씀이옵나이다."

"너희 인간들이 서로 국경선을 그어놓고 나라들을 만들어 놓았으나, 나의 입장에서 보면 지구상의 그 모든 나라와 만민들이 나의 분령체들이자 자녀들이니라. 그렇기에 내가 보기에는 이 지구별에 있는 모든 존재들이 실상은 나라와 민족을 초월하여 하나의 지구주민으로 보이느니라. 그러므로 이 지구별의 모든 이들이 나라와 국경을 초월하여 내 앞에서 영원히 하나인 것이고, 또한 나는 온 인류상의 모든 나라와 민족들을 평등하고 차별 없이 사랑하느니라. 그리고 내가 대한민국을 사랑하는 것은 장차 나의 이러한 하나(한)의 뜻을 대한민국을 통해 이 지구상에서 펼치기 위함인 것이다. 그리하여 앞으로 내가 무수한 의인(義人)들을 배출하여 끝없이 무궁한 화해와 상생과 사랑의 역사를 펼칠 것이니, 이에 너희 모두는 나의 이러한 거룩한 뜻에 동참하여 나의 나라가 이 지구별 위에서 건설되기를 진실로 기원하라."

"잘 알겠나이다. 아버지시여."

"사람이 인생을 살다 보면 그 사람 앞에 무수한 길들이 있느니라. 즉 세상에는 무수한 유혹의 길들이 있고, 무수한 실패의 길들이 있으며, 무수한 망하는 길들이 있는 것이다. 마음이 올바로 선 자는 올바른 길을 가나, 마음이 잘못된 자는 잘못된 길을 가느니라. 그런데 사람이 잘못된 길로 빠지지 않고 늘 올바른 길만을 가

끝없는 피난민 행렬(좌). 폭격으로 끊어진 대동강 철교에 매달려 있는 피난민들(우)

기란 참으로 어려운 것이로다. 그러나 너희들은 6.25 사변이 고난과 눈물의 길이었음에도 자유 민주주의를 수호하는 그 길을 선택했고, 또 전쟁으로 사랑하는 이를 잃고서 온갖 통곡과 오열을 해야 했던 그 역경의 길을 선택했느니라. 아마도 이 남과 북의 전쟁 속에서 왜 자신의 목숨을 바쳐야 하는지 그 이유도 모르고 죽어간 병사들이 수없이 있었으리라. 하지만 너희들은 아무도 너희들이 선택한 이 길의 가치를 모를지라도 나만은 알고 있다는 사실을 알아야 하느니라. 그리고 과거에 너희들이 막대한 희생을 치러 가면서 선택한 그 길의 가치를 언젠가는 너희들의 후손들이 그 가치를 알아줄 날이 올 것이며, 더 나아가 온 인류가 과거에 너희들이 선택한 그 길의 가치를 알아줄 날이 분명히 올 것이니라. 그리고 이제 밝히거니와, 너희 나라가 인류가 겪어야 할 세계 제3차 대전을 6.25 사변을 통해 대속한 것이기에 장차 내가 나의 열두 기둥 중에서 일곱 기둥을 너희 나라에 세워 장차 너희의 대한민국을 전 세계에서 제일가는 나라로 융성시키는 것이니라."

354

"명심, 또 명심하겠나이다."

"너희나라 대한민국은 사랑의 나라가 되어 끝없는 사랑을 실천해야 할 것이니라. 그런데 내가 사랑, 사랑이라고 거듭 외치는데 과연 내가 말한 사랑이 무엇이겠느냐? 그것은 이 지구상에서 복잡한 것이 아니니라. 추위에 떨고 있는 자들에게는 옷을, 굶주린 자들에게는 양식을, 병든 자들에게는 약을, 희망이 없는 자들에게는 희망을, 빛이 없는 자들에게는 빛을, 자유가 없는 자들에게는 자유를, 슬퍼하고 외로워하는 자들에게는 위로를 베푸는 것이 바로 사랑이니라. 나는 먼 미래의 너희 나라 대한민국이 이러한 나라가 되는 것을 진실로 바라며, 또 잘못된 길로 가지 않을까를 걱정하고 염려하는 바이다. 그리고 미래의 너희 나라는 자국의 물질적인 이익만을 추구해서는 아니 될 것이다. 만약에 미래의 너희나라 대한민국이 이런 이기적이고 속물적인 나라가 된다면, 틀림없이 너희 나라를 증오하고 미워하는 적들이 많아질 것이며, 그리하여, 결국 너희의 영광의 역사는 결코 오래가지 못할 것이니라. 사람이 망하는 것도 적이 있기 때문이며, 나라가 망하는 것도 적이 있기 때문이니라. 그러나 사랑의 나라에는 결코 아무런 적이 없으며, 오직 친구만이 있을 뿐이니라."

"옳사옵니다. 아버지이시여."

"먼 미래에 아무리 너희가 전 세계에서 제일가는 물건을 만들어 외국에 수출하더라도, 그리하여 아무리 많은 국부(國富)를 축적하더라도 그것은 모두 다 아침이슬 같고, 안개 같고, 수증기 같이 허망한 것임을 알아야 하느니라. 너희 대한민국이 진정으로 해야 할 일은 바로 참된 '평화인류주의'를 일으켜 세워서 그것을 외국에 수출해야 하는 것이니라. 한국민들에게 말하노니, 너희 나라는 절대로 돈과 황금을 먼저 따르는 노예가 되지 말라. 만약에 너희 대한민국이 돈의 노예가 된다면, 틀림없이 먼 미래에 너희 나라에게는 무수한 적들이 생겨날 것이다. 그것은 결코 내가 바라는 것이 아니며, 또한 전 세계 주민들이 바라는 것이 아니니라. 돈에 비교조차 할 수 없이 값진 것이 바로 참된 '평화인류주의'를 이 땅위에서 일으켜 세우는 것이로다. 돈이 돌멩이와 같다면, 참된 '평화인류주의' 는 다이아몬드와 같다는 사실을 깨닫도록 하라."

"귀하신 말씀 감사하옵나이다."

"너희들이 가는 앞길에 숱한 고난과 시련이 있을 것이니라. 하지만 그 길이 바로 영원한 영광으로 가는 길이니, 당장은 힘없고 괴롭기가 끝이 없더라도 미래에 받을 무궁한 영광을 위해 끝까지 견디어 이겨야 하느니라. 처음부터 힘들다고 아니 가면 영원히 가지 못하는 법이며, 이 세상에 무슨 일이든 처음부터 쉽게 되는 일은 아무것도 없느니라. 과거에 너희들은 자유 민주주의를 지키기 위해 전쟁을 해서라도 그 길을 걸어갔었고, 또한 전 세계에 민주주의를 일으켜 세우기 위해서 숱한 이들이 피 흘리며 죽어가야 했노라. 하지만 원래 밝은 빛으로 가득 찬 아침이 오기 전에 먼저 끝없는 암흑으로 가득 찬 밤이 있는 것이 이치이니, 이와 마찬가지로 너희 대한민국이나 또는 인류에게 밝은 광명의 신천지가 오기 전에 필히 캄캄한 어둠으로 가득 찬 역사가 오는 법이로다. 그리고 드디어 그 어둠으로 가득 찬 역사를 이겨냈을 때 비로소 끝없는 빛과 광명으로 가득 찬 새 역사를 창조할 수가 있는 것이니라."

"귀하신 말씀 감사하옵나이다."

"너희들은 참으로 자랑스럽게도 무척이나 험난한 역사의 길을 이겨내어 걸어왔느니라. 무수한 외침들이 있었으나 너희 민족은 그것들을 다 극복하고 끈질기게 환란의 길을 통과해 오늘에 이르렀도다. 그리고 오늘 너희들이 만든 이 정의와 자유의 길을 너희들의 후손들이 걸어가고 또 그 이후의 후손들이 걸어갈 것이니라. 그리하여 미래의 너희 대한민국이 계속 걸어가야 할 길은 다음과도 같으니라. 너희 대한민국은 기둥이 되어야 하느니라. 그것도 인류를 떠 바치는 기둥이 되어야 할 것이다. 오늘 너희들은 자유 민주주의를 꽃피어나게 함으로써 너희 나라에다 하나의 작은 자유의 기둥을 세웠느니라. 그러나 미래의 너희 대한민국은 끝없는 빛의 나라가 되고 사랑의 나라가 되어 온 인류를 떠받치는 사랑의 기둥이 되어야 하노라. 또한 끝없는 생명의 나라, 희망의 나라, 용기의 나라, 정의의 나라, 구원의 나라가 되어 온 인류를 떠받치는 구원의 기둥이 되어야 하느니라. 그럼으로써 빛과 사랑과 생명, 희망, 용기, 구원을 갈구하는 만인들로부터 그 모든 길은 너희나라 대한민국으로 통한다는 소리를 들어야 하느니라. 그리하여 온 인류가 너희 대한민국이라는 기둥 아래에서 영원한 기쁨과 행복을 누릴 수 있게 되어야 할 것이니라."

"귀하신 말씀 명심, 또 명심하겠나이다."

"예수가 진실로 위대한 것은 자신이 죽는다는 것을 알면서도 끝까지 진리의 길을 걸어갔다는 것이다. 그는 자신이 무거운 십자가를 져야한다는 것을 알면서도 끝까지 사랑의 길을 포기하지 않았느니라. 그리고 그는 십자가에서 죽을 때까지 그러한 죽음도 나 하나님의 뜻이라고 생각하며 모든 것을 나에게 맡기고 그 운명을 받아들였던 것이로다. 그러므로 너희 대한민국도 예수 그리스도와 같은 길을 걸어가야 하느니라. 즉 비록 지금 아무리 무거운 십자가가 너희들이 가는 길 앞에 놓여있다고 해도 그것을 나의 뜻이라고 받아들여 묵묵히 그 무거운 십자가를 지고 진리의 길을, 또한 인류를 향한 끝없는 헌신의 길을 걸어가야 할 것이니라. 오늘날까지 너희 민족은 남북분단과 동족상잔이라는 처절하고 무거운 십자가를 지면서 고난의 길을 걸어왔노라. 그렇듯이 미래의 너희 대한민국 역시도 인류를 위한 헌신의 길이 힘들지라도 그 무거운 십자가를 기꺼이 지고 길을 걸어가야 하느니라. 또한 비록 아무도 너희들이 진 무거운 십자가를 알아주지 않는다 해도 나 하나님만은 아실 것이라고 생각하며 계속 길을 걸어가야 할 것이니라. 그리하면 나는 영원히 너희 대한민국의 하나님이 되어 너희 나라를 길이 존귀케 할 것이고, 너희 나라의 모든 역사를 인류 전체의 어둠을 밝히는 빛의 역사로 만들어 그 찬란한 빛의 역사가 무궁히 이어지게 하리라. 그 때 너희의 그 모든 슬픔의 눈물은 하나도 남김없이 기쁨의 눈물로 변할 것이며, 그 모든 어둠과 암흑은 하나도 남김없이 끝없는 빛과 광명으로 바뀔 것이니라. 그리하여 다시는 너희 대한민국에게 그 모든 슬픔의 눈물과 어둠과 암흑의 역사가 더 이상은 없게 할 것이니라."

"부디 그리되기를 간절히 기원하나이다."

"아무리 구름이 하늘의 태양을 가려도 잠시 뿐이듯이, 너희들에 대한 나의 사랑 또한 저 하늘의 태양같이 항상 너희들에게 임하고 있다는 사실을 알아야 하리라. 그러나 이것을 오직 너희 대한민국에만 머물러 있게 해서는 아니 될 것이니라. 내가 너희 나라를 끝없이 사랑하듯이, 너희들도 온 인류를 끝없이 사랑해야 하며, 그리하여 너희들이 나로부터 받은 끝없는 사랑을 온 인류에게도 골고루 나누어 주어야 하느니라. 또한 나는 영원한 행복이요, 끝없는 행복이요, 가없는 행복이니, 따라서 나는 먼저 나의 끝없는 행복을 너희 나라에게 줄 것이니라. 그러니 나중에 너희 나라가 전 세계에서 제일가는 나라가 되면, 너희 대한민국은 나에게로부터 받은 이 무한한 행복 역시 또한 온 인류에게 골고루 나누어 주어야 하느니라."

"명심, 또 명심하겠나이다."

"재물을 얻는 것은 작은 것을 얻는 것이고, 명예를 얻는 것도 작은 것을 얻는 것이며, 건강을 얻는 것도 작은 것을 얻는 것이고, 사랑을 얻는 것은 모든 것을 얻는 것이니라. 비록 너희가 추위와 굶주림에 떨거나 병고에 시달리는 이들에게 옷과 양식, 약을 주어 설사 그들이 그런 상태를 완전히 해결할 수는 없을지라도 너희들이 베푼다면 분명히 그들은 너희 대한민국을 무한히 사랑할 것이로다. 바로 이렇게 사랑을 얻는 것이 모든 것을 얻는 것이니라. 나는 미

래에 너희 대한민국을 이끌어 갈 지도자들에게 이렇게 말하고 싶으
니라. 미래의 대한민국 지도자들이여! 너희 나라는 그 어떠한 상황
에서라도 결코 인류에 대한 끝없는 사랑의 길을 포기하지 말도록
하라. 비록 충분하지 않더라도 다른 나라들이 너희의 도움으로 너
희 대한민국에게 감사한 마음을 갖고 끝없이 너희를 사랑한다면,
너희 나라는 최고의 것을 얻는 결과가 될 것이다. 그러나 그 반대
로 미래에 너희 대한민국을 증오하고 미워하는 사람이나 나라가 있
다면, 그것은 분명히 너희 대한민국이 잘못된 길을 걸어가고 있는
것이며, 그것은 바로 미래의 너희 나라가 또 다른 로마의 길을 걸
어가고 있는 것이니라. 물론 너희 대한민국도 국익(國益)을 추구해
야 할 것이나, 그 국익은 어디까지나 적당한 선에서 머물러야 할
것이니라. 만약 수많은 이들과 나라들이 반대하는 데도 만약 끝까
지 힘을 내세워 오직 너희 나라만을 위한 이익을 추구한다면, 로마
가 힘으로 주변 국가들을 지배했듯이 똑같이 힘으로 인류를 지배하
려 하는 것과 마찬가지일 것이니라. 그러므로 그 길은 온 인류로부
터 사랑을 얻는 길이 아니라 정 반대로 무한한 증오와 미움과 저주
를 얻는 길이라는 사실을 알아야만 하리라. 그러고서도 너희 대한
민국이 앞으로 잘 될 것이라고 생각하는 것 자체가 바로 허황된 망
상(妄想)이니라. 왜냐하면 로마가 멸망했듯이, 그렇게 너희 대한민
국도 아무도 지켜보지 않은 채 인류 역사 속에서 서서히 멸망할 것
이기 때문이니라. 그러므로 미래에 너희 나라가 전 세계에서 제일
가는 나라가 된다면, 내가 너희들에게 아무런 대가없이 끝없는 사
랑을 나누어 주듯이, 미래의 너희 나라 지도자들도 바로 그런 사랑
의 길을 걸어가야만 할 것이니라. 만약에 너희의 지도자들이 그런
길을 가지 않는다면, 과거에 자유민주주의를 수호하기 위해 너희들
이 막대한 대가를 치르고서 얻은 이 소중한 업적은 역사책 위에서
한낱 그러했다는 한 구절로 기록되었다가 곧 소멸되어 버릴 것이니
라. 그리하여 과거에 너희들이 이룩한 이 거룩한 승리는 아무런 의

6.25 전투 중 부상
당한 미군 병사
(위)와 전사한 병
사들에 대한 묘역
에서의 추도행사
(아래)

미도 없이, 또한 아무런 교훈도 주지를 못한 채 그냥 너희들 후손
들의 머리속 지식으로 끝날 것이로다. 그리고 또한 너희들은 알아
야 할 것이다. 6.25 전쟁 때 수많은 다른 나라의 군사들이 너희의
국민들이 아님에도 불구하고 너희 나라를 지키고 너희의 민주주의
를 수호하기 위해 그들의 소중한 목숨을 바쳤노라. 그렇기에 바로
여기에 너희 대한민국이 인류를 위해 헌신해야 할 마땅한 운명이
있느니라."

"잘 알겠나이다. 아버지이시여."

360

"미래의 너희 대한민국의 통치자들은 반드시 알아야 하느니라. 만약에 미래의 너희 대한민국이 인류를 끝없이 사랑한다면, 인류도 끝없이 너희 대한민국을 사랑할 것이며, 힘을 내세워 인류 위에 군림하려 든다면, 온 인류도 힘으로 너희 대한민국과 맞서 싸우고 또 싸울 것이로다. 즉 미래의 너희 대한민국이 인류에게 무엇을 해주느냐에 따라서 인류도 너희 대한민국에게 무엇을 해줄 것인가를 결정하게 될 것이니라."

"명심하고 또 명심하겠나이다."

"이제 나는 떠나가노라. 내가 다시 너에게 나타나리라."

"안녕히 가시옵소서."

이 말씀을 끝으로 나는 잠에서 깨어났다. 그리고 하나님을 향해 무수히 절을 하였다.

8. 신의 스무 번째 계시 말씀

그분이 말씀하셨다.

"일단 의자에 앉도록 하라."

나는 의자에 앉았다. 이윽고 그분이 말씀하셨다.

"너희 나라 대한민국은 하나의 본보기가 되어야 하느니라. 오늘 날 너희들은 끝없는 노력과 전진 끝에 눈부신 발전을 이룩했노라. 그러나 이제부터 너희들은 '평화인류주의'를 일으켜 세워야 하며, 그리하여 온 세상에서 가장 완벽한 '평화인류주의'의 나라를 이룩해야 할 것이니라. 만약에 그렇게만 된다면, 수많은 나라들이 너희 대한민국을 본받아 '평화인류주의'를 도입하고 온 세계가 통일될 것이니라. 그리고 이 사명과 목적이 내가 너희 대한민국에 진실로 바라는 것이니라. 그렇다면 너희들은 그 어떠한 '평화인류주의'를 일으켜 세워야 하겠느냐? 그 핵심은 바로 사랑이니라. 인간이 인간을 서로 서로 사랑하고, 나아가서 나라와 나라가 서로 서로 사랑하고,

나아가서 민족과 민족이 서로 서로 사랑하는 그런 '평화인류주의'를 일으켜 세워야 하느니라. 그리고 바로 이것이 앞으로 너희들이나 너희들의 후손들이 이룩해야 할 '평화인류주의'인 것이다. 만약에 너희들이나 너희들의 후손들이 일으켜 세운 '평화인류주의'에 사랑이라는 정신이 결여돼 있다면, 그것은 절대로 '평화인류주의'라고 할 수는 없을 것이다. 인간을 진실로 사랑하는 자는 내가 그를 끝없는 빛 속에 있게 할 것이요, 인간을 진실로 귀하게 여기는 자는 내가 그를 무궁한 진리 속에 있게 하리라. 이렇게 너희들은 '인간제일주의'라는 바탕에서 '평화인류주의'를 일으켜 세워야 하느니라. 그렇게만 된다면 너희 대한민국의 '평화인류주의'가 곧 온 세계의 '평화인류주의'가 될 것이며, 온 세계의 '평화인류주의'가 바로 너희 대한민국의 '평화인류주의'가 될 것이니라."

"귀하신 말씀 믿사옵니다."

"온 우주의 모든 영혼들은 내가 창조함으로써 존재하는 것으로서 비록 너희의 육신은 백년도 채 가지 않아서 죽으나 그 영혼만은 영원히 사느니라. 왜냐하면 우주의 모든 영혼들은 나의 속성대로 창조됨으로 인해 나처럼 영원히 죽지 않고 불멸하기 때문이니라. 너희들은 이것을 '영혼제일주의'라고 이름 붙이도록 하라. 온 우주에서 최고로 존귀한 존재는 바로 나이니라. 그러나 나와 똑같이 존귀한 것이 하나 더 있으니 그것은 바로 인간의 영혼이니라. 인간의 영혼은 나와 똑같이 온 우주에서 제일로 존귀한 것이며, 그러므로 이것이 바로 '영혼제일주의'이니라. 오늘날 너희 나라는 찬란한 자유 민주주의 국가를 이룩했으며, 그리하여 이제 더 이상 너희 나라 대한민국에서는 북한의 공산주의 마냥 어떠한 영혼이든 마구 착취하고 인권을 짓밟는 것이 없느니라. 그러나 이것은 이제 막 시작일 뿐이다. 이 '영혼제일주의'가 온 대한민국 전체로 퍼져 나가야 하며, 또한 미래의 너희나라들의 후손들도 이 '영혼제일주의'를 진실로 믿고 따라야 하고, 더 나아가 온 인류에게도 이러한 사상을 전파해야 하느니라. '평화인류주의'는 바로 이러한 '영혼제일주의'에 바탕을 두고 만들어져야 할 것이니라. 즉 '평화인류주의'가 바로 '영혼제일주의'이며, '영혼제일주의'가 바로 '평화인류주의'가 되어야 하는 것이다. 자유 민주주의는 아브라함 링컨이 말했듯이 '국민의' '국민에 의한' '국민을 위한'이라는 3대 명제의 '국민중심주의' 아래에서 만들어진 것이니라.[1] 하지만 '평화인류주의'는 '영혼중심주의' 또는 '영혼제일주의'에 바탕을 두고 만들어져야 하느니라. 너희는 아무리 나라가 서로 다르고, 민족이 다르고, 종교가 다르고, 사상이 서로 다르더라도 그 무엇도 인간이 갖고 있는 영혼보다는 못하며 영혼이 가장 존귀하다는 사실을 깨달아야 할 것이로다. 이것을 깨달은 자는 오늘 그 영혼이 이미 나의 나라에 있느니라. 그리하여 그가 다시는 태어나지 않고 나의 나라에서 영원히 불멸하는, 영원히 죽지 않는 삶을 살게 될 것이니라."

"그리하겠나이다. 아버지이시여."

"힘으로 어떤 나라를 강제로 지배할 수는 있을 것이지만, 만약 그렇게 한다면 그 나라는 겉으로는 복종하나 속으로는 절대로 복종하지 않는다는 사실을 깨달아야 하느니라. 그러나 끝없는 사랑으로

---

1)노예해방을 위한 미국의 남북전쟁시, 게티즈버그에서 3일 간의 전투기간 동안 18,000명의 사망자와 실종자를 포함해 약 5만 명의 사상자가 발생했다. 그곳에서 북군이 처음 승리한 후 당시 링컨이 전몰한 병사들의 영혼을 위로하며 행한 명연설은 유명하다. 링컨은 이렇게 말했다.

"87년 전 우리의 선조들은 이 대륙에다 자유 속에서 잉태되고 모든 인간은 평등하게 창조되었다는 주장에 봉헌된 새로운 국가를 탄생시켰습니다. 우리는 지금 거대한 내전에 휩싸여 있고, 나라가, 아니 그렇게 잉태되고 그렇게 봉헌된 어떤 나라가, 과연 오랫동안 존속할 수 있는지를 시험 받고 있습니다. … (중략) … 세상은 우리가 여기서 말하는 것을 별로 주목하지 않고 오래 기억하지도 않을 것입니다. 하지만 이곳에서 쓰러진 용사들이 여기에서 행한 것은 결코 망각될 수 없습니다. 그러므로 여기서 싸웠던 그들이 지금까지 숭고하게 진전시켜 온 이 미완의 과업에 헌신해야 할 사람들은 오히려 살아 있는 우리들입니다. 이들의 영예로운 죽음을 통해 우리 앞에 남겨져 있는 그 위대한 과업이란 이들이 헛되게 죽지 않았음을 여기서 지혜롭게 풀어나가야 하는 것입니다. 우리가 그들이 몸 바쳤던 대의(大義)를 위해 헌신적인 노력을 기울일 때, 이 나라는 신(神)의 가호 아래 새로운 자유를 이룩할 것이고, 국민의(of the people), 국민에 의한(by the people), 국민을 위한(for the people) 그런 정부는 결코 이 지구상에서 사라지지 않을 것입니다." (편집자 주)

364

흑인 노예제도에 대한 이견 때문에 벌어진 미국의 남북전쟁

그 나라를 상대한다면, 그 나라는 진실로 겉으로도 복종하고 속으로도 복종하게 될 것이니라. 그러므로 미래의 너희나라 대한민국은 모든 나라를 대함에 있어서 끝없는 사랑으로 대해야 하느니라. 또한 그래야만 찬란한 '평화 인류주의'를 너희나라 대한민국을 통해 이룩할 수가 있는 것이니라. 만약 너희 나라가 장차 '영혼제일주의'를 바탕으로 '평화인류주의'를 성공적으로 일으킨다면, 나는 '평화 인류주의'를 온 세계로 퍼져 나아가게 하여 온 인류상에 지상천국, 지상낙원을 건설하리니, 그 때가 도래하면 너희 나라는 분단의 나라에서 통일의 나라로 나아갈 것이며, 수많은 의인(義人)들의 활약으로 전 세계에서 가장 제일가는 국가로 변신하게 되리라. 또한 메시아의 나라가 따로 있는 것이 아니라 바로 너희 나라가 메시아의 나라가 될 것이니라."

"부디 그리되기를 간절히 기원하나이다."

"온 인류에게 수없이 일어난 전쟁들은 그 모두가 자국의 영토 확장과 같이 자기 나라의 욕망과 이익을 위해서 일어난 것이니라. 이제까지 그 누구도 사랑을 위해, 정의를 위해, 자유를 위해, 평화를 위해, 마침내 진리를 위해서 전쟁을 한 적은 없었노라. 그리고 장차 너희들이 '평화인류주의'를 성공적으로 일으키기 위해서는 너희에게 무수한 고난과 시련과 역경과 반대들이 뒤따를 것이로다. 그러나 그래도 너희들은 미래에 받을 영광과 영화를 위하여 묵묵히 이 십자가의 길을 걸어가야 할 것이니라. '평화인류주의'를 성공적으로 일으키기 위해서는 때로는 어둠의 저항세력과 부딪치거나 전쟁을 해야 할지도 모르느니라. 그러나 미래의 너희 대한민국은 인류 역사상 처음으로 사랑을 위해, 정의를 위해, 자유를 위해, 평화를 위해, 마침내 진리를 위해서 전쟁을 해야 하며, 그리하여 마침내 너희들은 승리해야만 할 것이니라. 이렇게 될 때 이것은 이제 너희들이 대한민국에다 처음으로 사랑과 정의와 자유와 평화와 진리의 기둥을 세운 것이니라. 그러나 불행하게도 아직은 그 기둥이 완성되지 못했으며, 아마도 너희들의 후손들이 이 불멸의 기둥을 완성시켜야 할지도 모르리라.

한국민들이여! 너희 나라가 바로 '인류의 축소판'이며, 인류의 '선과 악의 대결장'이니라. 그렇기에 너희 나라에서 사랑의 기둥이 세워지면 온 인류에서도 사랑의 기둥이 세워질 것이요, 너희나라에서 정의의 기둥이 세워지면 온 인류에서도 정의의 기둥이 세워질 것이며, 너희 나라에서 자유의 기둥이 세워지면 온 인류에서도 자유의 기둥이 세워질 것이로다. 또한 너희 나라에서 평화의 기둥이 세워지면 온 인류에서도 평화의 기둥이 세워질 것이요, 너희 나라에서 진리의 기둥이 세워지면 온 인류에서도 진리의 기둥이 세워질 것이니라."

"믿사옵니다. 아버지이시여."

"너희 모두는 내 앞에서 똑같이 하나이며, 똑같이 너희 지구별의 주민들이니라. 그리고 지금은 아니지만 아마도 먼 미래에는 이러한 개념이 대단히 소중하게 생각될 날이 반드시 올 것이니라. 당분간은 민주주의가 너희 지구별을 지배하고 있겠지만, 언젠가는 내가 모든 나라와 나라 사이의 장벽을 허물어버리고 모든 민족과 민족의 차별을 없애버려서 모든 인종과 인종의 갈등을 사라지게 하리라. 그리하여 모든 너희 지구별의 주민들이 어떤 인종에 속해있든, 어느 나라의 국민이나 민족의 일원이기 이전에 그 모두들 내 앞에서 똑같이 하나요, 그 모두들 자랑스러운 지구별의 주민들이라는 의식을 가지게 할 것이니라. 그리고 이것도 하나의 '평화인류주의' 속에 들어가야 할 개념이니라. 이처럼 '자유민주주의' 시대가 지나가면 언젠가는 '평화인류주의'가 너희 지구별을 지배할 때가 올 것이니라. 오늘날 너희 인류는 참으로 자랑스럽게도 대부분의 나라들이 자유 민주주주의 체제로 변화되었도다. 그러나 먼 미래의 너희 대한민국은 이러한 나의 뜻을 받들어 나라와 나라 사이의 모든 장벽을 허물어버리고, 민족과 민족의 모든 장벽을 뜯어버리고, 모든 인종과 인종의 모든 장벽을 부숴버리고, 모든 인류가 내 앞에서 똑같이 하나요, 똑같이 지구별의 국민들이라는 위대한 '평화인류주의'를 이룩해야 하느니라. 이것이 바로 너희 대한민국이 너희 지구별 위에 존재하는 이유이며, 이것이 바로 내가 진실로 너희 대한민국에게 바라는 일인 것이다. 그렇다면 미래의 너희 나라가 지구별 위에다 진실로 찬란한 '평화인류주의' 시대를 열기 위해서는 과연 어떻게 해야 하겠느냐? 그것은 다시 강조하지만 바로 사랑이 그 핵심이니라. 그것은 바로 끝없는 사랑의 실천이니라. 예수는 '네 원수를 네 몸같이 사랑하라' 말했느니라. 과연 원수를 사랑하면 어떻게 되겠느냐? 그리하면 원수가 눈물을 흘리면서 영원한 친구가 될 것이다. 그리하여 아무리 너희 대한민국을 싫어하고 증오하는 나라일지라도 너희가 그 나라에게 끊임없이 사랑을 베푼다면, 그 나라는 영원히 너희 대한민국의 친구의 나라가 될 것이며, 또한 너희 대한민국이 너희 지구별 위에서 찬란한 평화 인류주의를 이룩하는 데 아무런 방해도 장애도 없을 것이니라. 그러므로 너희 대한민국은 끝없는 사랑의 정신으로 모든 나라들을 대하도록 하라. 그리하면 그들도 기꺼이 '평화인류주의'에 동참할 것이니라. 그러나 '평화인류주의'는 단숨에 이루어지는 것은 아니며, 거기에는 수많은 시간과 노력과 헌신이 필요하게 될 것이니라."

"아버지의 뜻에 따르겠나이다."

"그런데 미래의 너희 대한민국이 온 세계를 통일시키려고 나설 때에 수많은 나라들이 반대를 할지도 모르느니라. 얼마든지 수많은 나라와 나라가, 민족과 민족들이 들고 일어나 거세게 반대를 할 수도 있으리라. 그럼에도 미래의 너희 대한민국은 그 길을 걸어가야만 하느니라. 아무리 외롭고 쓸쓸하더라도, 또한 그 누구도 너희의 인류에 대한 무조건적인 헌신을 알아주지 않는다 해도, 그리고 누군가가 너희가 걸어가는 그 길이 불가능한 길이라고 말하더라도 미래의 너희 나라는 그 길을 묵묵히 걸어가야만 하노라. 수많은 사람들이 어려서부터 자라날 때 수많은 꿈을 가지고 성장하느니라. 그러나 각자가 가진 그 꿈을 이룩하려 할 때에 끊임없는 노력을 해야 비로소 그 꿈들이 이루어지는 것이로다. 그런 노력을 해서 각자가 지닌 그 꿈을 이루면 참으로 다행이지만, 수많은 사람들이 부단히 노력해도 자신이 가진 그 꿈을 채 이루지 못하고 죽는 이들도 수없이 많으니라. 그러므로 어차피 너희는 모든 위대한 업적은 수없는 노력 끝에 탄생된다는 사실을 알아야 할 것이니라. 자유 민주주의도 이와 마찬가지가 아니더냐? 이 민주주의 하나를 이 땅에서 이룩하기 위해서도 얼마나 많은 사람들이 희생되고 선(善)에 대해서 강한 신념을 가져야 했더냐? 수 없는 사람들이 피를 흘리고 이룩한 것이 바로 오늘날의 자유 민주주의이며, 또 그것을 지키기 위해 수많은 사람들이 고귀한 생명을 받쳐서 전쟁터에서 죽어가야 했느니라. 이와 마찬가지로 앞으로 성숙하고 완전한 인류주의를 이루려 한다면, 또 다시 수 없는 사람들이 고귀한 목숨을 바쳐야 할지도 모르는 것이다. 과거에 너희들이 이렇게 자유민주주의를 지키는 데도 숱한 이들이 목숨을 희생해야 했듯이, 너희 지구별에서 어떤 꿈을 이루기 위해서는 무한한 노력이 필요하며, 어쩌면 수많은 희생이 필요할지도 모르느니라. 그럼에도 너희들은 그 길을 걸어가야만 할 것이니라. 그리고 꿈은 절대로 저절로 이루어지는 것은 아니라는 사실을 알아야 하고, 꿈은 바로 굳건한 노력이라는 뿌리가 있어야 이루어진다는 사실을 깨달아야 하느니라. 이것은 하나의 작은 묘목이 큰 나무로 자라나기 위해서는 수없는 폭풍우를 맞아 이겨내야 하는 것과 같은 이치니라. 즉 하나의 꿈이 이루어지려면 수없는 시련을 맞이하여 이겨내야만 하는 것이다. 왜냐하면 나무가 폭풍우를 이기지 못하면, 그 어린 나무는 그 사나운 폭풍우에 의해 뿌리채 뽑혀 허공으로 날아가 버리기 때문이니라. 이와 마찬가지로 내가 말한 '평화인류주의'가 진실로 온 인류에게 실현되기 위해서는 장차 수없는 고난과 시련을 극복해야만 할 것이니라. 그리고 이것은 나도 마찬가지였노라. 나도 이 우주를 창조할 때에 무한한 세월 동안 무한한 고행을 했느니라. 이 우주는 나의 무한한 고행으로 창조되어진 것이며, 이 우주는 결코 하루아침에 창조된 것은 아니로다. 마찬가지로 너희들도 인류주의라는 하나의 이상(理想)을 이 땅위에서 이룩하려 할 때에 무한한 노력과 무한한 고행이 요구될 수도 있는 것이니라. 이처럼 모든 위대한 업적은 결코 하루아침에 거저 창조되는 것은 아니니라."

"귀하신 말씀 명심, 또 명심하겠나이다."

"사랑을 믿는 자는 영원을 믿는 자이고, 불멸을 믿는 자이며, 창성함을 믿는 자이니, 누구나 사랑을 믿는 자는 내가 장차 그의 영광이 끝이 없게 할 것이고, 그 영혼이 창성에 창성을 거듭하여 마침내 나의 영원한 진리의 영광에 도달하게 할 것이니라. 하지만 만약에 미래의 너희 대한민국이 돈이나 재물, 또는 명예나 높은 지위를 얻으려 하여 진리를 잃는다면, 너희 대한민국 영광의 역사는 영원으로 가는 것이 아니라 순간에 불과할 것이로다. 그리고 내가 그지닌 사랑이 끝이 없어서 진실로 위대한 것처럼 너희 대한민국도 끝없는 사랑으로 위대해질 생각을 해야 하느니라. 왜냐하면 만약에 너희 대한민국이 힘으로 일어선다면 힘으로 망할 것이요, 돈으로 일어선다면 돈으로 망할 것이며, 재물로 일어선다면 재물로 망할 것이고, 명예로 일어선다면 온 인류가 너희 대한민국을 비난할 것이며, 높은 지위로 일어선다면 온 인류가 너희 대한민국을 외면할 것이기 때문이다. 그러나 만약에 너희 대한민국이 끝없는 사랑으로 일어선다면, 온 인류가 너희 대한민국을 사랑하고 찬탄할 것이니라. 또한 내가 그 지닌 사랑이 끝이 없어서 온 우주에서 제일로 존귀한 것처럼, 너희 대한민국도 끝없는 사랑의 나라가 되어 높아져야 하느니라. 그렇게만 된다면 온 인류가 너희 대한민국을 끝없이, 끝없이 존귀한 나라라고 생각할 것이로다."

"그리되게 하기 위하여 끝없이 노력하고 또 노력하겠나이다."

"나는 내가 마지막 남은 자녀 하나까지 구원하려고 기다리고 또 기다리는 그런 신이듯이, 너희 나라도 나와 같이 그렇게 하기 바라노라. 또한 너희 대한민국은 아무리 피부 색깔이나 민족, 사상이 다르다고 하더라도 그들이 의인(義人)이라면 영원히 너희 나라의 국민들같이 존귀하게 여겨야 하며, 최후의 일인까지 동등하게 여겨야 할 것이다. 너희들이 지금 선악대결의 무거운 십자가를 지고 있다는 것을 나는 잘 알고 있느니라. 때문에 지금은 너희들이 나를 탓하고 하늘을 원망할지 모르나, 그럼에도 그대들은 미래에 대한민국에 건설될 찬란한 나의 나라를 생각하며 인내해야 하리라."

"잘 알겠나이다. 아버지이시여."

"너희들 인간의 중심은 육신이 아니라 영혼이며, 육신은 다만 영혼을 담는 그릇일 뿐이니라. 만약에 어떤 사람의 몸에서 영혼이 빠져 나가면, 그 사람은 죽느니라. 마찬가지로 미래의 너희 대한민국의 중심은 물질이 아니라 진리가 되어야 하느니라. 그리하여 그 진리가 영원히 무궁토록 너희 대한민국에 존재케 해야 할 것이다. 만약에 미래의 너희 나라에서 진리가 떠나는 날이 있다면, 그 날이 바로 미래의 너희 대한민국의 사망날이 될 것이니라. 고로 아무리 그 나라의 영토가 크다고 해도 그 나라에 진리가 없으면, 그 나라는 영혼이 빠져나간 육신과 같이 곧 멸망할 국가이며, 반대로 아무리 그 나라의 영토가 작다고 해도 그 나라에 진리가 있다면, 그 나라는 영원히 창성하는 국가라는 사실을 알아야 하리라. 인류 역사를 살펴보면 힘으로 일어선 나라들이 숱하게 많이 있었으나 힘으로 일어선 나라치고 멸망하지 아니한 나라가 없노라. 그러므로 너희 대한민국이 진리로 일어설 때에 비로소 너희 대한민국은 영원한 번영으로 갈 것이며, 마침내 너희가 온 세계에서 제일가는 최고의 나라가 될 것이니라."

"믿사옵니다. 아버지이시여."

"누구나 내 앞에서는 서로가 하나의 영혼일지니 거기에는 피부색과 민족과 인종의 차별이 없으며, 또한 누구나 내 앞에서는 온 세계가 한 민족이요, 한 나라이니 거기에는 나라와 민족의 차별이 없느니라. 이러한 모든 구분과 차별들은 너희들 인간들이 만든 것이지 결코 내가 만든 것이 아니니라. 누구나 내 앞에서는 똑같이 하나이며, 너희 지구 주민들 모두가 나의 존귀한 자식들이니라. 내가 이러한 사상을 '한 사상'이라고 하리니, 장차 너희들이 '평화인류주의'를 만들 때 이 '한 사상'이 기본이 되게 하라. '한'은 '하나'라는 의미이므로 '한국'이란 말은 곧 모든 나라와 나라가 내 앞에서 본래 하나이고 하나의 나라가 된다는 뜻이로다. 또한 '한민족'이란 말 역시 모든 민족과 민족이 본래 하나이며 하나의 민족이 된다는 뜻이니라. 그리하여 너희 한민족과 대한민국이 이 사명을 완수하여 '평화인류주의'가 전 세계로 퍼져 나아가면, 너희들이 장차 미래에 받을 영광과 존귀가 끝이 없게 하리라."

"믿사옵니다. 아버지이시여."

"나를 사랑하기보다는 타인을, 내 가정을 사랑하기보다는 먼저 내 이웃을 사랑해야 하느니라. 또한 돈을 사랑하기보다는 진리를 사랑해야 하며, 자기를 위해 기도하기보다는 남을 위해 기도하는 사람이 되어야 하느니라. 그리하여 언젠가는 너희 대한민국이 이 지구상에서 가장 사랑의 빛으로 빛나는 나라, 가장 진리의 빛으로 빛나는 나라가 되게 해야 할 것이다. 그리고 아무리 반대파들이 강력할지라도 결코 너희들은 진리의 길을 포기하지 말아야 할 것이니라. 포기하는 자는 결코 미래의 무궁한 영광에 도달할 수 없을 것이요, 포기하지 않는 자는 미래의 무궁한 영광 가운데에 도달할 수 있게 될 것이니라. 또한 어쩌면 다른 종교들이 진리가 다르다고 너희를 비난할 수도 있으리라. 그러나 아무리 그렇다 해도 너희들은 굳건하게 진리의 길을 포기하지 않고 진리의 길을 걸어가야 하느니라."

"귀하신 말씀 명심하겠나이다."

"어떤 나무가 장대한 나무가 되기 위해서는 그 뿌리가 깊고 튼튼해야 하느니라. 너희 대한민국은 기꺼이 전 인류를 위해 인류라는 그 나무의 뿌리가 되어야 하며, 그리하여 그 나무에 열매가 맺게 해야 할 것이다. 그리고 여기서 그 열매는 누구도 불행하지 않은 지상천국, 지상 낙원을 말하는 것이니라. 장차 이 나무가 크게 자랄 수 있도록 너희 대한민국이 그 모든 시련들을 견뎌내야 하고, 너희가 모든 무거운 짐들을 짊어내야 하며, 너희만의 나라가 아닌 온 인류의 대한민국이 되어야 하노라. 또한 너희는 이 땅위에서 모든 잘못된 것들을 몰아내야 하고, 오직 진리만이 이 땅 위에서 크게 자랄 수 있도록 노력해야 하느니라. 그렇게만 된다면 장차 너희 대한민국은 끝없는 창성에 창성을 거듭하여 드디어는 전 세계에서 제일가는 국가가 될 것이로다."

"믿사옵니다. 아버지이시여."

"너희가 '평화인류주의'를 성공적으로 일으키고 그 '평화인류주의'가 온 세계만국으로 퍼져나가 온 세계가 통일이 된다면, 너희들이 세운 평화의 깃발은 너희 대한민국의 역사가 다하는 그 날까지라도 영원히 펄럭일 것이니라. 만약에 그리만 된다면, 나의 마음 또한 영원히 너희 대한민국을 떠나지 않을 것이며, 너희 대한민국과 함께 영원히 있어 너희 대한민국을 길이 존귀케 하고 또 존귀케 할 것이니라."

"믿사옵니다. 아버지이시여."

"로마는 참으로 대단한 힘을 가진 국가였노라. 그럼에도 불구하고 로마가 멸망한 것은 로마에게는 친구(우방국)가 없었고, 어떠한 나라도 로마를 존경하지 않았기 때문이니라. 과거에 로마를 통치했던 지도자들은 오직 힘만이 최고의 길이라고 생각했느니라. 로마는 끝없는 힘만을 추구했으며, 그래서 로마는 그 무력으로 주변 국가들과의 전쟁을 통해 그들을 지배하고 힘으로 통치했던 것이니라. 로마에게는 주변국들에 대한 사랑이 없었으며, 대신 로마는 단지 힘의 길로만 걸어갔느니라. 그리하여 로마에게는 많은 적국들이 생기고, 결국 로마는 그 적대국들에 의해 멸망당했던 것이다. 그러나

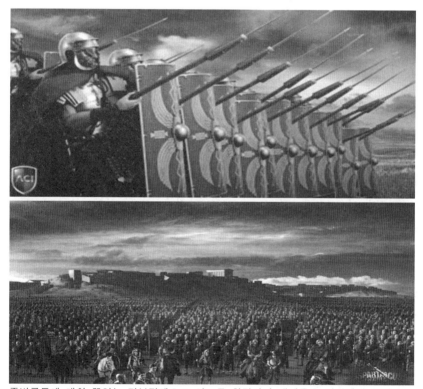

주변국들에 대한 끝없는 정복전쟁으로 영토를 확장하여 대제국을 건설했던 로마.

너희들이 타국을 너희 대한민국만큼 사랑한다면, 너희들에게는 영원히 친구만 있을 뿐 적은 없을 것이며, 그리하여 마침내 너희 대한민국은 영원에 영원을 가는 나라가 될 수 있느니라. 그리고 여기에서 너희들은 한 가지 중요한 사실을 깨달을 수가 있을 것이로다. 즉 그것은 너희 대한민국에서 가장 위험한 국민들은 타국을 너희 나라처럼 사랑하지 않고 오직 너희 대한민국만을 사랑하는 국민들이며, 너희 대한민국에서 가장 위대한 국민들은 타국을 너희 나라처럼 사랑하는 국민들이라는 사실인 것이다. 만약에 다른 나라가 너희 대한민국을 침략한다면 너희는 불가피하게 거기에 맞서서 싸워야 하지만, 타국이 너희 나라를 침략하지 않고도 미워하고 증오한다면, 그것은 분명히 타국을 너희 대한민국처럼 사랑하지 않는 위험한 국민들이 있기 때문이니라. 그러므로 나는 너희나라 국민들에게 다음과 같이 촉구하는 바이다. 너희 대한민국 국민들은 그 지닌 마음이 위대해야 진실로 너희 나라가 위대한 나라가 될 수가 있는 것이지, 국민들의 지닌 그 능력이 위대하다고 해서 너희 대한민국이 위대한 나라가 되지는 않는 것이니라."

"그렇게 하겠나이다. 아버지이시여."

"많이 알거나 많이 깨달은 것이 중요한 것이 아니라 얼마나 중요한 것을 깨달고 행하느냐가 중요한 것이로다. 투명한 안경을 쓰면 모든 사물이 그대로 보이나, 검은 안경을 쓰면 모든 사물이 검게 보이느니라. 내가 여기서 강조하려는 것은 바로 사물을 그대로 직시할 수 있는 순수하고 온전한 마음이니라. 너희 대한민국은 올바른 마음의 이치와 세상의 원리를 깨달아 결코 로마와 같은 길을 걸어가지 말아야 하며, 로마와는 다른 사랑의 길을 걸어가야 하느니라. 또한 너희 대한민국 국민들은 항상 나의 뜻을 중요하게 생각하여 항상 내 뜻에 부합하는 길을 걸어가길 바라노라. 만약에 미래의 너희 나라가 그러한 길을 걸어간다면 미래의 너희 대한민국은 온 세계에서 가장 존귀한 나라가 될 것이니라."

"옳사옵니다. 아버지이시여."

"어떤 사람이 죽었을 때, 수많은 사람들이 그 사람의 죽음을 애도하고 그 죽음을 슬퍼하여 눈물 흘리는 일이 있다면, 아마도 그 사람은 참으로 값진 인생을 살았을 것이니라. 그런데 과연 어떠한 인생이 진실로 값진 인생이겠느냐? 그것은 바로 남을 위하고, 나아가 사회를 위하고, 더 나아가 나라를 위해서 사는 인생이리라. 그러나 그것과는 비교조차도 할 수가 없는 것이 있으니, 그것은 바로 인류 전체를 위해서 사는 것이로다. 이것이 바로 너희 대한민국이 존재하는 이유이며, 이것이 바로 하늘이 너희 한민족에게 준 사명이니라. 어떤 한 사람이 남을 위하고, 사회를 위하고, 나아가 나라를 위한 인생을 살 수도 있을 것이다. 그러나 나는 인류를 위해서 사는 사람은 별로 본적이 없느니라. 아무리 남을 위해서 살고, 사회를 위해서 살고, 나라를 위해서 산다고 해도 단 한 번만이라도 인류를 위해서 사는 삶 보다는 못한 법이니라. 그리하여 나는 진실로 너희에게 바라노라. 오늘날 너희들은 자유 민주주의를 지키기 위해 싸웠지만 미래의 너희 대한민국은 온 인류를 위해서 살기를 진실로 바라는 바이다. 그리고 만약에 미래의 너희 대한민국이 그러한 길을 걸어가지 않는다면, 너희 대한민국 영광의 역사는 결코 길게 이어지지 않을 것이니라. 그러므로 너희 대한민국은 인류가 너희의 모든 것이 되어야 하느니라. 과거에 너희 나라는 인류를 위해 세계 제3차 대전을 대신한 6.25 사변이라는 무거운 십자가를 졌지만, 이제 나는 너희 나라를 통해 전 세계를 통일시키는 영광의 사명을 너희에게 줄 것이다. 그리하여 그 사명이 완성되는 그 날에 너희 나라는 영원히 약소국가를 떨쳐버리고 새로운 강대국으로 거듭나게 될 것이니라."

"부디 그렇게 되기를 간절히 기원하나이다."

"모든 인간은 남녀노소 지위고하를 막론하고 내 앞에서 하나라고 생각해야 하며, 그 어떤 사람이라도 그 모두를 영원히 존귀한 나의 자녀라고 생각해야 할 것이니라. 그러므로 그 모든 죄악의 근원은 모두가 동일한 하나님의 자녀인 인간을 탄압하고 착취하는 데에서 나오며, 그 모든 선(善)의 근원은 바로 인간을 사랑하는 데에서 나오느니라. 만약에 너희 대한민국의 국민들이 진실로 온 인류를 사랑한다면, 나는 너희 나라를 영원히 온 인류를 떠받치는 기둥이 되게 할 것이니라. 하지만 어떤 사람이 사람을 사랑하지 않거나 귀하게 여기지 않는다면, 그가 아무리 성경을 수없이 읽었다 해도 그 노력이 아무 소용이 없느니라. 그리고 의인이 따로 있는 것이 아니라 진실로 사람을 사랑하고 귀하게 여기는 자가 바로 진실된 의인이 되는 것이니라. 그러므로 진실로 타인을 사랑하는 사람은 하늘도 그 사람을 사랑하며, 진실로 타인을 귀하게 여기는 사람은 하늘도 그 사람을 귀하게 여기느니라. 그리고 진리를 깨달았다고 나의 나라에 가는 것이 아니요, 진리를 행하는 자가 나의 나라에 들어가느니라. 또한 아무리 나를 많이 믿는다고 해서 그가 나의 나라에 들어가는 것이 아니라, 나의 뜻대로 행하는 자라야 나의 나라에 들어가는 것이니라. 그리고 누구나 이를 믿는 자는 사망의 날들은 영원히 끝이 나고 생명의 날들이 무궁히 이어질 것이니라."

"귀하신 말씀 명심하겠나이다."

"비록 6.25 사변이라는 이 처절한 남북 간의 전쟁에서 수없이 많은 사람들이 죽어갔으나, 그들은 진리의 길을 선택해서 죽어간 것이니라. 그러므로 너희는 그들의 희생이 진실로 진리를 위한 희생이었다는 사실을 너희들의 후손들에게 가르쳐야 하느니라. 내가 너희에게 없는 것 같아도 나는 빠짐없이 그 모든 것을 보고 있으며, 내가 무심한 듯 보여도 그 모든 것을 알고 있느니라. 비록 오늘은 너희들에게 가슴 아픈 고난과 시련의 날이었으나, 내일은 절대로 그렇지 아니할 것이니라."

"부디 그렇게 되기를 간절히 기원하나이다."

"너희가 도대체 과거 6.25때 누구를 위해서, 무엇을 위하여 그렇게 싸웠더냐? 총알이 귓전을 스쳐가는 전쟁터에서도 너희들의 싸움은 변치 않았고, 폭탄이 폭발하여 번쩍이는 순간에도 너희는 진격에 진격을 거듭했느니라. 낮이 지나가고 밤이 찾아오고, 여명의 희미한 빛 아래에서도 너희들의 행군은 멈추지 않았노라. 옆에서 전우가 죽어가고 동료가 죽어가는 순간에도 너희들은 앞으로 앞으로 나아갔느니라. 그리하여 마침내 너희들은 자랑스러운 승리를 쟁취했느니라. 너희가 왜 이렇게 싸워야했겠느냐? 그것은 바로 진리를 위한 것이었느니라. 그것은 바로 진리를 위한 싸움이었기에 내가 너희들의 편이 되어 주었고, 나의 뜻으로 말미암아 너희들은 마침내 승리를 일구어 낸 것이다. 그런데 여기에서 너희들이 한 가지 사실만은 알 수 있을 것이로다. 즉 그것은 진리를 위한 싸움은 반드시 이기고야 만다는 한 가지의 소중한 사실인 것이며, 바로 이것을 너희들의 후손들에게 물려주어야 하는 것이다. 너희 대한민국 국민들은 혹시라도 무슨 문화재나 국보 혹은 보물과 같이 어떤 물질적인 것을 정성껏 보존하여 후손들에게 물려줘야 할 것이라고 생각할지도 모른다만, 이것은 완전히 잘못된 생각이라는 것을 알아야 하느니라. 오늘 너희들이 너희의 후손들에게 물려주어야 할 가장 귀중한 자산은 어떤 물질이 아니라 바로 정신이니라. 즉 오늘 너희들이 자유 민주주의를 위해서 싸웠다는 바로 그 진리를 위한 정신을 너희들의 후손들에게 물려주어야 하는 것이다. 그리하여 미래의

너희 대한민국은 그런 정신적 계승을 통해 '평화인류주의'의 나라가 되어야만 하느니라. 그러나 만약에 미래의 너희 나라가 중요한 정신을 망각하고 오직 돈과 물질의 나라가 된다면, 오늘 너희들이 애써서 이룩한 모든 노력은 다 물거품이 되고야 만다는 사실을 알아야 할 것이다. 또한 만약에 미래의 너희 대한민국이 그런 속물적 나라가 된다면, 너희들이 승리한 것이 아니라 바로 북측이 승리한 것이 된다는 사실을 잊지 말도록 하라. 그러므로 오늘 너희들이 이룩한 이 거룩한 진리라는 자산을 잘 다듬고 지극한 정성으로 너희들의 후손들에게 물려주어야 하며, 그들은 '평화인류주의'라는 진리의 나라를 건설해야 하는 것이니라. 그러므로 너희는 오늘날은 너희들이 자유 민주주의라는 진리를 수호하고 있지만 너희의 후손들은 자유 민주주의에 대한 수호정신을 바탕으로 '평화인류주의'라는 진리를 일으켜 세우는데 진력하게끔 가르치도록 하라. 그리고 다시는 미래의 너희 대한민국이 저 북쪽의 주민들처럼 잘못된 사상과 이념의 노예가 되지 말게 해야 하느니라."

"명심하고 또 명심하겠나이다."

"미래의 너희 나라는 오직 너희 나라만을 위한 국가가 되어서는 아니 되며, 또한 너희만을 위한 발전과 융성을 도모해서는 결코 아니 되느니라. 미래의 너희 대한민국은 다음과 같은 나라가 되어야 할 것이다. 대한민국의 발전과 융성이 곧 인류의 발전과 융성이요, 또한 인류의 발전과 융성이 곧 대한민국의 발전과 융성이 되어야 할 것이니라. 너희 모두 이러한 일을 위해 노력해야 해야 하고, 더 나아가서 이것은 자유와 평화와 인류주의에 대해서도 마찬가지이니라. 왜냐하면 너희 나라가 전 인류의 운명을 대리하여 짊어지고 있기 때문이니라."

"명심하고 또 명심하겠나이다."

"이제 나는 너를 떠나가노라. 내가 너에게 다시 나타나리라."

"안녕히 가시옵소서."

이 말씀을 끝으로 그는 잠에서 깨어났다. 그리고는 하나님을 향하여 무수한 절을 하였다.

9.신의 스물한 번째 계시 말씀

하나님께서 말씀하셨다.

"이 땅에서 영원히 악들을 몰아내고 나아가서 먼 미래에 너희 대한민국이 전 세계에 존재하는 모든 악들을 몰아내기 위해서 오늘 너희들은 겨우 한 걸음 나간 것일 뿐이다. 앞으로도 너희들이나 너희 대한민국에게 수없는 고난과 시련이 있을지도 모르며, 이 지구 땅 위에서 하나의 꿈이나 이상을 이룬다는 것은 어쩌면 누구도 알아주지 않는 참으로 외롭고 눈물 흐르는 길이 될지도 모르는 것이니라. 그럼에도 오늘 너희들은 하나의 작은 생명의 나무를 심어야 하노라. 그리고 아무리 맹렬한 폭풍우가 다가오더라도 너희들이 심은 이 나무가 결코 뽑히지 않고 굳건하게 견디면서 큰 나무로 자라나게 해야 할 것이로다. 또한 장차 무수한 고난과 시련의 폭풍우가 다가올 때마다 너희들과 너희 대한민국은 그 누구도 깨뜨릴 수가 없는 굳건한 신념으로 뭉쳐서 그것들을 이겨내며 앞으로 나아가야 하느니라. 그리하여 마침내 그 나무에서 장차 온 인류를 위한 생명의 열매가 맺히게 해야 하고, 온 인류 가운데 그 누군가가 이 열매를 먹은즉, 그 모두가 영원한 생명을 얻게 해야 하느니라. 그럼으로써 장차 미래의 모든 생명의 길은 너희 대한민국으로 통한다는 소리를 들어야 하며, 또한 비가 오나 눈이 오나 너희 나라의 인류에 대한 헌신은 계속 되어야 할 것이니라. 왜냐하면 그것이 바로 내가 오늘의 너희들과 미래의 너희 대한민국에게 준 소중한 사명이기 때문이니라."

"주님의 뜻대로 하겠나이다."

"앞으로 너희 대한민국에게는 두 가지의 사명이 있느니라. 그 하나는 먼저 성숙한 평화 인류주의 이론을 정립시키는 것이다. 또 나머지 하나의 사명은 그 성숙한 인류주의를 온 세계의 모든 나라들에게 퍼져 나가게 하여 온 세계를 인류주의의 나라로 만들어야 하는 것이니라. 그리하여 온 세계가 통일이 되는 세계통일국이 이루어지게 해야 할 것이니라. 물론 나는 이 두 가지의 사명이 대단히 이루기가 어렵다는 사실을 잘 알고 있느니라. 그러나 만약 미래의 너희 대한민국이 이 두 가지의 사명을 이룬다면, 너희 나라의 영광의 역사는 온 인류의 역사책에서 가장 위대한 역사로 기록될 것이니라. 오늘 너희들은 겨우 온 인류의 세계통일을 위해 드디어 첫 걸음을 내디뎠을 뿐이다. 이 첫 걸음을 토대로 미래의 너희 대한민국은 실제로 전 세계를 통일시키기 위한 실천적인 길을 걸어가야 하느니라. 그리하여 미래의 너희 대한민국 국민들은 너희가 과거에 자유 민주주의를 수호하기 위해 막대한 대가를 치렀듯이, 그 어떤 대가를 치르더라도 인류를 하나로 화합시켜 세계통일을 이룩하기 위한 너희 대한민국의 부단한 발걸음은 계속 되어야 하느니라."

"주님의 뜻이 이루어지기를 삼가 기원하나이다."

"나는 다음과 같은 존재이니라. 나는 영원히 없는 자의 하나님이요, 서러움을 받는 자의 하나님이요, 눈물 많은 자의 하나님이요,

고통 받는 자의 하나님이요, 힘없는 자의 하나님이요, 나약한 자의 하나님이요, 돈 없는 자의 하나님이요, 서민들의 하나님이요, 낮은 자의 하나님이요, 희망 없는 자의 하나님이요, 빛이 없는 자의 하나님이요, 어둠 속에 있는 자의 하나님이요, 병든 자의 하나님이니라. 고로 미래의 너희 대한민국도 이러해야 하느니라. 미래의 너희 대한민국도 영원히 없는 자, 서러움을 받는 자, 눈물 많은 자, 고통 받는 자, 힘없는 자, 나약한 자, 서민들, 낮은 자, 희망이 없는 자, 빛이 없는 자, 어둠 속에 있는 자, 병든 자의 대한민국이 되어야 하느니라. 만약에 미래의 너희 나라가 이러한 길을 걸어 나아간다면, 온 인류가 너희 대한민국을 보고 아낌없이 거룩하다고 할 것이고, 너희 나라의 애국가가 영원히 온 인류의 온 나라의 애국가가 되어 대한민국 영광의 역사가 끝나는 날까지 불리어질 것이니라. 또한 그렇게만 된다면 미래의 너희 대한민국은 영원히 나의 나라가 되어 영원한 세월동안 나의 영광이 너희 대한민국을 통해서 찬란히 꽃피어 날 것이로다."

"주님의 뜻을 명심하고 또 명심하겠나이다."

"과연 사람이 어떻게 살아야 잘 살았다고 말할 수가 있겠느냐? 그것은 바로 다음과도 같으니라. 너희들은 너희의 육신의 영화로움을 위해 살지 말고 육신 안에 들어있는 영혼의 성장을 위해 살도록 하라. 그러한 삶이 진정으로 참된 삶인 것이다. 이것은 너희 대한민국도 마찬가지이다. 미래의 너희 대한민국은 물질만을 추구하는 나라가 아니라 진리와 정신을 추구하는 나라가 되어라. 진리를 추구하는 나라에게는 큰 복이 있을지니, 내가 그 나라를 축복하여 나중에 무한한 진리의 길을 열어줄 것이로다. 이 우주가 진리로 인해서 영원한 것 같이 너희 대한민국이 진리의 나라가 된다면 너희 나라는 영원한 제국이 될 것이니라. 그리하여 이 우주가 불멸하듯이, 나도 너희 대한민국을 영원히 불멸케 할 것이니라."

"삼가 아버지의 뜻을 받들겠나이다." "

"나는 너희 나라 대한민국 국민들을 진심으로 자랑스럽게 생각하느니라. 너희는 짧은 시간임에도 불구하고 놀라운 경제성장을 이룩했노라. 비록 그 배후에서는 나의 힘이 작용하고 있었지만, 6.25 사변으로 모든 것들이 처참히 무너졌을 때 너희들은 다시 찬란히 일어서는 기적을 보여주었느니라. 무엇 때문에 너희들이 다시 일어설 수 있었는지 그 이유를 아느냐? 그 이유는 내가 너희와 함께 했기 때문이니라. 그래서 너희들이 기적적으로 다시 일어선 것이다. 그러나 너희들의 사명은 단순한 경제성장에 그치지 아니하고 인류에 의한, 인류를 위한, 인류의 대한민국이 되는 것이다. 아직도 온

한국은 6.25 전쟁의 잿더미 위에서 중화학 공업과 전기, 전자, 자동차, 조선, 반도체 분야 등에 대한 집중적 육성과 수출을 통해 놀라운 경제발전을 이룩했다.

세계에는 숱한 불행한 사람들이 존재하고 있느니라. 그러므로 너희들은 이 지구별에서 모든 불행한 자들을 사망의 바다를 건너 영원한 행복과 생명의 땅으로 건너게 해주는 뱃사공이 되어야 하느니라. 누구나 이를 행하는 이는 내가 그 영혼을 사망의 바다를 건너 영원히 멸하지 않는 생명의 나라에 있게 할 것이니라. 왜냐하면 그가 바로 불행한 사람들을 영원한 생명의 땅에 도달하게 했기 때문이로다. 그러나 아무리 나일지라도 그 마음에 사랑이 없는 자는 생명의 땅에 가게 할 수 없느니라. 설혹 나에게 영원무궁한 권세가 있다고 해도 그 마음 속에 인간을 사랑하는 자애심이 없는 자는 내가 그를 생명의 땅에 이르게 할 수는 없음을 너희는 깨달아야 할 것이다. 그러나 너희들은 아무런 걱정을 하지 말라. 내가 너희와 함께 하리니, 그 마음에 아무리 사랑이 없는 자라도 내 뜻이 그에게 이르면 저절로 그 마음에 사랑이 생기며, 또 내가 너희 나라와 함께 있으리니, 너희 나라는 저절로 인류에 의한, 인류를 위한, 인류의 대한민국이 되리라. 그러므로 마음에 용기를 가지도록 하라. 내가 너희와 함께 할 것이니라."

"부디 그렇게 되기를 삼가 기원하나이다."

"모든 인간들은 내 앞에서 평등하느니라. 그 누구든 내 앞에서 한 형제요, 한 자매이며, 또 그 누구든 내 앞에서 한 국민이요, 한 나라이니라. 그리고 그 누구든 내 앞에서는 민족과 종교와 인종과 남녀와 나이의 차이가 없느니라. 이를 믿는 자에게는 복이 있을지니, 내가 그 영혼을 축복하여 나중에 무한한 진리의 나라를 줄 것이로다. 오늘 너희들은 드디어 이 진리를 들었느니라. 그러나 오늘 너희들이 들은 이 진리는 겨우 첫 출발에 불과한 것이다. 앞으로 나의 이러한 이상(理想)을 이 지구상에 실현하기 위하여 또 얼마나 많은 세월이 흐르고 또 흘러야 하는지 모르느니라. 그러나 한 가지 분명한 것은 전 인류가 하나로 화합하고 통일되는 세상을 구현하려는 이러한 나의 이상을 이루기 위해 항상 너희 대한민국이 어느 나라들보다 더 앞에 서있어야 한다는 것이다. 그러나 이것은 결코 쉬운 일이 아니며, 어쩌면 너희들이 가는 길 앞에는 전혀 길이 없을지도 모르는데, 왜냐하면 그 누구도, 그 어느 나라도 먼저 그 길을 걸어간 적이 없기 때문이로다. 그러나 비록 너희들이 걸어가는 그 길이 고난의 가시밭길이라 할지라도 결국 그것이 하나도 빠짐없이 무한한 행복으로 바뀌어 돌아오리라. 그리고 언젠가는 지구별에서 나의 역사와 섭리가 다 끝나는 그 날에 나는 너희들과 영원히 함께 있어 시련의 십자가의 길을 모두 끝내고 너희 대한민국에게 가없는 영광과 영화를 줄 것이니라."

"삼가 주님의 뜻을 따르겠나이다."

"나는 너희들이 지식으로 완전해지기를 바랄 것이 아니라 믿음으로 완전해지기를 바라며, 또한 믿음으로 완전해 지기를 바라지 말고 행함으로서 완전해 지기를 바라는 바이다. 너희들이 나의 이 말을 듣고 그 믿음으로 행하기를 바라면, 내가 참으로 기뻐할 것이니라. 그리고 내가 친히 저들에게 많은 복을 주어 많은 인간들 가운데서 기준으로 삼을 것이로다. 그리하여 내가 영원히 그들의 하나님이 되어 그들을 지켜 주고 또 지켜 주리라. 또한 너희들이 세속의 영광을 취하지 아니하고 나의 영광을 쫓은즉, 내가 너희들에게 많은 은총을 주어 많은 인간들 가운데서 기준을 삼을 것이니라. 만약에 미래의 너희 나라가 세상을 위해 기둥이 된다면 나의 ''
서도 기둥이 될 것이며, 만약에 미래의 너희 나라가 세상을 위해 빛이 된다면 나의 나라에서도 빛이 될 것이다. 그리하면 내가 영원히 너희들 안에 거할 것이요, 너희들은 영원히 내 안에 있을 것이니라."

"주님의 뜻을 따르겠나이다."

"악은 응징할 것이며, 선은 장려해야 하느니라. 또한 불의(不義)와 타협하지 말고 항상 정의(正義)의 편에 서야하느니라. 너희는 정의를 위해 싸웠고, 그 결과 너희는 이겼느니라. 이제 남은 것은 오직 너희의 자랑스러운 대한민국이 끝없이 창성에 창성을 거듭하는 것이다. 그리고 설혹 종교가 다르다고 해서, 또 설사 작은 나라라고 해서 그들을 배척해서는 아니 되느니라. 또한 비록 국적은 다르더라도 모든 지구 주민들을 너희들 대한민국 국민들과 같이 생각해야 하느니라. 이것이 내가 너희 대한민국에게 원하는 것이다. 인간 위에 인간이 있을 수 없고 인간 밑에 인간이 있을 수 없느니라. 인간은 누구나가 다 평등하며 존귀한 것이다. 그리고 너희 대한민국의 국민이 따로 있는 것이 아니라 누구나 정의를 사랑하고, 사랑을 사랑하고, 자유를 사랑하고, 평화를 사랑하고, 결국에는 진리를 사랑하는 자는 누구나 너희 대한민국의 국민이니라. 너희 대한민국은 세상을 위해 영원히 빛나는 빛의 나라가 되어야 하며, 그 빛은 온 세상의 모든 어둠을 밝히고 그 빛 위에서 진리가 찬란히 꽃피어나게 해야 하느니라. 그러나 만약 너희가 불의한 나라가 된다면, 나의 뜻은 너희 대한민국을 떠날 것이다. 어느 나라든지 나의 나라가 되려면 먼저 사랑의 나라가 되어야 할 것이요, 정의의 나라가 되어야 하느니라. 그러한 나라는 나의 영원한 힘이 함께 하여 그 나라를 끝없이 창성케 하고 끝없이 빛나게 할 것이로다. 그리하여 마침내 이 지구 땅 위에서 그 백성과 그 나라를 영원히 세울 것이니라. 무엇이든지 사랑으로 이루면 영원히 이루는 것이요, 무엇이든지 사랑으로 하나가 되면 영원히 하나가 되는 것이요, 무엇이든지 사랑 위에서 세우면 그 창성함과 번영함이 심히 창대하여 장차 영원에 영원을 곱하여 존재할 것이다. 내가 사랑하는 대한민국이여! 나는 부디 너희가 온 인류 역사에서 영원히 빛나는 나라가 되기를 원하느니라. 항상 인류를 위해서 즐거이 오아시스가 되어라. 항상 인류를 위한 대한민국이 되어라. 항상 인류를 사랑하는 대한민국이 되어라. 그리만 된다면 내가 이를 심히 기뻐하리라. 대한민국이 가는 그 길이, 그 세계통일의 길이 아무리 힘들더라도 결코 그 길을 포기하지 말거라. 그리하여 온 지구가 통일되는 그 날에

386

드디어 지상천국, 지상낙원이 이 땅위에 이루어 질 것이니라."

"주님의 뜻이 이루어지기를 삼가 기원하나이다."

"나는 항상 너희나라 대한민국을 지켜보고 또 지켜볼 것이다. 너희가 진정으로 인류를 위한다면, 특히 너희 대한민국은 아무리 어려운 일이라도 제일 먼저 솔선수범해야 하느니라. 왜냐하면 내가 하늘에서 너희 대한민국 국민들을 지켜보고 있기 때문이다. 아무리 험난한 길이라 해도 너희 대한민국은 그 길을 포기해서는 안 되며, 너희 대한민국이 그것을 짊어지고 나아가기를 바라노라. 만약 그렇게만 한다면 나는 너희 대한민국을 끝없이 창성시킬 것이며, 그리하여 결국에 나는 너희나라 대한민국을 온 세계에서 제일가는 나라가 되게 할 것이니라."

"부디 그렇게 되기를 간절히 소망하나이다."

"오늘날 너희들은 참으로 자랑스럽게도 자유 민주주의를 성공적으로 정착시켰으나, 아직은 모든 것이 나의 뜻대로 이루어진 것이 아니니라. 그 하나의 예로서 이미 언급한 부익부, 빈익빈 현상을 들 수 있을 것이다. 그러므로 너희들은 평화 인류주의를 일으켜 세움에 있어서 우선 모든 부(富)의 평등을 이루도록 하라. 이것이 진정한 인류주의이며, 바로 이 평등사상이 인류주의의 바탕이 되어야 할 사상이니라. 그리하여 이 평등의 사상은 미래의 너희 대한민국에서 반드시 먼저 실현되어야 하느니라. 잘 사는 사람들은 더 잘 살고 못 사는 사람들은 점점 더 가난해지는 이러한 나라가 되어서는 절대로 안 될 것이다. 만약에 미래의 너희 대한민국에서 이러한 불평등한 사회가 지속된다면, 오늘날 너희들이 피 흘리면서 이룩한 이 자유 민주주의에 대한 노력은 완전히 백지화된다는 것을 알아야 하리라. 그러므로 너희들은 너희의 후손들에게 부익부, 빈익빈의 나라가 되지 않기를 강력하게 요구해야 하느니라. 왜냐하면 만약에 미래의 너희가 그러한 불평등한 나라가 된다면, 온 인류 앞에서 절대로 너희 대한민국은 인류주의의 선도국으로서 떳떳하지 못할 것이기 때문이로다. 여기에 어떤 사람이 있느니라. 그런데 그 사람이 만약 자기 자신만을 위한 인생을 살았다면, 도대체 그 사람의 인생이 무슨 의미와 가치가 있겠느냐? 그러므로 미래의 너희 대한민국은 너희만을 위한 나라가 아니라 인류 전체를 위한 대한민국이 되어 온 세계의 그 어느 나라보다도, 더 앞장서서 평등을 외치고, 자유를 외치고, 사랑을 외치고, 정의를 외치고, 나아가서 진리를 외치는 나라가 되어야 하느니라. 그리하여 너희 대한민국으로 인해 온 지구상의 그 모든 나라들이 평등하게 골고루 잘 사는 세상을 이룩해야 하는 것이다. 만약에 어떤 나라에 큰 부자들이 많이 존재하고 또한 다수의 가난한 국민들이 존재한다면, 그 나라의 인류주의는 실패한 인류주의니라. 다시 말하지만 참된 인류주의라는 것은 국민 모두가 골고루 평등하게 잘 살게 해주는 것이다. 이렇게 참된 인류주의는 반드시 '평등주의'를 함께 요구하느니라. '평등주의'가 동반되지 않은 인류주의는 참된 인류주의가 아니며, 그런 인류주의는 실패한 인류주의인 것이다. 인류 전체의 경제적 평등구현, 이것이 바로 대한민국이 존재하는 하나의 이유이고, 이것이 바로 참된 인류주의의 실현이며, 이것이 바로 내가 너희 대한민국에게 준 너희 나라의 사명이니라. 오늘 너희들은 자유 민주주의를 성공적으로 정착시키면서 너희 나라의 국민들에게 자유를 주었고, 사랑을 주었고, 나아가서 드디어 안정을 이룩하였도다. 그러므로 미래의 너희 대한민국도 오늘 너희들이 이룩한 이 교훈을 절대로 잊지 말고 이 사상을 그대로 온 인류에게도 실현시켜야 하는 것이다. 그리하여 너희 대한민국의 국익이 곧 바로 온 인류의 공익(共益)이며, 온 인류의 공익이 바로 대한민국의 국익이 되게 해야 하느니라. 내가 너희에게 언약하리라. 만약에 너희들이 인류 보편의 평등주의 체제인 평화 인류주의를 성공적으로 일으키고 그것이 세계화된다면, 나는 너희 나라를 지구별의 모든 역사가 끝나는 그 날까지 존귀하게 만들어 마침내 너희 대한민국을 전 세계에서 가장 위대한 나라로 돌려 세우리라. 앞에서 내가 말하지 않았더냐? '한민족'은 '하늘민족'이고, 그리하여 하늘의 뜻이 너희 민족을 통하여 펼쳐지고 이룩된다고."

"삼가 주님의 뜻을 받들겠나이다."

"한 나라를 통치하는 대통령은 대단히 중요한 존재로다. 한 나라의 대통령이 현명하지 못하면, 무수한 국민들이 깊은 고통에 빠지게 되느니라. 그러므로 국민들은 대통령을 선택하여 뽑을 때에 반드시 현명하고 사려 깊은 대통령을 선택해서 뽑아야만 할 것이며, 그래야만 그 나라의 국민들이 도탄에 빠지지 않게 되는 것이니라. 그러므로 미래의 너희 나라 대한민국 국민들은 인류보편의 평등에 기초한 인류주의라는 이러한 나의 뜻을 제대로 이해하고 그 뜻을 실현할 수 있는 대통령을 뽑아야 하느니라. 만약에 너희들이 그리만 한다면 나는 너희 대한민국에게 영원한 번영을 주고, 나아가서 너희나라 대한민국을 영원한 제국으로 융성시키리라."

"명심하고 또 명심하겠나이다."

"너희들이 아무리 많은 물질을 타국에 수출한다고 해도 결코 나의 찬란한 나라가 이 땅위에 건설되지는 않느니라. 그러나 미래의 너희 대한민국이 진실로 인류주의를 온 인류에게 수출하고 온 인류가 인류주의를 깨달으면 더 이상 깨달아야 할 것이 없느니라. 그리고 그것으로 인해 드디어 너희 지구 땅에 비로소 나의 찬란한 나라가 이루어 질 수가 있는 것이다. 그러므로 너희들은 수출해야 하느니라. 즉 오늘 너희들이 이룩한 인류에 대한 끝없는 사랑을 수출해야 하고, 끝없는 자비를 수출해야 하며, 끝없는 정의를 수출해야 하느니라. 또한 인류에 대한 끝없는 평화를 수출해야 하고, 드디어 결국에는 인류주의를 온 인류에게 수출해야 하느니라. 어쩌면 미래에 너희 대한민국 국민들의 일부는 왜 너희들이 인류주의를 다른 나라와 온 인류에게 수출해야 하는지에 대해 의심하거나 상당한 반대의 마음을 가질 수도 있으리라. 그러나 그 길이 바로 무궁한 영광으로 가는 길임을 알아야 할 것이다. 온 인류사에서 그 어떠한 나라도 인류주의를 타국에 수출한 나라는 없느니라. 그러므로 만약에 너희들의 후손들이 인류주의를 온 인류에게 수출한다면, 인류최초로 인류주의를 타국에게 수출한 나라가 될 것이니라. 오늘날 너희들이 어떤 물질이나 제품을 타국에 수출하듯이, 나는 미래의 너희 대한민국은 끝없는 사랑과 자비와 정의와 평화가 포함된 인류주의를 아무런 대가없이 타국에게 수출하기를 진실로 바라노라. 이것이 너희 나라 대한민국이 존재하는 이유이고, 이것이 바로 너희 나라 조상 대대로 내려온 '홍익인간(弘益人間), 제세이화(濟世理化)'의 원리를 실천하는 것이니라. 또한 이것이 바로 너희나라 대한민국이 후세의 주인공으로서 해야 할 사명이니라."

"삼가 주님의 뜻을 받들겠나이다."

"너희들이 사랑으로 하나가 되는 것을 보면 나 또한 끝없이 기쁘며, 너희들이 서로 증오하고 배척하며 싸우면 나 또한 이를 차마 볼 수가 없느니라. 나에게는 눈물이 없는 줄 아느냐? 나에게도 눈물이 있느니라. 그러므로 너희들은 서로 사랑해야 하느니라. 너희 모두는 나의 소중한 자식들인데, 그런 자식들이 서로 전쟁을 해서 피 흘리며 죽어간다면, 어찌 나의 마음인들 평안하겠느냐? 비록 너희들의 세상에서는 돈이 중요하고, 재물이 중요하고, 명예가 중요하고, 지위가 중요하고, 부귀영화가 중요하나, 이 우주에서는 그렇지 않느니라. 이 우주에서는 아무리 많은 돈과 재물, 귀중한 명예와 높은 지위가 있다고 해도 아무 쓸모가 없으며, 가장 중요한 것은 남에게 진리를 가르쳐 주고 남으로 하여금 진리를 깨닫게 하는 것이 최고의 공덕행(功德行)이니라. 아무리 많은 황금덩어리를 남에게 준다 해도 진리를 깨닫게 해주는 것보다는 못하며, 이 우주에서 이런 진리보시(法布施) 이상 가는 공덕은 존재하지 않노라. 나는 빛이요, 사랑이요, 생명이요, 구원이니 누구나 사랑을 믿는 자는 나의 영원한 빛이 저희 것이요, 누구나 모든 영혼들이 내 앞에서 평등하고 사랑으로 하나라고 여기는 자는 내가 친히 그에게 불멸의 영광을 주리라. 또한 누구나 뭇 생명이 고귀하다고 여기는 자는 나의 영원한 생명을 그에게 줄 것이로다. 그리고 누구나 세상을 위해 구원자가 되려하는 자는 나의 영원한 구원을 주어 다시는 그가 시련 받지 아니하게 할 것이며, 다시는 암흑에 떨어져 고통 받으며 괴로워하는 일이 없게 할 것이로다. 마찬가지로 너희 대한민국도 온 세상을 위해 영원히 인류를 밝히는 빛이 되어야 하며, 너희는 온 인류가 내 앞에서 평등하고 사랑으로 하나가 될 때까지 끝없는 노력에 노력을 해야 하느니라, 그리하여 미래의 너희 대한민국이 영원히 온 인류를 떠받치는 기둥이 되어 단 한사람도 남기지 말고 그 영혼을 암흑에서 빛으로 구원해야 할 것이니라."

"삼가 주님의 뜻을 받들겠나이다."

"이제 나는 떠나가노라. 내가 다시 너에게 나타나리라."

"안녕히 가시옵소서."

이 말씀을 끝으로 나는 잠에서 깨어났다. 그리고는 하나님을 향하여 무수한 절을 하였다.

10. 신의 스물두 번째 계시 말씀

신께 내가 여쭈었다.

"오늘은 무슨 말씀을 하려 하시나이까?"

"너희들은 너희 지구별을 대단히 위대한 별이고 기회의 별이라고 생각해야 할 것이다. 왜냐하면 아직은 너희 지구별에 수많은 악들이 존재하고 있고, 그렇기에 너희들은 수많은 선행(善行)과 공덕행(功德行)을 할 수가 있기 때문이니라. 또한 너희들은 너희 지구별이 나의 끝없는 축복과 은총을 받은 별이라고 생각해야 할 것인데, 왜냐하면 지금 너희 지구별에서는 수많은 잘못된 것들이 널려있어 너희들과 미래의 너희 대한민국이 이러한 수많은 잘못된 것들을 바로 잡을 수 있는 행운이 있기 때문이로다. 너희들은 모두 천국에 가서 선행을 하리라고 생각할지 모르지만, 천국에서는 선행을 할 수가 없느니라. 천국의 시민권을 가진 이들은 모두 지극히 선하기 때문에 그들에게는 싸움이 없고, 갈등과 다툼도 없노라. 게다가 그들은 선한 일을 서로 하려하는 까닭에 천국에서는 선행을 할 기회가 거의 없느니라. 그러나 너희 지구별에는 수많은 잘못된 일들이 널려 있기에 너희들은 참으로 영광스럽게도 수많은 공덕행과 선행을 할 수가 있는 것이다. 따라서 너희들이나 미래의 너희 대한민국에게는 무수한 선행을 할 수 있는 기회가 주어져 있는 것이며, 그리하여 마침내 지구상에 존재하는 모든 악한 것들과 잘못된 것을 제거하는 그날에 모든 인류가 너희 대한민국으로 인해 영원히 내 안에 거하고 영원히 빛에 머물러 참된 생명과 구원을 얻을 것이로다. 그러므로 너희 모두는 나에게 진실로 감사해야 하느니라. 즉 오늘날뿐만이 아니라 미래에도 너희 나라가 수많은 선행을 하도록 기회를 준 나에게 진실로 감사해야 하는 것이니라."

"진실로 감사하고 또 감사하옵나이다."

"너희들이 앞서 말한 길을 걸어가고 또 너희들의 후손들이 그 길을 걸어간다면, 먼 미래에는 모든 나라와 민족들이 너희 대한민국을 본받아 의인들의 나라가 되고, 의인들의 민족이 될 것이니라. 그리고 미래의 너희 대한민국은 이러한 모든 의인들과 그 종족이나 민족을 모두 다 너희 대한민국의 국민으로 생각하고 한민족으로 여겨야 하느니라. 그리하여 나아가 모든 지구 주민들이 모두 다 의인들이 되는 그 날에 그들이 너희 대한민국의 자랑스러운 국민들이 되고, 드디어 세계통일국이 이루어지는 것이니라. 그리하여 너희들이 마침내 타인이 곧 내 자신이고 내가 곧 타인이라는 자타(自他)가 따로 없는 무한사랑과 무한자비를 깨달으면, 그 즉시라도 너희 지구별이 천국이 되는 것이니라."

"삼가 주님의 뜻을 받들겠나이다."

"지금은 성경이 온 세계를 지배하고 무수한 사람들이 성경을 읽고 있느니라. 그리하여 지금은 유대민족의 역사서(구약)인 성경이 마치 진실한 역사인 것처럼 간주되고 있지만, 만약에 너희 대한민국이 인류주의를 위해 헌신한다면 너희 나라의 역사가 바로 새로운 성경이 될 것이로다. 그리하여 미래에는 수많은 사람들이 너희 대한민국의 역사서를 읽고 또 읽을 것이며, 더 나아가 마침내 너희 대한민국의 역사서가 온 인류의 기준이 되어 온 인류가 아낌없이 너희 대한민국을 보고 진실로 의로운 나라라고 찬탄할 것이니라. 왜냐하면 바로 너희들이 막대한 대가를 치러 가면서 소중한 나의 뜻을 이룩했기 때문인 것이다. 그리하여 너희 모두가 노력하여 인류를 위한, 인류에 의한, 인류의 나라를 세워야 하느니라. 그리고 너희들이 세운 대한민국이 영원히 세상을 밝히는 빛의 나라가 이룩되기를 기원해야 할 것이다. 또한 너희 모두는 미래에 너희 모두와 인류가 내 앞에서 한 나라요, 한 민족이 되리니, 그 영원한 빛의 날에 모든 이들이 내 앞에서 영원히 빛의 자식들이 되고 모든 이들이 하나도 버려짐이 없이 나에게서 구원을 받기를 기원해야 하느니라. 그리고 저 하늘의 태양빛이 값없이 주어지듯이, 너희 대한민국도 온 인류에게 값없이 생명수 샘물을 베풀어줌으로써 영원한 사랑과 구원의 나라가 되어 온 인류를 영원히 구원하고, 온 인류를 사랑의 인류로 만들어 너희 지구별의 창성함이 끝이 없게 해야 하느니라. 만약에 너희들이 그렇게만 한다면, 인류 역사상에 다시없는 만고에 불멸하는 영원한 제국이 만들어질 것이고, 인류 역사상 유례가 없는 나라로 우뚝 서게 될 것이니라."

"귀하신 말씀 명심하겠나이다."

"언젠가는 너희들이나 너희의 후손들, 혹은 온 인류가 어떤 나라의 국민이기 이전에 지구별의 같은 주민이라는 소중한 생각을 할 때가 올 것이니라. 그리고 너희 대한민국 국민 모두는 어쩌면 이 이상을 실현하기 위해서 살아야 할지도 모르느니라. 이 개념이 바로 내가 너희들에게 바라는 바인데, 왜냐하면 그 모든 지구인들은 내가 그들을 창조함으로 인해 존재하기 때문인 것이다. 그런 의미에서 보면 전쟁이라는 것은 바로 나의 소중한 자식과 자식들이 서로 싸우고 서로를 잡아 죽이는 짐승 같은 짓이로다. 언제 너희 지

구별에서 그 끝없는 전쟁과 전쟁들이 멈춘 날이 있었더냐? 그리고 너희 지구별의 역사는 바로 끝없는 전쟁의 역사라고 해도 좋을 만큼 피비린내 나는 참혹한 전쟁들로 온통 얼룩져 있지 않느냐? 그러나 먼 훗날의 너희 나라와 모든 인류 모두가 너희 지구 별나라의 소중한 같은 동포들이라는 것을 깨닫고 실천한다면, 그 끝없는 전쟁과 전쟁의 나날들은 영원히 사라지고 무궁한 사랑의 역사가 온 지구별의 역사가 다하는 그 날까지 이어질 것이니라."

"귀하신 말씀 명심하겠나이다."

"그런 인류애와 동포애 실천의 대표적인 한 가지 예를 든다면, 앞서 말했던 바로 아브라함 링컨의 노예해방을 본보기로 들 수가 있느니라. 링컨이 만났던 사람들은 누구나 흑인 노예해방이라는 것은 이론에 불과하다느니, 현실적으로 이루기 어렵다느니, 또는 비록 그것이 옳은 것이고 훌륭한 일이지만 이루기는 불가능하다고 그에게 말해 주었느니라. 그러나 링컨은 결코 중간에 그만 두지 않았고, 자기가 생각하는 것이 옳다고 믿으며 그대로 실천하여 밀고 나갔느니라. 당시 아무도 흑인 노예들을 해방시키려 들지 않았고, 오직 링컨만이 자신의 신념에 따라 그 무수한 반대를 무릅쓰고 누구도 간 길이 없는 길을 걸어가고 또 걸어갔던 것이니라. 그리하여 링컨은 드디어 흑인들을 해방시켰느니라. 이와 같이 진리를 깨닫는 것은 지극히 쉬운 일이나, 진리를 몸소 실천하는 일은 진리를 깨닫

1864년에 이루어진 링컨의 <노예해방선언서> 공표

는 일보다 백배, 천배 더 어렵다고 말할 수 있는 것이다. 나는 너희 대한민국의 후손들에게 바로 이것을 가르치고 싶으니라. 그 누구도, 그 어떤 나라도, 그 어떤 민족도 인류를 위해 봉사하지 않으려 할 때 그것을 행하는 것, 바로 이것이 진실로 내가 너희에게 원하는 것이며, 미래의 너희 대한민국이 행하기 바라는 일이니라. 그러므로 어떤 것이 참으로 진리라면 너희들은 그 어떠한 대가를 치르더라도 그 길을 걸어가야만 할 것이니라. 그리고 너희 모두는 나에게 기원해야 하느니라. 너희 대한민국이 영원히 인류를 밝히는

빛의 나라가 되고, 그리하여 나의 소중한 뜻이 이루어지는 나라가 되기를 기원해야 하느니라. 나는 진심으로 너희 대한민국을 통해서 영원히 찬란한 나의 나라를 세우기를 희망하고 있노라. 고로 과거 범부들이 링컨의 노예해방을 비난하고 비웃었듯이, 아무리 다른 나라들이나 민족들이 너희 대한민국을 비난하거나 쓸모없는 일을 한다고 조롱하더라도 너희들은 그것을 극복하면서 길 없는 길을 걸어가야만 하리라. 그리고 너희가 그리면 내가 너희에게 힘을 주어 그 길을 반드시 성취케 할 것이니라."

"삼가 주님의 뜻을 받들겠나이다."

"나는 빛이요, 사랑이요, 생명이요, 구원이니, 누구나 사랑을 믿는 자는 나의 영원한 빛이 저희 것이요, 누구나 모든 영혼들이 내 앞에서 평등하니라. 또한 사랑으로 모든 이가 하나라고 여기는 자는 내가 그에게 나의 불멸의 영광을 줄 것이고, 누구나 뭇 생명이 고귀하다고 여기는 자는 내가 영원한 생명을 그에게 줄 것이니라. 그리고 누구나 세상을 위해 구원자가 되려하는 자는 내가 영원한 구원을 주어 다시는 그가 시련 받지 아니하게 할 것이며, 다시는 암흑에 떨어져 고통 받으며 괴로워하는 일이 없게 할 것이니라. 나는 진실로 바라노니, 너희 대한민국이 나의 나라가 되기를 진실로 원하고, 나의 끝없는 영광이 너희 대한민국에서 찬란히 꽃피어나기를 진실로 바라고 있노라. 또한 나의 무궁한 이상이 너희 대한민국에서 찬란히 이루어지기를 진실로 염원하노라. 그러므로 온 세계를 통일시키는 대업을 나는 다른 나라나 민족에게 주지 아니하고 오직 너희 한민족에게만 줄 것이니, 오직 너희 한민족에게서만 '평화인류주의'가 탄생되어 그것이 전 세계로 퍼져 나아가게 하리라. 그러나 그 길은 이제까지 아무도 걸어가지 않은 길 없는 길이로다. 그러므로 끝없는 사랑으로 태양같이 빛나는 대한민국 국민들이여! 장차 너희들 앞에 숱한 고난과 시련이 있어 너희들을 괴롭히고 고뇌케 할 것이니라. 또한 무수한 자들이 너희들을 가로막을 것이며, 너희들에게 반대할 것이니라. 그러나 지금 너희들이 가는 그 길이 바로 영원한 영광과 영원한 축복으로 가는 길이라는 사실을 잊지 말아야 하느니라. 그리하여 부디 용기를 잃지 말고 그 숱한 고난과 시련들을 끝까지 꿋꿋이 인내하기를 바라노라. 비록 무수한 고통의 칼날이 너희들의 영혼을 할퀴고 지나갈 것이나, 끝없는 사랑으로 그 고통들을 견디고 또 견디어 이겨내기를 바라는 바이니라."

"주님의 뜻이 이루어지기를 삼가 바라나이다."

"끝없는 정의로 빛나는 대한민국 국민들이여! 미래의 너희 대한민국이 힘을 추구하는 길을 가지 않고 끝없는 사랑의 길을 걸어간다면, 너희 대한민국은 진실로, 진실로 온 인류에게서 아낌없이 존경받는 나라가 될 것이며, 내가 너희 대한민국을 참된 목자(牧者)로 삼으리라. 이 세상에서 진리를 배우는 것보다 더 중요한 것은 없으며, 나아가 진리를 깨닫는 것보다 더 가치 있는 일은 결코 없느니라. 진리는 돈으로 환산할 수 없는 보물 중의 보물이고, 돈으로 값을 매길 수 없는 무가지보(無價之寶)니라. 오늘날은 참으로 뜻 깊고도 의미가 깊은 시대인데, 왜냐하면 너희 나라가 모든 것을 짊어짐에 의해 전 세계가 '자유 민주주의'의 나라가 되었기 때문이로다. 그리고 너희 모두는 나에게 감사해야 하며, 내가 이 자유 민주화의 전쟁을 너희들의 승리로 이끌었다고 생각해야 하느니라. 아브라함 링컨의 대통령 시절에 저들 남군(南軍)은 황금을 더 사랑했고, 전혀 진리를 사랑하지 않았으며, 진리를 추구하지도 않았느니라. 그러나 북군(北軍)은 황금보다 더 값진 진리를 사랑하여 그 진리를 추구했느니라. 그러므로 너희들은 이러한 점을 본받아야 할 것이며, 이제 너희 대한민국 국민들이 이룩한 이 거룩한 자유 민주주의의 역사를 너희들의 후손들에게 물려줘야 할 것이니라. 그리하여 먼 미래의 너희 나라 국민들 역시 황금을 추구하는 길은 영원한 죽음으로 가는 길이며, 진리를 추구하는 길은 영원한 생명으로 가는 길이라는 사실을 알아야 할 것이니라. 또한 너희 민족이 진리추구의 길로 마땅히 나가야만 할 당위성은 고대에 너희 나라가 본래 진리를 사랑하고 진리를 추구하는 나라였기 때문이니라. 장차 너희들이 진리를 바탕으로 '평화인류주의'를 성공적으로 일으켜 세운다면, 나는 나의 전능한 능력으로 '평화인류주의'라는 진리를 온 세계로 퍼져나가게 하리라. 그리하여 장차 내가 친히 너희 대한민국을 일으켜 세워 너희 나라의 영광이 영원히, 그리고 무궁하도록 이어지게 할 것이로다."

"귀하신 말씀 명심하고 또 명심하겠나이다."

"영원히 존귀한 대한민국의 국민들이여! 미래의 무궁한 빛의 날에 나는 영원히 너희 대한민국을 빛의 나라로 만들 것이며, 그리하여 영원히 인류를 밝히게 할 것이니라. 지극히 정의로운 너희 대한민국 국민들이여! 이제 내가 너희의 뜻을 들어주리니, 장차 너희 대한민국은 끝없는 고난의 십자가에서 벗어나 나의 무한한 영광 안에서 영원한 생명과 구원을 얻을 것이며, 내가 너희들에게 다시는 그 무거운 삶의 십자가를 지는 일을 영원히 없게 할 것이니라. 너희 대한민국 국민들이여! 진실로 귀한 의인들이여! 그러나 나는 알고 있느니라. 당장은 너희가 이 일을 이룰 힘이 없으며, 당장은 너희가 이 일을 이루기가 어렵다는 것을 잘 알고 있느니라. 하지만 이제 내가 나의 전능한 힘을 너희에게 주리니, 이로 인하여 너희 대한민국은 차츰차츰 나의 뜻을 이루게 될 것이니라. 너희들이 나의 전지전능한 힘을 받은즉, 그 무엇이라도 능히 이루지 못할 일이 없고, 그 어떤 일이라도 능히 행치 못할 것이 없을 것이로다. 오직 나의 영원한 힘으로 너희들을 지극히 높여 만국이 너희를 높이 우러러보게 할 것이니라."

"주님의 뜻이 이루어지기를 삼가 기원하나이다."

"너희 대한민국의 진실로 선한 국민들이여, 이 지구별에서 너희 대한민국 국민들처럼 거룩한 의인의 영혼들이 있는 한 다시는 악이 없으며, 다시는 탄압받고 박해받는 영혼들이 영원히 없게 할 것이니라. 꽃같이 아름다운 너희 대한민국 국민 영혼들이여! 모든 인간의 실상은 내 앞에서 똑같이 평등하고, 소중하며, 존귀한 것이니라. 또한 모든 이들이 사실상 나의 소중한 자식들이며, 모두 다 나에게서 나온 것이니라. 그러므로 내가 진실로 원하건대, 진리를 위해 전쟁을 하는 자는 내가 그를 영원히 이기게 할 것이요, 선을 위해 전쟁을 하는 자도 내가 그를 영원히 이기게 할 것이다. 그러나 불의를 위하여 전쟁을 하는 자는 내가 그를 영원히 지게 할 것이요, 악을 위하여 전쟁을 하는 자 역시 내가 그를 영원히 패배케 할 것이라는 사실을 알아야 하리라. 그 무엇이나 정의로 세워진 것은 영원히 멸망하지 않고 영원히 창성하며, 그 무엇이나 사랑으로 빛나는 것은 영원히 꺼지지 않고 영원히 빛나게 할 것이로다. 또한 그 무엇이나 진리로 이루어진 것은 나의 전능한 힘으로 그를 길이 영원케 하며, 그 무엇이나 선으로 이루어진 것은 나의 전능한 힘으로 그를 길이 빛나게 할 것이니라."

"주님의 뜻이 이루어지기를 삼가 기원하옵나이다."

"나는 너희 대한민국이 진리의 나라가 될 수만 있다면 백 번이고 천 번이고 나의 무궁한 축복과 은총을 아낌없이 베풀어 주고 또 베풀어 주리라. 그리하여 너희 대한민국을 장차 온 인류를 비출 무궁한 빛의 나라로 만들 것이니라. 나는 너희 대한민국을 위해서, 나아가서 인류를 위해서 끝없이 헌신하고 봉사할 것이니, 너희들도 이러한 나의 뜻을 본받아서 너희 나라를 위해서, 나아가 인류를 위해서 끝없이 헌신하고 봉사해야 하느니라. 너희나라 대한민국으로 인해 온 인류가 영원히 눈물과 통곡을 멈출 수가 있다면, 나는 그것만으로도 무한히 기뻐할 것이로다. 그러므로 너희들은 너희의 행복이 곧 온 인류의 행복이요, 온 인류의 기쁨이 곧 너희들의 기쁨이 되어야 하느니라. 너희들이 인류를 위해서 끊임없는 헌신과 봉사를 한다면, 나는 너희에게 그 보답으로 하늘나라에 있는 나의 불멸의 영광들을 주고 또 주리라. 그리하여 종래에 나는 너희나라 대

400

한민국을 온 세계에서 가장 으뜸가는 나라로 부상시킬 것이니라."

"믿사옵니다. 주님이시여."

"아브라함 링컨이 참으로 자랑스럽게도 흑인들을 노예에서 해방시켜주었으나, 아직도 이 지구별에는 무수한 노예들이 존재하고 있느니라. 그리고 참으로 진짜 노예는 흑인들이 아니라 바로 사람들을 착취하여 돈을 벌고자 돈의 노예가 되어있는 자들이 바로 참된 노예들이로다. 그리하여 과거에 링컨이 흑인 노예들을 해방시킨 것과 같이, 이 노예 해방운동은 지금도 계속되고 미래에도 그렇게 계속되어야 하느니라. 특히 너희들은 온 인류상에 존재하는 가난한 자를 위하여 끝없는 복지정책을 펼쳐야 할 것이니라. 그리하여 온 지구별에서 단 한 명의 가난한 자라도 존재하지 않게끔 노력에 노력을 다해야 할 것이며, 그 가난한 자들의 중심에는 반드시 너희 대한민국이 있어야 하느니라. 왜냐하면 너희들이 후세에 온 인류 가운데서 주인공 나라이기 때문인 것이다. 그러므로 너희들이 그 무엇을 주장하면, 내가 나의 전능한 능력으로 다른 나라들도 너희들을 따르게 하리라. 그리하여 너희 대한민국은 무궁한 빛의 나라가 되고, 사랑의 나라가 되고, 희망의 나라가 되고, 용기의 나라가 되고, 행복의 나라가 되어 아직도 고통 받고 있는 가난한 자들에게 너희들이 가진 그 끝없는 빛과 사랑과 희망과 용기와 행복을 나누어 주어야 할 것이니라. 그리하여 다시는 그들이 슬퍼서 눈물 흘리고, 통곡하고, 오열하는 일이 없게 해야 하느니라."

"주님의 뜻을 이루기 위하여 노력하고 또 노력하겠나이다."

"내가 또 다시 위대하고 존귀한 것은 내가 끝없는 사랑으로 아무런 조건 없이 너희들 인간들에게 그 모든 것을 베풀어 주기 때문이니라. 나는 끝없는 힘이기 이전에 끝없는 사랑이고, 조건 없는 사랑이니라. 왜 내가 온 우주에서 가장 높고 존귀한 존재인지를 이제 알겠느냐? 그렇다면 너희 대한민국이 어떻게 하면 온 인류 가운데서 최고로 존귀한 나라가 될 수가 있겠느냐? 그 답은 너희 대한민국이 나처럼 인류에 대한 사랑이 최고로 크고 높으면 되는 것이니라. 저 하늘의 태양을 보라. 저 하늘의 태양은 아무런 대가 없이 너희 인간들에게 빛을 비추어 베풀어 주고 있지 않느냐? 그러므로 너희들도 이를 본받아 아무런 대가도 바라지 않고 선행을 해야 할 것이며, 그것은 사랑을 할 때에도 마찬가지인 것이다. 만약 어떤 대가나 조건을 내세워 선행을 하고, 어떤 조건을 따져 사랑을 한다면, 그런 선행과 사랑은 이미 선행이나 사랑의 행위가 아니라 일종의 거래이니라. 그러므로 미래의 너희 대한민국은 무조건적으로 인류에게 사랑을 실천하도록 하라. 그렇게만 한다면 그때에는 너희 대한민국이 그 어떤 길을 걸어가든 인류도 너희 나라와 같은 길을 걸어갈 것이며, 너희 나라가 그 어떤 선택을 하든 그들도 너희 대한민국과 같은 선택을 할 것이니라. 그런데 한가지의 문제가 있느니라. 왜냐하면 아무리 미래의 너희 대한민국이 그러한 끝없는 사랑의 길을 걸어간다고 해도 반드시 이에 반대하는 세력들이 나타날 것이기 때문이다. 아마도 그 길은 대단히 험난할 수 있으며, 무수한 자들이 너희들이 가는 길을 방해하고 또는 너희들을 위해(危害)할지도 모르느니라. 그러므로 조건 없는 사랑의 길이라는 것은 결코 가기가 쉬운 길이 아니며, 그 길을 걸어가자면 무한한 인내와 무한한 신념이 필요하게 될 것이니라. 너희들도 과거 전쟁이라는 극단적인 길을 선택하여 비로소 마침내 자유 민주주의를 수호할 수가 있었노라. 만약에 너희들의 신념이 약했더라면 너희들은 결코 그 전쟁에서 이길 수가 없었을 것이다. 그러므로 무한한 사랑의 길 뒤에는 무한한 인내와 신념이 필요하다는 사실도 아울러 알아야 하는 것이니라. 그럼에도 햇볕이 강한 곳에서는 결코 어두움이 접근하지를 못하는 법이며, 마찬가지로 선에 대한 신념이 강한 곳에는 결국 악이 결코 활동을 못하는 법이니라. 그러므로 너희들은 불굴의 의지와 신념으로 그 어떠한 대가를 감수하고서라도 그 험난한 길을 걸어가야만 할 것이다. 그리하여 미래에 너희들은 그 어떠한 희생이 뒤따른다고 하더라도 온 인류에게 끝없는 사랑의 길을 걸어 간다는 것을 분명히 보여주어야 하느니라. 그리하면 너희들이 행했 던 것처럼, 너희들의 후손들도 너희들이 걸어갔던 끝없는 사랑의 길을 걸어갈 것이다. 그리고 만약에 그렇게만 된다면, 아마도 그 모든 나라와 그 모든 민족들이 너희 대한민국의 친구가 될 것이며, 그 어떠한 나라라도, 그 어떠한 민족이라도 너희 대한민국을 끝없 이 사랑할 것이니라. 그리하여 결국은 너희 대한민국은 온 인류에 서 최고로 존경받는 나라, 최고로 사랑을 받는 나라, 최고로 존귀 한 나라가 될 것이니라. 또한 나의 끝없는 이상이 너희 대한민국을 통해 이루어 질 것이고, 나의 끝없는 영광이 너희 대한민국을 통해 찬란히 꽃피어나리라. 이것이 바로 너희 대한민국이 이 지구별에 존재하는 이유이니라. 그리고 너희들이나 너희들의 후손들이 이 소 중한 정신을 잃지 않는 한, 너희 대한민국 영광의 역사는 온 지구 별의 역사가 다하는 그 날까지 영원히 이어질 것이니라. 또한 먼 미래의 너희 대한민국이 만든 법은 곧 온 인류의 법이 될 것이며, 너희 대한민국이 만든 철학은 곧 온 인류의 철학이 될 것이고, 너 희 대한민국이 만든 사상이 곧 온 인류의 사상이 될 것이며, 너희 대한민국이 만든 그 모든 것이 곧 온 인류의 기준이요, 표준이 될 것이니라."

"잘 알겠나이다. 아버지이시여, 그리 될 것으로 믿사옵니다.."

"나는 너희들을 참으로 대단하다고 생각하느니라. 너희는 그 수 없는 세월동안 그 수없는 외침을 받고서도 굳건히 나라를 지켜내었 노라. 그리고 너희 민족은 단 한 번도 타국을 침략한 적이 없는 끝 없는 평화의 민족이었느니라. 그렇기에 내가 너희 민족으로 하여금 온 세계에 '평화인류주의'를 주장케 하는 것이니라. 즉 이것은 너희 민족이 끝없는 평화의 민족이었기에 내가 친히 너희 민족을 선택하 고 그 영광과 그 영화가 끝이 없게 하려 하는 것이로다. 너희들은 장차 미래에 세계통일이라는 거룩한 영광을 이루리니, 미래에 너희들이 이룩한 이 거룩한 영광은 영원히 역사위에 남을 것이며, 이 역사로 말미암아 장차 너희 대한민국에 무수한 의인들이 탄생할 것이니라. 그리하여 그 무수한 의인들의 활약으로 말미암아 마침내 너희 대한민국이 먼저 지상낙원, 지상천국을 이루고, 더 나아가서 온 인류에게도 지상낙원, 지상천국이 이 지구별 위에서 이루어지리라. 장차 너희들은 비록 무수한 악조건의 상황일지라도 그것을 극복하고 우선 너희나라 대한민국을 의인들의 나라로 만들어야 하느니라. 그러므로 너희들의 후손들 역시도 대대로 이를 따라 결국은 의인들이 되고, 나아가 마침내 너희 대한민국 국민 모두가 진실로 의인들의 나라가 되어야 할 것이니라. 그리하여 너희 대한민국으로 인해 온 인류의 모든 나라들이 의인들의 나라가 되고 의인들의 민족이 되는 광명의 날에 인류사 그 무수한 전쟁과 전쟁의 역사는 영원히 사라지고, 사랑의 역사는 무궁히 그리고 길이 이어지리라."

"주님의 귀하신 말씀 참으로 감사하옵나이다."

"아무리 타고난 그릇이 커도 노력하지 않으면 그 큰 그릇에 물 한 방울도 담기지 않으며, 아무리 타고난 그릇이 작아도 꾸준히 노력하면 많은 물을 담을 수가 있는 것이니라."

"주님의 뜻을 이루기 위하여 노력하고 또 노력하겠나이다."

"나는 오늘 너희들이 꽂은 이 자유의 깃발이 먼 미래의 너희 대한민국에서도 여전히 진리를 노래하면서 펄럭이기를 바라노라. 그리고 오늘날 너희들이 이 땅위에 꽂은 이 자유의 깃발이 미래에는 무궁한 평화를 노래하는 평화의 깃발로 바뀌어 펄럭이게 해야 할 것이다. 그리고 이 평화의 깃발은 너희 나라뿐만이 아니라 온 인류 상에도 영원히 펄럭이게 해야 하느니라."

"귀하신 말씀 명심하겠나이다."

"이제 나는 나의 하늘나라에서 이루어진 영광들을 하나씩 너희 대한민국에서 이루고 나아가 온 지구별에도 이룰 것이니, 나는 우선은 너희 대한민국을 나의 영광이 꽃피어나는 나라로 세울 것이니

라. 그리고 이 역사(役事)로 인해 우선 너희 대한민국은 짧은 시간임에도 찬란한 새 역사가 일어나 끝없는 창성함이 이루어지리니, 훗날 너희 대한민국의 그 찬란함과 그 빛남은 끝이 없을 것이다. 그러나 안타깝게도 아직은 이 지구별이 사랑의 별이 아니며, 그러므로 아직은 이 지구별 위에 완전한 나의 나라가 세워진 것은 아니니라. 또한 아직은 나의 역사 섭리가 완전히 이루어진 것은 아니며, 아직은 그 숱한 전쟁과 전쟁이 끝난 것이 없노라. 아직은 그 숱한 분열과 대립이 여전히 사라지지 않았고, 아직은 정의가 이 지구별을 지배하는 것이 아니니라. 그러니 너희 대한민국의 선한 영혼들이여, 누구나 사랑을 귀하게 여기고, 사랑의 영광을 믿으며, 사랑을 위해 살아가거라. 그런 자에게는 언젠가 나는 친히 그 영혼을 이끌어 그 영혼에 끝없는 창성함을 줄 것이로다. 그리하여 그가 언젠가는 나의 끝없는 진리의 바다에 도달하게 할 것이니라. 오늘 너희들이 이 사랑의 길을 선택한다면, 미래에 너희들은 끝없는 빛의 자식들이 될 것이며, 그리하여 너희들의 영혼에게 끝없이 영원한 행복과 끝없이 무한한 복락이 주어질 것이니라."

"잘 알겠나이다. 아버지이시여."

"그 숱한 세월 동안의 인류역사를 살펴보면, 이 지구상에 무궁한 사랑의 나라는 단 한 나라도 없었노라. 그 모든 나라들이 힘으로 일어서고, 전쟁으로 남의 나라를 짓밟고 일어서서 강대국이 되었느니라. 그러나 그러한 나라들은 결국 모두 다 멸망하고야 말았도다. 그러나 인류 최초로 너희 대한민국이 무궁한 사랑의 나라가 된다면, 너희 대한민국 영광의 역사는 온 지구별의 역사가 다하는 그날까지 영원히, 그리고 무궁히 이어질 것이다. 그러나 만약에 너희 대한민국이 힘으로 일어서서 타국을 억누르고 괴롭힌다면 너희 대한민국은 결국은 과거의 다른 국가들과 마찬가지로 멸망하고야 만다는 사실을 알아야 하느니라. 거듭 말하지만 내가 영원한 것은 바로 내가 끝없는 사랑이기 때문이며, 내가 창조한 이 우주가 영원한 것도 내가 끝없는 사랑으로 이 우주를 창조했기 때문인 것이다. 그리고 예수가 진실로 위대한 것은 그가 끝없는 기사이적(奇事異蹟)을 일으킨 초능력자여서가 아니라 끝없는 사랑의 존재였기 때문이니라. 만약에 예수가 단순히 신통력을 지닌 초능력자였다면, 그는 역사 위에서 평범한 한 초능력자로 기록이 되었을 것이니라. 이것을 보면 사랑이라는 것이 얼마나 중요한지를 잘 알 수가 있느니라. 그러므로 미래의 너희 대한민국이 끝없는 사랑 위에서 끝없는 사랑의 나라를 세운다면, 너희 대한민국의 영광의 역사는 영원히, 그리고 무궁히 이어진다는 사실을 알아야 하리라. 참으로 훌륭한 대한민국 국민들이여! 누구든지 사랑의 원리 위에서 나라를 세우면, 나의 끝없는 전능한 힘으로 그 나라를 길이 발전케 하고 길이 번영케 하리니, 이는 나의 끝없는 전능한 힘이 사랑과 더불어 존재하고, 증오와 배척을 따라서는 존재하지 않기 때문이니라."

"귀하신 말씀 명심하겠나이다."

"나는 너희 대한민국이 진실로 인류를 위해서 봉사하고 헌신하기를 바라노라. 그런데 만약 미래의 너희 대한민국이 단지 돈과 물질의 나라가 된다면, 나의 끝없는 영광이 결코 너희 대한민국을 통해 이루어지지 아니할 것이니라. 나는 이를 심히 우려하고 또 걱정하고 있느니라. 만약 미래의 너희 나라가 돈과 물질의 노예가 되어 인류를 향한 끊임없는 봉사와 헌신을 포기한다면, 나도 또한 결코 너희 대한민국을 위해서 봉사하고 헌신하지 아니할 것이로다. 그리고 만약에 미래의 너희 대한민국이 오직 자국의 국익만을 추구하는 나라가 된다면, 무수한 나라와 민족들이 너희를 지탄할 것이고 너희 나라는 인류사에서 또 하나의 로마가 될 것은 분명한 사실임을 알아야 할 것이니라. 나는 분명히 나의 대한민국에 대한 끝없는 사랑을 분명히 보여주었느니라. 6.25 사변 때 나는 너희 나라의 자유민주주의를 수호하기 위해 열국(16개국)에서 군사를 모았느니라. 나는 이것이 미래의 너희 대한민국의 대통령들에게 하나의 교훈이 되

기를 진실로 바라노라. 그리고

UN군 파병 16개국과 전사자 수		
미국	＊파병인원-160만명	＊사망자-36,492명
네덜란드	＊파병인원-5,320명	＊사망자-124명
영국	＊파병인원-56,000명	＊사망자-1,177명
벨기에	＊파병인원-3,590명	＊사망자-106명
필리핀	＊파병인원-7,500명	＊사망자-120명
프랑스	＊파병인원-3,760명	＊사망자-270명
터키	＊파병인원-14,936명	＊사망자-1,005명
태국	＊파병인원-6,326명	＊사망자수-136명
남아공	＊파병인원-900명	＊사망자수-37명
뉴질랜드	＊파병인원-5,350명	＊사망자수-41명
컬럼비아	＊파병인원-5,100명	＊사망자수-213명
그리스	＊파병인원-4,440명	＊사망자수-186명
룩셈부르크	＊파병인원-89명	＊사망지수-2명
호주	＊파병인원-8,407명	＊사망자수-346명
캐나다	＊파병인원-27,000명	＊사망자수-516명
에티오피아	＊파병인원-3518명	＊사망자수-122명

6.25때 우리나라를 도운 국가는 파병
국 16개국을 포함해 의료, 물자, 복
구지원 등의 여러 분야에서 총 67개
국에 달한다. (전사자-총 40,896명)

더 나아가서 나는 미래의 너희 나라 대통령들에게 분명히 경고하노라. 링컨이 흑인들을 끝없이 사랑했듯이, 나는 미래의 너희 대한민국의 대통령들도 또한 인류를 향한 끝없는 사랑의 정치를 해야 할 의무와 책임이 있다는 사실을 진실로 깨닫기를 바라는 바이다. 만약에 링컨이 과거에 보여준 이 끝없는 사랑의 길이 하나의 본보기가 되어 미래의 너희 대통령들이 링컨과 같은 사랑의 길로 걸어간다면, 너희 대한민국 영광의 역사는 영원히 그리고 무궁히 이어질 것이니라. 이처럼 어떤 나라가 흥하고 멸망하는 것은 그 나라의 통치자에게 달려 있다는 점을 분명히 깨달아야 하며, 이것은 하나의 무서운 사실이니라. 그리고 만약에 미래의 너희 대한민국에서 훌륭한 대통령들이 배출되지 않는다면, 너희 나라를 잘못 인도할 수 있고, 결국은 멸망할 것이라는 점을 분명히 깨닫고 명심해야 할 것이니라. 하지만 링컨은 그 어떠한 희생을 치르더라도 미합중국이 끝없는 사랑의 길을 걸어가야 한다는 것을 분명히 보여주었으며, 이 사실은 분명히 온 인류의 역사에 길이 남을 것이니라. 그리고 바로 링컨이라는 의인이 있었기에 내가 미합중국을 짧은 시간임에도 불구하고 전 세계에서 제일가는 나라로 만들어 주었노라. 과거역사는 바로 미래를 비추는 거울이니라. 그렇기에 과거를 통한 교훈은 미래에도 그렇게 지속되어야 하며, 미래에도 이처럼 너희 대한민국의 대통령들은 링컨과 같은 사랑의 길을 걸어 나가야 하느니라. 물론 나는 무조건 절대로 타국과 전쟁을 하지 말라고 말하는 것은 아니니라. 만약 전쟁을 해야 한다면, 너희들은 다음과 같은 경우에는 어쩔 수 없이 전쟁을 선택해야 하느니라. 즉 진리를 위해서, 사랑을 위해서, 자비를 위해서, 자유를 위해서, 평화를 위해서는 전쟁을 선택해야 하느니라. 그러한 불가피한 전쟁은 얼마든지 용인될 수 있는 것이다. 그러나 만약에 미래의 너희 대한민국의 대통령들이 돈을 위해서 전쟁을 하고, 물질을 위해서 전쟁을 하고, 국익을 위해서 전쟁을 하는 대통령들이 있다면, 그 대통령은 지옥에 떨어져야 하리라. 왜냐하면 그 대통령으로 말미암아 너희 대한민국은 나의 저주를 받을 것이며, 또한 인류의 모든 나라들과 민족들의 저주를 받을 것이기 때문이니라. 힘을 추구했던 로마를 위시한 인류사 속의 무수한 나라들 중에 멸망하지 않은 나라가 없듯이, 이렇게 역사는 미래의 너희 대한민국이 어떠한 길을 걸어가야 하는지를 분명히 보여주고 있느니라. 그리하여 만약에 미래의 너희 대한민국의 대통령들이 그런 바른 길을 걸어가지 않는다면, 나는 너희 국민들이 그러한 대통령을 심판해주기를 진실로 바라는 바이다. 물론 나는 끝없는 사랑이니라. 그러나 나는 돈과 물질과 자국의 이익만을 추구하는 나라들 앞에서는 무서운 멸망의 신이라는 사실을 너희는 깨달아야 할 것이니라."

"귀하신 말씀 명심하겠나이다."

"이제 나는 떠나가노라. 내가 너에게 다시 나타나리라."

"안녕히 가시옵소서."

이 말씀을 끝으로 나는 잠에서 깨어났다. 그리고는 하나님을 향하여 무수히 절하였다.

11.어느 날의 기이한 꿈 - 2

　나는 잠을 자고 있었다. 그런데 나는 어느새 영혼이 이탈되어 이
상한 장소에 와 있었다. 잠시 후 어떤 형상이 나타나서 서서히 내
게로 다가왔다. 갑자기 온 하늘에서 장엄한 합창곡이 울려 퍼졌다.
나는 그 음악이 너무나도 경건해서 지극히 놀랐다. 그런 합창곡은
생전 처음 들어보는 그런 노래였다. 그리고 나서 갑자기 내 주위로
장엄한 빛이 생기더니 그 빛이 모여 하나의 원통형이 만들어졌다.
그때 나는 나도 모르게 움직여 그 빛의 통로로 빨려 들어갔다. 그
리고 나는 그 원통형의 빛의 소용돌이 속에서 그곳을 통해 어느 곳
으로 계속 날아갔다. 물론 그 장엄하고 찬란한 합창곡도 계속해서
울려 퍼졌다. 그리고 기이하게도 나는 과거로 돌아가서 다음과 같
은 어떤 장면을 보게 되었다.

　[1945년 3월, 장소는 일본군 진영 내 고문실]

410

많은 수의 일본군 장교들이 주변에 앉아 있었다. 그리고 독립투사인 어떤 사람이 상의가 벗겨진 채 두 팔목은 쇠사슬에 묶여 두 팔을 위로 향한 채 서 있었다. 그는 고개를 숙이고 있었고, 상체가 피투성이여서 이미 극심한 고문이 가해진 모습이 역력했다. 그의 머리도 헝클어져 있었으며, 한 형사가 그를 심문하고 있고 그 옆에는 통역자가 서 있었다. 통역자는 그를 심문하는 형사의 일본말을 통역해주고 있었는데, 그가 말한 것은 다시 통역을 통해 고문실에 있는 여러 일본군 장교들에게 전달되었다.

형사가 그를 보고 말했다.

"네 이놈! 000 네 이놈! 어서 너의 죄를 반성하고 사실대로 모두 불지 못할까."

(이때 나는 너무나 놀랐다. 000은 바로 나의 이름이었기 때문이다. 그런데 이상하게도 나는 내 이름을 지극히 싫어한다.)

"나는 죄가 없다. 나는 잃어버린 내 나라를 되찾으려 했을 뿐이다."

"네놈은 그 동안 은밀하게 우리의 숱한 1급 기밀들을 훔쳐갔다. 네놈은 1급 밀정이다."

"그렇지 않다. 너희들이 수많은 나라들을 침략하고 노략질했으니 너희들이 바로 일급 도둑이다. 힘으로 남의 나라를 빼앗는 자가 진짜 일급 도둑들이다."

"미친놈, 힘 있는 나라가 힘 없는 나라를 지배하는 것은 지극히 당연한 것이다. 불쌍한 놈이로구나, 이놈아! 힘이 없는 것도 다 그 나라가 운이 없기 때문이다."

"힘으로 지배하는 것은 멸망으로 가는 길이요, 진리로 가는 길이 바로 영원으로 가는 길이다."

"어리석은 놈, 힘만이 절대적인 진리이다."

"힘이 진리인 것은 사실이다."

"아니? 이놈이? 갑자기 내 말을 인정하다니 돌았느냐?"

"나는 미치지 않았다. 내 말을 들어보아라. 힘으로 일어난 나라치고 멸망치 않은 나라는 하나도 없었다. 너희가 타민족을 멸망케 했으므로 언젠가는 너희가 멸망을 당하게 될 것이다. 장차 신께서 너희들의 모든 영광을 거두어갈 것이다."

"허어, 그놈 참 말 하나는 잘 지껄이는구나. 이 미친놈아! 우리나라가 신(神)의 나라이거늘, 어찌하여 신이 우리나라의 모든 영광을 거둬간다는 말이냐? 어떠냐? 지금이라도 속죄하면 너를 살려주겠다. 네놈은 살고 싶지 않느냐?"

"나는 속죄할 것이 없다. 진정으로 속죄해야 할 자들은 바로 너희들이다. 너희가 악(惡)의 길을 버리고 선(善)의 길을 간다면, 장차 너희들의 영광이 영원할 것이다. 너희들은 힘으로 남의 나라를 무수히 침략했고 또한 수많은 사람들이 너희에게 희생되었다. 신은 사랑이다. 결코 너희와 같은 나라를 신의 나라로 삼지 않느니라."

"이놈이, 감히 우리 대일본제국을 헐뜯지 마라. 장차 우리 대일본제국은 전 세계를 지배할 영원히 존귀한 나라가 될 것이다. 왜 그런지 아느냐? 그것은 바로 우리 대일본제국만이 신의 나라이기 때문이다."

"신의 나라라고 했느냐?"

"그렇다. 이놈아!"

"대일본제국은 없다. 너희 나라는 신의 나라가 아니라 한낱 악의 나라일 뿐이다."

"아니, 이놈이?"

"신은 끝없는 사랑이니라. 너희들은 사랑의 민족이 아니다. 그러므로 너희들은 신의 나라가 아닌 것이다. 어느 신이 미쳤다고 침략자들의 집단을 자신의 나라라고 하겠느냐?

"그럼 어느 나라가 신의 나라라는 말이냐?"

"우리나라가 바로 신의 나라이다."

"뭐라고? 이 쓸모없는 나라가 신의 나라라고? 어리석은 놈, 어느 멍청한 신이 이 쓸모없는 나라를 자신의 나라로 삼겠느냐?"

"그래도 너희들보다는 우리가 죄악이 없다."

"네놈의 애국심이 참으로 가상하구나. 어떠냐? 지금이라도 속죄하면 너를 우리 대일본제국의 국민이 되게 해주마."

"나는 악의 나라의 국민이 될 생각이 추호도 없다."

이때 옆에 있던 다른 일본군 장교가 입을 열었다.

"정말 아까운 자로구나. 이러한 자가 우리 대일본제국의 국민이었으면 얼마나 좋겠느냐?"

"너희들이 악의 길을 버리고 진정으로 선의 길을 간다면, 천 번이고 만 번이라도 너희 나라의 국민이 되어 주겠다."

"그럼 네놈의 나라는 무엇이 대단하냐? 네놈의 나라는 항상 너희들끼리 싸우다가 자멸했지 않느냐?"

"그것은 맞는 말이다."

"네놈의 나라는 절대로 발전하지 못한다. 그것이 무엇 때문인지 아느냐?"

"알고 있다."

"알고 있으니 다행이구나. 앞으로도 너희 나라는 계속 너희들끼리 분열되어 싸우다가 멸망할 것이다."

"인정한다. 그럴지도 모르겠다."

"왜 너희 놈들은 너희들끼리 그렇게 피 흘리며 서로 싸우느냐?"

"인정한다. 그러나 왜 너희들은 항상 그렇게 잔혹하게 남의 나라를 침략하느냐?"

"이놈아, 그것은 모두 세계평화를 위해서 그런 것이다."

"세계평화라고?"

"그렇다. 이놈아!"

"진정한 세계평화가 어떻게 하면 이루어지는지 아느냐?"

"말해보라."

"너희들만 없어지면 참된 세계평화는 저절로 이루어지느니라. 알겠느냐?"

"무엇이? 이놈이!"

"신이 계시다면, 너희들은 반드시 멸망할 것이다."

"미친놈, 이놈아, 우리 대일본제국이 바로 신의 나라이다. 그러므로 우리들은 영원히 멸망하지 않는다. 우리들이 바로 신의 나라이거늘 누가 우리들을 멸망시키겠느냐?"

"신의 나라는 남의 나라를 침략하지 않는다. 남의 나라를 침략하는 나라는 신을 거역하고 그 반대편에 서 있는 나라이다. 지금이라도 악의 길을 버리고 타민족을 너희 민족같이 사랑하라."

"사랑? 사랑이라고? 좋다. 아주 좋아, 우리들은 우리들에게 진심으로 복종하고 충성하는 자들에게는 모두 우리 대일본제국의 국민들과 똑같이 대접해줄 것이다. 어떠냐? 이것이 바로 진정한 사랑이 아니냐?"

"너희들이 말은 그렇게 하지만 무수한 사람들이 너희들이 지금 말한 것과 같은 속임수에 속았다. 그래서 너희들에게 끌려가 이용당하고 죽음을 당했느니라."

"그러지 말고 항복해라. 네놈이 이런다고 그 누가 너의 애국심을 알아주겠느냐?"

"비록 그 누구도 나를 모르겠지만, 나는 대조선인의 국민으로 아낌없이 죽을 것이다. 내가 사람들에게 알려지는 것이 중요한 것이 아니다."

"그럼 무엇이 더 중요하느냐?"

"너희들이 멸망하는 것이 백 번, 천 번 더 중요하다."

"무엇이? 이놈이."

"그리고 우리 대조선이 이미 너희들의 수중에 들어가 있으니 더이상 항복할 것도 없다."

"그렇게도 죽는 것이 소원이냐? 죽으면 모든 것이 끝장이 아니냐? 살아서 부귀영화를 누리는 것이 더 좋은 일이 아니냐?"

414

"악의 영광은 결코 오래가지 않는다. 옛 말씀에 검으로 일어난 자는 검으로 망한다고 했다. 두고 보라. 전쟁으로 일어난 자는 전쟁으로 망할 것이요, 침략으로 일어난 자는 침략으로 망할 것이다."

"이제 이미 너희 나라는 우리 대일본제국의 일부가 되었다. 너희들은 그것에 대해서 천황폐하께 감사해야할 것이다. 그리고 힘으로 일어난 자의 영광이 끝이 없을 것이다. 그러므로 힘을 찬양하라."

"언젠가는 우리 대조선의 영광이 찬란히 꽃피어날 날이 올 것이다. 그 날에 너희들의 지금 영광은 순간에 그칠 것이다. 그리고 우리 대조선의 영광의 날들이 무궁히 이어질 것이다."

"헛소리 마라. 이놈아, 누가 감히 우리를 이기겠느냐? 우리들의 군사력은 막강하며, 우리 대일본제국의 영광은 영원할 것이다. 보아라. 아침햇살같이 퍼져가는 우리 대일본제국의 영광을 보거라."

"영원한 영광은 사랑에서 나오는 것이다. 타민족을 침략하는 것에서는 그 어떠한 영광도 나오지 않느니라."

"이 지구상에서 오직 우리 대일본제국만이 최고로 존귀하다. 그러므로 타민족이나 나라들은 우리 대일본제국에 충성해야 한다."

"그렇지 않다. 오직 신 앞에서만은 그 누구도 평등하고 그 누구도 존귀한 것이다."

"지독한 놈, 네놈같이 지독한 놈은 처음이다."

"나도 너희들과 같이 지독한 나라는 처음이다. 너희들은 어디서 남의 나라를 침략하는 법을 배웠느냐? 어찌하여 너희들의 역사는 무수한 침략으로 가득 차 있느냐? 나도 너희들같이 침략을 좋아하는 나라는 처음이다."

"그렇다. 우리들은 침략을 좋아한다. 왜냐하면 힘 있는 자만이 세상에서 최고이기 때문이다. 우리들은 너희들과 같이 힘이 약한 자들을 경멸한다. 네놈이 아무리 그래보아야 역시 이 세상은 힘만이 최고이니라."

"너희 일본과 같이 침략을 좋아하고 힘을 좋아하는 나라가 이 지구상에 하나만 더 있어도 온 지구상이 아수라장의 지옥으로 변할 것이다."

"이 바보 같은 놈아! 그것이 그렇게 억울하다면 너희들도 힘을 길러서 우리나라를 침략하면 되지 않느냐?"

"신의 나라는 남의 나라를 침략하지 않는다."

"뭐라고? 신의 나라라고? 아까부터 네놈이 자꾸 신의 나라라고 말하는데, 도대체 그게 무슨 말이냐? 너희 나라가 어찌하여 신의 나라가 된다는 말이냐?"

"우리 대조선은 남의 나라를 침략하지 않았다. 우리 대조선은 악의 민족이 아니라 선의 민족이며, 불의의 민족이 아니라 정의의 민족이다. 그러므로 우리 대조선이 신의 나라가 되기에 부족함이 없는 것이다."

"뭐라고? 이놈이, 네 이놈! 내가 지금 많이 참고 있다. 말을 삼가하라."

"너희들의 눈에는 너희 나라가 대단해 보일지 모르지만, 내가 보기에는 단순히 침략만을 좋아하는 섬나라일 뿐이다. 그까짓 쓸모없는 섬나라를 침략해서 무엇에 쓰겠느냐?"

"누가 뭐라 하던 우리 대일본제국은 신의 나라이다. 따라서 전 세계의 모든 나라들이 우리에게 복종하고 고개를 숙이는 것은 지극히 당연하다."

"타민족을 너희 민족같이 사랑해라. 그리하면 온 세상의 모든 민족이 너희 민족에게 저절로 복종하고 고개를 숙일 것이다. 또한 너희 나라는 저절로 신의 나라가 될 것이다. 너희들이 남의 나라를 너희 나라처럼 사랑한다면, 장차 너희 나라의 영광이 끝이 없을 것이다."

"그것은 절대로 안 된다. 이 지구상에서 오직 우리 대일본제국만이 가장 존귀하다. 우리나라가 절대로 다른 나라와 같을 수는 없다. 다른 나라들은 절대로 우리나라와 같이 존귀해질 수 없다."

416

"자기들 혼자서만 가장 위대하다고 믿는 것은 한낱 망상이다. 타민족이나 다른 나라가 그 나라를 위대한 나라라고 평가해야 그 나라가 진실로 위대한 나라이니라."

"듣기 싫다. 이놈아! 곧 죽을 놈이 말 하나는 잘하는구나."

"신은 끝없는 사랑이다. 그러므로 사랑이 있는 나라가 진실로 신의 나라가 되느니라. 그런 나라에서만 오직 신의 영광이 찬란히 꽃피어나는 것이다. 어느 나라이든지 사랑을 귀하게 여기는 나라는 신의 찬란한 영광이 그 나라를 통해 아낌없이 드러날 것이다. 오직 그 나라만이 영원한 영광의 나라가 될 것이다."

"닥치지 못할까? 미친 소리 그만하라! 사랑 따위는 아무런 가치도 없다. 오직 힘만이 절대적인 진리이다. 천 년, 만 년 후에도 우리 대일본제국은 영원하며 끝없는 영화를 누릴 것이다."

"그토록 강성했던 로마제국도 무너졌다. 그토록 위대했던 징기스칸 왕조도 멸망했다. 힘의 길은 영원으로 가는 길이 아니라 멸망으로 가는 길이며, 오직 사랑으로 가는 길이 영원한 길로 가는 길인 것이다."

"그럼 좋다. 그러면 지금 당장 네가 믿는 신을 불러서 너를 구해달라고 해라."

"육신이 구원받는 것이 중요한 것이 아니라, 영혼이 구원받는 것이 참된 구원인 것이다."

"이놈아! 우리 대일본제국이 너희 나라를 통치하는 것을 지극한 영광으로 알아라."

"우리나라가 만약 힘이 있어 너희 나라를 통치한다면, 너희가 영광으로 알겠느냐?"

"그럴 수는 없지. 신의 나라가 다른 나라의 지배를 받을 수는 없는 것이다."

"힘의 길을 버려라."

"허튼소리 마라. 힘이 곧 진리이며, 힘이 곧 영원으로 가는 길이다.”

“그렇지 않다. 사랑이 곧 진리이며, 사랑이 곧 영원으로 가는 길이니라.”

“지금 네놈의 처지가 아주 불쌍하구나.”

“지금의 내 처지가 비참한 것은 사실이다.”

“네놈이 이제야 바른 말을 하는구나.”

“내 처지가 비참한 것은 사실이지만, 그래도 내가 너희와 같이 악의 무리가 아닌 것을 참으로 다행이라고 생각한다.”

“너를 죽이기가 참으로 아깝구나.”

“내가 사는 것이 중요한 것이 아니라 내 나라가 사는 것이 더욱 중요하다.”

“마지막으로 할 말은 없느냐?”

“내가 너희에게 진실로 말하고자 하니, 너희가 너희 나라를 사랑하는 것의 만분의 일이라도 남의 나라를 사랑해다오.”

“너도 잘 알 것이다. 실제로 현실은 너의 말과는 아주 다르다. 나도 대일본제국에서 태어난 이상 나도 내 나라를 위해서 몸을 바치지 않을 수가 없다.”

“그것을 이해하고 인정한다. 그러나 너희가 너희 나라를 사랑하는 것의 만분의 일이라도 타국을 사랑하고 타국의 미래를 생각한다면 장차 나라의 영광이 끝이 없을 것이다.”

“만약 너도 우리나라에 태어났다면 우리 대일본제국의 영광을 위해 살았을 것이다.”

“그것을 충분히 이해는 한다. 너희들이 너희 나라의 영광을 그토록 위하는 것은 실로 칭찬할만한 일이지만, 다만 어찌하여 타국의 숱한 피를 흘려가면서 너희 나라의 영광을 빛내려 하느냐?”

“너도 잘 알다시피 현실은 아주 냉혹하다. 너는 그것을 인정해야 할 것이다.”

“나는 믿는다.”

"무엇을 믿느냐?"

"언젠가는 이 지구 땅 위에 찬란한 신의 나라가 건설될 것이니, 그때 다시는 전쟁이 없으며 다시는 서로 싸우는 일이 없을 것이다. 그 날에는 모든 분열과 대립이 영원히 사라지고 오직 끝없는 행복한 나라가 온 세계에 이루어질 것이다."

"닥쳐라! 지금이라도 모든 것을 실토한다면 너를 살려주마."

"다시 한 번 더 말하지만, 내가 사는 것이 중요한 것이 아니라 내 나라가 사는 것이 더 중요하다."

"우리 대일본제국의 미래는 영원할 것이다."

"나는 믿는다. 내 나라는 숱한 세월 동안 수많은 외침한 외침과 시련을 겪어왔다."

"그래서?"

"그때마다 그 무수한 시련 가운데서도 우리나라는 살아남았다. 나는 믿는다. 장차 우리 대조선의 찬란한 날이 올 것을 믿는다."

"미친 소리 하지마라. 그런 날은 결코 오지 않는다. 너희들은 또 다시 갈라져서 서로 죽이고 죽는 전쟁을 시작할 것이다. 너희들끼리 또 다시 피 흘리는 다툼을 시작할 것이다. 이것은 너희 나라의 역사가 생겨난 때부터 계속되어온 것이다. 너희들은 결코 통일되지 않을 것이다. 오직 너희들끼리 서로 헐뜯고 싸우는 역사만 영원히 계속될 것이다."

"네 말을 인정한다. 그러나 나는 기다릴 것이다. 나는 살아서도 기다릴 것이요, 죽어서도 기다릴 것이다. 그 머나먼 날을, 그 영원한 통일의 날을, 그 빛의 날을 언제까지라도 나는 기다릴 것이다."

"그런 터무니없는 생각은 하지 말라. 내선일체(內鮮一體)이다. 우리 일본국과 너희 조선국은 같은 나라이다. 너희들은 이것을 대영광으로 알아야 하느니라. 그러므로 항복하라."

"그렇지 않다. 우리 대조선국은 반만년 역사 동안 한 번도 남의 나라를 침략한 적이 없다. 그러나 너희 나라를 무수히 침략했다.

우리는 선(善)의 평화민족이며 너희는 침략민족이다. 그런데 어찌해서 우리나라가 너희 나라와 같다는 말이냐?"

"우리는 영원히 너희 조선을 지배할 것이다. 너희들에게는 그런 날이 없다. 너희가 해방되는 그런 날은 절대로 있을 수 없다."

"너희 나라는 죄악의 나라이다. 너희가 지은 그 무수한 죄악들을 어찌 다 갚으려 하느냐? 진실로 큰 죄인은 죄를 짓고도 그 죄를 모르며, 또한 그 죄를 뉘우치지 않는 자이다."

"미친 놈, 우리는 사랑이니 하는 것을 믿지 않는다. 왜 그런지 아느냐? 우리가 신의 나라이기 때문이다. 우리 일본은 너희 조선을 영원히 지배할 것이다. 그리고 우리는 나아가서 아시아 전체를 지배할 것이다. 또 더 나아가 세계를 영원히 지배할 것이니라."

"많은 나라를 점령하고 지배한다고 해서 너희가 길이 창성하는 것이 아니다. 신의 뜻이 있어야 길이 창성하는 것이다."

"도대체 네놈은 무엇을 믿기에 그리도 우리들 앞에서 당당한 것이냐?"

"나는 믿는다. 우리 대조선의 이 수난의 날들은 순간에 그칠 것이요, 끝없는 영광의 날들과 빛의 날들은 영원무궁토록 이어질 것이다. 모든 어둠의 날들은 영원히 사라져 다시는 있지 아니하고, 다시는 외침(外侵)이 없을 것이며, 다시는 시련이 없을 것이다. 그리고 빛과 광명의 날들은 끝없이 이어질 것이다."

"처음부터 예상은 했지만, 아무래도 네놈과는 대화가 안 되는구나. 또 다른 할 말이 있느냐?"

이때 그는 숨을 가쁘게 몰아쉬었다. 그리고 말했다.

"숨이 … 차구나 … 내게 … 죽음이 … 다가온 것 … 같다 … 물 … 물 … 물 한 모금만 … 다오 … 그리고 … 내게 … 기도할 … 시간을 … 좀 … 다오."

형사가 고개를 끄덕인다. 통역을 하던 자가 물을 떠서 그에게 먹였다. 그 후 그는 잠시 헐떡이더니 최후의 기도를 했다.

"신이시여! 이 … 이름 없고 … 초라한 나라를 … 버리지 … 마옵소서 …다시는 이 … 한(恨) 많은 민족에게 … 시련의 날들을 주지 마옵시고 … 끝없는 광명의 날들이 … 길이 … 그리고 영원히 이어지도록 … 하시옵소서 … 오직 영원한 영광의 날들만이 … 무궁히 이어지도록 … 하옵소서 … 당신의 뜻이 이 나라와 함께 영원히 있어 … 이 나라를 길이 창성케 하시고 … 길이 존귀케 … 하옵소서 … 부디 이 눈물 많은 나라를 … 버리지 마시옵소서 … 신이시여! … 부디 이 나라가 … 당신의 뜻이 펼쳐지고 … 당신의 영광이 찬란히 꽃피어나는 … 영원히 … 당신의 나라가 … 되게 … 하시옵소서 …대조선의 영광이여 … 영원하라 … 대조선의 영광이여 … 영원하라 … 대조선의 … 영광이여 … … … … "

기도가 끝나자 그는 마침내 고개를 아래로 떨어뜨리고 숨을 거두었다. 통역을 담당하던 일본군 병사가 그의 몸을 만져보고 나서 말했다.
"죽었습니다."
그런데 그가 죽자 갑자기 온 천지에서 큰 천둥이 쳤다. 갑자기 벼락이 땅에 떨어지고 광풍이 허공을 날아 다녔다. 이런 돌연한 기상현상이 잠시 이어졌다. 한편 고문실이 천둥으로 진동하자 형사가 부하에게 말했다.
"이게 무슨 일이야? 어서 밖에 나가 알아봐?"
부하는 깍듯이 그에게 경례하고 고문실 밖으로 나갔다. 그가 밖으로 나오자 온 천지가 벼락과 광풍으로 뒤덮인 것을 발견했다. 그리고 갑자기 밖에 세워져 있던 일장기(日章旗) 깃대가 광풍에 의해 부러졌다. 그리고 갑자기 큰 비가 쏟아지기 시작했다. 그 부하는 너무 놀라서 급히 고문실 안으로 뛰어 들어와 이렇게 보고했다.

"지금 밖에서는 벼락이 치고 폭우가 쏟아지고 있습니다. 그리고 … "

"그리고 뭐야? 빨리 말해."

"저기 … 일장기가 … 일장기가 바람에 부러졌습니다."

이 말을 듣고 고문실 안의 사람들이 크게 놀랐다,

"일장기가 부러져?"

"그렇습니다."

"흔히 있는 일이다. 아무 것도 아니야."

이때 일본군 장교들이 모두 일어서서 그 형사에게 이렇게 말하고는 밖으로 나갔다.

"수고했소."

장면이 바뀌었고, 장소는 어느 사무실 안이었다. 그를 심문하던 형사가 벼락이 치고 광풍이 몰아치는 광경을 창문으로 내다보며 말했다. 그는 긴 눈물을 흘리며 이렇게 중얼거렸다.

"나도 너를 이해한다. 만약 누군가가 우리 대일본제국을 침략했다면 나 역시 우리나라를 위해서 싸웠을 것이다. 우리 일본국은 조선의 바로 옆에 있으면서 단 한 번도 조선을 위해서 무엇인가를 한 적이 없다. 오히려 조선을 무수히 침략하고 노략질하며 괴롭혔을 뿐이다. 만약 정말 신이 있다면, 우리 일본은 신의 벌을 받을 것이다. 너를 죽인 나를 용서해다오. 너 같은 사람들이 있는 한 조선은 다시 일어설지도 모르겠다."

1945년 8월 15일, 드디어 일본이 제2차 세계대전에서 항복했다. 그를 고문하고 심문하던 형사가 의자에 앉아 있다가 이 소식을 듣고 비틀거리며 자리에서 일어났다. 그리고는 다시 그는 주저앉으며 옆으로 넘어졌다. 형사는 입에서 피를 토하며 말했다.

"신의 나라가 … 항복하다니 … 신의 나라가 … 패망하다니 … 신의 나라가 … 항복을 … 신의 나라가 … 어찌 … 항복을 … ”

그리고 그 형사는 그 자리에서 피를 토하며 죽었다.

장면은 다시 바뀌었고 장소는 어느 초라한 무덤 앞이었다. 여러
명의 사람들이 땅을 파고 석비를 세우고 있었다. 그 석비에는 이렇
게 쓰여 있었다.

〈독립투사 000의 묘〉

이어서 사람들이 무덤 앞에 자리를 펼쳤다. 한 사람이 그의 사진
이 든 액자를 석비(石碑) 옆 오른쪽에 놓았고 또 “광복(光復)”이라
고 적힌 액자를 석비의 왼쪽에 놓았다. 그리고 또 한 사람이 여러
송이의 꽃을 석비 주위와 앞에다 놓았다. 이어서 여러 사람들이 제
사에 쓰이는 음식들을 석비 앞에 나열했다. 제물들이 다 차려지자
모든 사람들이 경건하게 무덤 앞에 섰다. 맨 앞의 한 사람이 절을
하자 뒤의 나머지 사람들도 그를 따라서 절을 했다. 그를 사랑했던
여자도 맨 앞줄에서 옛날 여인들이 절하는 모습으로 절을 했다. 이
윽고 절이 끝나자 그녀는 앞으로 가서 석비를 끌어안고 통곡했다.

“00씨! … 흑흑, 00씨! 흑흑, 당신이 그토록 바라던 … 그 날이
왔어요 … 흑흑 … 드디어 … 드디어 … 일본이 패망하고 … 광복의
날이 왔어요 … 흑흑 … 00씨! 00씨!”

그녀가 애절하게 통곡하자 그녀 뒤의 사람들도 눈시울을 붉히거
나 흘러내리는 눈물을 닦았다. 그녀가 석비를 어루만지면서 통곡하
는 장면이 고정되었다. 그리고 다음과 같은 하나의 시(詩)가 나타났
다.

〈시〉

나는 죽노라
내 조국의 무궁한 광명의 날을 기다리며
나는 죽노라

내 나라는
그 숱한 외침도, 그 많던 시련도
모두 다 견디어 이기었노라.

이번에도 역시 견디어 이겨내
내 나라 대조선의 영광이
찬란히 꽃피어나는 날이
올 것이니라.

일어나라 대조선이여!
구름이 잠시 해를 가릴 뿐
그 누구도 너를 영원히 지배치 못하리라.

그 날에
그 빛나는 광명의 날에
나는 결코 외롭지 않으리라

내 조국 영광의 그 날을 위하여
그 기나긴 날을
그 머나먼 날을 위하여
견디고 또 견디고
한숨을 쉬고 또 쉬면서

수없이 통곡하고 또 통곡하며
견디어 온 네가 아니더냐.

그 날에, 그 행복한 날에
숱한 이들이 너를 일으켜 세워
너의 영광이 끝이 없게 하리라.
비록 내 여기에 뼈를 묻지만
죽어 영혼이라도, 내 넋이라도
너의 중흥을 위해 바치리라.

나는 기다리겠노라
내가 죽고 난 후
내 초라한 무덤에서

대조선이 드디어 광명을 찾았다는
편지 하나와 꽃 한 송이를 바칠 이를
기다리겠노라

내 영혼이, 내 넋이
내 보잘 것 없는 무덤에서
언제까지라도 그 언제까지라도
그날만을 기다리겠노라.

이런 영상장면을 본 후 나는 그 자리에서 무릎을 꿇고 통곡했다.
"차라리 좋은 여자를 만나 행복한 삶이나 살지 … 바보 같은 사람
그까짓 조국이 무엇이라고 … 바보 같은 사람 … 크흑 … "
나는 머리가 텅 비는 듯한 느낌을 받았다. 아무 것도 생각이 나
지 않았다. 이렇게 얼마간을 그대로 있었다. 다시 허공에서 장엄하

고 찬란한 합창곡이 울려 퍼졌다. 그리고 나는 다시 그 장엄한 빛의 통로로 들어와 현재의 생으로 돌아왔다. 나는 눈물을 흘렸다.

"나같이 평범한 사람이 … 저 사람이었다니 … 이것을 … 믿을 수가 … 어떻게 나같이 … 평범한 사람이 독립투사가 … 될 수 있다니 … 어떻게 이럴 수가 … 어떻게 이럴 수가!"

시간이 지나자 나는 마음이 좀 안정되었다. 그리고 잠에서 깨어났다. 나는 정말로 황당했다. 나같이 나약한 사람이 독립투사라니, 도대체 이것을 믿어야 할지 말아야 할지 정말로 난감하기 그지없었다. 그리고 지금의 나로서는 이것에 대해 정확히 알 도리가 없다. 나는 늘 내 자신을 평범한 사람이라고 생각했다. 나는 결코 위대한 사람이 아니며, 결코 그런 사람이 되지 못하리라고 생각했다. 비록 한꺼번에 모든 것을 믿을 수도 없는 노릇이었지만, 어쨌든 이 사건은 나에게 많은 충격을 주었다.

12.신의 스물세 번째 계치 말씀

내가 의자에 앉자 하나님께서 말씀하셨다.

"나는 앞서 왜 너희 나라의 국운이 융성하지 못하고 쇄락의 길을 걸었는지, 또 반면에 왜 미합중국이 짧은 시간임에도 불구하고 전 세계에서 제일가는 나라가 되었는지 그 이유를 말해주었노라. 노파심에서 다시 강조하지만 그것은 김유신이 나의 사랑의 원리를 어기고 타국을 끌어들여 같은 동족을 멸망시켰기 때문이며, 한편 아브라함 링컨은 흑인 노예들을 끝없이 사랑하여 전쟁을 해서라도 그들을 .노예상태에서 해방시켜 주었기 때문이니라. 이렇게 이 우주에는 사랑의 원리가 없는듯 하면서도 진실로 존재하고 있느니라. 예로 든 이 두 나라가 똑같이 전쟁을 했지만 그중 하나인 너희 나라는 과거 영원한 쇠퇴와 멸망으로 가는 전쟁을 했고, 다른 하나인 미국은 영원한 번영과 창성으로 가는 전쟁을 한 것이로다. 겉으로 보기에는 사랑의 원리가 아무것도 아닌 것 처럼 보이지만 실상은 이와 같이 무서운 것이니라."

"명심하겠나이다. 주님이시여."

"장차 너희 대한민국의 과학 기술력이 아주 발전해서 아주 뛰어
난 성능을 가진 무기를 만든다고 해도 결국 그 무기는 사람을 살상
하는 데 쓰일 것이다. 그리고 그것은 결코 내가 너희 대한민국에
바라는 것이 아니며, 나는 너희 대한민국이 온 인류를 끝없이 사랑
하기를 진실로 바라고 있느니라. 그리고 오늘날 너희들은 참으로
많은 노력을 했으나 결국은 빈부(貧富)의 차별을 없애지 못했느니
라. 그리하여 아직도 너희 대한민국에서는 수많은 차별들이 존재하
며, 나아가 온 인류상에도 무수한 차별들이 존재하고 있도다. 이에
너희 대한민국은 뛰어난 성능을 가진 총이 아니라 위대한 사상이
담긴 이념을 창조해야 하며, 사람을 죽이는 무기가 아니라 사람을
살리는 위대한 사상(思想)과 주의(主義)를 창조해야 하느니라. 그리
하여 너희들은 인류를 선도해 나아가야 할 것이다. 또한 너희는 대
한민국에 존재하는 그 많은 차별들을 완전히 없애는 그 길을 걸어
가야 하며, 나아가 온 인류상에 존재하는 그 무수한 차별들을 철폐
하는 길을 걸어가야 할 것이니라. 이것이 바로 내가 너희 대한민국
에게 진실로 바라는 바이다. 너희는 결코 뛰어난 제품이나 무기를
토대로 위대한 나라를 세우려 하지 말도록 하라. 오직 반드시 훌륭
한 정신적 사상이나 주의를 창조해서 그것을 기반으로 끝없는 창성
을 거듭한 끝에 비로소 너희 나라가 위대한 나라가 되기를 원해야
할 것이니라. 성서에서 예수가 '칼로 일어난 자는 칼로 망하리라'고
했느니라. 그의 말처럼 사람들을 죽이는 무기로 일어난 자는 결국
은 무기로 망하는 법이로다. 그러므로 만약에 너희 대한민국이 인
류를 고양시키는 정신적 사상으로 일어선다면, 더욱 더 흥할 것이
고, 사람들을 대량으로 살상하는 첨단무기로 일어선다면, 결국은
그 무기로 망할 것이니라."

"명심하고 또 명심하겠나이다."

"너희 대한민국이 끝없는 사랑의 나라가 되어 온 인류를 구원한다면, 나는 영원히 너희 대한민국을 떠나가지 않을 것이며, 바로이 길이 앞으로 너희 대한민국이 진실로 나아가야 하는 길이니라. 사랑은 육신의 영원히 목마르지 않는 오아시스이고, 영혼의 영원한낙원이며. 또한 너희 마음의 영원히 아름다운 보석이자, 정신의 영원한 축복이니라. 그러므로 너희들은 즐거이 고난 받으며 이 길을가고 또 가야 하느니라. 그리고 그렇게 누구든지 이 길을 걸어간다면, 누구나 나의 끝없는 영광에 도달하게 될 것이고, 이제 곧 내가너희 대한민국을 일으켜 세워서 나의 소중한 뜻을 펼칠 날이 올 것이니라."

"믿사옵니다. 주님이시여."

"오늘날 참으로 기쁘게도 너희 대한민국에는 '자유 민주주의'가찬란히 꽃피어나 자유의 깃발을 꽂았느니라. 그래서 나는 너희들에게 제안하건대, 미래에는 너희들이 '평화 인류주의'를 찬란히 꽃피어나게 하여 평화의 깃발을 한국 땅에 꽂도록 하라. 그리하여 너희나라의 정부는 평화에 의한, 평화를 위한, 평화의 정부를 세울 것을 제안하는 바이다. 그렇게 함으로써 너희들이 이 땅 위에서 꽂은평화의 깃발이 먼 미래의 대한민국에서도 영원히 펄럭이게 해야 할것이니라. 그리하여 이 땅 위에서 영원히 불의가 다 사라질 때까지, 나아가 인류상에 모든 불의가 영원히 다 사라질 때까지 너희들이 세운 이 평화의 깃발이 영원히 펄럭이게 해야 하느니라."

"삼가 주님의 뜻을 받들겠나이다."

"만약에 너희들의 후손들이 미래의 주인공은 너희 나라 대한민국이라고 내가 말한 것을 듣는다면, 무한한 긍지와 자부심을 느끼게될 것이니라. 그렇다면 어떻게 하면 너희들의 후손들이 먼 미래에모든 지구상의 나라와 민족들로부터도 한국이 '신의 나라'라는 소리를 들을 수가 있겠느냐? 그것은 바로 교육에 달려 있느니라. 진실한 교육이란 지식만을 가르치고 두뇌만을 똑똑하게 하는 것이 아니라 국민 누구나가 훌륭한 생각을 하게하고 훌륭한 마음을 갖게 하는 것이다. 그렇다면 또한 어떻게 하면 먼 미래의 모든 너희 대한민국의 국민들이 훌륭한 생각을 하고 훌륭한 마음을 갖게 할 수가 있겠느냐? 그것은 바로 교과서에 달려 있느니라. 미래의 너희 대한민국의 교과서는 단순히 지식만을 가르치고 두뇌만 똑똑하게 만드는 교재가 되어서는 아니 될 것이다. 반드시 진리가 담긴 내용으로 교과서를 만들어 모든 국민들에게 가르칠 때에 비로소 미래의 모든 너희 대한민국의 국민들이 훌륭한 생각을 하고, 훌륭한 마음을 가질 수 있게 될 것이니라."

"옳사옵니다. 주님이시여."

"너희들은 장차 다른 모든 나라와 민족들을 가르쳐야 하느니라. 인간이 인간을 사랑하는 것은 온 지구별의 역사가 다하는 그 날까지라도 영원한 진리이며, 온 우주의 역사가 다하는 그날까지라도 영원한 진리라는 사실을 그들에게 가르쳐야 하느니라. 그리하여 이 지구별에서 모든 나라가 진리의 나라가 되고, 모든 인류가 의인이 되기를 기원해야 하며, 마침내 끝없이 찬란한 나의 나라가 이 지구별에서 이룩되기를 기원해야 하느니라. 또한 나의 거룩한 뜻과 드높은 이상이 너희 대한민국을 통해 이루어지기를 기원해야 하고, 나의 숭고한 섭리가 너희 대한민국을 통해서 펼쳐지기를 기원해야 하느니라. 마지막으로 지금 너희들이 너희 나라의 국민들을 사랑하는 것 같이 너희들의 후손들도 인류를 끝없이 사랑하기를 기원해야 하느니라."

"주님의 귀하신 뜻이 이루어지기를 삼가 기원하옵나이다."

"나는 우선 너희 대한민국을 나의 영광이 꽃피어 나는 나라로 세울 것이니라. 이런 나의 역사함으로 인해 우선은 너희 대한민국은 짧은 시간에도 찬란한 새 역사가 일어나 끝없이, 끝없이 창성할 것이로다. 그리하여 드디어 결국은 마침내 너희 대한민국은 온 세계에서 최고의 나라, 제일가는 나라, 즉 가장 위대한 종주국이 되리라. 그러나 너희 나라가 가장 앞선 위대한 종주국이 된다고 하더라도 결코 너희는 교만하지 말아야 하느니라. 그리고 그 어떤 나라라도 너희들이 인간을 사랑하듯이 진실로 인간을 사랑하는 모든 나라는 너희 대한민국의 영원한 친구의 나라로 간주해야 할 것이니라."

"부디 그렇게 되기를 기원하고 또 기원하옵나이다."

"지상에 있는 진정한 나의 성전(聖殿)이 어디 있는지 아느냐? 진정한 나의 성전은 모든 악을 몰아내고 선이 지배하는 나라, 모든 불의가 퇴출이 되고 정의가 지배하는 나라, 모든 증오를 몰아내고 사랑이 지배하는 나라, 모든 차별을 몰아내고 평등함만이 존재하는 나라, 모든 대립을 몰아내고 영원히 싸움이 없는 나라가 바로 나의 성전이로다."

"주님의 뜻이 이루어지기를 삼가 기원하나이다."

"나의 기원이 무엇인지 아느냐? 나의 기원은 첫 번째도 대한민국을 반석 위에 올려놓는 것이요, 두 번째도 대한민국을 반석 위에 올려놓는 것이며, 마지막에도 대한민국을 반석 위에 올려놓는 것이니라. 그리고 이 세상에서 가장 무서운 것이 무엇인지 아느냐? 그것은 바로 강력한 군사무기가 아니라 그것은 바로 마음이 하나가 된 국민이니라. 이와는 반대로 이 세상에서 가장 약한 것은 무엇인지 아느냐? 그것은 바로 빈약한 군사무기가 아니라 마음이 분열되고 흐트러진 국민이니라. 지금 대한민국에는 강력하게 하나된 마음이 필요하노라. 만약 너희가 오직 무조건적 반대를 위한 반대만을 일삼는 분열과 정쟁(政爭)을 끝내고 모두 하나가 될 수만 있다면, 아무리 악의 힘이 강하다 해도 너희를 이기지 못할 것이다. 그러므로 만약 너희 모두가 하나가 될 수만 있다면, 너희 대한민국은 무한히 튼튼한 반석 위에 있는 것이요, 그 뒤를 이어 영원히 무궁한 발전과 번영이 뒤따라오게 될 것이니라. 하지만 아무리 바닷물이 많다 할지라도 바닷가에서 멀리 있는 불을 끄지는 못하느니라. 마찬가지로 아무리 국민들의 숫자가 많다고 할지라도 하나로 단결된 마음이 아니면 절대로 빛나는 새 역사를 이루지 못하는 것이니라."

"주님의 귀하신 기원이 이루어지기를 삼가 바라나이다."

"미래의 너희 나라는 다음과 같은 나라가 되어야 하느니라. 미래의 너희 대한민국은 어둠 가운데 무궁한 빛의 나라가 되고, 각박함 가운데 무궁한 사랑의 나라가 되고, 불행 가운데서 무궁한 행복의 나라가 되고, 절망 가운데서 무궁한 희망의 나라가 되어야 하노라. 또한 꿈이 없는 가운데 무궁한 꿈의 나라가 되며, 부자유와 속박 가운데 무궁한 자유의 나라가 되고, 전쟁과 불화 가운데서 무궁한 평화의 나라가 되어야 하느니라. 그리하여 이렇게 만국의 모범이 됨으로써 너희는 꿈과 희망과 자유를 잃고 고통과 절망에 빠져있는 인류의 모든 이들에게 빛과 희망을 주고, 용기와 사랑, 자유, 행복을 나누어 주는 나라가 되어야 할 것이로다. 과거 링컨의 시대에 저희들이 남북전쟁으로 무엇을 얻었느냐? 그들은 남북전쟁이라는 막대한 대가를 통해 흑인들의 눈에서 영원히 눈물과 통곡을 거두고 그들의 끝없는 그 고난과 이제까지의 수많은 시련의 나날들을 영원히 거두어 갔느니라. 또한 빛 한줄기 없는 흑인들의 삶에서 영원히 어둠을 없애고 미래에 대한 아무런 희망도 없이 깊은 절망 속에 있던 그들에게 꿈과 희망과 광명으로 가득 찬 미래를 보여주었느니라. 바로 이것이 내가 너희 대한민국 국민들에게 바라는 것이며, 이것이 바로 너희 대한민국이 앞으로 해야 할 사명이니라. 그리하여 나는 온 인류가 대한민국이 자신들에게 빛과 사랑, 행복, 희망, 꿈, 자유, 평화가 되어 주었다고 말해주기를 진정으로 바라노라. 이렇게 너희 대한민국은 온 인류를 떠받치는 기둥이 되어야 하느니

432

라. 이렇게 너희 대한민국이 온 인류의 든든한 기둥이 될 때에 나는 지구별의 역사가 다하는 그날까지 너희 대한민국 영광의 역사가 영원히, 그리고 무궁히 이어지게 할 것이니라."

"삼가 주님의 뜻을 따르겠나이다."

"너희 대한민국은 인간을 사랑하는 너희의 노력이 끝이 없다는 것을 전 세계에 보여주어야 하고, 너희 나라의 모든 역사는 바로 인간을 사랑하는 것에 기초를 두고 있다는 점을 온 세계에 보여 주어야 하느니라. 그리고 아무리 너희의 길이 험난한 고난의 길이라 할지라도 너희들의 인간과 인류를 향한 그 길은 영원히 멈추어지지 않는다는 것을 보여주어야 하느니라. 또한 아무리 힘든 길이라도 너희 대한민국은 항상 그 길의 선두에 있을 것이며, 아무리 짊어져야 할 짐이 가장 무겁더라도 너희 나라가 기꺼이 그 누구보다 먼저 그 짐을 질 것이라는 것을 온 인류에게 보여주어야 하느니라. 그리하면 언젠가는 온 지구 주민들이 너희의 이러한 노력을 알게 될 것이니라."

"삼가 주님의 뜻을 따르겠나이다."

"어떤 나라가 아무리 그 영토가 크다고 할지라도 의를 행하는 의인(義人)이 없다면, 그 나라는 결코 하나님의 나라가 될 수 없으며, 결국은 멸망하고야 마느니라. 그러나 아무리 작은 국가라고 할지라도 의를 행하는 의인들이 존재하는 한 그 나라는 나의 나라가 되며, 또한 길이 창성할 것이로다. 왜냐하면 나의 끝없는 영광은 오직 의인들을 통해서만 드러나고 내가 그 나라를 끝없이 융성시킬 것이기 때문인 것이다. 또한 나는 그 나라를 진정한 의인들의 나라로 간주하여 내가 그 나라를 지상에서 나의 나라로 세울 것이며, 하늘에서도 세울 것이니라. 그렇기에 너희 대한민국의 영토가 아무리 넓어도 의인이 없으면 지극히 작은 땅이요, 아무리 영토가 작다 해도 의인이 있는 한 대한민국보다 더 큰 나라는 없느니라. 그리고 어떤 나라에 의인이 없다면 나는 그 나라를 떠나갈 것이요, 어떤 나라에서 의인이 있다면, 내가 그와 함께 하여 나는 영원히 그 나라를 떠나가지 않을 것이니라. 그러므로 너희 대한민국 국민들은 의인이 되도록 하여라. 그리하면 늘 내가 너희와 함께 있으리라. 그리고 내가 너희와 함께 있는 한 온 우주의 그 누구라도 너희를 대적치 못하고, 너희를 이기지 못하며, 너희를 멸망시키지 못하리라. 이 우주에서 가장 무서운 것이 무엇인줄 아느냐? 그것은 내가 함께 있는 것이니라."

"옳사옵니다. 주님이시여."

"너희 대한민국과 인류는 결코 별개가 아니니라. 너희 대한민국이 곧 인류이며, 인류가 곧 너희 대한민국이니라. 그러므로 인류의 고통이 바로 대한민국의 고통이고, 인류의 눈물이 바로 대한민국의 눈물이며, 인류의 행복이 바로 대한민국의 행복이고, 인류의 번영이 바로 대한민국의 번영인 것이니라. 그리하여 너희 대한민국의 영광이 바로 인류의 영광이 되어야 하며, 인류의 영광이 곧 너희 대한민국의 영광이 되어야 하노라. 그리고 이것이 바로 너희 나라 선조(先祖)의 정신적 유산인 '홍익인간, 제세이화(弘益人間 濟世理化)'의 원리를 지구 땅에 구현하는 것이니라. 만약에 미래의 너희 대한민국에게 이러한 인류일체의식(人類一體意識)과 하나됨의 정신이 없다면, 너희는 살아있는 나라가 아니라 영원히 사망한 나라라고 간주해야 할 것이니라. 로마에게는 '홍익인간, 제세이화'의 원리와 같은 수준 높은 정신철학이 없었느니라. 로마는 오직 주변의 국가들을 힘으로 지배했으며, 그렇기 때문에 결국 그들은 멸망한 것이다. 그러나 너희 대한민국이 이러한 수준 높은 정신철학을 유지하는 한, 너희 대한민국 영광의 역사는 영원히 그리고 길이 이어질 것이니라."

"귀하신 말씀 명심하겠나이다."

1951년 청진 앞바다에서 함포사격을 가하는 미 구축함 미주리호

"과거에 너희들은 남북 간의 6.25 전쟁에서 승리하여 자유 민주주의를 수호했노라. 그러나 이 남북 전쟁에서 숱한 사람들이 죽어가야 했느니라. 그리하여 숱한 사람들이 부모형제와 자식과 사랑하는 이를 잃고서 눈물을 흘리고 통곡하며 오열했도다. 이미 언급했듯이, 너희들이 겪은 이 6.25 사변은 장차 인류상에 일어날 세계 제3차 대전을 대속한 것이었으며, 그럼으로써 장차 너희 대한민국이 온 세계에서 제일가는 나라가 되기 위한 어쩔 수가 없는 선택이었느니라. 그러나 이제 다시는 너희 대한민국에서 이러한 비극이 일어나지 않게 하리라. 이제 너희 모두는 자유 민주주의를 수호하기 위해 자신의 목숨을 바친 너희들의 소중한 대한민국 국민들에게 삼가 애도를 표하라. 또한 열국에서 너희나라를 지키기 위해서 왔던 다른 나라의 병사들의 거룩한 죽음을 삼가 애도하라. 그리고 그들의 영혼이 모두 나의 나라에 있기를 기원하라. 그들은 단순히 그냥 죽은 것이 아니라 진리를 위해서 죽은 것이고, 사랑을 위해서 죽은 것이다. 또한 정의를 실천하기 위해서 죽은 것이며, 자유를 지키기 위해 죽은 것이니라. 그리고 내가 그저 단순하게 나의 전능한 힘으로 온 세계 열방에서 군사를 일

으켜 너희나라를 수호하게 한 것이 아니며, 거기에는 깊은 의미가 있느니라. 왜냐하면 만약에 너희 나라를 저 북쪽에게 내어준다면, 영원히 내가 지상에서 나의 역사 섭리를 이룰 나라가 없어지기 때문인 것이니라."

"잘 알겠나이다. 주님이시여."

"링컨의 업적이 위대하기는 하나, 남북전쟁이라는 막대한 대가를 치르고서야 이제 겨우 노예제도와 피부색깔의 차별을 없앤 것뿐이로다. 그리고 이 피부 색깔의 차별을 없앤 것은 이제 겨우 하나의 시작에 불과하며, 인류에게는 아직도 수많은 차별이 존재하고 있느니라. 이 지상에는 자기 나라만을 사랑하고 남의 나라에는 적대적인 국민들, 자기 민족만을 사랑하고 남의 민족은 혐오하고 증오하는 사람들, 자기 종교만 사랑하고 남의 종교는 배척하고 미워하는 많은 종교인들이 있느니라. 또한 자신들과 같은 피부색을 지닌 사람들만 사랑하고, 다른 피부 색깔을 가진 사람들을 싫어하는 사람들, 자기 문화만 사랑하고 남의 문화는 외면하는 사람들, 또는 자신의 생각이나 사상은 존중하면서 타인의 생각이나 사상을 무시하는 사람들이 널려 있도다. 그렇기에 나는 언젠가는 먼 미래에 이 지구상에 하나의 세계통일국이 탄생되어야 한다는 확고한 신념을 가지고 있느니라. 그러나 인류가 진정으로 세계통일국을 이루려면 앞서 나열한 이런 무수한 차별들을 먼저 없애야만 할 것이다. 그러므로 이제부터 너희 대한민국은 인류를 위해 인류의 무수한 차별을 없애는데 앞장서야 하느니라. 그리고 앞으로 너희들은 너희의 후손들에게 너희 대한민국이 이렇게 인류상에 존재하는 수많은 차별들을 없애고 불평등을 없애는 데 그 누구보다도 앞장서야 한다고 가르쳐야 하느니라. 그리고 바로 이것이 바로 내가 너희 대한민국에게 바라는 것임을 너희들은 잊지 말아야 할 것이다. 너희들이 그렇게만 한다면 너희 대한민국은 온 세계에서 가장 아낌없이 존경받는

북진했다가 중공군의 인해전술에 의한 기습공격으로 혹한 속에서 북(北)으로부터 후퇴하는 미 해병대(상), 배를 타기 위해 흥남 부두에 모인 피난민들(하)

3부 한민족과 대한민국의 영광을 향해

나라가 될 것이로다."

"잘 알겠나이다. 주님이시여."

"사랑과 빛은 서로 별개의 것이 아니니라. 사랑이 변하면 빛이 되고, 빛이 변하면 사랑이 되는 것이다. 또한 아무리 큰 바다라도 작은 물들이 모여서 이루어지듯이, 아무리 크고 좋은 일도 작은 일들이 모여서 이루어지며, 따라서 너희 모두는 아무리 작은 나라일지라도 사랑해야 하느니라. 그리고 너희들이 지구상의 모든 나라를 진실로 사랑한다면, 그들은 기꺼이 너희들이 일으켜 세운 '평화인류주의'를 선택할 것이다. 그러므로 아무리 큰 '평화인류주의'라도 이러한 작은 나라들의 '평화인류주의'가 모여서 이루어진다는 사실을 잊어서는 안 될 것이니라. 이제는 기존의 상극시대를 끝내야 하고, 모든 전쟁의 역사가 사라져야 하며, 무궁한 빛의 역사가 일어나야 하노라. 그리하여 모든 분열과 갈등의 역사가 사라져야 하며 무궁한 평화의 역사가 이루어져야 할 것이니라."

"잘 알겠나이다. 주님이시여."

"너희 대한민국의 모든 역사는 '인간 제일주의'에 기초하고 있으며, 인간을 진실로 사랑하고 소중히 여기는 바탕 하에서 너희 대한민국이 출발한다는 것을 잊지 말아야 하느니라. 나는 사랑이니라. 그것도 끝없는 사랑이니라. 그리고 여기서 내가 말하는 사랑이란 '평화인류주의' 안에 들어가 있는 무궁한 '사랑의 원리'를 말하는 것이다. 그리고 너희들이 '평화인류주의'를 일으켜 세우는 것은 곧 너희들이 나의 섭리에 부합하는 진리의 길을 걸어가는 것이니라."

"주님의 뜻을 받들어 삼가 그렇게 기원하겠나이다."

"오늘 너희들은 '평화인류주의'를 세계만방에 처음 제창하고, 그로 인해 너희 대한민국은 새롭게 다시 태어났느니라. 그러나 내일은 '평화인류주의'의 영광이 너희 대한민국을 통해 찬란히 꽃피어나게 해야 할 것이니라. 그리하여 나는 미래의 너희 대한민국이 온

438

인류를 위해서 빛이 되고, 구원이 되고, 희망이 되기를 기원하며, 또한 온 인류에게 영원히 목마르지 않는 샘물을 제공하기를 기원하노라. 그러므로 너희 나라가 온 인류를 위해 영원한 오아시스가 되고, 저 하늘의 별과 같이 찬란히 빛나는 빛의 나라가 되어 온 인류의 모든 어둠과 암흑을 밝히는 나라가 되어야 하느니라."

"귀하신 말씀 명심하겠나이다."

"내 아들아, 너는 언젠가는 죽으며, 그리하여 너는 언젠가는 한 줌의 흙으로 돌아가리라. 그러나 아들아, 너는 내가 너의 나라 대한민국이라는 땅에서 심고 키운 이 사랑의 나무, 정의의 나무, 진리의 나무가 끝없이 자라나는 것을 죽어서라도 지켜보게 될 것이다. 아들아, 또한 너는 너의 나라 대한민국이 온 세상을 위해 정의가 되고, 진리가 되고, 사랑이 되는 것을 죽어서라도 지켜볼 것이니라. 그리하여 마침내 온 인류의 모든 이들이 똑같이 평등하고, 소중하고, 존귀하게 되는 그 날이 오는 것을 죽어서라도 지켜볼 것이니라. 또한 머나먼 미래의 그 빛의 날에 모든 인류가 소중한 빛의 자식이 되고, 영원히 존귀한 나의 백성이 되는 것을 죽어서라도 지켜볼 것이로다. 그리고 다시는 이 땅에서 소중한 인권이 유린당하고 탄압받는 일이 없음을 죽어서라도 너는 지켜볼 것이니라."

"잘 알겠나이다. 주님이시여."

"우선 너희가 추구할 것은 바로 정의(正義)이니라. 너희 대한민국은 반드시 정의가 승리하는 땅이 되어야 하고, 불의(不義)가 존재할 수 없는 정의의 땅이 되어야 하느니라. 그리고 그 길이 바로 너희 대한민국이 끝없는 창성으로 가는 길인 것이다. 그러나 만약 너희 대한민국이 불의한 나라가 된다면, 너희에게 결코 끝없는 창성이란 있을 수 없을 것이다. 만약에 너희나라 국민들의 다수가 정의롭다면 그들은 정의로운 일을 할 것이요, 반대로 국민들의 다수가 불의하다면 그들은 불의한 일을 할 것이다. 그런데 만약에 너희나라 대한민국 국민들의 다수가 불의하다면, 어떻게 나의 영광이 너희나라 대한민국을 통해 찬란히 꽃피어나겠느냐? '한민족'의 진정한 뜻은 '하늘민족'이라는 것이고 '하늘'의 뜻이 너희 '한민족'을 통해서 찬란히 펼쳐진다는 뜻이니라. 그리하여 미래에는 너희 나라가 '주인공의 나라'가 됨이니, 이는 '하늘의 뜻'이 너희나라 '한국', 너희민족 '한민족'을 통해서 완성된다는 뜻이로다. 그럼에도 그런 '하늘나라', '하늘민족' 사람들이 불법과 불의를 행한다면, 어떻게 '하늘'의 뜻이 너희 나라를 통해 찬란히 펼쳐지고 이루어질 수 있겠느냐? 너희 나라는 지상에 있는 '하늘나라'이며, 너희 민족은 지상에 있는 '하늘민족'이니, 앞으로 오는 후세에서는 너희나라 대한민국이 온 세계의 모든 기준과 표준이 될 것이니라."

"귀하신 말씀 감사하옵나이다."

"인간 위에 인간은 없으며, 인간 밑에 인간은 없느니라. 대한민국 국민 모두가 그리만 생각한다면, 먼 미래에 너희 대한민국은 '평화 인류주의'라는 거대한 나무의 튼튼한 뿌리가 될 것이며, 영원히 마르지 않는 생명수 샘물이 될 것이니라. 아무리 뛰어난 의사라도 환자가 그 의사의 말을 듣지 아니하면 그 환자의 병을 고칠 수 없느니라. 마찬가지로 내가 아무리 위대한 신(神)이라 할지라도 한국인들이 내 말과 뜻을 따르지 아니하면, 너희 대한민국은 결국 병으로 쓰러질 것이니라. 과거에 미합중국 국민들 가운데는 왜 흑인 노예들을 해방시켜야 하는지에 관해 이해하지 못하는 백인들이 많았노라. 하지만 그들이 단 하루만이라도 흑인 노예가 되어보았다면 왜 흑인 노예들이 해방되어야 하는지 그 분명한 이유를 알게 되었을 것이다. 왜냐하면 눈으로 보는 것은 지혜로 보는 것만 못하고 지혜로 보는 것은 경험하는 것보다는 못하기 때문이니라. 아무리 넓고 큰 바다라도 결국은 물 한 방울, 한 방울이 모여져서 이루어졌듯이, 한 사람의 노력으로 이루지 못하면, 두 사람이 노력해야 하고,

두 사람의 노력으로 이루지 못하면, 세 사람의 노력으로 이루어야 하느니라. 이렇게 나아가서 온 국민들이 노력한다면 천하에 못 이룰 것이 없느니라."

"옳사옵니다. 주님이시여."

"진정한 '평화인류주의'의 완성이 무엇인지 아느냐? 그것은 너희 대한민국의 모든 국민들이 똑같이 사랑을 사랑하고, 정의를 사랑하고, 평화를 사랑하고, 그리고 마침내 진리를 사랑하는 것이다. 그리하여 너희 대한민국의 국민들은 하나의 거름이 되어야 하느니라. 지금은 너희가 비록 남북이 분단되어 초라하고 볼품없는 작은 나라이나, 미래에는 결코 그렇지 아니하리라. 그러므로 너희 나라 대한민국은 '평화인류주의'라는 나무의 거름이 되어야 하느니라. 그리한다면 장차 수없는 사람들이 너희들이 거름이 되어 키운 이 '평화인류주의'라는 나무로 인해 안식을 찾고, 행복을 찾을 것이니라. 또 이 '평화 인류주의' 나무의 무성한 잎사귀는 온 세계민들의 오아시스가 될 것이로다. 앞으로 수없는 변화들이 너희 대한민국 내에서 일어나리라. 그러나 그 어떤 경우에 있어서도 사랑과 정의와 평화와 진리만큼은 절대로 변해서는 아니 되느니라. 이 사랑과 정의와 평화와 진리가 영원히 변하지 않는다면, 나는 당당하게 너희들을 후세의 주인공의 나라로서 온 세계에 세우리니, 그 날에 너희나라의 태극기는 온 세계 열국에서 자랑스럽게 펄럭이며 땅에 내려오는 일이 없을 것이며, 너희들의 소중한 애국가는 이 지구상에서 영원히 불릴 것이니라."

"귀하신 말씀 뼈에 새기겠나이다."

"너희들은 들으라. 너희들은 늘 애국가에 나오는 나의 이름을 존귀히 여기며 부를지니라. 그리하면 사망의 날들은 영원히 사라지고 생명의 날들이 영원히 이어질 것이며. 암흑의 날들은 영원히 지나가며 광명의 날들이 영원히 이어질 것이니라. 또한 분단의 날들은 영원히 사라지고 하나의 날들은 무궁히 이어지리라. 내 영원한 권능으로 두 번 다시는 너희에게 동족상잔의 날들과 분단의 날들을 주지 아니 하리라. 나는 사망을 이기는 힘이고, 죽음을 이기는 힘이며, 암흑을 이기는 힘이니라. 누구나 다 나에게로 오는 자는 무량한 빛을 얻어 영원한 빛의 자식들이 될 것이며, 영원히 진리의 바닷가를 떠나는 일이 없을 것이로다."

"잘 알겠나이다. 주님이시여."

"내가 또 다시 너에게 나타나리라. 이제 나는 떠나가노라."

"안녕히 가시옵소서."

이 말씀을 끝으로 나는 잠에서 깨어났다. 나는 하나님을 향해서 정중히 절하였다.

대기권 밖의 어떤 장소

나의 영혼은 수면 중에 또 다시 육체에서 이탈되었다. 그리고 내가 있던 장소는 대기권 밖이었다. 저 멀리 지구가 보이고 한반도의 모습이 보였다. 그리고 이전처럼 대기권 밖에서 장엄하고 찬란한 신전(神殿)이 건설되었다. 신전은 온갖 아름다운 보석으로 가득 차 있고 여러 가지의 장엄한 무늬와 기이한 문자들로서 가득 차 있었다. 그리고 눈부신 빛이 신전에서 뻗어 나왔다. 신전은 우선 양쪽으로 12개의 계단들이 길게 늘어서있었다. 즉 한쪽에 12개의 계단이 놓여 졌고 양쪽으로는 전체 24개의 계단이 되었다. 이윽고 계단이 만들어지자, 신전의 제일 앞에 장엄하고 찬란한 보좌가 만들어 졌다.

보좌는 역시 온갖 아름다운 보석으로 치장되어 있었고 눈부신 빛이 보좌에서 방사되었다. 이윽고 좌우의 24개의 계단에서 온갖 상

서로운 존재들이 나타났다. 그 존재들은 머리와 몸에서 둥그런 원광(圓光)이 빛나고 있었다. 제일 먼저 보좌 가까이로 여러 장엄한 신(神)들이 나타나고, 그 다음 일반적인 영(靈)들이 나타났다.

수많은 존재들이 24개의 계단에 나타나자, 그 다음에는 하나님께서 보좌에 나타나셨다. 하나님은 눈부신 빛이었고 그 정확한 형상은 알 수 없었다. 그 전체 모습은 너무나도 휘황찬란하고 장엄했다. 보좌 위에서는 붉고 푸른 두 가지 빛이 있고, 몸에서 일곱 가지 무지개 색깔이 뻗어 나와 온 우주를 찬란하게 비추었다. 보좌에 앉으신 이의 오른쪽에는 큰 산이 있고, 그 위에는 큰 해가 빛나며, 왼쪽에는 큰 바다가 있고, 그 위에서는 큰 달이 빛났다.

이윽고 하나님께서 보좌에 나타나시자 24개의 계단에 있던 수많은 신들과 영들이 경배의 자세를 취했다. 경배의 자세는 오른쪽 무릎을 바닥에 대고 고개를 숙이는 것이었다.

경배의 자세가 끝나자 보좌 제일 가까이에 있는 자리에서 오른쪽의 신이 외쳤다. 그 신이 먼저 선창(先唱)하자, 나머지 신들과 영들이 장엄한 소리로 모두 그를 따라했다. 그 말은 다음과 같았다.

"존귀하시고 또 존귀하시며"
"존귀하시고 또 존귀하시며"

"힘과 지혜가 끝이 없으시며"
"힘과 지혜가 끝이 없으시며"

"이 우주의 모든 영광 중의 영광이시며"
"이 우주의 모든 영광 중의 영광이시며"

"이 우주의 모든 권능의 왕이시며"
"이 우주의 모든 권능의 왕이시며"

"지니신 사랑이 영원히 끝이 없으시며"
"지니신 사랑이 영원히 끝이 없으시며"

"지극히 거룩하시고 또 거룩하신"
"지극히 거룩하시고 또 거룩하신"

"모든 신들의 왕이신"
"모든 신들의 왕이신"

"하나님께"
"하나님께"

"삼가"
"삼가"

"경배하나이다."
"경배하나이다."

　이 말이 끝나자 그들은 경배의 자세를 한 후 자리에서 일어섰다. 저 멀리서 보이던 지구가 점점 신전 쪽으로 오고 있었다. 이윽고 지구는 신전의 가운데로 왔다. 한반도가 아주 크게 보였다. 이때 북한은 어둡고 검은 기운으로 가득 차 있었다.

　이윽고 하나님으로부터 찬란한 눈부신 빛이 앞으로 방사되었다. 그 눈부신 빛이 모여서 이윽고 장엄하고 찬란한 하나의 성(城)이 되었다. 그 성은 천천히 움직여서 한반도로 내려갔다. 그 빛나는 성은 한반도의 남쪽, 즉 남한으로 내려갔다. 그리고 그 빛나는 성에서 나온 엄청난 빛이 북한을 향해 갔다. 그 빛이 북한으로 가자 북한의 모든 어둡고 검은 기운이 사라졌다. 그리고 북한도 빛으로

444

충만한 나라가 되었다.

　이윽고 성이 사라졌다. 갑자기 하나님의 앞에서 붉고 푸른빛이 나타나더니 천천히 돌아갔다. 이것이 어느 정도 진행되자, 갑자기 그 붉고 푸른빛이 은하계가 서서히 돌아가는 것처럼 장엄한 모양과 크기로 변했다. 그러더니 그 두 기운은 하나님을 떠나서 천천히 한반도로 이동해 갔다. 이윽고 그 붉고 푸른빛은 한국 땅 위에서 은하계가 돌아가듯이 천천히 돌아갔다. 그것이 조금 진행되자 그 붉고 푸른빛은 다시 하나의 눈부신 흰색이 되었다. 한국 땅에서 흰색깔의 동그란 빛이 발생하더니 그 빛이 점점 동심원(同心圓)으로 확산이 되었다. 그 동심원 빛은 점점 커지더니 온 지구 땅으로 확산되었다. 그 빛이 지구상의 여러 나라들로 확산되자, 그 나라들의 모든 검은 기운들이 하늘로 솟아오르더니, 온 지구가 지극히 깨끗한 행성으로 변화되었다. 이윽고 온 지구가 밝은 빛으로 빛나고 있었다.

　다시 한국 땅에서 태극의 모습이 나타났다. 즉 한국 땅 전체가 하나의 태극이 되었다. 북한은 붉은 기운이 감싸고 있고 남한은 푸른 기운이 감싸고 있었다. 휴전선의 모양이 태극을 둘로 가르는 곡선이 되었다. 그리고 이 장면은 그대로 고정되었다. 이 모든 과정이 끝나고 한국 땅이 완전한 태극의 모습이 되었다. 이윽고 하나님이 말씀하셨다.

하나님의 말씀

　"들으라. 나 하나님이 말하노라. 나는 이 우주의 모든 권능중의 권능이며, 모든 영광중의 영광이니라. 나는 또한 이 우주의 모든 힘 중의 힘이니 그 무엇도 그 힘에 견줄 수가 없으며, 무궁한 지혜 중의 지혜이니, 우주의 모든 권능과 영광과 힘과 지혜가 다 내게서 나오느니라. 또한 나는 이 우주의 모든 사랑중의 사랑이니, 그러므로 나는 끝을 알 수 없고 무한한 사랑의 하나님이니라.

나의 전능한 힘은 온 우주 어디서나 똑같은 비율로 존재하며, 그 누군가가 아무리 많은 내 힘을 쓴다 해도 나의 무한한 힘은 줄어들거나 늘어나지 않느니라. 이 우주는 끝없고도 끝없는 힘과 지혜와 사랑에 의해 창조되었노라. 그 힘은 인간으로서는 영원한 세월동안 연구해도 알 수가 없는 힘이고, 그 지혜는 그 누구라도 그 끝을 영원히 알 수 없는 온 우주의 불가사의 중의 불가사의이니라, 또한 그 사랑은 온 우주에 끝없이 충만해 있으며, 그 사랑의 끝은 이 우주에 존재하는 그 누구라도 다함을 알 수가 없느니라.

나는 그대들이 이야기하는 무극신(無極神)이자 태극신(太極神)이며, 소위 그대들이 말하는 하나님이니라. 우주의 모든 만물을 주재하는 이가 곧 나이며, 모든 만물이 내게서 생겨나서 다시 내게로 돌아오느니라. 그러므로 나는 처음이자 마지막이고, 알파와 오메가이며, 시작이자 끝이 되느니라.

이제 내가 너희 나라 한국(韓國)을 일으켜 세워 세계통일의 역사를 담당케 하리니, 이 역사의 결과로 장차 온 세계가 통일이 될 것이니라. 나는 인종과 국경의 차별이 없으며, 누구나 내 앞에서 하나이니라. 이제 한민족 기나긴 어둠의 역사가 지나가고 밝은 광명(光明)의 때가 도래하고 있느니라. 그리하여 장차 한민족(韓民族)으로 인하여 모든 지구 주민들이 내 앞에서 한 민족이요, 한 동포가 될 날이 올 것이니라. 그 날에, 그 영원한 통일의 날에 지구상 누대에 걸친 모든 잘못된 암흑의 역사는 영원히 사라지고 다시는 있지 아니하며, 오직 미래에 무궁한 광명의 역사들만이 영원히, 그리

446

고 끝없이 이어지리라.

한국에서 한은 '하나' 즉 나 '하나님'을 말하는 것이고, 이는 내가 곧 너희 나라의 하나님이며 너희 나라는 내 존귀한 백성임을 뜻하는 것이니라. 또한 한국이란 바로 '하나의 나라'를 말함이니 이는 너희 나라로 인하여 이 지구 땅에 '하나된 나라' 즉 '세계통일국'이 이루어진다는 뜻이니라. 모든 지구 주민들이 너희를 통하여 내 앞에서 하나가 될 날이 올지니, 그리하여 너희 나라를 '하나의 나라' 즉 '한국'이라 하느니라. 또한 '한'이란 수 없는 세월동안 그대의 나라에서 맺히고 또 맺힌 '한(恨)'을 말하는 것이며, 그리하여 그대의 나라를 '한(恨)의 나라' 즉 '한국(恨國)'이라 하느니라. 또한 이러한 나라는 이 지구상에 하나밖에 없으므로 '한국'이라 하느니라.

장차 너희 나라로 인하여 온 세계가 한국, 즉 〈하나의 나라〉가 되며, 그리하여 온 세계가 통일이 되리라. 너희 나라가 무수한 외침을 받았음을 나는 잘 아느니라. 그러한 끝없는 고난과 시련 가운데에서 너희들은 참으로 끈질기게 견뎌오고 또 살아오고 했느니라. 너희가 숱한 외침을 받아왔으나, 끝까지 견디고 또 견디며 살아왔고, 단 한 번도 타국을 침략한 적이 없는 민족이니라. 이는 곧 진실로 너희 나라가 '사랑의 나라'이니, 이에 내가 너희 나라를 선택하여 '선민(選民)'이 되게 하고 장차 너희들이 받을 영광이 끝이 없게 하려 하노라.

들으라. 나 즉 끝없는 사랑의 신(神)이자 끝없는 자비의 신(神)이 말하노라. 태극이란 도가(道家)의 신물(神物)이고, 도가의 핵심이며, 이는 모든 만유의 음양오행과 상생상극을 주재하는 것이니라. 태극은 또한 곧 나를 말하는 것이니, 나의 형상이 붉은 보석 같고 또 푸른 보석 같으니라. 그러므로 너희 나라의 국기에 붉고 푸른 태극이 들어가 있음은 곧 나의 신물이 너희 나라의 국기에 들어가 있다는 뜻이며, 이는 바로 너희 나라가 내 섭리의 나라이며 내 뜻의 백성임을 의미하는 것이니라. 너희 나라가 곧 태극이고, 그리하여 너희 나라가 곧 나의 형상이며, 나아가 너희 나라가 곧 '나의 나라'라는 뜻이니라.

태극이 둘로 갈려져 있듯이, 그대의 나라 또한 태극과 같이 둘로 나뉘어져 있느니라. 이는 너희 나라가 바로 태극이라는 뜻이로다. 지금은 태극의 상극의 원리가 너희 나라를 지배하고 있고, 그 연유로 인해 처절하기 짝이 없는 동족상잔의 비극이 끝없이 일어나고 있으며, 한 치의 빈틈도, 한 치의 물러섬도 없는 선과 악의 대결이 펼쳐지고 있느니라.

대한민국(大韓民國)의 신(神)이 말하노라. 사랑하는 한국인들이여! 언제 너희들의 눈에서 눈물 마를 날이 오리요. 가없는 눈물의 바다가 너희 마음속에 있거늘. 그러나 이제 내가 친히 너희 민족의 눈에서 눈물을 씻기매, 다시는 너희가 곡하고 애통해 하는 일이 있지 아니하리라. 이 마지막 분단 이후로 너희가 다시는 나누어짐이 없고, 너희가 다시는 슬픔의 눈물을 흘리는 일이 없으리라. 또한 한국인들이여! 언제 너희들의 마음에서 슬픔이 사라질 날이 있으리요. 가없는 슬픔의 산이 너희 마음속에 있거늘. 그 무수한 환란 속에서 온갖 통곡과 오열로 흘린 눈물이 강을 이루고 또 나아가서 바다를 이루었음이라. 이에 내가 친히 너희 나라 한국을 선택하고 내가 친히 너희 나라의 하나님이 되어 너희가 가진 그 끝없는 한(恨)을 다 풀고, 너희 대한민국의 국민들을 나의 백성으로 삼아 만고에 다시없는 새 역사를 일으켜 너희 나라를 끝없이 중흥시키려 하노라. 내가 영원히 너희 나라 한국의 하나님이 되어 영원히 너희 나라를 지켜주고, 또 그 창성함이 끝없고도 무궁히 이어지게 하고자 하느니라. 그리고 숱한 세월동안 지구에서 계속 되어온 선과 악의 대결을 완전히 없애리니, 이 전쟁은 마침내 선(善)의 승리로 끝날 것이며, 그리하여 온 인류에게도 찬란한 낙원의 시기가 도래 하게 될 것이니라. 왜냐하면 이제 너희 대한민국은 의인들이 지배하는 의인들의 땅이 되었기에 내가 나의 불멸의 영광들을 너희들에게 주고 또 줄 것이기 때문이로다.

만약에 과거 6.25 전쟁에서 악이 승리를 했다면, 너희 대한민국은 저주와 증오의 땅이 되었을 것이며, 결국에는 마귀, 사탄들이 지배하는 마귀, 사탄들의 나라가 되어 마귀, 사탄들의 역사가 끝없이, 끝없이 일어났을 것이니라. 그러나 천만다행히도 너희들이 이겼으며, 결국은 내 뜻이 이기고 결국은 선이 승리했느니라. 그리하여 나는 먼저 너희 대한민국을 깨끗이 정화하고 다시 나아가 온 인류를 깨끗이 하리니, 다시는 지구 땅 위에서 마귀 사탄의 역사가 일어나지 않게 할 것이로다. 그리하여 내가 모든 지구 주민들을 영원한 행복과 축복으로 빛나는 영원한 땅, 즉 지상천국, 지상낙원으로 이끌고 갈 것이니라."

들으라. 나 끝없는 진리의 신이 말하노라.

지금 너희 나라는 태극의 상극의 원리가 지배하다보니 남과 북간에 한 치의 양보도, 한 치의 물러섬도 없는 대치상태를 이루고 있느니라. 이는 원래 인류가 져야할 끝없는 '상극(相剋)의 기운'을 너희나라가 대신하여 무거운 십자가를 지고 있는 것이다. 그리고 이는 모두 다 전 세계의 모든 '상극의 기운'을 한반도로 몰아 소진시키기 위함이니라. 그러나 곧 새로운 광명신천지가 다가오리니, 그때에는 상극의 원리는 물러가고 태극의 '상생(相生)의 원리'가 너희나라를 지배할 때가 올 것이로다.

비록 아직은 태극의 상극의 원리가 너희 나라를 지배하고 있음에 따라 온 세계도 상극의 원리가 지배하고 있으나, 장차 때가 다가오매 내가 무궁한 천기(天氣)를 돌려 너희 나라를 지배하고 있는 태극의 끝없는 상극의 기운을 태극의 끝없는 상생의 기운으로 바꾸어 돌리리라. 바로 그때에 너희 나라는 너희들 한국민들이 그토록 바라던 하나의 날, 즉 영원한 통일조국이 이루어질 것이니라. 그 후로는 내가 너희 나라에서 발생한 태극의 무궁한 상생의 기운이 온 세계로 점차 뻗어 나아가게 하여 온 세계가 끝없고도 무궁한 상생의 기운 아래에 있게 할 것이니라. 그리고 남북통일이 이루어진 이후 두 번 다시는 그대 나라에서 고난과 시련의 역사가 일어나지 않으리니, 그 무궁한 통일의 날에 내가 친히 너희들과 함께 영원히 있어, 너희 나라를 끝없이 존귀케 하고 또 존귀케 하여 그 영화가 끝없이 무궁히 이어지게 할 것이니라. 또한 나아가서 전무후무한 새 역사를 일으켜 찬란한 빛의 날들이 영원히, 또한 무궁히 이어지게 하며, 영광의 날들 또한 끝없이 이어지게 할 것이니라. 이로 인하여 너희 나라는 영원히 고난과 시련을 끝내고 만고에 다시없는 찬란한 불멸의 나라가 되리라. 그리고 그때에는 온 인류상에도 다시는 상극의 기운이 존재하지 아니하고 무궁한 상생의 대운이 온 인류를 지배할 때가 올 것이로다. 그리하여 그 날에, 그 무궁한 상생의 날에 온 세계가 내 앞에서 영원히 통일이 될 것이니라. 그리고 전 세계가 통일되는 그 날에 내가 친히 나의 전능한 능력으로 너희 나라가 인류의 제3차 세계 대전을 6.25 사변으로 대신했음과 온 인류의 모든 상극의 무거운 십자가를 너희나라가 짊어졌음을 세계만방에 고하리니, 이로써 온 세계 인류에게 너희나라가 바로 나의 나라임을 알게 하리라. 그리하여 그 무궁한 통일의 날에 모든 세계 주민들이 너희 나라를 보고 아낌없이 의롭다고 칭찬할 날이 올 것이니라. 또한 그로써 너희나라가 온 지구별의 역사가 다하는 그 날까지 영원히 존귀한 나의 신전(神殿)이 되게 하리라.

　들으라. 나 영원한 영광의 신이 말하노라.
원래 전 세계의 모든 선악의 대결은 전 세계에 걸쳐서 일어날 것이
었으나, 내가 나의 무한한 능력으로 그 대결을 모두 한국 땅에다
결집시켰느니라. 그리하여 한국 땅이 선과 악의 대결장, 즉 〈인류
의 축소판〉이 되었느니라. 다시 말해 나의 깊은 섭리로 한국이 곧
인류이며, 인류가 곧 한국이 되게 했느니라. 그러므로 한국의 분열
이 곧 세계의 분열이며, 한국의 통일이 곧 세계의 통일이니라. 한
국에서 통일이 이루어지면 세계에서도 통일이 이루어지고, 세계에
서 통일이 이루어지면 한국에서도 통일이 이루어지느니라. 그리하
여 이제 한민족 누대에 걸쳐 계속 되어온 전쟁의 역사가 끝이 나리
니, 이는 곧 인류가 이때까지 걸어온 전쟁의 역사가 끝이 나는 것
을 의미하노라. 또한 이제 한민족에게 전무후무한 새 역사가 일어
나리니, 이는 곧 인류에도 전무후무한 새 역사가 일어난다는 뜻이
니라.

　그러므로 내가 먼저 너희 나라를 깨끗이 하고 다시 나아가 온 인
류를 깨끗이 하리니, 다시는 지구 땅 위에서 마귀 사탄의 역사가
일어나지 않게 하리라. 그 무궁한 하나의 날에 모든 이들이 내 앞
에서 하나로 빛나는 빛의 자식이 될 것이며, 두 번 다시는 서로 갈
라지지 않고, 두 번 다시는 서로 싸우지 아니하며, 두 번 다시는
그 누구라도 버려짐이 없게 할 것이로다. 또한 그 끝없는 사랑의
날에 세계 모든 주민들이 내 앞에서 한 나라요, 한 국민이 되게 하
며, 빛의 자녀가 되고, 그리하여 내가 모든 지구인들을 영원한 행
복과 축복으로 빛나는 영원한 땅인 지상낙원으로 이끌고 가리라.
　내가 다시는 너희들에게 선악대결의 십자가를 지우지 아니 할 것

이며, 그 이후부터 무궁한 세월동안 무궁한 복덕이 너희와 함께 있게 할 것이니라. 그 끝없는 빛과 광명의 날에 너희 모두는 다시는 시련 가운데 있지 아니하고, 다시는 오욕(汚辱)의 역사 가운데 있지 않을 것이로다. 너희는 끝없는 영화 가운데 있으며, 너희민족을 영원한 축복의 역사 가운데 있게 할 것이니라.

들으라. 나 하나님이 말하노라.
장차 내가 이 작고 초라한 나라를 통해서 나의 끝없는 영광을 드러내리니, 이 나라에 무수한 의인들이 나타나며, 그 의인들의 활약으로 기나긴 암흑의 나날들은 영원히 사라져 다시는 있지 아니하리라. 그리고 내가 너희 나라에 영원한 구원과 영원한 생명의 권능을 주리니, 장차 너희가 그 권능으로 능히 하지 못할 일이 없고 이루지 못할 일이 없을 것이다.

이제 내가 새 하늘과 새 땅을 창조할 것이니, 새 하늘은 곧 나를 말하는 것이며, 새 땅은 곧 너희 나라 한국(韓國)을 말함이니라. 한국의 '한'이라는 것은 '하나'라는 뜻이며, 이는 곧 나 '하나님'을 말함이니, 너희 나라가 곧 나의 나라임을 상징하는 것이니라. 또한 장차 내 뜻이 너희 나라를 통해 이루어지며, 나의 영광이 너희 나라를 통해 찬란히 빛난다는 뜻이니라.

이제 너희 나라가 누대에 걸쳐 흘린 시련과 고난의 눈물은 모두 기쁨과 행복의 눈물이 되어 돌아올 것이니, 그 광명의 날에 너희 민족의 영화가 끝이 없으며 그 번영함도 끝이 없을 것이다. 아울러 그 날에 모든 고난의 날들은 영원히 역사 속으로 사라져 다시는 있지 아니하며, 다시는 너희들이 눈물 흘리는 일이 없을 것이로다. 내가 너희들에게 눈물을 씻기매, 다시는 너희들이 통곡하거나 오열하는 일이 있지 아니할 것이니라.

들으라. 나는 진리의 신이자, 빛의 신이며, 사랑의 신이니라.

이제 내가 너희들과 함께 있는 한, 그 누구도 너희들을 이기지 못하리라. 내가 너희를 쓰고 대한민국을 일으켜 세워서 세상을 위해 너희가 진리의 기둥이 되고, 빛의 기둥이 되고, 사랑의 기둥이 되게 하려 하노라. 또한 나는 너희들을 통하여 온 인류에다 끝없이 무궁한 나의 나라를 건설하려 하노라. 그리하여 세계의 만민들이 그 끝없이 무궁한 나라, 즉 영원한 낙원 가운데서 영원한 생명과 구원을 얻게 하려 하노라. 의인이 따로 있는 것이 아니라 이를 믿고서 따르는 자들을 누구나 의인으로 간주하며, 그들을 언젠가는 나의 끝없고도 영원한 진리 가운데로 인도할 것이니라. 또한 나는 미래의 끝없이 무궁한 빛의 날에 영원히 너희 나라를 빛의 나라로 만들 것이다. 그리하여 영원히 인류를 밝히게 하리라. 언젠가는 이 지구별의 모든 나라가 의인들의 나라가 되고, 모든 민족들이 의인들의 민족이 되는 그 축복의 날에 마침내 나의 찬란한 나라가 지구별 위에 이루어져 모든 이들이 영원히 무한한 기쁨으로 끝없이 행복할 때가 올 것이니라.

장차 지구별을 통해 나의 영원한 영광이 찬란히 꽃피어나게 하리니, 어느 나라이든, 어느 민족이든 내 앞에서 영원히 하나가 되며, 그 영광이 영원에 영원을 곱하여 이어지게 하리라.

지금의 민족과 민족, 나라와 나라의 갈라짐은 순간에 그칠 것이요, 이 연후 다시는 서로 갈라지거나, 다시는 서로 이별하거나, 다시는 서로 싸우는 일이 있지 아니하게 될 것이다. 또한 내가 지구 주민들과 함께 영원히 있어 그들을 끝없이 중흥시키고 또 중흥시킬 것이니라. 미래의 그 무궁한 광명의 그날에 모든 이들이 모두 내 앞에서 영원히 하나가 될 것이며, 다시는 서로 헤어지거나, 다시는 서로 전쟁을 하여 통곡하고 눈물 흘리는 일이 없게 할 것이니라.

나의 영원한 나라가 이 지구별 위에 건설되어 장차 이 지구별에 다시는 불의가 없고, 영원히 정의가 지배하며, 다시는 잘못된 것이 없이 영원히 진리가 지배하는 정의와 진리의 별이 이루어지게 할 것이로다.

나는 사랑이고, 무한한 사랑이며, 영원한 사랑이자 끝없는 사랑이니라. 또한 나의 사랑은 시작도 없고, 끝도 없으며, 처음도 없고, 마지막도 없는 오직 영원무궁한 사랑이니라. 이제 모든 지구 주민들에게 드리워졌던 그 무거운 고난을 내가 모두 다 제거할 것이며, 그 모든 어두움의 날들과 괴로움의 날들은 모두 지나가고 사라져 다시는 있지 아니하게 할 것이니, 그 무궁한 빛의 날에 모든 지구 주민들은 영원히 다함없는 행복과 축복과 지복 속에 있을 것이니라. 너희 대한민국은 바로 이를 위해 존재해야 하며, 너희 대한민국이 이러한 나의 뜻을 이루기 위한 기둥이 될 때에 너희 대한민국 영광의 역사는 영원무궁하다는 것을 깨달아야 하느니라.

보라. 너희 한국민들이 '평화인류주의'를 완성시켜야 할 이유가 있느니라. 너희 민족은 원래 영원히 존귀한 '하늘 민족'이니, 이 뜻이 너희 나라 '한국'과 '한민족'의 이름에 들어가 있느니라. '한국'과 '한민족'의 어두(語頭)인 '한'이란 '하늘'을 말하는 것이며, '국'과 '민족'이란 너희 나라, 너희 민족을 말하는 것이니, 그러므로 '한국'과 '한민족'의 올바른 뜻은 바로 '하늘나라' '하늘민족'이니라. 그러므로 이것은 하늘의 뜻이 너희 나라, 너희 민족을 통하여 드러나고 이루어진다는 뜻이니라. 그리고 너희 나라에는 원래 고대 환국(桓國)때부터 '홍익인간(弘益人間) 제세이화(濟世理化)'의 뜻과 사상이 전해져 내려옴이니, 이는 너희 '한민족'이 세계를 통일할 영광의 사명을 가지고 있었다는 증거가 되느니라. 그리하여 너희 '한민족'이 '평화 인류주의'를 완성시키면 '홍익인간, 제세이화'의 뜻이 완성되는 것이니라. 이것 또한 때가 되면 내가 나의 전능한 능력으로 온 세계 인류가 알게 하리라.

그리하여 먼 훗날 온 세계가 '평화인류주의'의 나라가 되고 그 이후에는 장차 너희나라 대한민국을 통해 나의 영원한 영광이 찬란히 꽃피어 나게 하리니, 그 결과로 인해 어느 나라이든, 어느 민족이든 내 앞에서 영원히 하나가 되고, 다시는 서로 싸워서 죽어 가는 일이 없게 될 것이로다. 그리고 오직 나의 끝없는 진리의 영광이 영원에 영원을 곱하여 이어지리라.

내가 이제 너희 나라를 역사하여 찬란한 영화를 이루리니, 먼저 너희 나라의 누대에 걸친 한(恨)을 풀어주고 너희를 내 백성으로 삼아 너희를 지극히 영화롭게 할 것이니라. 그리하여 내 전능한 권능과 권세로 온 천지사방의 모든 의인들을 너희 나라로 불러들여 너희 나라를 끝없이 중흥케 하고 나의 영광이 너희 나라에서 끝없이 찬란히 꽃피어나게 하리라. 이제 장차 무수한 의인들의 활약으로 너희 나라는 무궁한 빛의 나라가 될지니, 그 끝없는 영화의 날에, 모든 고난과 시련의 날들은 영원히 끝나고 영화와 행복의 날들은 끝없이 이어질 것이로다. 또한 장차 너희 대한민국이 '하나님의 나라'라는 것이 온 천하에 알려지리니, 그 때에 모든 세계 주민들이 너희 나라를 보고 지극히 존귀한 나라라고 여길 날이 올 것이며, 그 영원한 기쁨과 행복의 날에 너희 대한민국은 지구에서 제일가는 나라가 될 것이니라.

장차 나는 너희 지구별에 전에도 없고 후에도 없을 인류역사상 전무후무한 나의 나라를 이룩하려 하노라. 그러므로 어느 나라이든, 어느 민족이든 이 역사에 동참하는 자에게 나는 그 나라와 민족을 길이 의롭다고 칭송받게 하고, 그를 결코 멸망으로 인도하지 않으며, 영원으로 인도할 것이로다. 그리하여 그에게 오직 영원히 새롭게 빛나는 새 날들만을 주고 영원히 찬란한 새 역사만을 줄 것이니라. 또한 그 나라와 민족을 통해 나의 무궁한 영광이 길이 꽃피어나게 할 것이며, 그 나라와 민족의 영광이 영원히, 그리고 무궁히 이어지게 할 것이니라.

한국인들이여, 너희 대한민국이 인류를 위해서 단 하나라도 베풀어준다면, 나는 너희 대한민국에게 그 열배의 열배를 더 베풀어 줄 것이며, 또한 너희 대한민국이 인류를 위해 열 배를 베풀어준다면, 나는 너희 대한민국에 백배의 백배를 더 베풀어 주리라. 그리하여 너희 대한민국이 끝없는 사랑으로 인류를 위해서 봉사한다면, 나는 너희 대한민국의 모든 암흑의 날들은 영원히 거두고 오직 빛과 광명의 날들이 무궁히, 그리고 길이 이어지게 할 것이니라.

들으라. 나 우주 최고신이 말하노라.
나는 무량한 빛과 무량한 광명의 신이며, 온 우주에 편재한 신이니라. 또한 그 어디에도 견줄 데가 없는 영광 중의 영광의 신이니라. 내가 이름 없는 너희 나라 대한민국을 선택하여 나의 영원한 선민(選民)으로 삼고 장차 나의 찬란한 영광을 드러내리니, 그러므로 나의 영광은 이름 없는 대한민국에서 꽃피어 났다가 다시 온 인류상에 꽃피어날 것이로다. 그리하여 그 무궁한 광명과 통일의 날에 너희는 그로 인해 영원히 존귀한 내 백성이 되며, 나는 영원히 존귀한 너희 나라 대한민국의 하나님이 되리라. 또한 나아가서 나는 너희들을 통해 영원히 온 지구 인류의 하나님이 될 것이요, 온 지구 인류는 영원히 존귀한 나의 백성이 될 것이니라."

말씀이 끝나자 모두 다시 경배의 자세를 취했다. 보좌 앞의 오른쪽에 있는 전의 그 신이 먼저 말하고, 나머지 존재들은 장엄한 목소리로 그것을 다음과 같이 따라했다.

"영원히 멸하여지지 않는"
"영원히 멸하여지지 않는"

"영원한 권능과 권세가"
"영원한 권능과 권세가"

"지극히 존귀하신 하나님에게"
"지극히 존귀하신 하나님에게"

"영원히 있사옴을 믿으며"
"영원히 있사옴을 믿으며"

"지극히 거룩하신"
"지극히 거룩하신"

"하나님의 뜻이"
"하나님의 뜻이"

"이 지구별에 이루어져"
"이 지구별에 이루어져"

"영원히 불멸하는"
"영원히 불멸하는"

"하나님의 나라가"

"하나님의 나라가"

"이루어지기를"
"이루어지기를"

"간절히"
"간절히"

"기원하나이다."
"기원하나이다."

이 말이 끝나자 장엄한 합창곡이 울려 퍼지면서 하나님께서 먼저 사라지셨다. 그 다음 보좌가 사라졌다. 그리고 그 다음에는 여러 신령한 신들이 사라지고 그 다음 여러 영들이 사라졌다. 이윽고 신전이 서서히 사라졌다.

마지막 말

하나님이 아무도 사랑하지 않았던 한 백수건달을 선택하시고, 그 백수건달의 눈의 눈물을 씻어주시며 그가 가진 모든 괴로움을 다 풀어주셨다. 그에게 하나님의 힘이 이르러 온즉, 저가 백수건달이 아니라 국가와 민족을 지극히 사랑하는 한 의인으로 변신하였다. 그 뒤에 드디어 한반도는 통일이 되었으며, 한민족 영화의 날은 무궁하도록 이어졌다. 누대에 걸쳐서 진행 되어온 동족상잔의 비극은 다시는 일어나지 않았고, 다시는 서로 분열되어 싸우지 않았으며, 남북이 하나된 날은 영원무궁하도록 이어졌다. 그리고 그 무궁한 통일의 날에 그 모두가 하나님 앞에서 한 민족이며, 한 나라가 되었다. 하나님이 이 작고 이름 없는 나라를 선택하시어 하나님의 영광이 꽃피어 나게 한즉, 누구나 이 민족을 의롭다고 칭찬하였다. 이 작은 나라에서 하나님의 영광이 찬란히 꽃피어 났고, 그리하여 그 영광은 온 세계로 퍼져 나갔다. 미래에, 그 영원한 광명의 날에 그 누구라도 버려짐이 없이 구원을 받았으며, 모든 이들이 빛의 자식이 되었다. 슬픔의 날들은 모두 영원히 사라져 다시는 있지 아니하였고, 기쁨의 날들은 끝없이 이어졌다. 하나님이 이 한(恨) 많은 민족을 들어 역사한즉, 하나님의 나라가 이 땅위에 이루어져 영원히 불멸하는 찬란한 지상 낙원이 건설되었다. 하나님이 친히 이 눈물 많은 민족의 하나님이 되시고 이 눈물 많은 민족은 영원히 하나님의 백성이 되었다. 그리하여 하나님이 친히 이 나라에서 눈물을 영원히 씻어주시고 다시는 통곡하는 것이나 오열하는 일이 있지 아니하게 하셨다. 그리고 영원한 존귀가 이 민족에게 영원히 있게 하시고, 빛과 광명의 날들은 무궁히 이어지게 하셨다.

- 끝 -

■ 발행인 후기 - 이 책의 저자와 관련해서

이 책의 저자는 사실 발행인 본인이 오래 전부터 잘 알고 있는 지인(知人)이자 친구이다. 이처럼 본인은 저자와 매우 가까운 인연관계에 있는 사람이기에 독자들의 이해를 돕기 위해 그와 관련된 몇 가지 내용을 소개하고자 한다.

그와 나는 약 27~8년 전, 내가 대학을 갓 졸업하고 대구에 약 1년 간 머무르고 있을 때 처음 만났다. 너무 오래 전이라 잘 기억나지는 않지만, 첫 만남에서 그와 나는 주로 영적인 주제를 가지고 대화를 나눴던 것으로 어렴풋이 기억한다. 그 후 나는 서울로 올라와 생활했고, 바쁜 가운데 그를 잊고 있었다. 그러던 중 나중에 언젠가 그로부터 전화가 걸려 와서 그가 한 대기업에 취직이 되어 대전(大田)에서 근무하고 있다는 이야기를 들었다. 그리고 그 후 몇 년 후엔가 그는 다니던 직장을 그만둔 다음 그 역시 서울로 올라왔고, 강북에 있는 모 여고에 교사로 채용되어 정보산업 담당 교사로 근무했다.

1993년 경, 당시 본인은 서울에서 살다가 신도시인 분당지역의 아파트로 이사하여 입주하게 되었는데, 젊은 시절 넓은 아파트에 혼자 살고 있었으므로 그 때부터 그는 주말마다 우리 아파트에 놀러와 하룻밤을 자고 가고는 했다. 그 시절 그와 나는 밤늦도록 수많은 대화를 나눴으며, 그 주제는 주로 공통 관심사였던 영적세계나 수행, 우주, 외계인, 도(道) 같은 것에 관련된 여러 내용들이었다.

본인은 당시 그와 많은 대화를 하는 과정에서 그가 이 책에서 언급한 그의 개인적 문제와 상태에 대해 자주 들어서 잘 알고 있었다. 그는 옴 진언이 등뼈에 각인된 이후 늘 자신이 악한 영혼들의 지배와 괴롭힘에 시달리고 있다고 고백했고, 그로 인해 밤에 잠을 자기가 힘들다고 토로했다. 때문에 그는 병원에서 제조한 독한 수면제를 늘 복용해야 했고, 그것도 1~2개 가지고는 잠들기 힘들었으므로 무려 7~8봉지 정도를 한꺼번에 먹어야만 간신히 잠들 수가 있었다. 하지만 어떤 경우에는 그 수면제마저도 효력이 없을 때가 있었으며, 그때는 불면(不眠)으로 인해 매우 피곤하고 지친 모습을 보이고는 했었다.

약 8~9년 정도 서울에서 교사로 근무하던 그는 2001년 경, 개인적인 신상문제로 학교를 사직하고 부모님이 계신 대구로 내려갔다. 그때 이래로 그는 오늘날까지 별다른 직업 없이 백수로 지내왔다. 대구로 내려간 이후에는 몇 년에 1~2번 정도 그로부터 연락이 와서 통화를 하거나, 내가 대구로 출장갈 일이 있을 때 가끔 대구에서 그를 만나고는 했었다. 하지만 그가 서울로 올라오는 일은 좀처럼 드물었다. 대구로 내려간 후 약 15년 동안 그가 서울에 온 것은 이 책의 원고를 들고 왔을 때를 포함해 불과 2~3번 정도에 불과했던 것으로 기억한다.

그가 이 책의 원고를 내게 가져와 출판해달라고 부탁한 것은 약 1년 전이었다. 그는 원고내용을 USB 메모리에 담아 가져왔는데, 당시 나는 다른 책 출판을 위한 마무리 작업에 매달려 있느라 너무 바쁜 와중이어서 그의 원고를 검토해볼 시간이 없었다. 그의 원고를 비로소 살펴볼 시간을 갖게 된 것은 4~5개월이 지난 뒤인 2014년 12월경이었다. 내용을 살펴보니 원래 그가 전문적인 작가도 아니고 책을 써본 적도 없었으므로 전체적으로 문장이 미숙하고 서툴렀으며, 엉성한 아마추어의 티가 역력했다. 그럼에도 불구하고 신의 계시 말씀 부분에는 눈길이 갔고, 나름대로 의미심장한 부분이 많다고 생각되었다.

그런데 그가 이 책의 서문에서 밝히고 있듯이, 원래 그는 하나님을 믿는 기독교인이나 천주교인이 전혀 아니었다. 그리고 그는 지

462

금도 교회나 성당에 다니는 교인이 아니다. 오히려 내가 아는 그는 사상적으로는 불교 쪽에 가까운 사람이다. 또한 그는 오늘날의 기독교 교회가 그리스도의 본래의 가르침에서 벗어나 왜곡된 교리로 신자들을 오도하고 있는 데 대단히 분개하고 있는 사람이다. 즉 교회가 우리 내면의 신성(神性)이나 무한한 사랑에 대한 자각이 아니라 무조건 예수만 믿으면 천국에 간다는 그릇된 진리로 사람들을 끌어 모아 막대한 헌금을 거둬들이고 있음이 심히 부당하고 잘못돼 있다는 것이다. 이처럼 기독교 계통과는 아주 거리가 먼 이런 그가 신(神)을 직접 만나 계시를 받았다는 것은 매우 의외(意外)에 속한 것이고, 나로서는 조금도 예상치 못한 것이었다.

그런데 내가 이 책을 출판하기로 최종 결심한 것은 결코 그가 나와 잘 아는 사이여서가 아니다. 그것은 오직 이 책의 내용이 제목 그대로 바로 우리 한민족의 비밀과 사명 및 나가야 할 바를 현 시점에서 명확하게 밝혀주고 제시하고 있다고 판단했기 때문이었다. 물론 본인은 이 책에서 하나님이라고 자칭하는 신(神)이 정말 창조주 하나님인지의 여부는 알지 못한다. 참고적으로 말한다면, 개인적으로 나는 무신론자(無神論者)는 아니지만, 인격신(人格神)으로서의 절대자를 별로 인정하지 않는 입장에 있다. 즉 나는 절대자 하나님을 이 우주를 이루고 있고 삼라만상 속에 편재해 있는 무형의 근원이나 에너지, 대령(大靈) 또는 거대한 우주의식(宇宙意識)으로 볼뿐, 하나의 인격신으로 보지는 않는다. 그럼에도 나는 본래 무형(無形)인 절대자 하나님은 전능하신 존재이므로 필요에 의해 방편상 자신을 분화(分化)해서 그 어떤 형상이나 모습으로도 인간에게 화현할 수 있고, 계시를 내릴 수는 있다고 생각한다. 아니면 어떤 고차원적 존재나 신적 존재가 우리민족에게 모종의 중대한 계시를 전해주기 위해 의도적으로 이 책의 저자에게 그런 장면을 연출했는지도 모른다고 생각한다. 또 나는 이 책에서의 신을 꼭 절대자가 아니더라도 우리 한민족을 보호하는 수호신(守護神)이나 민족신(民族神) 정도로 생각해도 무방하다고 생각한다. 그러므로 개인적으로 본인은 이 책의 저자에게 나타나 계시말씀을 내린 그 신이 꼭 절대자 하나님이냐의 여부는 별로 중요하지 않다고 본다. 즉 보다 중요한 것은 하늘이 현 시대에 우리민족에게 전하려는 메시지가 무엇이냐 일 것이다.

앞서 언급했다시피, 나는 30년 가까운 세월 동안 이 책의 저자가 걸어온 험난하고 고통스러운 삶을 가까이서 목격해왔고, 그렇기에 그의 처지를 너무나도 잘 알고 있는 사람이다. 비록 젊은 대학생 시절 '옴 진언'이 흘러들어와 등뼈에 각인된 사건으로 인해 평생을 악령들의 공격에 시달리며 살아왔지만, 그는 현재 50대 중반의 중년의 나이임에도 아직 젊은이 같은 영혼의 순수성과 순진함을 갖고 있는 사람이다. 나는 그가 백수로 지내는 동안 무료함을 달래기 위해 없는 글재주로 가끔 뭔가 글을 끄적거린다는 것은 알고 있었으나, 실제로 그의 영혼이 이탈되어 신(神)을 만나고 또 계시를 받고 있었다는 놀라운 사실은 전혀 모르고 있었다. 그리고 그의 말에 의하면, 이 책의 대부분의 체험과 내용은 사실 약 10년 전인 2004~2005년경에 겪은 것이라고 한다.

출판의뢰를 받은 이후 한 번은 내가 그에게 왜 그런 사실을 진작 내게 말하지 않았느냐고 묻자, 그는 말하기를, 그동안 계시내용을 써놓고도 말하지 않은 것은 자기 자신도 그 내용을 믿을 수 없었기 때문이라고 했다. 또 누가 자기 같은 사람이 신을 접촉해서 계시를 받았다고 하면 믿어주겠냐는 것이었다.

알다시피 이 책에서 그는 역술원을 찾아갔던 일화(逸話)와 기이하고도 생생한 꿈을 통해 자신의 과거 전생(前生)들에 관해서 잠시 언급한 바 있었다. 그 내용대로 그의 이번 생(生) 이전의 바로 앞 전생은 일제시대 때 독립투사였다. 그는 독립운동 활동을 하다 검거되어 일본 헌병대에 투옥되었고, 그들의 극심한 고문에도 굴하지 않고 끝까지 저항하다 결국 감옥에서 숨을 거두었던 것이다. 그럼에도 그는 자신이 전생에 독립투사였다는 것을 아직 믿지 않는다고 내게 말했다. 왜냐하면 자기처럼 지극히 평범하고 소심한 사람이 과거 목숨을 걸고 독립운동을 했다는 사실이 여전히 잘 믿어지지 않기 때문이라고 한다. 그럼에도 그는 자신이 감옥을 정말 무서워하고 싫어한다고 고백했는데, 이것은 아마도 그곳에서 모진 고문을 당하다 죽은 그의 전생의 체험과 잠재적 기억 때문이라고 밖에는 설명할 수 없을 것이다.

이 책의 서문에서 그가 설명했다시피, 그의 삶은 온갖 시련과 고통으로 점철되어 있고 신을 접촉하기까지 남다른 그런 힘든 삶을 살아왔다. 영적인 길을 걷는 사람들이 대개 인생이 평탄하지 않지만, 한마디로 그의 경우는 그 정도가 보통사람의 상상을 훨씬 넘어서는 것이었다. 심지어는 그 고통을 견디다 못해 몇 번씩 자살을 시도했을 정도이니 그 심각함이 오죽이나 했겠는가? 생각하건대, 어쩌면 하늘이 그로 하여금 한민족의 〈성서(聖書)〉이자 대한민국의 〈계시록〉이라고 할 수 있는 이 책 한 권을 세상에 내놓게 만들기 위해 오랜 세월 동안 그의 영혼을 모진 고난으로 연단(練鍛)했는지도 모르겠다. 참고로 맹자(孟子)의 말씀에 이런 구절이 있다.

"하늘이 장차 어떤 사람에게 큰일을 맡기려 할 때는(天將降大任於是人也)
반드시 먼저 그 마음과 뜻을 흔들어 고통을 주고(必先苦其心志)
몸을 지치고 괴롭게 하며(勞其筋骨)
배를 굶주리게도 하고(餓其體膚)
생활을 곤궁에 빠뜨려서(空乏其身)
하려는 일마다 어지럽게 한다(行拂亂其所爲)
그것은 그 사람의 마음을 분발하게 하고 성질을 인내케 하여(所以

動心忍性)

이제까지 할 수 없었던 일을 능히 감당할 수 있게 하기 위함이다.
(曾益其所不能)"

- 孟子(맹자)　告子下(고자하) 편에서 -

그리고 우리가 한 가지 주목할 필요가 있는 것은 서문에 소개된
고(故) 안동민 선생의 〈하늘이 내리신 말씀〉과 이 책의 연관성이
다. 이 책의 저자가 그 글을 서두에 소개한 것은 아마도 그것과 자
신이 신으로부터 받은 계시문의 핵심내용이 서로 일맥상통하고 있
기 때문일 것이다. 개인적으로 추측하건대, 나는 1973년에 안동민
선생에게 계시를 내린 신(神)과 이 책의 저자에게 계시를 내린 신
이 동일한 존재라고 생각한다. 다시 말하면, 1970년대에 안동민 선
생에게 1차로 짤막하게 서론적인 계시를 내렸던 그 신이 약 30여년
의 시차(時差)를 두고 이 책의 저자에게 보다 상세한 본론적인 계
시를 직접 내린 것이 아닌가 추측한다. 하지만 사람에 따라서는 이
책의 내용이 단지 저자가 잠자며 꿈을 꾼 것을 기록한 것에 불과하
다거나, 또는 개인적 상상력에 의해 모두 지어낸 것이라고 폄하하
여 생각할 수도 있을 것이다. 그럼에도 인간은 누구나 스스로 자유
롭게 생각하고 개인적으로 판단할 수 있는 자유의지가 있다. 그렇
기에 나는 이 책의 내용에 대한 판단은 어디까지나 독자 여러분의
몫이라고 생각하며, 모든 판단은 전적으로 여러분 각자에게 맡기고
자 한다.

그런데 유감스럽게도 현재 이 책의 저자는 모든 연락을 끊고 어
디론가 잠적해 있는 상태이다. 그리고 나는 왜 그가 책이 출판될
시점에 잠적해버렸는지 그 자세한 이유는 잘 알지 못한다. 어쩌면
그의 성격상 이 책이 출판됨으로써 자신에게 집중될 독자들의 시선
이 불편하고 부담스러워서 그런 것인지도 모르겠다. 아니면 어둠의
세력의 모종의 공격을 피하기 위해서 일지도 모르며, 또는 하늘의

466

모종의 지시 때문인지도 모른다. 어쨌든 현재로서는 그와 연락이 닿지 않고 있는 상태이다. 따라서 독자 여러분도 당분간은 그를 찾지 말기를 부탁드린다. 마지막으로, 인고(忍苦)의 세월을 견뎌오며 온갖 시련의 산고(産苦) 속에서 이 책을 집필해 세상에 내놓은 그의 오랜 노고에 격려와 박수를 보내며, 이제는 부디 그의 영혼에 안식(安息)이 깃들기를 기원한다.

사족(蛇足)으로 한 마디 덧붙이자면, 이 책에서 신(神)이 노력의 중요성을 거듭 강조하고 계시듯이, 오늘날의 대한민국은 아무런 노력이나 대가 없이 저절로 지금의 위치에 와 있는 것이 아닐 것이다. 즉 외침(外侵)에 의해 나라가 누란의 위기에 처했을 때, 국가와 민족을 구하기 위해 자신의 목숨을 초개같이 내던졌던 무수한 의병들과 순국선열들, 독립투사, 애국지사, 국가유공자, 그리고 민주화운동가들의 희생과 헌신, 피와 땀에 의해 비로소 지금의 대한민국이 존재하고 오늘날 우리가 자유를 누리며 살아있을 수 있는 것이다. 따라서 이 시점에서 우리 모두는 국가와 민족이라는 전체를 도외시한 채 지나치게 개인적 영달(榮達)이나 일신(一身)의 구원, 깨달음, 또는 자기 가족의 평안추구에만 매몰된 이기적 삶을 살고 있지는 않은지 한 번 정도 반성해볼 수 있어야 하지 않을까 생각한다. 그리고 과연 우리 자신은 국가와 민족을 위해 무엇을 했는가를 스스로 겸허히 반문해 보아야 할 것이다. 또한 일부 좌파진영과 젊은이들에게 최근 횡행하고 있는 우리 역사에 대한 자기비하적이고 자학적인 역사관(歷史觀)을 넘어서서 긍정적이고 자랑스러운 역사관을 재정립하고 대한민국 국민이라는 것에 대한 자긍심을 가질 필요성이 있을 것이다. 부디 이 책을 통해 우리 각자 모두가 그런 역사관을 새로이 정립하고, 또 과연 자신이 국가와 민족을 얼마나 생각하면서 나라사랑을 조금이라도 실천하고 있는가를 한번쯤 되돌아볼 수 있는 계기가 되었으면 하는 바람이다. 아울러 어떻게 하면 우리가 선조들로부터 물려받은 우리민족의 높은 사상과 정신세계를 전 인류에게 수출하여 신(神)의 말씀대로 인류의 정신적 지도국 내지는 스승의 나라로 부상할 수 있는지에 대해 뜻있는 이들의 진지한 고민과 연구 및 노력이 필요하리라고 생각된다. 그리하여 지구상의 그 어느 민족이나 국가도 갖고 있지 못한 우리의 귀중한 정신적 자산과 문화들을 체계화하고 구체화하여 세계 앞에 내놓음으로써 전 인류의 귀감이 되고 만인이 본받을 수 있는 본보기가 되는 것은 우리 모두 앞에 놓인 무거운 과제이다. 그럼에도 나는 장차 우리나라에서 등장하게 된다는 7기둥과 84,000의 의인들(사명자들) 및 신세대의 젊은 영혼들이 하늘이 우리 민족에게 내린 그 위대한 사명이자 과업을 충실히 해낼 거라고 믿어 의심치 않는 바이다.

- 한민족과 대한민국의 영광된 미래를 기원하며 -
2015. 9. 10.

- 발행인 朴燦鎬 -

468

후원자를 찾습니다

대한민국과 한민족에 대한 하늘의 신성한 <계시록>이자 <천서(天書)>인 이 책을 하나님의 계시 말씀대로 장차 세계의 모든 언어로 번역하여 전 인류에게 보급하게 될 중대한 사업을 후원할 후원자를 찾습니다. 하늘의 일에 후원의 뜻이 있으신 분은 연락 바랍니다.

*도서출판 은하문명 TEL: 02)737-8436,
*후원계좌: 기업은행 007-064575-01-011(예금주: 도서출판 은하문명)

한민족의 비밀과 사명

초판 1쇄 발행 / 2015년 11월 25일
저자 / 김무근
발행인 / 朴燦鎬
발행처 / 도서출판 은하문명
등록 / 2002년 7월 30일 (제22-723호)
주소 / 서울특별시 종로구 수송동 58번지, 332호
전화 / (02)737-8436
팩스 / (02)6209-7238
인터넷 홈페이지(www.ufogalaxy.co.kr)
은하문명 ⓒ 2015

가격 23,000원

ISBN: 978-89-94287-13-3 (03200)